21 世纪高校机电类系列教材

工 程 力 学 Ⅰ

主 编 顾晓勤 刘申全

副主编 杜 韧

参 编 谭朝阳

主 审 刘守圭

机械工业出版社

本书分工程力学Ⅰ和工程力学Ⅱ两册，为应用型本科机械类教材。

本教材针对当前应用型本科学生的数学物理基础，面对信息化带来的机械专业课程改革，考虑到各校工程力学学时大幅度减少的实际情况，在保证工程力学基本理论教学内容的同时，突出应用性和时代性，适当简化推导过程，同时引入悬索桥、输电线等工程绳索的内力计算，介绍聚合物、复合材料和工业陶瓷等新材料的力学行为。

《工程力学Ⅰ》内容包括：质点和刚体静力学的受力分析，力系简化，摩擦，平衡方程及应用，杆件的基本变形即拉伸和压缩，剪切和挤压、扭转、弯曲，以及压杆稳定，强度理论，组合变形和绳索的内力计算等。

《工程力学Ⅱ》内容包括：点的合成运动，刚体的平面运动，动量定理，动量矩定理，动能定理，惯性力，动载荷和交变应力，材料持久极限和疲劳理论，杆件的塑性变形，聚合物的粘弹性行为，陶瓷材料的力学性能，复合材料的力学性能等。

本书章节的安排考虑到不同高校、不同专业的需要，《工程力学Ⅰ》可作为少学时课程教材（推荐学时数为52~64）；《工程力学Ⅰ、Ⅱ》的第1~5篇可作为中学时课程教材（推荐学时数为72~84）；《工程力学Ⅰ、Ⅱ》全书可作为多学时课程教材（推荐学时数为84~96）。书中带 * 的章节为选学内容，带 * 的习题为选作题目。本书读者对象为应用型本科机械类学生，以及其他类型高校近机类、非机类专业学生。

图书在版编目（CIP）数据

工程力学Ⅰ/顾晓勤，刘申全主编. —北京：机械工业出版社，2006.1（2024.7 重印）
21 世纪高校机电类系列教材
ISBN 978-7-111-18164-4

Ⅰ. 工⋯　Ⅱ. ①顾⋯②刘⋯　Ⅲ. 工程力学-高等学校-教材　Ⅳ. TB12

中国版本图书馆 CIP 数据核字（2005）第 152380 号

机械工业出版社（北京市百万庄大街 22 号　邮政编码 100037）
责任编辑：姜　凤　高文龙　版式设计：冉晓华　责任校对：程俊巧
封面设计：陈　沛　责任印制：单爱军
北京虎彩文化传播有限公司印刷
2024 年 7 月第 1 版 · 第 13 次印刷
180mm×235mm · 19 印张 · 408 千字
标准书号：ISBN 978-7-111-18164-4
定价：39.00 元

电话服务
客服电话：010-88361066
　　　　　010-88379833
　　　　　010-68326294
封底无防伪标均为盗版

网络服务
机 工 官 网：www.cmpbook.com
机 工 官 博：weibo.com/cmp1952
金 书 网：www.golden-book.com
机工教育服务网：www.cmpedu.com

21 世纪高校机电类系列教材

编 审 委 员 会

序

为了适应我国制造业迅速发展的需要，培养大批素质高、应用能力与实践能力强的应用综合型人才已成为当务之急。这同时对高等教育的办学理念、体制、模式、机制和人才培养等方面提出了全新的要求。

为了打通新形势下高等教育和社会需求之间的瓶颈，中国机械工业教育协会机电类学科教学委员会和机械工业出版社联合成立了"21世纪高校机电类规划教材"编审委员会，本着"重基本理论、基本概念、淡化过程推导，突出工程应用"的原则，组织教材编写工作，并力求使本套教材突出以下特点：

（1）科学定位。本套教材主要面向应用的综合型人才的培养，既不同于培养研究型人才的教材，也不同于一般应用型本科的教材；在保持高学术水准的基础上，突出工程应用，强调创新思维。

（2）品种齐全。这套教材设有"力学"、"制图"、"设计"、"数控"、"控制"、"实训"、"材料"、"双语"等模块，方便学校选用。

（3）立体化程度高。教材均要求配备CAI课件和相关的教辅材料，并在网站上为本套教材开设研讨专栏。

机械工业出版社是我国成立最早、规模最大的科技出版社之一，是国家级优秀出版社，是国家高等教育的教材出版基地之一，在机电类教材出版领域具有很高的地位。相信这套教材在中国机械工业教育协会机电类学科委员会和机械工业出版社的精心组织下，通过全国几十所学校老师的仔细认真的编写，一定能够为我国高等教育应用综合型人才的培养提供更好用、更实用的教材。

教育部·机械工程及自动化专业分教学指导委员会·主任
中国机械工业教育协会·高等学校机械工程及自动化学科教学委员会·主任
李培根　院士
于华中科技大学

前　　言

随着高等教育大众化、普及化的进程，应用型本科学生越来越多，他们对工程力学的要求与研究型大学学生的要求有所不同。针对上述情况，作者结合多年的教学实践，在机械工业出版社的帮助下，编写了本教材。

本教材充分考虑当前应用型本科学生的生源特点和实际情况，在保持基本理论、基本概念的同时，突出应用性和时代先进性，借鉴国外同类教材及联系国内外机械工程实际，除了介绍传统工程材料即钢铁等金属的力学特性，还简要介绍聚合物、复合材料和工业陶瓷等新材料的力学行为，介绍悬索桥、传输线等工程绳索的内力计算。考虑到各校工程力学学时大幅度减少的实际情况，编写本教材的目的是在有限的时间内，使学生掌握基本的质点和刚体静力学、运动学和动力学内容，熟悉变形体受力时的强度、刚度和稳定性问题，了解新型工程材料力学行为，为专业课程学习打好基础。

本书可作为应用型本科工程力学课程的教材，对于学时数在 60 左右的专业，可以使用《工程力学Ⅰ》作为课程教材；对于学时数在 80 左右的专业，可以使用《工程力学Ⅰ、Ⅱ》的第 1~5 篇作为课程教材；对于学时数在 90 左右的专业，可将《工程力学Ⅰ、Ⅱ》全书作为课程教材。在目录标题前加了"＊"号的为选学内容。习题前面加"＊"号的表示难度较大的题目。

参加《工程力学Ⅰ》编写工作的有电子科技大学中山学院顾晓勤、华北工学院分院刘申全、北华航天工业学院杜韧、电子科技大学中山学院谭朝阳；参加《工程力学Ⅱ》编写工作的有电子科技大学中山学院顾晓勤、华北工学院分院刘申全、陕西科技大学张功学、华北工学院分院黄璟。具体章节如下：

绪论、第一至四章：顾晓勤；第五章：谭朝阳；第六章：顾晓勤；第七章：杜韧；第八章第一至七节：刘申全，第八节：顾晓勤；第九至十章：刘申全；第十一至十二章：顾晓勤；第十三至十五章：张功学；第十六至十九章：顾晓勤；第二十章：黄璟；第二十一章：刘申全；第二十二章：黄璟；第二十三至二十五章：张功学。全书的统稿工作由顾晓勤完成。

主审中山大学刘守圭教授详细审阅了本书，并提出了许多宝贵意见，在此表示衷心的感谢。

应用型本科教材建设是一项新兴的事业，目前仍处于探索阶段。由于水平所限，书中会有不少缺点不足之处，恳请读者批评指正。

主编顾晓勤 E-mail：guxiaoqinguyan@ tom. com

编　者

2006 年 1 月

目　　录

第二篇　弹性静力学 I (杆件的基本变形)

绪　论

固体的移动、旋转和变形，气体和液体的流动等都属于**机械运动**。力学是研究物体机械运动的科学。机械运动是最简单的一种运动形式，此外物质还有发热、发光、发生电磁现象、化学过程，以及更高级的人类思维活动等各种不同的运动形式。力学分为三个部分：**质点和刚体力学、固体力学和流体力学**。质点和刚体力学不具有某些工程学科的经验基础，即不依赖于经验和独立观测；力学严谨、强调演绎，看上去更像是数学，但是力学不是抽象的纯理论学科。力学研究物理现象，其目的是解释和预测物理现象，并以此作为工程应用的基础。

力使物体运动状态发生改变的效应称为**力的外效应**，主要在质点和刚体力学中讨论；而力使物体形状发生改变（即变形）的效应称为**力的内效应**，属于固体力学范畴。本课程将研究力的外效应和力的内效应。当讨论力的内效应时，主要在物体受到平衡力系状态下进行分析。**工程力学**学科涉及众多的力学分支及广泛的工程技术内容，本课程只是其中最基础的部分，它涵盖了原有理论力学和材料力学两门课程的基本内容，同时增加了非金属材料力学基础。

力学可以追述到古代希腊亚里斯多得和阿基米德时代，我国古代也有关于力学研究的文献记载。到了 17 世纪，牛顿提出三定律和万有引力定律，后来达朗贝尔、拉格朗日和哈密顿给出了这些原理的其他形式。20 世纪初，爱因斯坦建立了相对论，对牛顿经典力学提出挑战。本教材所研究的运动是速度远小于光速的宏观物体的机械运动，属于经典力学的范畴。经典力学以牛顿定理为基础，采用了与物质运动无关的所谓"绝对"空间、时间和质量的概念，应用范围有一定的局限性。对于速度接近光速的物体和基本粒子的运动，则必须用相对论和量子力学的方法加以研究。但是，经过长期的实践证明，现代一般工程中所遇到的大量力学问题，用经典力学来解决，不仅方便简捷，而且能够保持足够的精确度，所以经典力学至今仍有很大的实用意义，并且还在不断地发展。

讨论固体材料的力学起源于 17 世纪，当时研究的对象主要是木材和石料，伽利略研究了梁横截面上的正应力分布规律。到了 19 世纪中叶，研究对象转变为以钢材为主体的金属材料。钢材的特点，使连续均匀、各向同性等基本假设以及线弹性问题的胡克定律成为当今变形体材料力学的基础。固体力学包括材料力学、弹性力学、塑性力学等课程。到了 20 世纪，材料力学形成两大流派：欧美材料力学体系，其代表为美国斯坦福大学铁木辛柯教授 1930 年所著的《材料力学》；前苏联工科院校材料力学体系，其代表为列宁格勒铁道学院别辽耶夫教授 1932 年所著的《材料力学》。

20 世纪 50 年代开始，计算机技术飞速发展，应用不断普及，这对于工程力学的发展起到了巨大的推动作用。在力学理论分析中，人们可以借助计算机推导复杂公式，从而求得复杂的解析解；在实验研究中，计算机不仅可以采集和整理数据、绘制实验曲线、显示图形，还可以帮助人们选用最优参数。

近几十年来，先进制造技术不断出现，工程中除了使用钢铁等金属材料外，聚合物、复合材料和工业陶瓷等材料越来越多地被采用，工程力学研究对象进一步扩展，非金属材料力学成为工程力学课程的一个组成部分。

第一节　质点、刚体及变形体概念

工程中涉及机械运动的物体有时十分复杂，在研究物体的机械运动时，必须忽略一些次要因素的影响，对其进行合理的简化，抽象出力学模型。

当所研究物体的运动范围远远超过其本身的几何尺度时，物体的形状和大小对运动的影响很小，这时可将其抽象为只有质量而没有体积的**质点**。由若干质点组成的系统，称为**质点系**。质点系中质点之间的联系如果是刚性的，这样的质点系称为**刚体**；如果联系是弹性的，质点系就是**弹性体**或**变形体**；如果质点系中的质点都是自由的，这时质点系便是**自由质点系**。

实际物体在力的作用下都将发生变形。但对于那些受力后变形极小，或者虽有变形但对整体运动的影响微乎其微，则可以略去变形，将物体简化为刚体。同时需要强调，当研究作用在物体上的力所产生的变形，以及由变形而在物体内部产生相互作用力时，即使变形很小，也不能将物体简化为刚体，而应是变形体。

质点、刚体与变形体都是实际物体的抽象力学模型，不是绝对的。例如对于一个航天器，当讨论轨道运动时，视航天器为质点；当讨论姿态运动时，视航天器本体为刚体，附加天线等为弹性体。又如当讨论地球绕太阳运动时，视地球为质点；当讨论地球自转时，视地球为刚体；当讨论地震时，必须将地球看作变形体。

第二节　工程力学课程的内容和学习方法

工程力学课程作为大学生的一门技术基础课，只讨论工程力学学科中最基础的内容，主要涉及质点和刚体力学、固体材料力学，涵盖了原理论力学和材料力学两门课程的主要经典内容，同时适当增加了当前制造业中常用的聚合物、复合材料和工业陶瓷等非金属材料的力学行为。

静止是机械运动的一种特殊形式。工程中把物体相对于地球静止或匀速直线运动的状态称为物体的**平衡状态**。**刚体静力学**研究物体在外力作用下的平衡规律；**运动学**是从几何观点研究点和刚体的运动，而不考虑作用于点和刚体上的力；**动力学**研究作用于物体上的力与物体运动之间的关系。

机械或工程结构的各个组成部分，如机床的轴、建筑物的梁和柱等，统称为**构件**。

　　当机械或工程结构工作时，构件将受到载荷的作用，例如数控车床主轴受齿轮啮合力和切削力的作用。在外力作用下，构件的尺寸和形状将发生变化，称为**变形**。为保证机械或工程结构的正常工作，构件应当满足下列要求：

　　(1)**强度要求**　在规定载荷作用下构件不应破坏。例如液化气罐不应爆破；飞机降落轮子触地时，起落架不能被折断；冲床曲轴工作中不能发生断裂。强度要求即指构件应有足够的抵抗破坏的能力。

　　(2)**刚度要求**　在载荷作用下，构件变形不能超过允许值。例如图0-1所示为车床主轴箱简图，如果切削力使机床主轴产生过大的变形，这样使加工出来的零件不能达到预定的精度，同时齿轮的啮合情况变坏，加速磨损。所以刚度要求是指构件应有足够的抵抗变形的能力。

　　另外对受压力作用的细长杆，如千斤顶的螺杆、内燃机的挺杆等，应始终维持原有的直线平衡状态，保证不被压弯。即构件应有足够的保持原有平衡状态的**稳定性**能力。

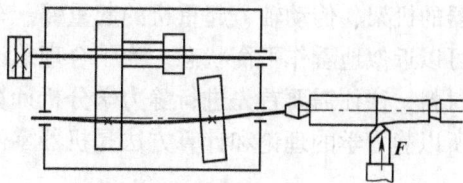

图 0-1　车床主轴箱

　　一般来说，工程中构件应有足够的强度、刚度和稳定性，但是对某些特殊构件有相反的要求，例如当载荷超过某一极限时，安全销应立即破坏，起到保护作用。为发挥缓冲作用，车辆的缓冲弹簧应有较大的变形。

　　为了提高构件的强度、刚度和稳定性，一般是采用加大构件的尺寸或选用质量好的材料。但是构件的尺寸过大、材料过好，就会造成结构笨重和浪费。因此本课程将分析、计算构件的强度和刚度，为设计既经济又安全的构件，提供必要的理论基础和计算方法。

　　除了金属材料外，当前复合材料、高分子材料、结构陶瓷等在工业部门广泛应用，如汽车制造业所采用的非金属材料已经超过总体积的70%以上，家用电器中塑料件的比例很高，用复合材料制成的运动器械深受欢迎。这些材料的力学特性也是工程力学所讨论的内容。聚合物、复合材料和工业陶瓷等材料的力学性能，是传统工程力学课程内容的进一步扩展，非金属材料力学已经成为工程力学课程的一个组成部分。

　　工程力学的研究方法有理论方法、实验方法和计算机数值分析方法。在解决工程实际中的力学问题时，首先从实践出发，经过抽象化、综合、归纳，运用数学推演得到定理和结论，对于复杂的工程问题往往借助计算机进行数值分析和公式推导，最后通过实验验证理论和计算结果的正确性。

　　在学习工程力学过程中，要注意观察实际机械设备工作情况，以及日常生活中的力学现象，对力学理论要勤于思考、多做练习题，做到熟能生巧。通过掌握领会本课程的内容，为学习机械后继课程打好基础，并能初步运用力学理论和方法解决工程实际中的技术问题。

第一篇 刚体静力学

　　静力学研究物体在力系作用下平衡的普遍规律，即研究物体平衡时作用在物体上的力应该满足的条件。在本篇的静力学分析中，我们将物体视为刚体。刚体静力学主要研究三方面的问题：（1）刚体的受力分析；（2）力系的等效与简化；（3）力系的平衡条件及应用。

　　刚体静力学的理论和方法在工程中有着广泛的应用，许多机器零件和结构件，如机器的机架、传动轴、起重机的起重臂、车间天车的横梁等，正常工作时处于平衡状态或可以近似地看作平衡状态。为了合理地设计这些零件或构件的形状、尺寸，选用合理的材料，往往需要首先进行静力学分析计算，然后对它们进行强度、刚度和稳定性计算。所以静力学的理论和计算方法是机器零件和结构件静力设计的基础。

第一章　刚体的受力分析

第一节　基本概念

一、力的概念

人用手拉悬挂着的静止弹簧，人手和弹簧之间有了相互作用，这种作用引起弹簧运动和变形。运动员踢球，脚对足球的力使足球的运动状态和形状都发生变化。太阳对地球的引力使地球不断改变运动方向而绕着太阳运转。锻锤对工件的冲击力使工件改变形状。人们在长期的生产实践中，通过观察分析，逐步形成和建立了力的科学概念：力是物体之间的相互机械作用，这种作用使物体的运动状态发生变化或使物体形状发生改变。物体运动状态的改变是力的外效应，物体形状的改变是力的内效应。

实践证明，力对物体的内外效应决定于三个要素：（1）力的大小；（2）力的方向；（3）力的作用点。

力的作用点表示力对物体作用的位置。力的作用位置，实际中一般不是一个点，而往往是物体的某一部分面积或体积。例如人脚踩地，脚与地之间的相互压力分布在接触面上；物体的重力则分布在整个物体的体积上。这种分布作用的力称为**分布力**。但有时力的作用面积不大，例如钢索吊起机器设备，当忽略钢索的粗细时，可以认为二者连接处是一个点，这时钢索拉力可以简化为集中作用在这个点上的一个力，这样的力称为**集中力**。由此可见，力的作用点是力的作用位置的抽象化。

为了度量力的大小必须首先确定力的单位，本书采用法定计量单位，力的大小以牛顿为单位。牛顿简称牛（N），1000 牛顿简称千牛（kN）。

在力学中要区分两类量：标量和矢量。在确定某种量时，只需一个数就可以确定的量称为**标量**。例如长度、时间、质量等都是标量。在确定某种量时，不但要考虑它的大小，还要考虑它的方向，这类量称为**矢量**，也称**向量**。力、速度和加速度等都是矢量。矢量可用一具有方向的线段来表示。如图 1-1 所示，线段的起点 A（或终点 B）表示力的作用点，沿力矢顺着箭头的指向表示力的方向；线段的长度（按一定的比例尺）表示力的大小。本书中用黑体字母表示矢量，而以普通字母表示该矢量的模（即大小）。图 1-1 中 F 表示力矢量，F 表示该力的大小（$F = 600N$）。

力系是指作用在物体上的一组力。作用在物体上的一个力系如果可以用另一个力系来代替而效应相

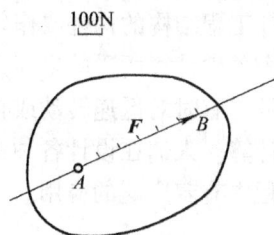

100N

图 1-1　力的表示

同，那么这两个力系互为**等效力系**。若一个力与一个力系等效，则这个力称为该力系的**合力**。

二、质点和刚体的概念

如果我们仔细地考虑物体的机械运动，则运动情况总是比较复杂的。例如物体的落体运动，一方面物体受到重力作用，另一方面它还受到空气的阻力，而空气阻力又与落体的几何形状、大小及下降速度有关。但是在许多情况下，阻力所起的作用很小，运动的情况主要取决于重力，因而可以忽略空气阻力，这样物体的运动就可看作与几何形状、大小等无关。类似的例子很多，概括这些事实，我们可以看到，在某些问题中，物体的形状和大小与研究的问题无关或者起的作用很小，是次要因素。为了首先抓住主要的因素和掌握它的基本运动规律，我们有必要忽略物体的形状和大小。这样在研究问题中，不计物体形状、大小，只考虑质量并将物体视为一个点，即**质点**。质点在空间占有确定的位置，常用直角坐标系中 x、y、z 值表示。

力对物体的外效应是使物体的运动状态发生变化，力对物体的内效应是使物体发生变形。在通常情况下，机械零件、工程中的结构件在工作时，受力产生的变形是很微小的，往往只有专门的仪器才能测量出来。在很多工程问题中，这种微小的变形对于研究物体的平衡问题影响极小，可以忽略不计。这样忽略了物体微小的变形后便可把物体看作刚体。我们把**刚体**定义为由无穷多个点组成的不变形的几何形体，它在力的作用下保持其形状和大小不变。刚体是对物体加以抽象后得到的一种理想模型，在研究平衡问题时，将物体看成刚体会大大简化问题的研究。

同一个物体在不同的问题中，有时可看作质点，有时要看作刚体，有时则必须看作变形体。例如当研究月球运行轨道时，月球可看作质点；当研究月球自转时，月球要看作刚体。同样，当研究车辆离出发点距离时，车辆可看作质点；当研究车辆转弯时，车辆可看作刚体；当研究车辆振动时，车辆的一些部件则要看作变形体。

三、平衡的概念

物体相对于地面保持静止或匀速直线运动的状态称为物体的平衡状态。例如桥梁、机床的床身、高速公路上匀速直线行驶的汽车等，都处于平衡状态。物体的平衡是物体机械运动的特殊形式。平衡规律远比一般的运动规律简单。

如果刚体在某一个力系作用下处于平衡，则此力系称为**平衡力系**。力系平衡时所满足的条件称为**力系的平衡条件**。力系的平衡条件，在工程中有着十分重要的意义。在设计工程结构的构件或作匀速运动的机械零件时，需要先分析物体的受力情况，再运用平衡条件计算所受的未知力，最后按照材料的力学性能确定几何尺寸或选择适当的材料品种。有时对低速转动或直线运动加速度较小的机械零件，也可近似地应用平衡条件进行计算。人们在设计各种机械零件或结构物时，常常需要静力分析和计算，平衡规律在工程中有着广泛的应用。

第二节　静力学公理

人们在长期的生活和生产活动中，经过实践、认识、再实践、再认识的过程，不仅建立了力的概念，而且总结出力所遵循的许多规律，其中最基本的规律可归纳为以下五条。

一、二力平衡原理

受两力作用的刚体，其平衡的充分必要条件是：**这两个力大小相等，方向相反，并且作用在同一直线上**（见图1-2）。简称此两力等值、反向、共线。即：

$$F_1 = -F_2$$

上述条件对于刚体来说，既是必要又是充分的；但是对于变形体来说，仅仅是必要条件。例如，绳索受两个等值反向的拉力作用时可以平衡，而两端受一对等值反向的压力作用时就不能平衡。

在两个力作用下处于平衡的刚体称为**二力体**。如果物体是某种杆件或构件，有时也称为**二力杆**或**二力构件**。

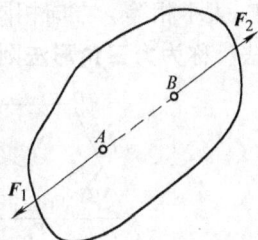

图 1-2　二力平衡

二、加减平衡力系原理

在作用于刚体上的任何一个力系上，加上或减去任意的平衡力系，并不改变原力系对刚体的作用效果。

由二力平衡原理和加减平衡力系原理这两条力的基本规律，可以得到下面的推论：作用在刚体上的一个力，可沿其作用线任意移动作用点而不改变此力对刚体的效应。这个性质称为**力的可传性**，说明力是滑移矢量。在图1-3中，作用在刚体 A 点的力 F，将它的作用点移到其作用线上的任意一点 B，而力对刚体的作用效果不变。特别需要强调的是，当必须考虑物体的变形时，这个性质不再适用。例如图1-4所示拉伸弹簧，力 F 作用于 A 处与作用于 B 处效果完全不同。

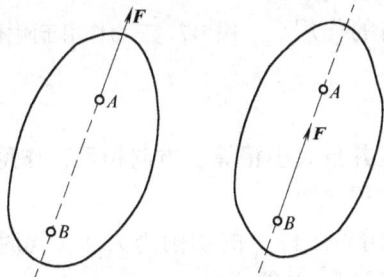

图 1-3　力的滑移　　　　　　　图 1-4　拉伸弹簧

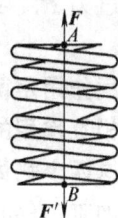

根据力的可传性，**作用在刚体上的力其三要素成为大小、方向和作用线的位置**。这样力矢就可以从它作用线上的任一点画出。

本篇研究刚体静力学，故在本篇以后的叙述中，"物体"也代表"刚体"。

三、力的平行四边形法则

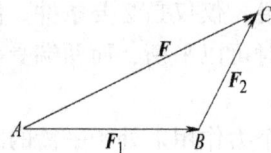

作用在物体上同一点的两个力可以合成为一个合力，合力也作用于该点，其大小和方向由两分力为邻边所构成的平行四边形的对角线表示。图1-5中 F 表示合力，F_1、F_2 表示分力。这种求合力的方法，称为矢量加法，用公式表示为：

$$F = F_1 + F_2$$

上述求合力的方法，称为**力的平行四边形法则**。

为了方便起见，在用矢量加法求合力时，可不必画出整个平行四边形，而是从 A 点作一个与力 F_1 大小相等、方向相同的矢量 AB，如图1-6所示，过 B 点作一个与力 F_2 大小相等、方向相同的矢量 BC，则 AC 就是力 F_1 和 F_2 的合力 F。这种求合力的方法，称为**力三角形法则**。

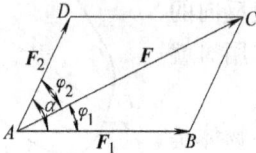

图1-5 力的平行四边形法则　　　　　　　图1-6 力三角形法则

推论(三力平衡汇交定理)　当刚体受三个力作用(其中二个力的作用线相交于一点)而处于平衡时，则此三力必在同一平面内，并且它们的作用线汇交于一点。

证明　图1-7中，刚体上 A、B、C 三点，分别作用着互成平衡的三个力 F_1、F_2、F_3，它们的作用线都在平面 ABC 内，但不平行。F_1 与 F_2 的作用线交于 O 点，根据力的可传性原理，将此两个力分别移至 O 点，则此两个力的合力 F 必定在此平面内且通过 O 点。而 F 必须和 F_3 平衡。由力的平衡条件可知 F_3 与 F 必共线，所以 F_3 的作用线亦必通过 F_1、F_2 的交点 O，即三个力的作用线汇交于一点。

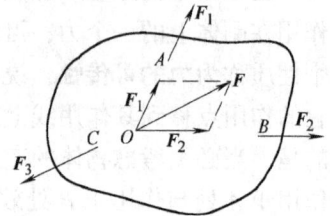

图1-7 三力作用于刚体

四、作用和反作用定律

两个物体间相互作用的一对力，总是同时存在并且大小相等、方向相反、作用线相同，分别作用在这两个物体上。这就是作用和反作用定律。

例如车刀在加工工件时（见图1-8），车刀作用于工件上的切削力为 F，同时工件必有反作用力 F' 加到车刀上。F 和 F' 总是等值、反向、共线。

机械中力的传递，都是通过机器零件之间的作用与反作用的关系来实现的。借助这个定律，我们能够从机器一个零件的受力分析过渡到另一个零件的受力分析。

特别要注意的是必须把作用和反作用定律与二力平衡原理严格地区分开来。作用和反作用定律是表明两个物体相互作用的力学性质，而二力平衡原理则说明一个刚体在两个力作用下处于平衡时两个力应满足的条件。

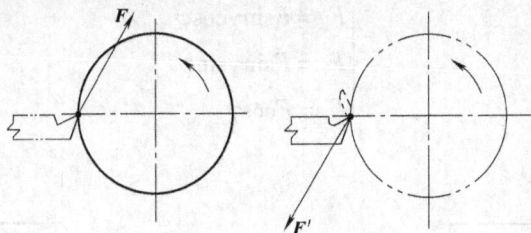

图 1-8　车刀加工工件

五、刚化原理

变形体在某一力系作用下处于平衡，如将此变形体刚化为刚体，其平衡状态保持不变。

此公理提供了把变形体视为刚体模型的条件。如图 1-9 所示，绳索在等值、反向、共线的两个力作用下处于平衡，如果将绳索刚化为刚体，其平衡状态保持不变。反之不一定成立。例如刚体在两个等值、反向的压力作用下平衡，如果将它用绳索代替就不能保持平衡了。

由此可见，刚体的平衡条件是变形体平衡的必要条件，而非充分条件。在刚体静力学的基础上，考虑变形体的特性，可以进一步研究变形体的平衡问题。

以上最基本的五条规律也称为**静力学公理**，这些公理不可能用更简单的原理去代替，

图 1-9　绳索和刚杆

也无需证明而被大家所公认。静力学公理概括了力的基本性质，是建立静力学理论的基础。

第三节　力在直角坐标轴上的投影

设空间直角坐标系 $Oxyz$ 的三个坐标轴如图 1-10 所示，已知力 F 与三根轴的夹角分别为 α、β、γ。此力在 x、y、z 轴上的投影 F_x、F_y、F_z 分别为：

$$\begin{cases} F_x = F\cos\alpha \\ F_y = F\cos\beta \\ F_z = F\cos\gamma \end{cases} \tag{1-1}$$

投影是代数量。例如当 $90° < \alpha \leqslant 180°$ 时，F_x 为负值。

在一些机械问题中，人们往往习惯于采用二次投影法。设力 F 与 z 轴夹角为 γ、在

Oxy 平面分量 F_{xy} 与 x 轴夹角为 φ。如图 1-11 所示，首先将力 F 投影到 z 轴和 Oxy 平面上，分别得到 $F_z = F\cos\gamma$、$F_{xy} = F\sin\gamma$，然后将 F_{xy} 再投影到 x、y 轴上。结果为：

$$\begin{cases} F_x = F\sin\gamma\cos\varphi \\ F_y = F\sin\gamma\sin\varphi \\ F_z = F\cos\gamma \end{cases} \tag{1-2}$$

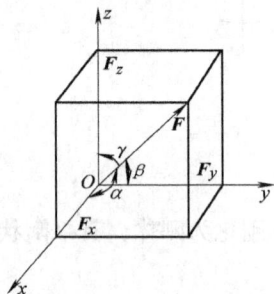

图 1-10   力的投影

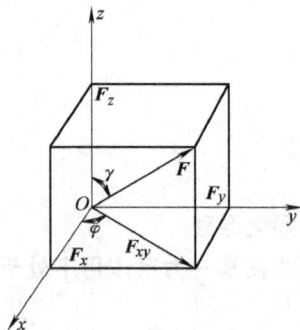

图 1-11   力的二次投影

设 i、j、k 为 x、y、z 轴的单位矢量，若以 F_x、F_y、F_z 分别表示 F 沿直角坐标轴 x、y、z 的三个正交分量（见图 1-12），则：

$$F = F_x + F_y + F_z = F_x i + F_y j + F_z k \tag{1-3}$$

$$\left. \begin{array}{l} F = \sqrt{F_x^2 + F_y^2 + F_z^2} \\[2mm] \alpha = \arccos\dfrac{F_x}{F}, \quad \beta = \arccos\dfrac{F_y}{F}, \quad \gamma = \arccos\dfrac{F_z}{F} \end{array} \right\} \tag{1-4}$$

如果已知投影 F_x、F_x、F_z 的值，力 F 的大小与方向可由式（1-4）确定。

应当注意力的投影和分量的区别：首先力的投影是标量，而力的分量是矢量；其次对于斜交坐标系，力的投影不等于其分量的大小。例如图 1-13 所示斜交坐标系 Oxy，力 F 沿 Ox、Oy 轴的分量大小为 OB 和 OC（见图 1-13a），而对应投影的大小是 OD 和 OE（见图 1-13b），显然它们不相同。

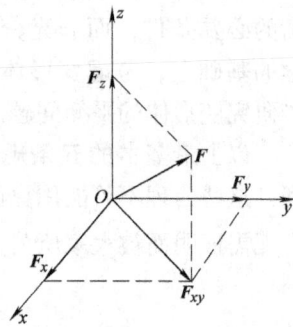

图 1-12 F 的三个正交分量

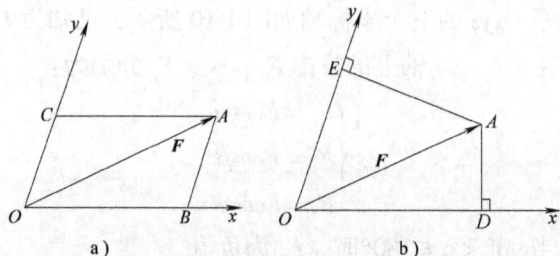

图 1-13   斜交坐标系下力的分量和投影

例1-1　已知圆柱斜齿轮所受的总啮合力 $F = 2828\text{N}$，齿轮压力角 $\alpha = 20°$，螺旋角 $\beta = 25°$，如图 1-14 所示。试计算齿轮所受的圆周力 F_t、轴向力 F_a 和径向力 F_r。

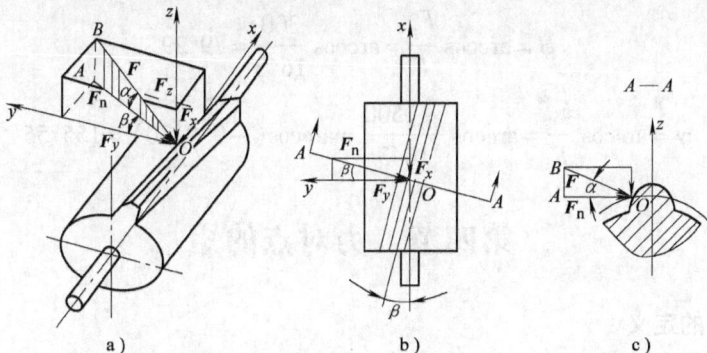

图 1-14　例 1-1 图

解：取坐标系如图 1-14 所示，使 x、y、z 三个轴分别沿齿轮的轴向、圆周的切线方向和径向，先把总啮合力 F 向 z 轴和 Oxy 坐标平面投影，分别为：

$$F_z = -F\sin\alpha = -2828\sin20°\text{N} = -967\text{N}, \quad F_n = F\cos\alpha = 2828\cos20°\text{N} = 2657\text{N}$$

再把力二次投影到 x 和 y 轴上，得到

$$F_x = -F_n\sin\beta = -F\cos\alpha\sin\beta = -2828\cos20°\sin25°\text{N} = -1123\text{N}$$

$$F_y = -F_n\cos\beta = -F\cos\alpha\cos\beta = -2828\cos20°\cos25°\text{N} = -2408\text{N}$$

各分力的大小分别等于对应投影的绝对值，即：

轴向力 F_a 大小：$F_a = |F_x| = 1123\text{N}$，圆周力 F_t 大小：$F_t = |F_y| = 2408\text{N}$

径向力 F_r 大小：$F_r = |F_z| = 967\text{N}$

例1-2　在数控车床上加工外圆时，已知被加工件对车刀的作用力（即切削抗力）的三个分力为：$F_p = 300\text{N}$，$F_f = 600\text{N}$，$F_c = -1500\text{N}$，如图 1-15 所示，试求合力的大小和方向。

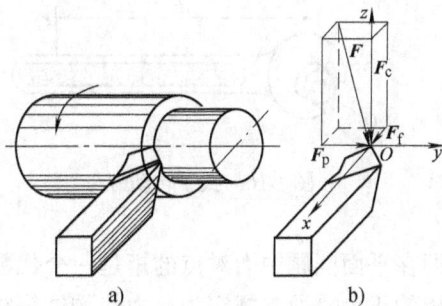

图 1-15　例 1-2 图

a) 车削　b) 车削切削力

解：取直角坐标系 $Oxyz$ 如图 1-15 所示。合力 F 在 x、y、z 坐标轴上的分力为 F_f、F_p、F_c。由于力在直角坐标轴上的投影和力沿相应直角坐标轴的分力在数值上相等，所以合力 F 的大小和方向可由公式（1-4）求得，即：

合力的大小为：

$$F = \sqrt{F_f^2 + F_p^2 + F_c^2} = \sqrt{600^2 + 300^2 + (-1500)^2}\text{N} = 1643\text{N}$$

合力与 x、y、z 轴的夹角分别为

$$\alpha = \arccos \frac{F_f}{F} = \arccos \frac{600}{1643} = 68°35'$$

$$\beta = \arccos \frac{F_p}{F} = \arccos \frac{300}{1643} = 79°29'$$

$$\gamma = \arccos \frac{F_c}{F} = \arccos \frac{-1500}{1643} = \arccos(-0.9130) = 155°55'$$

第四节　力对点的矩

一、力矩的定义

用扳手转动螺母时，螺母的轴线固定不动，轴线在图面上的投影为点 O，如图 1-16 所示。力 F 可以使扳手绕点 O（即绕通过点 O 垂直于图面的轴）转动。由经验可知，力 F 越大，螺钉就拧得越紧；力 F 的作用线与螺钉中心 O 的距离越远，就越省力。显然，力 F 使扳手绕点 O 的转动效应，取决于力 F 的大小和力作用线到点 O 的垂直距离 h。这种转动效应可用**力对点的矩**来度量。力对点的矩实际上是力对通过矩心且垂直于平面的轴的矩。

设平面上作用一力 F，在该平面内任取一点 O 称为**力矩中心**，简称**矩心**，如图 1-17 所示。点 O 到力作用线的垂直距离 h 称为力臂。力 F 对点 O 的矩用 $M_O(F)$ 表示或 M_O 表示，计算公式为：

$$M_O(F) = \pm Fh \tag{1-5}$$

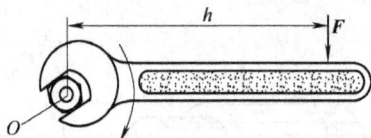

图 1-16　扳手转动螺母

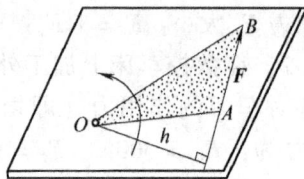

图 1-17　力对点的矩

即在平面问题中力对点的矩是一个代数量，它的绝对值等于力的大小与力臂的乘积，力矩的正负号通常规定为：力使物体绕矩心逆时针方向转动时为正，顺时针方向转动时为负。

力矩在下列两种情况下等于零：（1）力的大小等于零；（2）力的作用线通过矩心，即力臂等于零。

力矩的量纲是［力］·［长度］，在法定计量单位中以牛顿·米（N·m）为单位。

二、平面问题中力对点的矩的解析表达式

在力对点的矩的计算中，还常用解析表达式。由图 1-18 可见，力对坐标原点的矩：

$$M_O(\boldsymbol{F}) = Fh = Fr\sin(\alpha - \theta) = Fr\sin\alpha\cos\theta - Fr\cos\alpha\sin\theta$$
$$= r\cos\theta \cdot F\sin\alpha - r\sin\theta \cdot F\cos\alpha$$

由于力 $\boldsymbol{F}$ 作用点 A 坐标 $x = r\cos\theta, y = r\sin\theta$；力 $\boldsymbol{F}$ 在 x 轴投影 $F_x = F\cos\alpha$，在轴 y 投影为 $F_y = F\sin\alpha$。所以

$$M_O(\boldsymbol{F}) = xF_y - yF_x \qquad (1\text{-}6)$$

一旦知道力作用点的坐标 x、y 和力在坐标轴上的投影 F_x、F_y，利用式（1-6）便可计算出力对坐标原点之矩，式（1-6）称为力矩的解析表达式。

例1-3 力 $\boldsymbol{F}$ 作用在托架上，如图 1-19 所示。已知 $F = 480\text{N}$，$a = 0.2\text{m}$，$b = 0.4\text{m}$。试求力 $\boldsymbol{F}$ 对 B 点之矩。

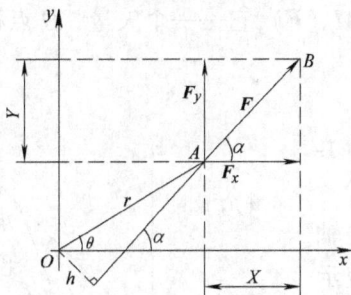

图 1-18 力矩的计算　　　　　　　　图 1-19 例 1-3 图

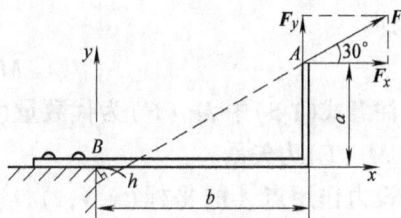

解：直接计算矩心 B 到力 $\boldsymbol{F}$ 作用线的垂直距离 h 比较麻烦。现建立直角坐标系 Bxy，将力 $\boldsymbol{F}$ 沿水平方向 x 和垂直方向 y 分解：

$$F_x = F\cos30°, \quad F_y = F\sin30°$$

由公式（1-6）得到力 $\boldsymbol{F}$ 对 B 点之矩：

$$M_B(\boldsymbol{F}) = x_A F_y - y_A F_x = bF\sin30° - aF\cos30°$$
$$= F(b\sin30° - a\cos30°) = 480 \times (0.4 \times 0.5 - 0.2 \times 0.866)\text{N} \cdot \text{m}$$
$$= 12.9\text{N} \cdot \text{m}$$

例1-4 制动踏板如图 1-20 所示。已知 $F = 300\text{N}$，$a = 0.25\text{m}$，$b = c = 0.05\text{m}$，推杆顶力 $\boldsymbol{F}_S$ 为水平方向，$\boldsymbol{F}$ 与水平线夹角 $\alpha = 30°$。试求踏板平衡时，推杆顶力 $\boldsymbol{F}_S$ 的大小。

解：踏板 AOB 为绕定轴 O 转动的杠杆，力 $\boldsymbol{F}$ 对 O 点矩与力 $\boldsymbol{F}_S$ 对 O 点矩相互平衡。力 $\boldsymbol{F}$ 作用点 A 坐标为：

$$x = b = 0.05\text{m}, y = a = 0.25\text{m}$$

力 $\boldsymbol{F}$ 在 x、y 轴投影为：

$$F_x = -F\cos30° = -260\text{N} \quad F_y = -F\sin30° = -150\text{N}$$

由公式（1-6）得到力 $\boldsymbol{F}$ 对 O 点的矩：

$$M_O(\boldsymbol{F}) = xF_y - yF_x = [0.05 \times (-150) - 0.25 \times (-260)]\text{N}$$

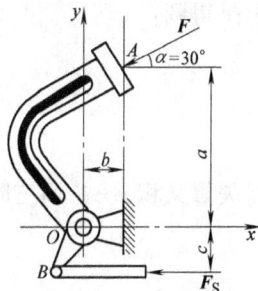

图 1-20 刹车踏板

$$= 57.5\text{N}$$

力 F_s 对 O 点的矩等于 $F_s c$，由杠杆平衡条件 $\sum_{i=1}^{n} M_O(F_i) = 0$，得到：

$$F_s = \frac{M_O(F)}{c} = \frac{57.5}{0.05}\text{N} = 1150\text{N}$$

三、空间问题中力对点的矩

力矩是度量力对物体的转动效应的物理量。对空间三维问题，我们需要建立力对点的矩的矢量表达式。

设 O 点为空间的任意定点，自 O 点至力 F 的作用点 A 引矢径 r，如图 1-21 所示。r 和 F 的矢积（叉积）称为力 F 对 O 点的矩，记作 $M_O(F)$，它是一个矢量，O 点称为矩心。即：

$$M_O(F) = r \times F \tag{1-7}$$

注意式(1-5)中 $M_O(F)$ 为代数量(标量)，而式(1-7)中 $M_O(F)$ 为矢量。

设力作用点 A 的坐标 (x, y, z)，i、j、k 为 x、y、z 轴上单位矢量，力 F 用坐标轴上的投影 F_x、F_y、F_z 表示为：

$$F = F_x i + F_y j + F_z k \tag{1-8}$$

矢量叉积运算中 $i \times i = j \times j = k \times k = 0$，$i \times j = -j \times i = k$，$j \times k = -k \times j = i$，$k \times i = -i \times k = j$。以 M_{Ox}、M_{Oy}、M_{Oz} 分别表示力矩 $M_O(F)$ 在 x、y、z 轴上的投影，由于

图 1-21　力对 O 点的矩

$$r = xi + yj + zk \tag{1-9}$$

将(1-8)、(1-9)式代入式(1-7)中,根据矢量叉积的运算规则,得到：

$$\begin{aligned}
M_O(F) &= M_{Ox} i + M_{Oy} j + M_{Oz} k = r \times F \\
&= (xi + yj + zk) \times (F_x i + F_y j + F_z k) \\
&= (yF_z - zF_y)i + (zF_x - xF_z)j + (xF_y - yF_x)k
\end{aligned} \tag{1-10}$$

于是得到：

$$\begin{cases}
M_{Ox} = yF_z - zF_y \\
M_{Oy} = zF_x - xF_z \\
M_{Oz} = xF_y - yF_x
\end{cases} \tag{1-11}$$

将矢量叉积 $r \times F$ 用三阶行列式表示：

$$M_O(F) = \begin{vmatrix} i & j & k \\ x & y & z \\ F_x & F_y & F_z \end{vmatrix} \tag{1-12}$$

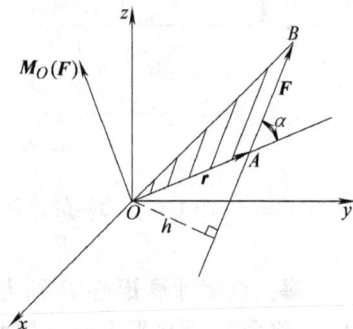

在计算机上进行数值计算常运用公式（1-11）编制程序，公式（1-12）简捷明了便于记忆。

例 1-5　如图 1-22 所示，大小为 200N 的力 F 平行于 Oxz 平面，作用于曲柄的右端 A 点，曲柄在 Oxy 平面内。试求力 F 对坐标原点 O 的力矩 $M_O(F)$。

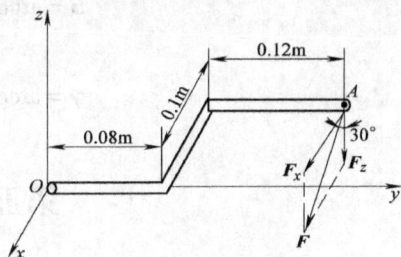

解：曲柄上的右端 A 点坐标为：

$$x = -0.1\text{m},\ y = 0.2\text{m},\ z = 0.0$$

力 F 在 x、y、z 轴上的投影为：

$$F_x = F\sin 30° = 200 \times 0.5\text{N} = 100\text{N}$$

$$F_y = 0$$

$$F_z = -F\cos 30° = -200 \times 0.866\text{N} = -173.2\text{N}$$

图 1-22　例 1-5 图

力 F 对 O 点矩为：

$$M_O(F) = \begin{vmatrix} i & j & k \\ x & y & z \\ F_x & F_y & F_z \end{vmatrix} = \begin{vmatrix} i & j & k \\ -0.1 & 0.2 & 0 \\ 100 & 0 & -173.2 \end{vmatrix}$$

$$= \begin{vmatrix} 0.2 & 0 \\ 0 & -173.2 \end{vmatrix} i - \begin{vmatrix} -0.1 & 0 \\ 100 & -173.2 \end{vmatrix} j + \begin{vmatrix} -0.1 & 0.2 \\ 100 & 0 \end{vmatrix} k$$

$$= 0.2 \times (-173.2)i - (-0.1) \times (-173.2)j - 0.2 \times 100k$$

$$= -34.6i - 17.3j - 20k$$

即 $M_{Ox} = -34.6\text{N} \cdot \text{m}, M_{Oy} = -17.3\text{N} \cdot \text{m}, M_{Oz} = -20\text{N} \cdot \text{m}$。

例 1-6　如图 1-23 所示，已知力 F 作用点 A 坐标（3,4,5），单位为米；对 O 点力矩 $M_O(F) = -6i + 7j - 2k$，单位为牛顿·米。试求力 F 的大小和方向。

解：力作用点 A 坐标为：$x = 3\text{m}, y = 4\text{m}, z = 5\text{m}$

力 F 对 O 点矩在坐标轴上投影为 $M_{Ox} = -6\text{N} \cdot \text{m}$，$M_{Oy} = 7\text{N} \cdot \text{m}, M_{Oz} = -2\text{N} \cdot \text{m}$

力矢量表达为：$F = F_x i + F_y j + F_z k$

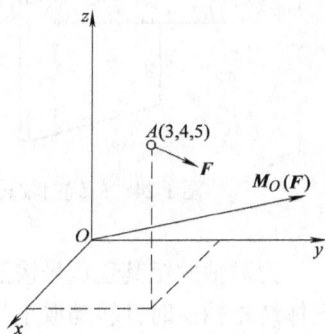

将坐标值、力和力矩投影代入式(1-11)得到：

$$\begin{cases} 4F_z - 5F_y = -6 \\ 5F_x - 3F_z = 7 \\ 3F_y - 4F_x = -2 \end{cases}$$

图 1-23　例 1-6 图

求解上述三元一次方程组，得到 $F_x = F_y = 2\text{N}, F_z = 1\text{N}$。将 F_x、F_y、F_z 代入公式(1-4)求得力 F 的大小：

$$F = \sqrt{F_x^2 + F_y^2 + F_z^2} = \sqrt{2^2 + 2^2 + 1^2}\text{N} = 3\text{N}$$

力 F 与 x、y、z 轴夹角分别为：

$$\alpha = \arccos \frac{F_x}{F} = \arccos \frac{2}{3} = 48°11'$$

$$\beta = \arccos \frac{F_y}{F} = \arccos \frac{2}{3} = 48°11'$$

$$\gamma = \arccos \frac{F_z}{F} = \arccos \frac{1}{3} = 70°31'$$

第五节 力对轴的矩

在机电系统中,存在着大量绕固定轴转动的构件,例如电机转子、齿轮、飞轮、机床主轴等。力对轴的矩是度量作用力对绕轴转动物体作用效果的物理量。我们讨论图 1-24 所示手推门的情况。设门绕固定轴 z 转动,其上 A 点受力 F 的作用。将力 F 沿 z 轴和垂直于 z 轴的 H 平面分解为 F_z 和 F_{xy} 两个分量。实践表明,分力 F_z 不能使刚体绕 z 轴转动,只有分力 F_{xy} 才能使刚体产生绕 z 轴的转动。所以力 F 对 z 轴的转动效应取决于分力 F_{xy} 对 O 点的矩,称为力 F 对 z 轴的矩,以符号 $M_z(F)$ 表示。扩展到一般情形,如图 1-25 所示,定义:**力 F 对任意轴 z 的矩,等于力 F 在垂直于 z 轴的 H 平面上的分力 F_{xy} 对 z 轴与平面 H 交点 O 的矩。**

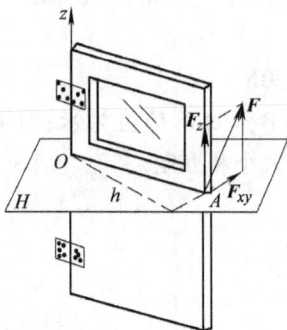

图 1-24 门绕门轴转动

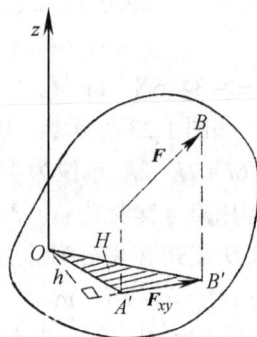

图 1-25 力对 z 轴的矩

力对轴的矩其正负号按照右手螺旋规则确定。即从矩轴的正端向另一端看去,力使刚体绕矩轴逆时针转动取正号,顺时针转动取负号。

根据上面的定义可知,力对轴的矩为零的条件是:

1) 若力 F 的作用线与轴平行,则 F_{xy} 等于零,故力对轴的矩为零;

2) 若力 F 的作用线与轴相交,则力臂为零,故力对轴的矩也为零。

概括上述两种情况,得到:当力的作用线与轴共面时,力对轴的矩为零。

当力不为零并且它的作用线与轴是异面直线时,力对轴的矩不等于零。力对轴的矩的单位是牛顿·米(N·m)。

讨论图 1-26 所示的一般情形,设力 F 的作用点 A 的坐标为 x、y、z,力 F 沿着坐标轴的分力分别为 F_x、F_y、F_z,在坐标轴上的投影为 F_x、F_y、F_z。按力对轴的矩的定义得到力对 x、y、z 坐标轴的矩的解析表达式

$$\begin{cases} M_x(F) = yF_z - zF_y \\ M_y(F) = zF_x - xF_z \\ M_z(F) = xF_y - yF_x \end{cases} \qquad (1\text{-}13)$$

对照式(1-11)、式(1-13),得到

$$\begin{cases} M_{Ox} = M_x(F) \\ M_{Oy} = M_y(F) \\ M_{Oz} = M_z(F) \end{cases} \qquad (1\text{-}14)$$

注意到力 F 对任意轴的矩 $M_x(F)$、$M_y(F)$、$M_z(F)$ 为代数量,是标量;而力对点的矩 $M_O(F)$ 是矢量,$M_O(F) =$

图 1-26　力对 x、y、z 轴的矩

$M_{Ox}i + M_{Oy}j + M_{Oz}k$,$M_{Ox}$、$M_{Oy}$ 和 M_{Oz} 是 $M_O(F)$ 在 x、y、z 轴的投影。由式(1-14)得到力矩关系定理:**力 F 对点 O 的力矩矢 $M_O(F)$ 在 $Oxyz$ 坐标轴上的投影等于力 F 对 x、y、z 轴的力矩。**

例1-7　构件 OA 在 A 点受到作用力 $F = 1000\text{N}$,方向如图 1-27a 所示。图中 A 点在 Oxy 平面内,尺寸如图所示。试求力 F 对 x、y、z 坐标轴的矩 $M_x(F)$、$M_y(F)$、$M_z(F)$。

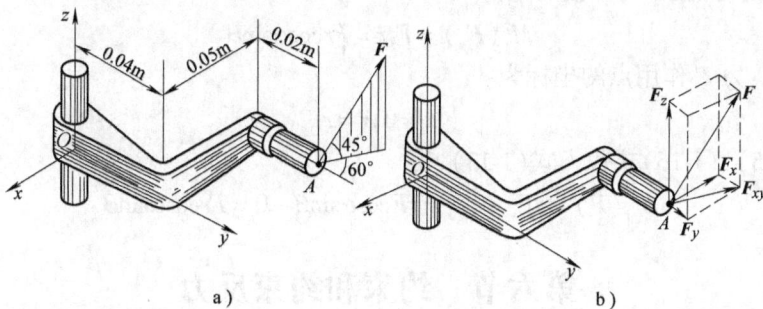

图 1-27　例 1-7 图

解:力 F 作用点 A 的坐标为:
$$x = -0.05\text{m}, y = 0.06\text{m}, z = 0.0$$
力 F 在 x、y、z 轴上的投影为:
$$F_x = -F\cos45° \cdot \sin60° = -1000 \times 0.707 \times 0.866\text{N} = -612\text{N}$$
$$F_y = F\cos45° \cdot \cos60° = 1000 \times 0.707 \times 0.5\text{N} = 354\text{N}$$
$$F_z = F\sin45° = 1000 \times 0.707\text{N} = 707\text{N}$$
将各个量代入式(1-13),得到力 F 对三个坐标轴的矩分别为:
$$M_x(F) = yF_z - zF_y = 0.06 \times 707\text{N} \cdot \text{m} = 42.4\text{N} \cdot \text{m}$$

$$M_y(F) = zF_x - xF_z = -(-0.05) \times 707.1 \text{N} \cdot \text{m} = 35.4 \text{N} \cdot \text{m}$$

$$M_z(F) = xF_y - yF_x = [(-0.050) \times 354 - 0.06 \times (-612)] \text{N} \cdot \text{m} = 19 \text{N} \cdot \text{m}$$

例1-8 半径为 r 的斜齿轮,其上作用一力 F,如图1-28a所示,求力 F 对 y 轴的矩。

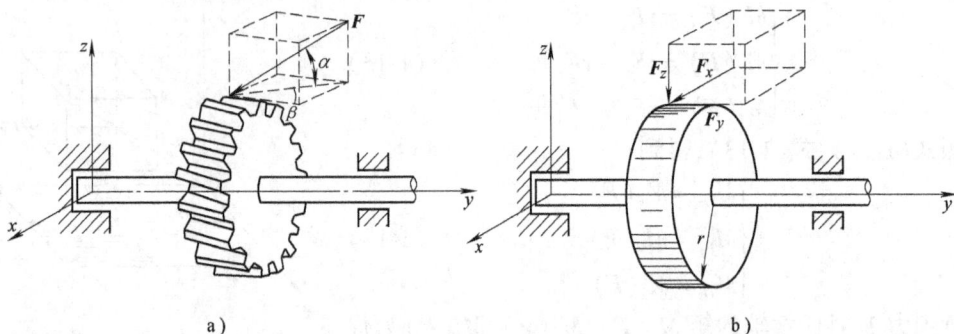

图1-28 例1-8图

解:将力 F 沿 x、y、z 轴分解,其大小为:

$$F_x = F\cos\alpha\sin\beta, \quad F_y = -F\cos\alpha\cos\beta, \quad F_z = -F\sin\alpha \tag{1-15}$$

方法一:由于 F_y 与 y 轴平行,F_z 的作用线与 y 轴相交,故它们对 y 轴的矩等于零。由图1-28b可以看出 F_x 对 y 轴的矩为

$$M_y(F_x) = F_x r = Fr\cos\alpha\sin\beta$$

方法二:力 F 作用点的坐标为:

$$x = 0, z = r \tag{1-16}$$

将(1-15)、(1-16)式代入式(1-13),得

$$M_y(F) = zF_x - xF_z = rF\cos\alpha\sin\beta - 0 = Fr\cos\alpha\sin\beta$$

第六节　约束和约束反力

在空间自由运动,其位移不受限制的物体称为**自由体**。例如飞行中的飞机、热气球、火箭等。而某些物体的位移受到事先给定的限制,不可能在空间自由运动,这种物体称为**非自由体**。例如高速铁路上列车受铁轨的限制只能沿轨道方向运动;数控机床工作台受到床身导轨的限制只能沿导轨移动;电机转子受到轴承的限制只能绕轴线转动。事先给定的限制物体运动的条件称为**约束**。对非自由体的某些位移起限制作用的周围物体也可称为约束。例如铁轨对列车、导轨对工作台、轴承对转子等都是约束。

既然约束能够限制物体沿某些方向的位移,因而当物体沿着约束所限制的方向有运动趋势时,约束就与物体之间互相存在着作用力。约束作用于物体以限制物体沿某些方向发生位移的力称为**约束反力**或**约束力**,简称**反力**。约束反力以外的其他力统称为**主动力**,例如电磁力、切削力、流体的压力、万有引力等,它们往往是给定的或可测定的。

约束反力的方向必与该约束所能阻碍的运动方向相反。应用这个准则，可以确定约束反力的方向或作用线的位置。例如地面对人的约束是阻碍人向地下运动，其约束反力只能向上。约束反力的大小往往是未知的，在静力学问题中，约束反力与主动力组成平衡力系，因此可用平衡条件求出约束反力。

机械中大量平衡问题是非自由体的平衡问题。任何非自由体都受到约束力的作用，因此研究约束及其反力的特征对于解决静力平衡问题具有十分重要的意义。下面介绍在工程实际中常遇到的几种基本约束类型和确定约束反力的方法。

一、柔索约束

工程中钢丝绳、带、链条、尼龙绳等都可以简化为柔软的绳索，简称**柔索**。讨论非常简单的绳索吊挂物体情况，如图 1-29a 所示。由于柔软的绳索本身只能承受拉力（见图 1-29b），所以它给物体的约束反力也只能是拉力（见图 1-29c）。因此，柔索对物体的约束反力，作用在接触点，方向沿着柔索背离物体（即柔索承受拉力）。通常约束反力用 F_T 或 F_S 表示。再讨论铁链吊起减速箱盖（见图 1-30a）。箱盖重为 G，将铁链视为柔索，只能承受拉力，根据约束反力的性质，铁链作用于箱盖的力为 F_{S_B}、F_{S_C}，铁链作用于圆环 A 的力为 F_{T_B}、F_{T_C}、F_{T_A}，其方向如图 1-30b 所示。带同样只能承受拉力。当绕过带轮时，约束反力沿轮缘的切线方向，如图 1-31 所示。

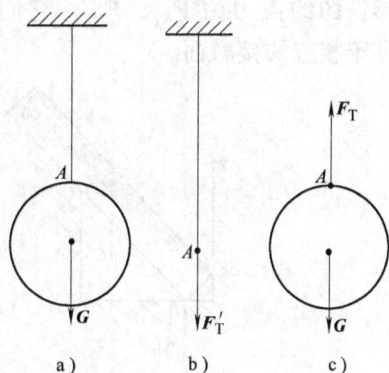

图 1-29 绳索吊挂物体

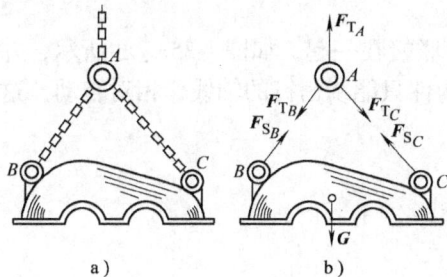

图 1-30 铁链吊起减速箱盖

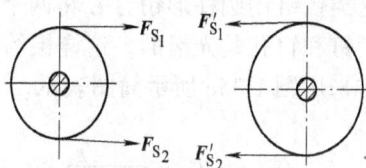

图 1-31 带轮受力

二、具有光滑接触表面的约束

在所研究的问题中，如果两个物体接触面之间的摩擦力很小，可以忽略不计时，则认为接触面是光滑的。例如支撑物体的固定平面（见图 1-32a）、啮合齿轮的齿面（见图 1-32b）、直杆搁置在凹槽中（见图 1-33）、重为 G 的光滑圆轴搁在 V 形铁上（见图 1-34）。讨论图 1-32 所示情况，支承面不能限制物体沿约束表面切线的位移，只能阻碍物体沿接触表面法线方向的位移。因此，光滑接触面对物体的约束反力，作用在接触点处，作用线方向沿接触表面的公法线，并指向物体（即物体受压力）。这种约束反力称为**法向反力**，用 F_N 表示。如图 1-32a 中的 F_{N_A} 和图 1-32b 中 F_{N_B}。图 1-33 中直杆在 A、B、C 三点受到约束，按照光滑接触面的性质，约束力 F_{N_A}、F_{N_B} 和 F_{N_C} 分别为方向沿相应接触面公法线。图 1-34 中，圆轴受到 V 形铁的约束力为 F_{N_A}、F_{N_B}，它们的方向垂直于相应的接触面。

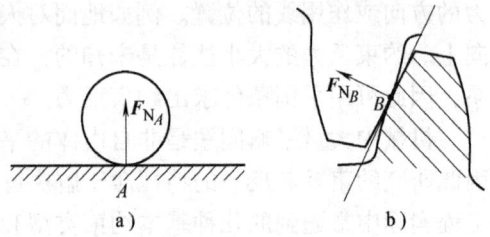

图 1-32 圆球、齿面法向受力

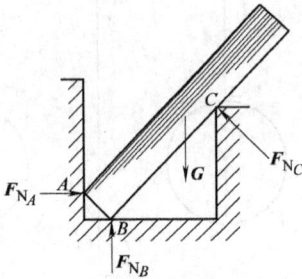

图 1-33 处在凹槽中的直杆

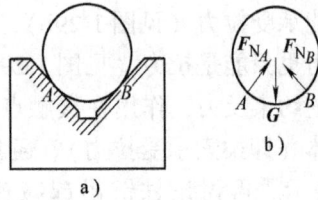

图 1-34 V 形铁上的光滑圆轴
a) V 形铁上的圆轴 b) 圆轴受力分析

三、光滑圆柱铰链约束

光滑圆柱铰链约束是由两个带有圆孔的构件并由圆柱销钉联接构成。它在机械工程中有许多具体应用形式。

1. 光滑圆柱销钉联接

这类铰链用圆柱形销钉 C 将两个物体 A、B 联接在一起，如图 1-35a、b 所示，并且假定销钉和钉孔是光滑的。这样被约束的两个构件只能绕销钉的轴线作相对转动，这种约束常采用图 1-35c 所示简图表示。

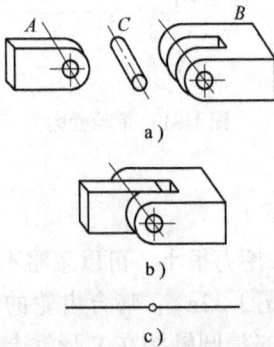

图 1-35 圆柱形销钉

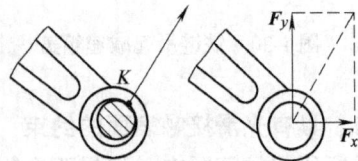

图 1-36 销钉的作用力

在图 1-36 中，如果忽略不计微小的摩擦，销钉与物体实际上是以两个光滑圆柱面相接触的。当物体受主动力作用时，柱面间形成线接触，若把 K 点视为接触点，按照光滑面约束反力的特点，可知销钉给物体的约束反力应沿接触点 K 的公法线，必通过销钉中心（即铰链中心），但因主动力的方向不能预先确定，所以约束反力方向也不能预先确定。由此可得如下结论：圆柱形销钉联接的约束反力必通过铰链中心，方向不定。约束反力用两个正交分力 F_x、F_y 来表示。

机械工程中采用圆柱销钉联接的实例很多，图 1-37 所示为曲柄滑块机构的简图。曲柄 OA 与连杆 AB、连杆 AB 与滑块 B 分别用光滑圆柱销钉 A、B 联接起来。

需要指出，对光滑圆柱销钉联接的两个构件进行受力分析时，通常把光滑圆柱销钉看作固定在其中一个构件上，一般不画销钉受力图，只有在需要分析圆柱销钉的受力时才把销钉分离出来单独研究。

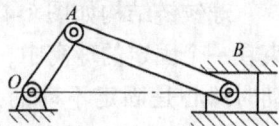

图 1-37　曲柄滑块机构

2. 向心轴承

轴承是机器中常见的一种约束，它的性质与铰链约束性质相同，只是在这里轴本身是被约束的物体，向心轴承包括**向心滑动轴承**（见图 1-38）和**向心滚动轴承**（见图 1-39）。向心轴承在受力分析上与光滑圆柱销钉联接相同。对于向心滑动轴承，转轴的轴颈受到约束反力 F 的作用，反力 F 的作用线在垂直于轴线的对称平面内，其方向不能预先确定，故采用两个正交分力 F_x、F_y 表示。同样，对于向心滚动轴承，在垂直于轴线的平面内，轴承只限制轴的移动而不限制轴的转动，所受约束性质与光滑圆柱销钉连接相同，约束反力可用两个正交分力 F_x、F_y 表示。

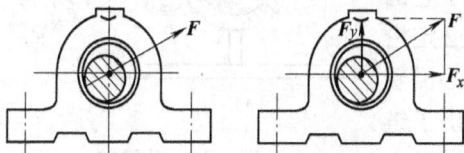

图 1-38　向心滑动轴承

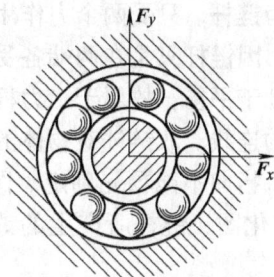

图 1-39　向心滚动轴承

3. 固定铰链支座

工程中常用铰链将机器人相邻构件联接起来，桥梁、起重机的起重臂等构件同支座或机架之间也采用铰链联接。当转轴轴线在空间固定不动时，构成**固定铰链支座**。图 1-40a 表示桥梁 A 端用固定铰链支座支承，其构造如图 1-40b 所示。固定铰链支座的约束反力往往不能预先确定，因此采用两个正交分力 F_x、F_y 表示（见图 1-40c）。

4. 可动铰链支座

图 1-40a 桥梁的 *B* 端为辊轴支座支承。如果在支座和支承面之间有辊轴，就称为**可动铰链支座**或**辊轴支座**，其构造如图 1-40d 所示。因为有了辊轴，且支承面视为光滑，支座对结构沿支承面的运动没有限制，所以可动铰链支座的约束反力 *F* 垂直于支承面。图 1-40e 为可动铰链支座的简化图。当桥梁因热胀冷缩而长度发生变化时，可动铰链支座相应地沿支承面移动，从而避免了桥梁产生温度应力。

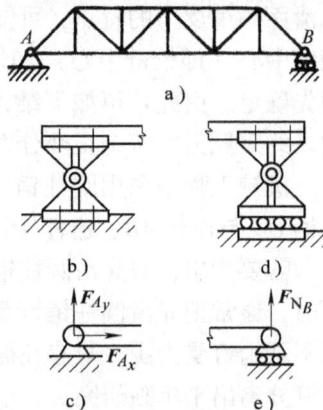

图 1-40 铰链支座

四、光滑球铰链约束

球铰链结构如图 1-41a 所示，杆端为球形，它被约束在一个固定的球窝中，球和球窝半径近似相等，球转动时球心是固定不动的，杆可以绕球心在空间任意转动。球铰链应用于空间问题，例如电视机室内天线与基座的联接，机床上照明灯具的固定，汽车上变速操纵杆的固定以及照相机与三脚架之间的接头等。对于光滑球铰链约束，由于不计摩擦，并且球只能绕球心相对转动，所以约束反力必通过球心并且垂直于球面，即沿半径方向。因为预先不能确定球与球窝接触点的位置，所以约束反力在空间的方位不能确定。图 1-41b 为球铰链简图的表示方法。约束反力以三个正交分量 F_{Ox}、F_{Oy}、F_{Oz} 表示。

五、链杆约束

两端用光滑铰链与其他物体相连且不计自重的刚性直杆称为**链杆**。只受两个力作用并且平衡的构件称为**二力杆**。因链杆只是在两端各受到铰链作用于它的一个力而处于平衡，故属于二力杆，这两个力必定沿转轴中心的连线。故链杆对物体的约束反力也必沿着链杆轴线，指向不能预先确定。图 1-42a 中画出了链杆 *AB* 的简化图，链杆所产生的约束反力 F_{S_A} 如图 1-42b 所示。

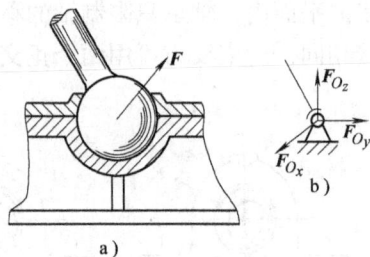

图 1-41 球铰链

以上介绍的几种约束是比较常见的类型，在实际机械工程中应用的约束有时不完全是上述各种典型的约束形式，这时我们应该对实际约束的构造及其性质进行全面考虑，抓住主要矛盾，忽略次要因素，将其近似地简化为相应的典型约束形式，以便计算分析。

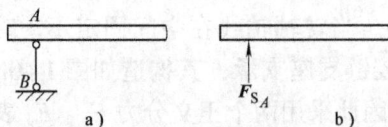

图 1-42 链杆 *AB*

第七节 物体的受力分析和受力图

在工程实际中，为了求出未知的约束反力，需要根据已知力，应用平衡条件求解。为此先要确定构件受到几个力，各个力的作用点和力的作用方向，这个分析过程称为**物体的受力分析**。

作用在物体上的力可分为**主动力**和**被动力**两类。对于物体的约束反力是未知的被动力。约束反力以外的其他力称为主动力。

静力学中要研究力系的简化和力系的平衡条件，就必须分析物体的受力情况。为此我们把所研究的非自由体解除全部约束，将它所受的全部主动力和约束反力画在其上，这种表示物体受力的简明图形，称为**受力图**。为了正确地画出受力图，应当注意下列问题：

1. 明确研究对象

所谓研究对象就是所要研究的受力体，它往往是非自由体。求解静力学平衡问题，首先要明确研究对象是哪一个物体。明确后要分析它所受的力。在研究对象不明，受力情况不清的情况下，不要忙于画受力图。

2. 取分离体，画受力图

明确研究对象后，我们把研究对象从它周围物体的联系中分离出来，把其他物体对它的作用以相应的力表示，这就是取分离体、画受力图的过程。分离体是解除了约束的自由体，它受到主动力和约束反力的作用。画出主动力相对容易一些，分析受力的关键在于确定约束反力的方向，因此要特别注意判断约束反力的作用点、作用线方向和力的指向。建议根据以下三条原则来判断约束反力：

1）将约束按照性质归入某类典型约束，例如光滑接触面、光滑圆柱铰链、链杆等，根据典型约束的约束反力特征，可以确定反力的作用点、作用线方向和力的指向。这是分析约束反力的基本出发点。

2）运用二力平衡条件或三力平衡汇交定理确定某些约束反力。例如构件受三个不平行的力作用而处于平衡，已知两力作用线相交于一点，第三个力为未知的约束反力，则此约束反力的作用线必通过此交点。

3）按照作用力和反作用力规律，分析两个物体之间的相互作用力。讨论作用力和反作用力时，要特别注意明确每一个力的受力体和施力体。研究对象是受力体，要把其他物体对它的作用力画在它的受力图上。当研究对象改变时，受力体也随着改变。

下面举例说明受力图的画法。

例1-9 质量为 m 的球，用绳挂在光滑的铅直墙上，如图1-43a所示。试画出此球的受力图。

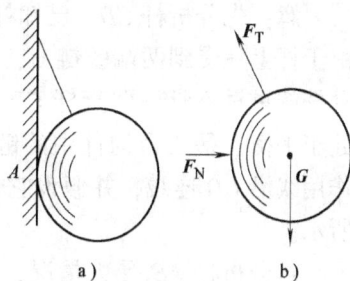

a) b)

图1-43 例1-9图

解: (1) 以球为研究对象,画出图 1-43b 所示分离体。解除绳和墙的约束;

(2) 画出主动力 G;

(3) 画出绳的约束反力 F_T 和光滑面约束反力 F_N。

例 1-10 两个圆柱放在图 1-44a 所示的槽中,圆柱的重量分别为 G_1、G_2,已知接触处均光滑。试分析每个圆柱的受力情况。

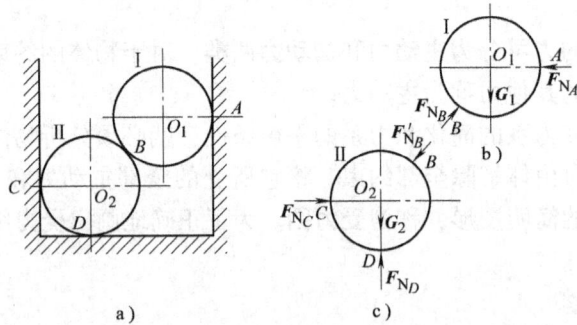

图 1-44 例 1-10 图

解: (1) 分析圆柱 I 的受力情况。取圆柱 I 为研究对象,画出分离体;圆柱 I 的主动力为 G_1;圆柱 I 在 A 和 B 两处都受到光滑面约束,其反力 F_{NA}、F_{NB} 都通过圆柱 I 的中心 O_1。圆柱 I 的受力图如图 1-44b 所示。

(2) 分析圆柱 II 的受力情况。取圆柱 II 为研究对象,画出分离体;圆柱 II 的主动力除了自重 G_2 外,还有上面圆柱 I 传来的压力 F'_{NB},注意到 F'_{NB} 与 F_{NB} 为作用力和反作用力,B、C、D 三处都受到光滑面约束,其反力 F'_{NB}、F_{NC}、F_{ND} 都通过圆柱 II 的中心 O_2。并且 $F'_{NB} = -F_{NB}$。圆柱 II 的受力图如图 1-44c 所示。

例 1-11 如图 1-45a 所示,梁 AB 的 B 端受到载荷 F 的作用,A 端以光滑圆柱铰链固定于墙上,C 处受直杆支撑,C、D 均为光滑圆柱铰链,不计梁 AB 和直杆 CD 的自身重量,试画出杆 CD 和梁 AB 的受力图。

解: 先分析杆 CD,已知杆 CD 处于平衡状态,由于杆上只受到两端铰链 C、D 的约束反力作用,且杆的重量不计,即直杆 CD 在 F_C 和 F_D 作用下处于平衡,是二力构件中的链杆。所以 F_C 和 F_D 作用线沿 CD 连线,并假设它们的指向如图 1-45b 所示。

再分析杆 AB 受力情况,力 F 垂直向下,杆 CD 通过铰链 C 对 AB 杆的作用力 F'_C,F'_C 为 F_C 的

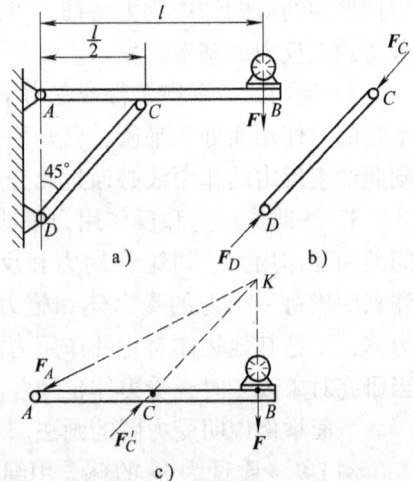

图 1-45 例 1-11 图

反作用力，方向为从 D 指向 C，F'_C 与力 F 的作用线相交于 K 点，由三力平衡汇交定理得到 F_A 必沿 AK 方向，如图 1-45c 所示。至于约束反力的大小和指向，需要下一章介绍的平衡条件求得。

例 1-12　如图 1-46a 所示的三铰拱桥，由左、右两拱铰接而成。设各拱自重不计，在拱 AC 上作用有载荷 F。试分别画出拱 AC 和 CB 的受力图。

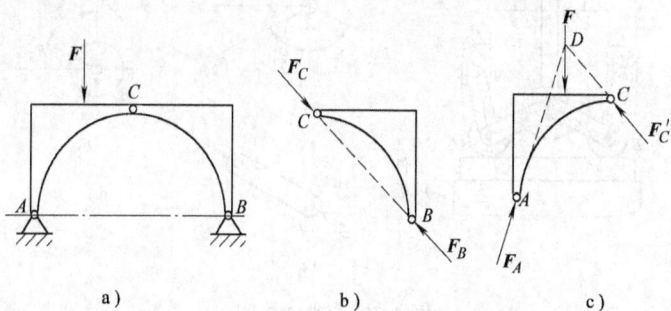

图 1-46　例 1-12 图

解：（1）先分析受力比较简单的拱 BC。因为不考虑拱 BC 的自重，并且只有 B、C 两处受到铰链约束，因此拱 BC 为二力构件。在铰链中心 B、C 处分别受 F_B、F_C 两力的作用，方向如图 1-46b 所示，且 $F_B = -F_C$。

（2）取拱 AC 为研究对象。由于不考虑自重，因此主动力只有载荷 F。拱在铰链 C 处受有拱 BC 给它的约束反力 F'_C 的作用，根据作用和反作用定律，$F'_C = -F_C$。拱在 A 处受到固定铰链支座给它的约束反力 F_A 的作用，由于拱 AC 在 F、F'_C 和 F_A 三个力作用下保持平衡，根据三力平衡汇交定理，确定铰链 A 处约束反力 F_A 的方向。点 D 为力 F 和 F'_C 作用线的交点，当拱 AC 平衡时，反力 F_A 的作用线必通过点 D，至于 F_A 的指向，需要用下一章的平衡条件确定。拱 AC 的受力图如 1-46c 所示。

例 1-13　液压夹具如图 1-47a 所示。已知液压油缸中油压合力为 F，沿活塞杆轴线作用于活塞，缸壁对活塞的作用力忽略不计。四杆 AB、BC、AD、DE 均为光滑铰链连接，B、D 两个滚轮压紧工件。杆和轮的重量均略去不计，接触均为光滑。试画出销钉 A、杆 AB、滚轮 B 的受力图。

解：作用在活塞上的压力通过复合铰链 A 推动连杆 AB 和 AD，使滚轮 B 和 D 压紧压板和工件。由于杆 AB 和杆 AD 两端均为圆柱铰链并且不计杆自重，所以 AB 和 AD 都是二力杆。选择销钉 A 为研究对象，二力杆 AB 对其作用力 F_1 沿 BA 方向，二力杆 AD 对 A 作用力 F_2 沿 DA 方向，其受力图如图 1-47b 所示。

由作用与反作用定律得到，二力杆 AB 受到销钉 A 的作用力 F'_1，F'_1 与 F_1 等值、反向、共线（作用在不同物体上）；滚轮 B 对 AB 作用力 F'_3，F'_3 应与 F'_1 等值、反向、共线（作用在同一物体上）。二力杆 AB 受力图如图 1-47c 所示。

最后选择滚轮 B 为研究对象，设滚轮 B 与压板之间为光滑接触，故压板对滚轮的

约束反力 $\boldsymbol{F}_N$ 沿接触面的公法线。由于 AB 和 BC 均为二力杆，它们对滚轮 B 的约束反力 $\boldsymbol{F}_3$、$\boldsymbol{F}_4$ 分别沿 BA、BC 方向。滚轮 B 的受力图如图 1-47d 所示。

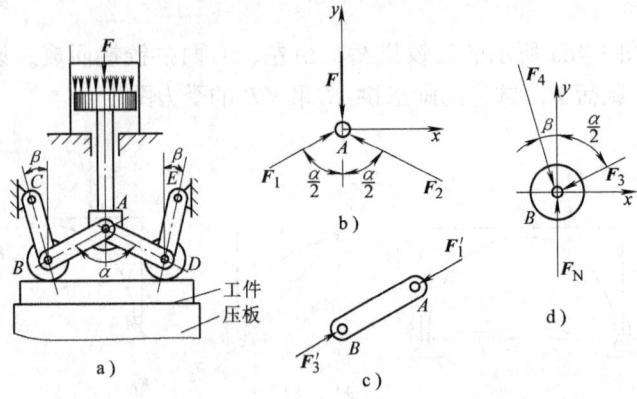

图 1-47　例 1-13 图

例 1-14　如图 1-48a 所示，梯子的两部分 AB、AC 由绳 DE 连接，A 处为光滑铰链。梯子放在光滑的水平面上，自重不计。质量为 m 的人站在 AB 的中点 H 处。试画出整个系统受力图以及绳子 DE 和梯子的 AB、AC 部分的受力图。

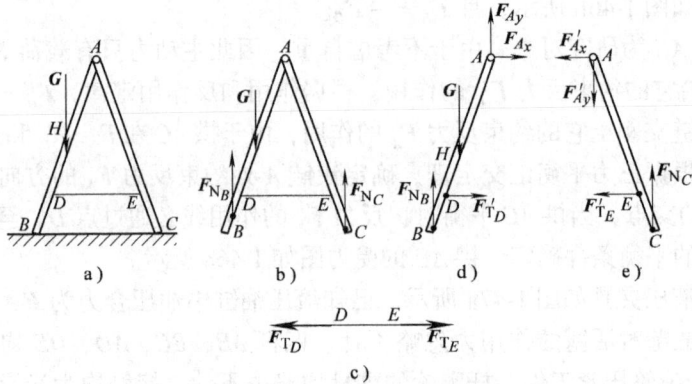

图 1-48　例 1-14 图

解：（1）讨论整个系统受力情况，主动力为 $\boldsymbol{G}=mg$，按照光滑接触面性质，B、C 处受到沿法线方向的约束反力 $\boldsymbol{F}_{N_B}$、$\boldsymbol{F}_{N_C}$，受力图如图 1-48b 所示。

（2）绳子 DE 的受力分析。绳子两端 D、E 分别受到梯子对它的拉力 $\boldsymbol{F}_{T_D}$、$\boldsymbol{F}_{T_E}$ 的作用，如图 1-48c 所示。

（3）梯子 AB 部分在 H 处受到人对它的作用力 $\boldsymbol{G}$，在铰链 A 处受到梯子 AC 部分给它的约束反力 $\boldsymbol{F}_{A_x}$ 和 $\boldsymbol{F}_{A_y}$ 的作用。在点 D 处受到绳子对它的拉力 $\boldsymbol{F}'_{T_D}$ 的作用。在点 B 处

受到光滑地面对它的法向反力 F_{N_B} 的作用。梯子 AB 部分的受力图如图 1-48d 所示。

（4）梯子 AC 部分在铰链 A 处受到梯子 AB 部分给它的约束反力 F'_{A_x} 和 F'_{A_y} 的作用。在点 E 处受到绳子对它的拉力 F'_{T_E} 的作用。在点 C 处受到光滑地面对它的法向反力 F_{N_C} 的作用。梯子 AC 部分的受力图如图 1-48e 所示。

上题中存在着这样一些成对出现的作用力与反作用力：$F'_{A_x} = -F_{A_x}$、$F'_{A_y} = -F_{A_y}$、$F'_{T_D} = -F_{T_D}$、$F'_{T_E} = -F_{T_E}$，在讨论整个系统受力情况时，这些系统内部物体之间的相互作用力称为**内力**。内力总是成对出现且等值、反向、共线，对整个系统的作用效果相互抵消。系统以外的物体对系统的作用力称为**外力**。选择不同的研究对象，内力与外力之间可以相互转化，例如在整个系统受力分析时，F'_{A_x}、F'_{A_y} 和 F'_{T_D} 是内力；在梯子 AC 部分受力分析时，F'_{A_x}、F'_{A_y} 和 F'_{T_E} 便是外力。可见，内力与外力的区分，只有相对于某一确定的研究对象才有意义。

正确地画出物体的受力图，是分析解决力学问题的基础。在本节开始已经介绍了画受力图时应注意的几个问题，通过上面几个例题，对画受力图应已有了一些认识，下面我们总结一下正确进行受力分析、画好受力图的关键点：

1）选好研究对象。根据解题的需要，可以取单个物体或整个系统为研究对象，也可以取由几个物体组成的子系统为研究对象。

2）正确确定研究对象受力的数目。既不能少画一个力，也不能多画一个力。力是物体之间相互的机械作用，因此受力图上每个力都要明确它是哪一个施力物体作用的，不能凭空想象。物体之间的相互作用力可分为两类：第一类为场力，例如万有引力、电磁力等；第二类为物体之间相互的接触作用力，例如压力、摩擦力等。因此分析第二种力时，必须注意研究对象与周围物体在何处接触。

3）一定要按照约束的性质画约束反力。当一个物体同时受到几个约束的作用时，应分别根据每个约束单独作用情况，由该约束本身的性质来确定约束反力的方向，绝不能按照自己的想象画约束反力。

4）当几个物体相互接触时，它们之间的相互作用关系要按照作用与反作用定律来分析。

5）分析系统受力情况时，只画外力，不画内力。

习　题

1-1　解释下列名词：力的内效应、力的外效应、等效力系、质点、刚体。

1-2　合力一定比分力大，对吗？

1-3　平衡状态一定静止吗？什么是平衡力系？

1-4　什么是二力杆？二力杆一定是直杆吗？

1-5　凡是两端用铰链连接的直杆都是二力杆，对吗？

1-6　什么是作用在刚体上的力的三要素？什么是三力平衡汇交定理？

1-7　作用在刚体上的三个力互成平衡时，这三个力的作用线是否在同一个平面？

1-8 如图 1-49 所示，已知力 $F_1 = 60N$，$\alpha_1 = 30°$；力 $F_2 = 80N$，$\alpha_2 = 45°$。试用力的平行四边形法则、力的三角形法则分别求合力 F 的大小以及与 F_1 的夹角 β。

1-9 已知 F_1、F_2、F_3 三个力同时作用在一个刚体上，它们的作用线位于同一平面，作用点分别为 A、B、C，如图 1-50 所示。已知力 F_1、F_2 的作用线方向，试求力 F_3 的作用线方向。

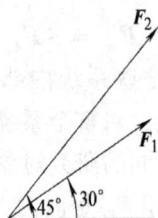

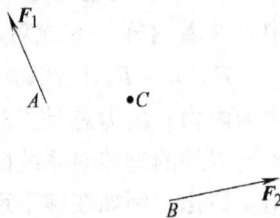

图 1-49　题 1-8 图　　　　　　　　　　图 1-50　题 1-9 图

1-10 图 1-51 所示圆柱斜齿轮，其上受啮合力 F_n 的作用，大小为 2kN。已知斜齿轮的螺旋角 $\beta = 15°$，压力角 $\alpha = 20°$。试求力 F_n 沿 x、y 和 z 轴的分力。

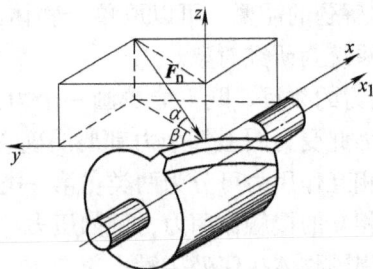

图 1-51　题 1-10 图

1-11 如图 1-52 所示，试计算下列力 F 对点 O 的矩。

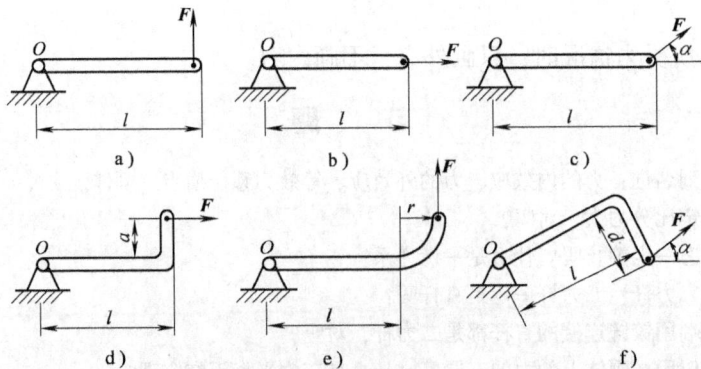

图 1-52　题 1-11 图

1-12 力 F 作用在曲轴的曲柄中点 A 处，如图 1-53 所示。已知 $\alpha = 30°$，$F = 400N$，$c = 1.0m$，$r = 0.125m$。试计算力 F 对 O 点的矩以及对坐标轴 y 的矩。

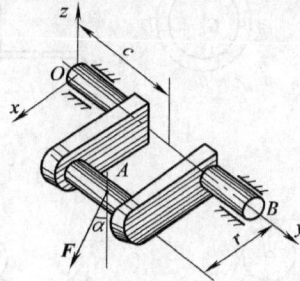

图 1-53 题 1-12 图

1-13 已知接触面为光滑表面，试画出图 1-54 所示圆球的受力图。

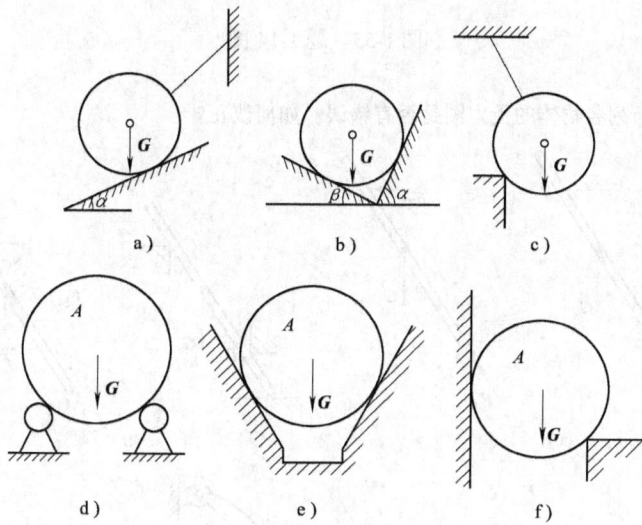

图 1-54 题 1-13 图

1-14 不计绳子、杆的质量，试画出图 1-55 中指定物体的受力图。

a) 左半拱 AC、右半拱 BC；

b) 被钢缆吊起的钢管；

c) 梁 AB；

d) 钢架 AB；

e) 动滑轮、定滑轮；

f) 梁 AB；

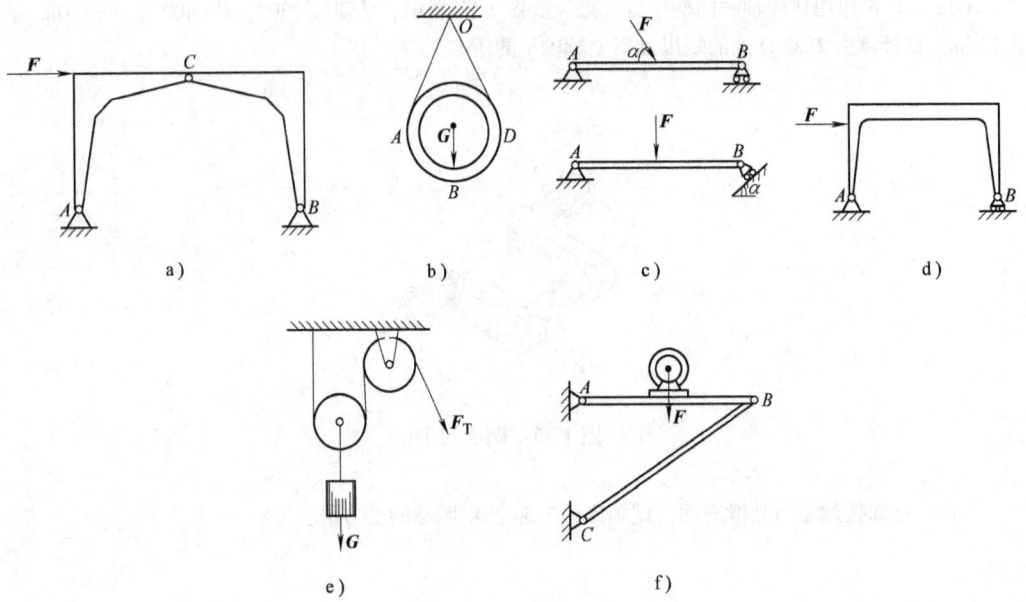

图 1-55　题 1-14 图

1-15　图 1-56 所列各物体的受力图是否有错误? 如何改正?

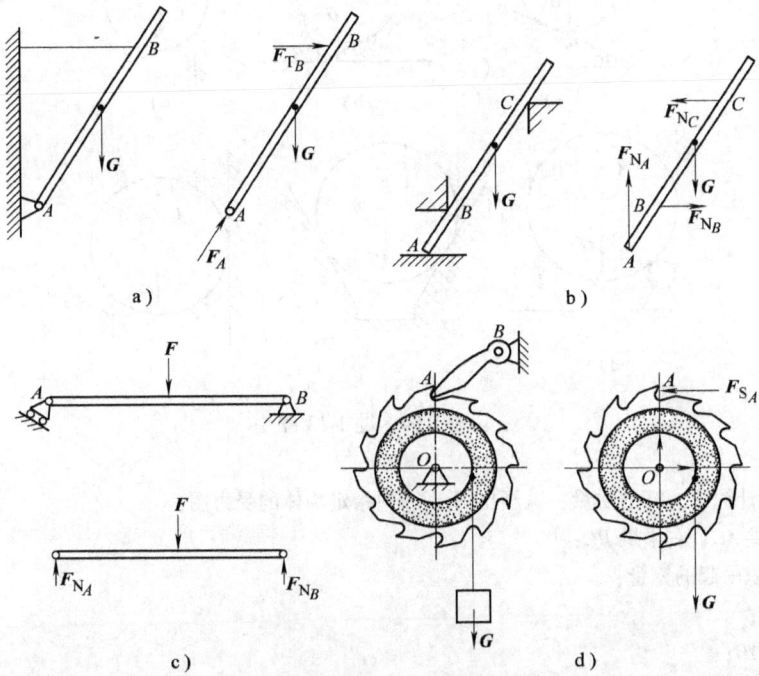

图 1-56　题 1-15 图

1-16 画出图 1-57 所列 *AB* 杆的受力图。

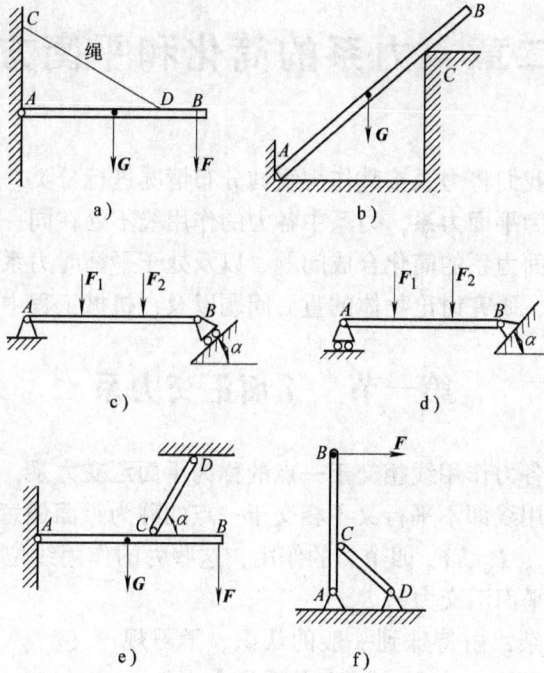

图 1-57 题 1-16 图

第二章 力系的简化和平衡方程

为了研究方便，我们将力系按其作用线的分布情况进行分类。各力的作用线处在同一平面内的一群力称为**平面力系**，力系中各力的作用线不处在同一平面的一群力称为**空间力系**。本章研究平面力系的简化合成问题，以及处于平衡时力系应满足的条件；此外还介绍空间一般力系，研究讨论物体的重心问题以及在机械工程中的应用。

第一节 平面汇交力系

在平面力系中，各力作用线相交于一点的称为**平面汇交力系**，作用线相互平行的称为**平面平行力系**，作用线即不平行又不相交于一点的称为**平面任意力系**。图 2-1 中钢架的角撑板承受 F_1、F_2、F_3、F_4 四个力的作用，这些力的作用线位于同一平面内并且汇交于点 O，构成一个平面汇交力系。

按照由简单到复杂，由特殊到一般的认识、学习规律，我们首先讨论平面汇交力系。讨论力系的合成和平衡条件可以用几何方法或解析方法。几何法直观明了，物理意义明确；解析法计算规范、程式化，适合于计算机编程。

图 2-1 钢架角撑板

一、几何法

设作用于刚体上的四个力 F_1、F_2、F_3、F_4 构成平面汇交力系，如图 2-2a 所示。根据力的可传性原理，首先将各力沿其作用线移到 O 点（见图 2-2b），然后从任意点 a 出发连续应用力三角形法则，将各力依次合成，如图 2-2c 所示，即先将力 F_1 与 F_2 合成，求出合力 F_{R_2}，然后将力 F_{R_2} 与 F_3 合成得到合力 F_{R_3}，最后将力 F_{R_3} 和 F_4 合成，求出力系的合力 F_R，即：

$$F_R = F_1 + F_2 + F_3 + F_4$$

由于我们需要求出的是整个力系的合力 F_R，所以对作图过程中表示的矢量线 F_{R_2}、F_{R_3} 可以省去不画，只要把力系中各力矢首尾相接，连接最先画的力矢 F_1 的始端 a 与最后画的力矢 F_4 的末端 e 的矢量 ae，就是合力矢量 F_R，如图 2-2d 所示。各力矢 F_1、F_2、F_3、F_4 和合力矢 F_R 构成的多边形 $abcde$ 称为**力多边形**。代表合力矢 ae 的边称为力多边形的封闭边。这种用力多边形求合力矢的作图规则称为**力多边形法则**。

用力多边形法则求汇交力系合力的方法称为汇交力系合成的几何法。合成中需要注意以下两点：

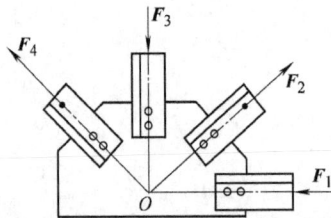

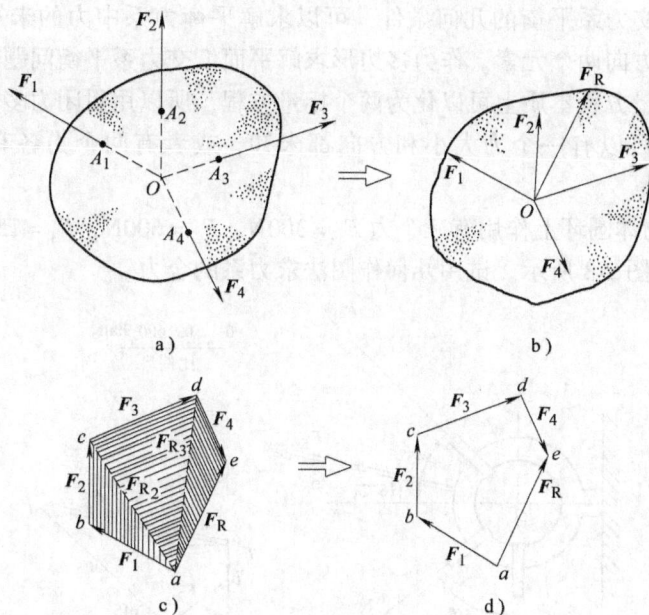

图 2-2　力的合成

1）合力 F_R 的作用线必通过汇交点。

2）改变力系合成的顺序，只改变力多边形的形状，并不影响最后的结果。即不论如何合成，合力 F_R 是唯一确定的。

如果平面汇交力系中有 n 个力组成，可以采用与上述同样的力多边形法则，将各力 F_i（$i = 1$, 2, $\cdots$, n）相加，得到合力 F_R。于是得到如下结论：**平面汇交力系合成的结果是一个合力，其大小和方向由力多边形的封闭边代表，作用线通过力系中各力作用线的汇交点。** 合力 F_R 的表达式为：

$$F_R = F_1 + F_2 + \cdots + F_n = \sum_{i=1}^{n} F_i$$

或简写为

$$F_R = \sum_{i=1}^{n} F_i \tag{2-1}$$

由上述分析可以知道，平面汇交力系可以用一个合力来代替，所以**该力系平衡的充分必要条件是力系的合力等于零**。即：

$$\sum_{i=1}^{n} F_i = 0 \tag{2-2}$$

上式表明，当平面汇交力系平衡时，我们画出的力多边形其封闭边长度必为零。由此可得，平面汇交力系平衡的几何条件为：**各分力 F_1、F_2、$\cdots$、F_n 所构成的力多边形自行封闭。**

应用平面汇交力系平衡的几何条件，可以求解平衡力系中力的未知元素。力是矢量，包括大小和方向两个元素。作力多边形求解平面汇交力系平衡问题时，由于合力为零，这个平面矢量方程本质上可以化为两个标量方程，所以用封闭力多边形可以求出两个未知元素。即可以有一个力大小和方向都未知，或者有两个力各有一个未知元素（大小或方向）。

例 2-1 在物体圆环上作用有三个力 $F_1 = 300\text{N}$，$F_2 = 600\text{N}$，$F_3 = 1500\text{N}$，其作用线相交于 O 点，如图 2-3 所示。试用几何作图法求力系的合力。

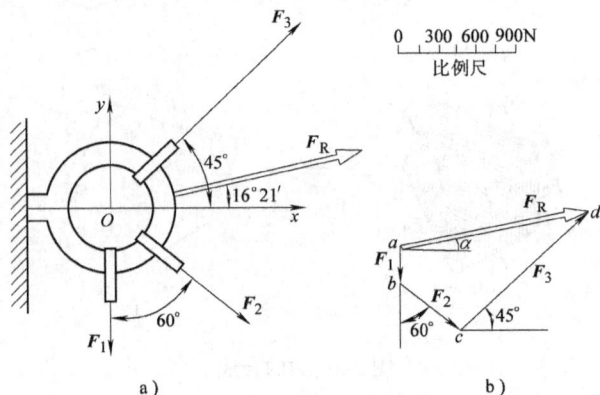

图 2-3 例 2-1 图

解：（1）选比例尺，如图所示。

（2）将 F_1、F_2、F_3 首尾相接得到力多边形 $abcd$，其封闭边矢量 ad 就是合力矢量 F_R。量得 ad 的长度，得到合力 $F_R = 1650\text{N}$，F_R 与 x 轴夹角 $\alpha = 16°21'$。

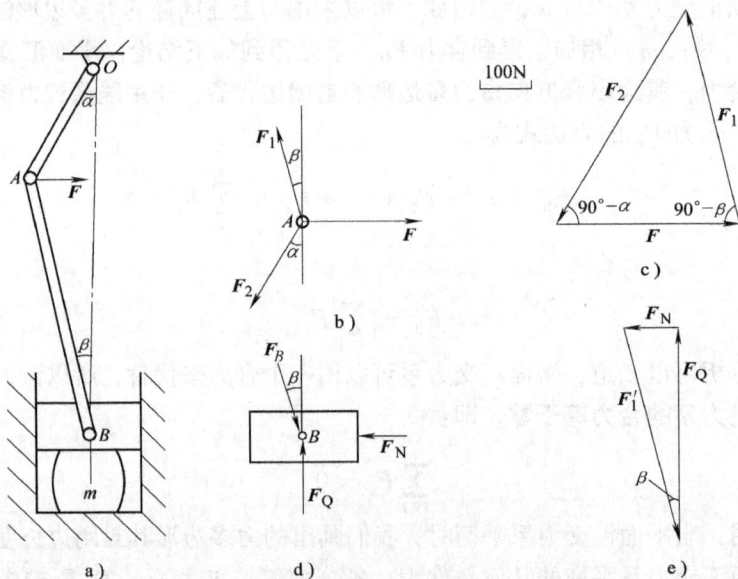

图 2-4 例 2-2 图

例 2-2 在曲柄压机的铰链 A 上作用一水平力 $F = 300\text{N}$，如图 2-4 所示。已知杆 $OA = 0.2\text{m}$，$AB = 0.4\text{m}$。试求当杆 OA 与铅垂线 OB 的夹角 $\alpha = 30°$ 时，锤头作用于物体 m 上的压力。

解：（1）以销钉 A 为研究对象进行受力分析。

OA 和 AB 杆均为链杆，按照约束的性质，OA 杆及 AB 杆对销钉 A 的作用力 F_1、F_2 必沿各杆两端销钉中心的连线，但方向不能肯定。F、F_1、F_2 构成平面汇交力系，受力图如图 2-4b 所示。

由正弦定理得到　　$\beta = \arcsin\left(\dfrac{OA}{AB}\sin\alpha\right) = \arcsin 0.25 = 14.48°$

按照平面汇交力系平衡的几何条件，取比例尺作出封闭的力三角形，如图 2-4c 所示。量得 $F_1 = 370\text{N}$。

（2）其次取锤头 B 为研究对象。

锤头 B 受到连杆 AB 对锤头的作用力 F_B 作用，如图 2-4d 所示。由链杆 AB 的性质得到 $F_B = F_1 = 370\text{N}$，F_B 与 F_1 方向相反。壁的反力 F_N 以及压榨物 M 对锤头的反作用力 F_Q。

按照平面汇交力系平衡的几何条件，取比例尺作出封闭的力三角形，如图 2-4e 所示。量得 $F_Q = 360\text{N}$。

二、解析法

上一章第三节讨论了力在直角坐标轴上的投影，对于平面汇交力系 F_i（$i = 1, 2, \cdots, n$），各力在平面直角坐标系情形下，可写成：

$$F_i = F_{i_x}i + F_{i_y}j \tag{2-3}$$

按照定义，平面汇交力系的合力 F 等于各分力 F_i 的矢量和，即 $F = F_1 + F_2 + \cdots + F_n = \sum\limits_{i=1}^{n} F_i$。将合力写成解析式 $F = F_x i + F_y j$，得到：

$$\begin{cases} F_x = F_{1x} + F_{2x} + \cdots + F_{nx} = \sum\limits_{i=1}^{n} F_{ix} \\ F_y = F_{1y} + F_{2y} + \cdots + F_{ny} = \sum\limits_{i=1}^{n} F_{iy} \end{cases} \tag{2-4}$$

上式表明：**平面汇交力系的合力在任一坐标轴上的投影，等于各分力在同一坐标轴上投影的代数和**。这个结论称为**合力投影定理**。这个结论还可以推广到其他矢量的合成上，可以统称为合矢量投影定理。

合力的模和方向可用下列公式表示：

$$\begin{cases} F = \sqrt{F_x^2 + F_y^2} = \sqrt{\left(\sum\limits_{i=1}^{n} F_{ix}\right)^2 + \left(\sum\limits_{i=1}^{n} F_{iy}\right)^2} \\ \cos(F, i) = F_x/F \\ \cos(F, j) = F_y/F \end{cases} \tag{2-5}$$

我们知道，平面汇交力系平衡的充分必要条件是力系的合力等于零。从式（2-4）可知，要满足合力 $F = 0$，其充分必要条件是：

$$\begin{cases} \sum_{i=1}^{n} F_{ix} = 0 \\ \sum_{i=1}^{n} F_{iy} = 0 \end{cases} \tag{2-6}$$

即平面汇交力系平衡的充分必要（解析）条件是：**力系中各力在 x、y 坐标轴上的投影的代数和都等于零**。式（2-6）称为**平面汇交力系的平衡方程**，可以用来求解两个未知量。用解析法求未知力时，约束力的指向要事先假定。在平衡方程中解出未知力若为正值，说明预先假定的指向是正确的；若为负值，说明实际指向与假定的方向相反。

例 2-3　图 2-5a 所示三铰拱，不计拱重。已知结构尺寸 a 和作用在 D 点的水平作用力 $F = 141.4\text{N}$，求支座 A、C 约束反力。

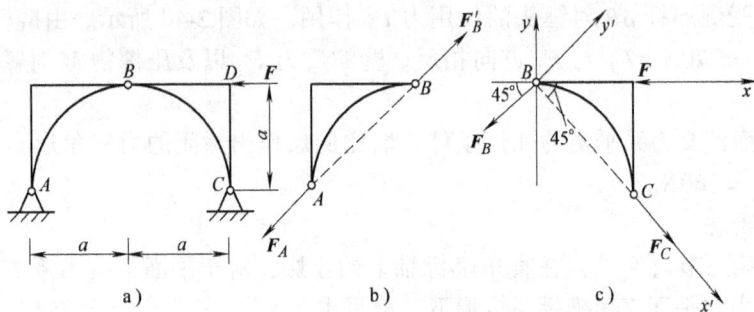

图 2-5　例 2-3 图

解：（1）取左半拱 AB（包括销钉 B）为研究对象。AB 只受到右半拱 BC 的作用力 F'_B 和铰链支座 A 的约束反力 F_A 的作用，属于二力构件（见图 2-5b）。所以 F'_B 和 F_A 两个力的作用线必沿 AB 连线，并且有 $F_A = -F'_B$。

（2）取右半拱 BC 为研究对象。作用在 BC 上有三个力，分别为：水平力 F、铰链支座 C 的约束反力 F_C 和 AB 拱对 BC 拱的约束反力 F_B。F_B 和 F'_B 为一对作用力与反作用力，即 $F_B = -F'_B$。应用三力平衡汇交定理可确定 F_C 作用线的方位，即沿 B、C 点的连线，假定从 B 指向 C，如图 2-5c 所示。

根据右半拱 BC 的受力图并取坐标系 Bxy，列出平面汇交力系的平衡方程：

$$\sum_{i=1}^{n} F_{ix} = 0, \quad -F - F_B\cos45° + F_C\cos45° = 0 \tag{2-7}$$

$$\sum_{i=1}^{n} F_{iy} = 0, \quad -F_B\sin45° - F_C\sin45° = 0 \tag{2-8}$$

由式（2-8）得：

$$F_C = -F_B \tag{2-9}$$

将式 (2-9) 代入式 (2-7) 得：

$$F_B = -\frac{\sqrt{2}}{2}F = -100\text{N} \tag{2-10}$$

F_B 求得为负值，表示力矢量 $\boldsymbol{F}_B$ 的指向与受力图中假定的指向相反，把式 (2-10) 代入式 (2-9)，注意要把负号一起代入，得到：

$$F_C = -\left(-\frac{\sqrt{2}}{2}F\right) = 100\text{N}$$

F_C 求得为正值表示所假定的指向符合实际。

因为 $F_A = F'_B = F_B$，所以 $F_A = -\dfrac{\sqrt{2}}{2}F = -100\text{N}$。$F_A$ 求得为负值表示 $\boldsymbol{F}_A$ 的指向与受力图中假定的指向相反。

为简便起见，在求解本题时，可以取投影轴 x'、y' 分别垂直于未知力 $\boldsymbol{F}_B$、$\boldsymbol{F}_C$，则：

$$\sum_{i=1}^{n} F_{ix'} = 0, F_C - F\cos 45° = 0, F_C = \frac{\sqrt{2}}{2}F = 100\text{N}$$

$$\sum_{i=1}^{n} F_{iy'} = 0, -F_B - F\sin 45° = 0, F_B = -\frac{\sqrt{2}}{2}F = -100\text{N}$$

这样可以使所列的每一个平衡方程中只包含一个未知数，避免求解联立方程的麻烦。

例 2-4　图 2-6a 所示的均质细长杆 AB 重 $G = 10\text{N}$，长 $L = 1\text{m}$。杆一端 A 靠在光滑的铅垂墙上，另一端 B 用长 $a = 1.5\text{m}$ 的绳 BD 拉住。求平衡时 A、D 两点之间的距离 x、墙对杆的反力 $\boldsymbol{F}_N$ 和绳的拉力 $\boldsymbol{F}_T$。

解：以杆 AB 为研究对象。作用在杆上的力有三个，分别是作用在杆中点上的重力 $\boldsymbol{G}$，绳索对杆的拉力 $\boldsymbol{F}_T$，墙的反作用力 $\boldsymbol{F}_N$。按照约束的性质，拉力 $\boldsymbol{F}_T$ 沿绳索轴线方向 BD，$\boldsymbol{F}_N$ 垂直于墙即水平向右。杆在这三个力作用下处于平衡状态，根据三力平衡汇交定理可知这三个力必汇交于一点。由于 $\boldsymbol{G}$ 与 $\boldsymbol{F}_T$ 相交于 BD 的中心点 E，故只有当通过 A 点的水平力也通过 E 点时杆 AB 才能平衡，即 $\boldsymbol{F}_N$ 必须沿 AE。杆 AB 的受力图如图 2-6b 所示。

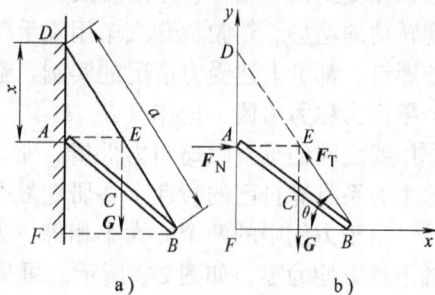

图 2-6　例 2-4 图

过 B 点作水平线交墙于 F 点，因为 $\boldsymbol{F}_A$ 垂直于墙，所以 AE 线水平，与 BF 平行。由于 $DE = EB$，所以 $DA = AF = x$，对于直角三角形 BFD，有 $BF^2 = BD^2 - DF^2 = a^2 - (2x)^2$；对于直角三角形 BFA，有 $BF^2 = BA^2 - AF^2 = L^2 - x^2$。于是可得：

$$a^2 - 4x^2 = L^2 - x^2$$

解得

$$x = \sqrt{\frac{a^2 - L^2}{3}} = 0.646 \text{m}$$

由此得到绳索与 BF 夹角 $\theta = \arcsin \dfrac{DF}{DB} = \arcsin \dfrac{2x}{a} = \arcsin 0.8607 = 59.4°$。

下面应用平面汇交力系的平衡方程，求解绳索拉力 F_T 和墙约束反力 F_N。取直角坐标系如图 2-6b 所示。列写方程：

$$\sum_{i=1}^{n} F_{ix} = 0, F_N - F_T \cos\theta = 0 \qquad (2\text{-}11)$$

$$\sum_{i=1}^{n} F_{iy} = 0, F_T \sin\theta - G = 0 \qquad (2\text{-}12)$$

由 (2-12) 式得到

$$F_T = \frac{G}{\sin\theta} = \frac{10}{0.8607} \text{N} = 11.62 \text{N}$$

代入 (2-11) 式得到

$$F_N = F_T \cos\theta = 11.62 \times \cos 59.4° \text{N} = 5.92 \text{N}。$$

第二节　力偶和力偶系

一、力偶的概念及等效

当物体受到大小相等、方向相反的两个共线力作用时，物体保持平衡状态。但是，当物体受到大小相等、方向相反、平行而不共线的两个力作用时，物体将发生转动或出现转动的趋势。驾驶员开汽车用双手转动转向盘，我们用手指旋转钥匙或自来水龙头、拧螺钉，都是上述受力情况的实例。在力学上，**把大小相等、方向相反并且不共线的两个平行力称为力偶**，记作 (F, F')。力偶中两个力所在的平面叫力偶作用面，两个力作用线之间的垂直距离叫力偶臂，常以 d 表示，如图 2-7 所示。力偶是个特殊的力系，这个力系具有自己的特性，是研究复杂力系的基础。

由于力偶中的两个力大小相等、方向相反、作用线平行，所以这两个力在任何坐标轴上投影均为零，如图 2-8 所示。可见，力偶对物体不产生移动效应，即力偶的合力矢为零。这说明力偶不能等效为一个力，同时也不能用一个力来平衡。力偶只能与力偶等效，也只能用力偶来平衡，因而它成为一个基本的力学量。

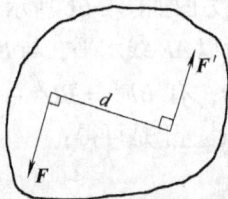

图 2-7　力偶作用面

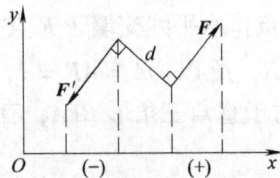

图 2-8　坐标轴上投影

力偶对物体的运动效应和一个力对物体的运动效应不同。一个力能使静止的物体产生移动，也能使它既产生移动又产生转动。但是一个力偶只能使静止的物体产生转动。为度量力偶对物体的转动效应我们引入力偶矩概念，即在平面问题中，**力偶中一个力的大小和力偶臂的乘积称为力偶矩**。因此在同一个平面内，力偶的力偶矩是一个代数量，用 M（F，F'）表示，也可以简写成 M，即

$$M = \pm Fd \tag{2-13}$$

式中正负号的表示方法一般以逆时针转向为正，顺时针转向为负。力偶矩的单位在法定计量单位中用牛顿·米（N·m）表示。

力偶只能使刚体产生转动，其转动效应应该用力和力偶臂之积力偶矩来度量。由于一个力偶对物体的作用效应完全取决于其力偶矩，所以由力学证明得到下面结论：

1）两个在同一平面内的力偶，如果力偶矩相等，则两个力偶彼此等效。

2）力偶可在其作用面内任意移动和转动，而不会改变它对物体的作用。

3）在保持力偶矩大小和转向不变的条件下，可以同时改变力和力偶臂的大小，而不会改变力偶对物体的作用。

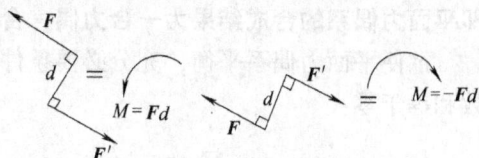

按照上述结论，我们可以把力偶直接用力偶矩 M 来表示，如图 2-9 所示。就其本质而言，力偶是自由矢量。

图 2-9 力偶矩的表示

二、平面力偶系的合成与平衡

作用在同一个物体上的 n 个力偶组成一个力偶系。作用在同一平面内的力偶系叫平面力偶系。

设（F_1，F'_1）和（F_2，F'_2）为作用在某物体同一平面内的两个力偶，如图 2-10 所示。其力偶臂分别为 d_1、d_2，于是有：

$$M_1 = F_1 d_1 , \quad M_2 = F_2 d_2$$

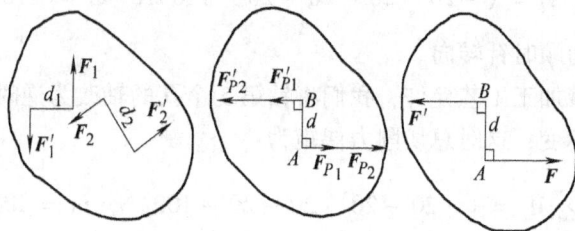

图 2-10 两个力偶的合成

在力偶作用平面内任取线段 $AB = d$，于是可将原来的两个力偶分别等效为力偶（F_{P_1}，F'_{P_1}）和（F_{P_2}，F'_{P_2}）。其中 F_{P_1} 和 F_{P_2} 的大小分别为：

$$F_{P_1} = \frac{M_1}{d} \qquad F_{P_2} = \frac{M_2}{d}$$

将 F_{P_1}、F_{P_2} 和 F'_{P_1}、F'_{P_2} 分别合成，有：

$$F = F_{P_1} + F_{P_2} \qquad F' = F'_{P_1} + F'_{P_2}$$

其中 F 与 F' 为等值、反向的一对平行力，组成一新的力偶，此力偶（F，F'）即为原来两个力偶（F_1，F'_1）和（F_2，F'_2）的合力偶。其力偶矩为

$$M = Fd = (F_{P_1} + F_{P_2})d = \left(\frac{M_1}{d} + \frac{M_2}{d}\right)d = M_1 + M_2$$

上面讨论的是两个力偶的合成情形，推广到一般情况，设作用在同一平面内有 n 个力偶，则该平面力偶系的合力偶矩为：

$$M = M_1 + M_2 + \cdots + M_n$$

或

$$M = \sum_{i=1}^{n} M_i \tag{2-14}$$

即**平面力偶系的合成结果为一合力偶，合力偶矩等于各分力偶矩的代数和。**

欲使平面力偶系平衡，充分必要条件是合力偶矩等于零，即力偶系中各力偶矩的代数和等于零：

$$\sum_{i=1}^{n} M_i = 0 \tag{2-15}$$

例 2-5 在箱盖上要钻 5 个孔，如图 2-11 所示。现估计各孔的切削力偶矩 $M_1 = M_2 = M_3 = M_4 = -20\text{N}\cdot\text{m}$，$M_5 = -100\text{N}\cdot\text{m}$。当用多轴钻床同时加工这 5 个孔时，问工件受到的总切削力偶矩是多少？

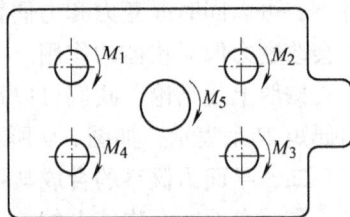

图 2-11 箱盖上钻 5 个孔

解：多轴钻床作用在箱盖上的力偶系由 5 个力偶组成，切削力偶矩的值为负号，表示力偶矩顺时针转向，由于这 5 个力偶处于同一个平面，所以它们的合力矩等于各力偶矩的代数和，即：

$$M = \sum_{i=1}^{5} M_i = (-20 - 20 - 20 - 20 - 100)\text{N}\cdot\text{m} = -180\text{N}\cdot\text{m}$$

负号表示合力偶矩为顺时针转向。

另外，如果机械加工工艺允许，我们将钻第 5 个孔的轴改为逆时针方向转动，钻其他 4 个孔的轴转向不变，这时总切削力偶矩为：

$$M = \sum_{i=1}^{5} M_i = (-20 - 20 - 20 - 20 + 100)\text{N}\cdot\text{m} = 20\text{N}\cdot\text{m}$$

经过上述变动，固定箱盖的夹具在加工时受力状态大为改善。

第三节 平面一般力系

上两节我们讨论了平面汇交力系和平面力偶系这两种特殊力系，现在研究比较复杂的平面一般力系。所谓平面一般力系是指各力的作用线在同一平面内任意分布的力系。

工程实际中很多构件所受的力都可以看成平面一般力系。如图 2-12 所示，作用在悬臂吊车横梁 AB 上的力有自重 G、载荷 F、拉力 F_T 和铰链 A 的约束反力 F_{A_x}、F_{A_y}，这些力的作用线任意分布在同一平面内，所以是平面一般力系。有些机械构件或结构物，虽然形式上不是受到平面力系的作用，但是其结构、支承和所受载荷具有一个共同的对称面，因此作用在这些机械构件或结构物上的力系，可以简化为对称平面内的平面一般力系。如图 2-13 所示桥式起重机具有对称平面，虽然作用在横梁上的重力 G_1、电动葫芦的重力 G_2、被吊起重物的重力 G_3 以及导轨对轮子的反力 F_{N_1}、F_{N_2}、F_{N_3}、F_{N_4} 不在同一平面内，但是由于作用在对称平面两侧的力是对称的，所以可以简化成为在对称平面内的平面力系来分析，即系统受到 G_1、G_2、G_3、F_{R_1}、F_{R_2} 5 个力的作用。其中 F_{R_1} 为导轨对轮子的反力 F_{N_1} 和 F_{N_2} 的合力，F_{R_2} 为导轨对轮子的反力 F_{N_3} 和 F_{N_4} 的合力。

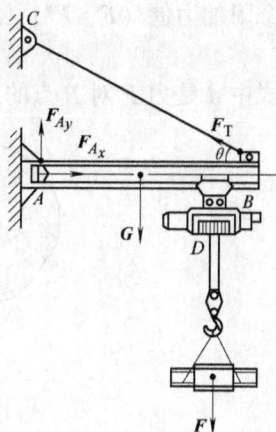

图 2-12 悬臂吊车

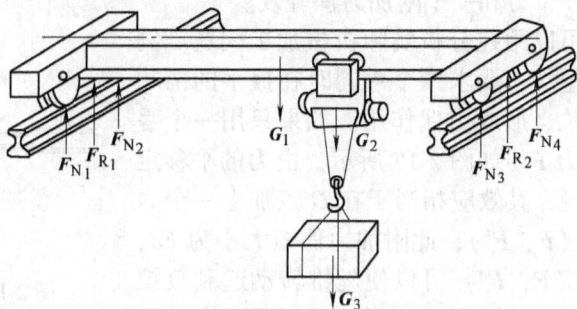

图 2-13 桥式起重机

各力的作用线位于同一平面内并且互相平行的力系称为**平面平行力系**。平面平行力系是平面一般力系的一种特殊情况。图 2-13 中 G_1、G_2、G_3、F_{R_1}、F_{R_2} 5 个力便构成平面平行力系。

一、力的平移定理

在第一章第二节中我们曾经指出，作用在刚体上的力沿其作用线可以传到任意点，而不改变力对刚体的作用效果。显然，如果力离开其作用线，平行移动到任意一点上，就会改变它对刚体的作用效应。

设力 F 作用在刚体的 A 点，如图 2-14 所示，现在要把它平行移动到刚体上的另一点 B。为此在 B 点加两个互相平衡的力 F' 和 F''，令 $F = F' = -F''$。显然增加一对平衡力系（F'，F''）并不改变原力系对刚体的作用效应，即三个力 F、F' 和 F'' 对刚体的作用与原力 F 的作用等效。由于 F 和 F'' 大小相等、方向相反且不共线，故可以将 F 和 F''

视为一个力偶。因此，可以认为作用于 A 点的力 $\boldsymbol{F}$，平行移动到 B 点后成为力 $\boldsymbol{F}'$ 和一个附加力偶 $(\boldsymbol{F}, \boldsymbol{F}'')$，此力偶矩为：

$$M = M_B(\boldsymbol{F}) = Fd \qquad\qquad (2\text{-}16)$$

式中 d 是力 $\boldsymbol{F}$ 对 B 点的力臂，也是力偶 $(\boldsymbol{F}, \boldsymbol{F}'')$ 的力偶臂。

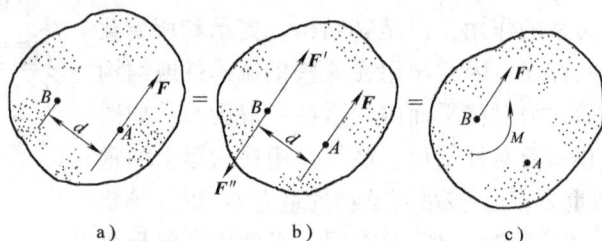

图 2-14　力的平移

推广到一般情况，得到力的平移定理：**作用在刚体上的力可以向任意点平移，平移后附加一个力偶，附加力偶的力偶矩等于原力对平移点的力矩**。也就是说，平移前的一个力与平移后的一个力和一个附加力偶等效。

力的平移定理可以用在分析实际机械加工问题。例如用扳手和丝锥攻螺纹，要求两个手同时在扳手的两端均匀用力，一推一拉，形成力偶作用。如果只用一个手在扳手的一端 B 加力 $\boldsymbol{F}$，如图 2-15 所示，由力的平移定理可知，对丝锥来说，其效应相当于在 O 点加上一个力 $\boldsymbol{F}'$ 和一个附加力偶 $(\boldsymbol{F}, \boldsymbol{F}'')$，此附加力偶矩大小为 Fd，顺时针转向。力偶 $(\boldsymbol{F}, \boldsymbol{F}'')$ 可以使丝锥转动起到攻螺纹的作用，但是作用在 O 点的力 $\boldsymbol{F}'$ 将引起丝锥弯曲，影响加工精度甚至折断丝锥。

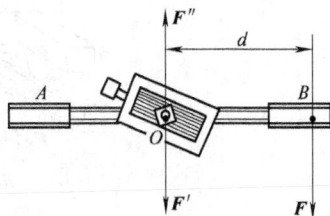

图 2-15　扳手攻螺纹

二、平面一般力系向一点简化——主矢和主矩

设在刚体上作用一平面一般力系 $\boldsymbol{F}_1, \boldsymbol{F}_2, \cdots, \boldsymbol{F}_n$，如图 2-16a 所示。各力的作用点分别为 $A_1, A_2, \cdots, A_n$。在平面内任意选一点 O，称为**简化中心**。运用力的平移定理，将力系中各力分别向 O 点平移，这样原平面一般力系 $(\boldsymbol{F}_1, \boldsymbol{F}_2, \cdots, \boldsymbol{F}_n)$ 转化为一个平面汇交力系 $(\boldsymbol{F}_1', \boldsymbol{F}_2', \cdots, \boldsymbol{F}_n')$ 和一个附加力偶系 $(M_1, M_2, \cdots, M_n)$，如图 2-16b 所示。所得平面汇交力系中各力的大小和方向分别与原力系中对应的各力相同，即

$$\boldsymbol{F}_1' = \boldsymbol{F}_1, \ \boldsymbol{F}_2' = \boldsymbol{F}_2, \ \cdots, \ \boldsymbol{F}_n' = \boldsymbol{F}_n$$

而所得附加力偶系中各附加力偶的力偶矩，分别等于原力系中各力对 O 点的矩，即

$$M_1 = M_O(\boldsymbol{F}_1), \ M_2 = M_O(\boldsymbol{F}_2), \ \cdots, \ M_n = M_O(\boldsymbol{F}_n)$$

平面汇交力系 $(\boldsymbol{F}_1', \boldsymbol{F}_2', \cdots, \boldsymbol{F}_n')$ 可以合成为一个合力 $\boldsymbol{F}'$，作用点为 O。合力 $\boldsymbol{F}'$ 等于 $\boldsymbol{F}_1', \boldsymbol{F}_2', \cdots, \boldsymbol{F}_n'$ 的矢量和，即：

$$\boldsymbol{F}' = \boldsymbol{F}_1' + \boldsymbol{F}_2' + \cdots + \boldsymbol{F}_n' = \boldsymbol{F}_1 + \boldsymbol{F}_2 + \cdots + \boldsymbol{F}_n = \sum_{i=1}^{n} \boldsymbol{F}_i$$

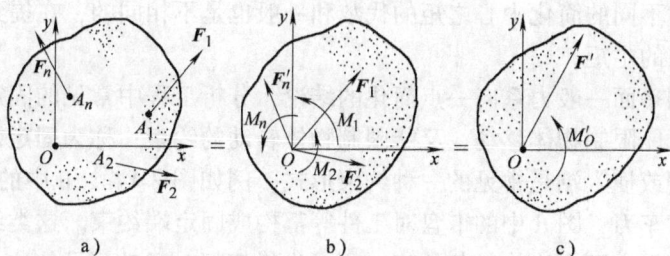

图 2-16 平面一般力系向一点简化

上式中 F' 的大小和方向可根据力多边形法则用几何法求出，也可以根据解析法求得。在用解析法时，选取如图 2-16 所示坐标系 Oxy，F' 在 x、y 轴上的投影分别为：

$$\begin{cases} F'_x = F_{1x} + F_{2x} + \cdots + F_{nx} = \sum_{i=1}^{n} F_{ix} \\ F'_y = F_{1y} + F_{2y} + \cdots + F_{ny} = \sum_{i=1}^{n} F_{iy} \end{cases} \quad (2\text{-}17)$$

式中 F_{1x}、F_{2x}、$\cdots$、F_{nx}，F_{1y}、F_{2y}、$\cdots$、F_{ny} 分别表示 F_1，F_2，$\cdots$，F_n 在 x、y 轴上的投影。于是可求得 F' 的大小和方向余弦为：

$$\begin{cases} F' = \sqrt{(F'_x)^2 + (F'_y)^2} = \sqrt{\left(\sum_{i=1}^{n} F_{ix}\right)^2 + \left(\sum_{i=1}^{n} F_{iy}\right)^2} \\[4mm] \cos(F',i) = \dfrac{\sum_{i=1}^{n} F_{ix}}{F'} \\[4mm] \cos(F',j) = \dfrac{\sum_{i=1}^{n} F_{iy}}{F'} \end{cases} \quad (2\text{-}18)$$

附加力偶系可以合成为一个力偶，合力偶矩 M'_O 等于各附加力偶的力偶矩 M_1，M_2，$\cdots$，M_n 的代数和，因而有：

$$M'_O = M_1 + M_2 + \cdots + M_n = M_O(F_1) + M_O(F_2) + \cdots + M_O(F_n) = \sum_{i=1}^{n} M_O(F_i)$$

从上面的分析可知，平面一般力系向其作用面内任意一点 O 简化，可得一个作用在 O 点的力和一个作用在力系平面内的力偶。这个力的矢量 F' 称为力系的**主矢**，等于力系中各力的矢量和；这个力偶的力偶矩 M'_O 称为力系对简化中心 O 的**主矩**，等于力系中各力对简化中心之矩的代数和。

值得注意的是，选取不同的简化中心，主矢不会改变，因为主矢总是等于平面一般力系中各力的矢量和，也就是说**主矢与简化中心的位置无关**。但是主矩一般来说与简化中心的位置有关，因为一般情况下力系中的各力对不同的简化中心的力矩是不同的，所以力系中各力对不同的简化中心之矩的代数和一般也是不相同的，在提到主矩时一定要指明是对哪一点的主矩。

下面将应用平面一般力系向一点简化的结论，分析工程中常见的固定端约束和约束反力。我们把既能限制物体移动，又能限制物体转动的约束，称为**固定端约束**或称**插入端约束**。固定端或插入端是常见的一种约束形式，例如图 2-17a、b 中的支柱对悬臂梁，图 c 中的刀架对车刀，图 d 中的卡盘对工件等都构成固定端约束。这类约束的特点是联接处有很大的刚性，不允许构件与约束之间发生任何相对运动。虽然这类约束的具体形式各式各样，但是其约束力具有共同的特点。现在讨论图 2-18a 所示的一端插入墙内的约束，在主动力 F 的作用下，梁的插入部分受到墙的约束，与墙接触的点均受到约束反力的作用，但是各点受到的力大小和方向都未知，即这些约束反力所组成的平面一般力系的分布情况是不清楚的，如图 2-18b 所示。我们将约束反力所组成的平面一般力系向梁上的指定点 A 简化，得到一个主矢和一个主矩，主矢即约束反力 F_A（水平分力 F_{A_x}、铅垂分力 F_{A_y}），主矩即约束反力偶 M_A。这样在讨论平面力系的情况下，固定端约束共有三个未知量：约束反力 F_{A_x}、F_{A_y} 和约束反力偶 M_A，如图 2-18c 所示。

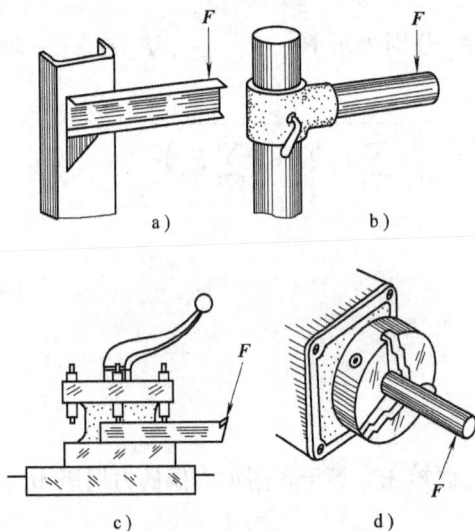

图 2-17　固定端约束

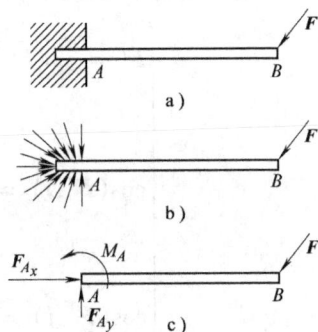

图 2-18　固定端约束反力

三、平面一般力系的平衡方程

由上一节的讨论可知，平面一般力系向任意一点简化时，得到两个基本力系——平面汇交力系和平面力偶系。这两个力系是不能相互平衡的，故要使平面一般力系平衡，就要两个基本力系分别平衡。平面汇交力系平衡的充分必要条件是合力为零，相当于平面一般力系的主矢 F' 为零；平面力偶系平衡的充分必要条件是合力偶矩 M_0 为零，相当于平面一般力系对任一点 O 的主矩为零。因此平面一般力系平衡的充分必要条件是：

力系的主矢和力系对任一点 O 的主矩分别等于零。即：

$$\begin{cases} \boldsymbol{F}' = 0 \\ \boldsymbol{M}'_O = 0 \end{cases} \tag{2-19}$$

将上述平衡条件用解析式表达，由式（2-4）、式（2-14）可得到下列平面一般力系的平衡方程（**基本式**）：

$$\begin{cases} \sum_{i=1}^{n} F_{ix} = 0 \\ \sum_{i=1}^{n} F_{iy} = 0 \\ \sum_{i=1}^{n} M_O(\boldsymbol{F}_i) = 0 \end{cases} \tag{2-20}$$

于是平面一般力系平衡的充分必要条件可以叙述为**力系中各力在两个任意选择的直角坐标轴上的投影的代数和分别为零，并且各力对任一点的矩的代数和也等于零**。式（2-20）包含三个独立方程，可以求解三个未知量。

我们把式（2-20）称为平面一般力系平衡方程的基本形式，它有两个投影式和一个力矩式。另外平衡方程还可以表示为：

（1）一个投影式和两个力矩式即**二力矩式** 方程式为：

$$\begin{cases} \sum_{i=1}^{n} F_{ix} = 0 \\ \sum_{i=1}^{n} M_A(\boldsymbol{F}_i) = 0 \\ \sum_{i=1}^{n} M_B(\boldsymbol{F}_i) = 0 \end{cases} \tag{2-21}$$

其中 A、B 两点的连线 AB 不能与 x 轴垂直。

（2）三个都是力矩式即**三力矩式** 方程式为：

$$\begin{cases} \sum_{i=1}^{n} M_A(\boldsymbol{F}_i) = 0 \\ \sum_{i=1}^{n} M_B(\boldsymbol{F}_i) = 0 \\ \sum_{i=1}^{n} M_C(\boldsymbol{F}_i) = 0 \end{cases} \tag{2-22}$$

其中 A、B、C 三点不能共线。

这样，平面一般力系共有基本式、二力矩式、三力矩式三种不同形式的平衡方程，但是必须注意不论何种形式，独立的平衡方程只有三个。在三个独立的方程之外列出的任何方程都是这三个独立方程的组合而不是独立的。平面一般力系平衡方程只能求解三个未知量。

在实际应用时，选用基本式、二力矩式还是三力矩式，完全决定于计算是否方便。为简化计算，在建立投影方程时，坐标轴的选取应该与尽可能多的未知力垂直，以便这些未知力在此坐标轴上的投影为零，避免一个方程中含有多个未知量而需要解联立方程。在建立力矩方程时，尽量选取两个未知力的交点作为矩心，这样通过矩心的未知力就不会在此力矩方程中出现，达到减少方程中未知量数的目的。

平面平行力系的平衡方程

各力作用线在同一平面内并且相互平行的力系称为**平面平行力系**。平面平行力系是平面一般力系的一种特殊情况。设物体受平面平行力系 F_1，F_2，…，F_n 的作用，如图 2-19 所示。过任一点 O 取直角坐标系 Oxy，并且使 Oy 轴与已知各力平行，则力系中各力在 x 轴上的投影分别为零，式（2-20）中的第一个方程 $\sum_{i=1}^{n} F_{ix} = 0$ 就成为恒等式而自然满足，于是平面平行力系的独立平衡方程只有两个：

$$\begin{cases} \sum_{i=1}^{n} F_{iy} = 0 \\ \sum_{i=1}^{n} M_O(F_i) = 0 \end{cases} \tag{2-23}$$

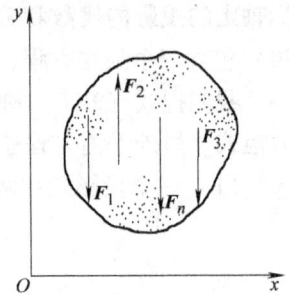

图 2-19 平面平行力系

其中各力在 y 轴上的投影的和即各力的代数和，所以**平面平行力系平衡的充分必要条件是力系中各力的代数和等于零，以及各力对任一点的矩的代数和等于零**。

平面平行力系的平衡方程也可以表示为两力矩形式，即

$$\begin{cases} \sum_{i=1}^{n} M_A(F_i) = 0 \\ \sum_{i=1}^{n} M_B(F_i) = 0 \end{cases} \tag{2-24}$$

需要注意的是 AB 连线不能与力系各力的作用线平行。

例 2-6 数控车床一齿轮转动轴自重 $G = 900\text{N}$，水平安装在向心轴承 A 和向心推力轴承 B 之间，如图 2-20a 所示。齿轮受一水平推力 F 作用。已知 $a = 0.4\text{m}$，$b = 0.6\text{m}$，$c = 0.25\text{m}$，$F = 160\text{N}$。当不计轴承的宽度和摩擦时，试求轴上 A、B 处所受的约束反力。

解：以齿轮转动轴为研究对象进行受力分析。轴受到主动力 G、F 作用以及 A、B 两处约束反力的作用。向心轴承只阻止 A 处的铅垂移动，向心推力轴承既阻止 B 处铅垂移动，又阻止 B 处水平移动。按照向心轴承和向心推力轴承约束的性质，A 处受到铅垂反力 F_A 作用，B 处反力为 F_{B_x}、F_{B_y}，受力图及坐标系如图 2-20b 所示，其中各约束反力的指向是假定的。

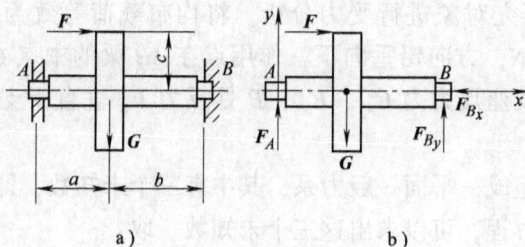

图 2-20 例 2-6 图

列平衡方程：

$$\sum_{i=1}^{n} F_{ix} = 0, F - F_{B_x} = 0$$

$$\sum_{i=1}^{n} F_{iy} = 0, F_A - G + F_{B_y} = 0$$

$$\sum_{i=1}^{n} M_A(F_i) = 0, (a+b)F_{B_y} - aG - cF = 0$$

可以解出各个约束反力：

$$F_{B_x} = F = 160\text{N}$$

$$F_{B_y} = \frac{aG + cF}{a+b} = \frac{0.4 \times 900 + 0.25 \times 160}{0.4 + 0.6}\text{N} = 400\text{N}$$

$$F_A = G - F_{B_y} = (900 - 400)\text{N} = 500\text{N}$$

所得正值说明各约束反力的实际指向与假定的一致。

例 2-7 如图 2-21a 所示水平梁 AB，受到一个均布载荷和一个力偶的作用。已知均布载荷的集度 $q = 0.2\text{kN/m}$，力偶矩的大小 $M = 1\text{kN·m}$，长度 $l = 5\text{m}$。不计梁本身的质量，求支座 A、B 的约束反力。

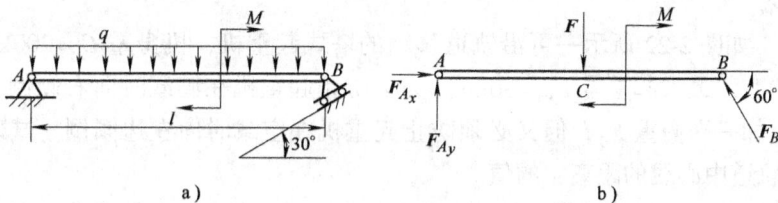

图 2-21 例 2-7 图

解：以梁 AB 为研究对象进行受力分析。将均布载荷等效为集中力 **F**，其大小为 $F = ql = 0.2 \times 5\text{kN} = 1\text{kN}$，方向铅垂向下，作用点在 AB 梁的中点 C。按照 A、B 两处约束的性质，得到 A 处支座反力为 F_{A_x}、F_{A_y}，B 处反力 F_B 垂直于支承面，梁的受力图如图 2-21b 所示。

作用在梁上的力组成一平面一般力系，其中有三个未知数，即 F_{A_x}、F_{A_y}、F_B。应用平面一般力系的平衡方程，可以求出这三个未知数。取：

$$\sum_{i=1}^{n} F_{ix} = 0, F_{A_x} - F_B\cos60° = 0 \tag{2-25}$$

$$\sum_{i=1}^{n} F_{iy} = 0, F_{A_y} - F + F_B\sin60° = 0 \tag{2-26}$$

$$\sum_{i=1}^{n} M_A(F_i) = 0, -F \times AC - M + F_B\sin60° \times AB = 0 \tag{2-27}$$

由（2-27）式得到：

$$F_B = \frac{F \times AC + M}{AB\sin60°} = \frac{1 \times 2.5 + 1}{5 \times \sin60°}\text{kN} = 0.81\text{kN}$$

将 F_B 之值代入式（2-25）、（2-26），得到：

$$F_{A_x} = F_B\cos60° = 0.40\text{kN}$$

$$F_{A_y} = F - F_B\sin60° = (1 - 0.81 \times \sin60°)\text{kN} = 0.30\text{kN}$$

F_{A_x}、F_{A_y}、F_B 均为正值表明它们的实际指向与假设的方向一致。

需要强调的是，在求解本类问题时应注意下列三点：

1）在列写平衡方程时，因为组成力偶的两个力在任一轴上的投影的代数和等于零，所以力偶 M 在 x、y 轴上力的投影方程中不出现。

2）力偶 M 对平面上任意一点的矩为常量。

3）应尽量选择各未知力作用线的交点为力矩方程的矩心，使力矩方程中未知量的个数尽量少。

例 2-8 如图 2-22 所示一可沿轨道移动的塔式起重机，机身重 $G = 200\text{kN}$，作用线通过塔架中心。最大起重量 $F_P = 80\text{kN}$。为了防止起重机在满载时向右倾倒，在离中心线 x 处附近加一平衡重 F_Q，但又必须防止起重机在空载时向左边倾倒。试确定平衡重 F_Q 以及离轨道中心线的距离 x 的值。

解：以整个起重机为研究对象进行受力分析，对满载和空载情况分别考虑。

（1）满载时作用在起重机上的力有 5 个，即最大起重量 F_P、起重机机身自重 **G**、平衡重 F_Q 和轨道支承力 F_A、F_B。这些力构成平面平行力系，由平衡方程可得：

$$\sum_{i=1}^{n} M_A(\boldsymbol{F}_i) = 0, F_Q \times (x - 2) - G \times 2 - F_P \times (10 + 2) + F_B \times 4 = 0$$

$$\sum_{i=1}^{n} M_B(\boldsymbol{F}_i) = 0, F_Q \times (x + 2) + G \times 2 - F_P \times (10 - 2) - F_A \times 4 = 0$$

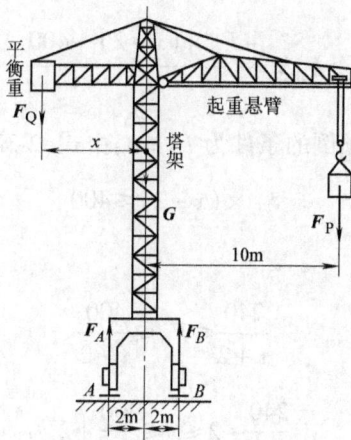

图 2-22 例 2-8 图

解得：

$$F_A = \frac{F_Q \times (2 + x) + 400 - 8F_P}{4} \text{kN} = \frac{F_Q \times (2 + x) - 240}{4} \text{kN} \tag{2-28}$$

$$F_B = \frac{-F_Q \times (x - 2) + 400 + 12F_P}{4} \text{kN} = \frac{-F_Q \times (x - 2) + 1360}{4} \text{kN} \tag{2-29}$$

由式(2-28)、(2-29)可见，当 F_P 增大或 F_Q 减小时，F_B 增大而 F_A 减小，但是 F_A 不能无限制减小，也就是说轨道不能对起重机轮子产生拉力，所以当 $F_A = 0$ 时，说明左轮即将与轨道脱离，也即起重机处于将翻未翻的临界状态，可见欲使起重机满载时不致向右倾倒的条件为 $F_A \geqslant 0$，由式(2-28)得

$$F_Q \times (2 + x) \geqslant 240 \tag{2-30}$$

(2) 再考虑空载时的情况。这时作用在起重机上的力有 4 个，即起重机机身自重 G、平衡重 F_Q 和轨道支承力 F_A、F_B。这些力构成平面平行力系，由平衡方程可得：

$$\sum_{i=1}^{n} M_A(\boldsymbol{F}_i) = 0, F_Q \times (x - 2) - G \times 2 + F_B \times 4 = 0$$

$$\sum_{i=1}^{n} M_B(\boldsymbol{F}_i) = 0, F_Q \times (x+2) + G \times 2 - F_A \times 4 = 0$$

解得:

$$F_A = \frac{F_Q \times (2+x) + 400}{4} \tag{2-31}$$

$$F_B = \frac{-F_Q \times (x-2) + 400}{4} \tag{2-32}$$

起重机空载时不致向左倾倒的条件为 $F_B \geqslant 0$,由式(2-32)得:

$$F_Q \times (x-2) \leqslant 400 \tag{2-33}$$

由式(2-30)、(2-33)可得:

$$\frac{240}{x+2} \leqslant F_Q \leqslant \frac{400}{x-2} \tag{2-34}$$

$$\frac{240}{F_Q} - 2 \leqslant x \leqslant \frac{400}{F_Q} + 2 \tag{2-35}$$

即 $F_{Qmin} = \dfrac{240}{x+2}$, $F_{Qmax} = \dfrac{400}{x-2}$; $x_{min} = \dfrac{240}{F_Q} - 2$, $x_{max} = \dfrac{400}{F_Q} + 2$。例如当 $x=3$ 时,$48kN \leqslant F_Q \leqslant 400kN$;当 $x=4$ 时,$40kN \leqslant F_Q \leqslant 200kN$。平衡重 F_Q 与离中心线的距离 x 应满足的关系如图 2-23 所示。

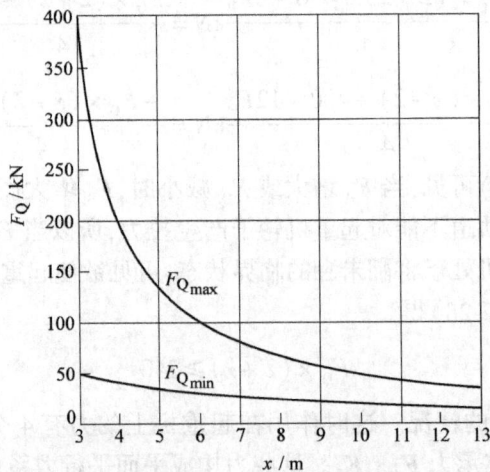

图 2-23 平衡重与离中心线距离的关系

第四节 空间一般力系简介

各力的作用线在空间任意分布的力系称为空间一般力系，简称空间力系。空间一般力系是物体最一般的受力情况，平面汇交力系、平面平行力系、平面一般力系都是它的特殊情况。图 2-24 所示的刚体、图 2-25 所示的数控车床的主轴分别受到空间一般力系作用。空间力在直角坐标轴上的投影、力对点的矩和力对轴的矩已经在第一章的第三、四、五节予以讨论。空间一般力系可以通过向一点的简化，得到一个空间汇交力系和一个空间力偶系，进而得到平衡条件。本书用比较直观的方法介绍空间一般力系的平衡方程。

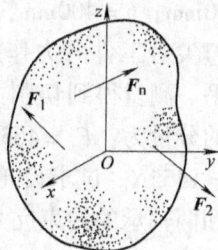

设一物体上作用着一个空间一般力系 F_1，F_2，$\cdots$，F_n，则力系既能产生使物体沿空间直角坐标 x、y、z 轴方向移动的效应，又能产生使物体绕 x、y、z 轴转动的效应。若物体在空间一般力系作用下保持平衡，则必须同时满足以下两点：

图 2-24 空间
一般力系

1）对于平行移动，物体在 x、y、z 轴保持平衡（静止或匀速直线运动），空间一般力系各力在 x、y、z 轴投影的代数和为零；

2）对于转动，物体对 x、y、z 轴保持平衡，空间一般力系各力对 x、y、z 轴之矩的代数和为零。

由此得到空间一般力系的平衡方程为：

$$
\begin{cases}
\sum_{i=1}^{n} F_{ix} = 0 \\[2mm]
\sum_{i=1}^{n} F_{iy} = 0 \\[2mm]
\sum_{i=1}^{n} F_{iz} = 0 \\[2mm]
\sum_{i=1}^{n} m_x(F_i) = 0 \\[2mm]
\sum_{i=1}^{n} m_y(F_i) = 0 \\[2mm]
\sum_{i=1}^{n} m_z(F_i) = 0
\end{cases}
\tag{2-36}
$$

上式表示了空间一般力系平衡的充分必要条件，即**各力在直角坐标系的三个坐标轴上的投影的代数和以及各力对此三轴之矩的代数和分别等于零**。

式（2-36）有 6 个独立的平衡方程，可以求解 6 个未知量，它是解决空间一般力系平衡问题的基本方程。

例 2-9　数控车床主轴安装在向心推力轴承 A 和向心轴承 B 上，如图 2-25 所示。圆柱直齿轮 C 的节圆半径 $r_C =$ 120mm，其下与另一齿轮啮合，压力角 $\alpha = 20°$。在轴的右端固定一半径为 $r_D = 60$mm 的圆柱体工件。已知 $a =$ 60mm，$b = 400$mm，$c = 250$mm。车刀刀尖对工件的力作用在 H 处，HD 水平。测量得到切削力在 x、y、z 轴上的分量为：$F_x = 465$N，$F_y = 325$N，$F_z = 1455$N。试求齿轮所受的啮合力 F_Q 和两轴承的约束反力。

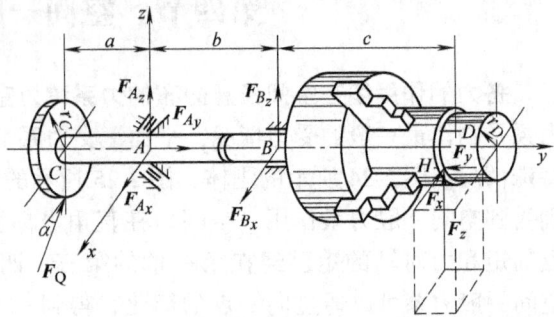

图 2-25　例 2-9 图

解：取主轴、齿轮、工件三者组成的系统为研究对象，以 A 为坐标原点，取 y 轴与主轴轴线重合，x 轴沿水平面，z 轴沿铅垂线。

系统受到的主动力分别为齿轮 C 所受的啮合力 F_Q 和工件受到的切削力 F_x、F_y、F_z。向心推力轴承不允许主轴 A 处沿任何方向移动，故约束反力有三个，分别为 F_{Ax}、F_{Ay}、F_{Az}；向心轴承不允许主轴 B 处沿 x、z 轴方向移动，故约束反力有二个，分别为 F_{Bx}、F_{Bz}。上述 9 个力构成空间一般力系，由式（2-36）可写出平衡方程如下：

$$\sum_{i=1}^{n} F_{ix} = 0, \ -F_x + F_{Ax} + F_{Bx} - F_Q\cos\alpha = 0 \tag{2-37}$$

$$\sum_{i=1}^{n} F_{iy} = 0, \ -F_y + F_{Ay} = 0 \tag{2-38}$$

$$\sum_{i=1}^{n} F_{iz} = 0, F_z + F_{Az} + F_{Bz} + F_Q\sin\alpha = 0 \tag{2-39}$$

$$\sum_{i=1}^{n} m_x(\boldsymbol{F}_i) = 0, (b+c)F_z + bF_{Bz} - aF_Q\sin\alpha = 0 \tag{2-40}$$

$$\sum_{i=1}^{n} m_y(\boldsymbol{F}_i) = 0, \ -r_D F_z + r_C F_Q\cos\alpha = 0 \tag{2-41}$$

$$\sum_{i=1}^{n} m_z(\boldsymbol{F}_i) = 0, (b+c)F_x - r_D F_y - bF_{Bx} - aF_Q\cos\alpha = 0 \tag{2-42}$$

由（2-38）式得：

$$F_{Ay} = F_y = 325\text{N}$$

由（2-41）式得：

$$F_Q = \frac{r_D}{r_C\cos\alpha}F_z = \frac{60 \times 1455}{120 \times \cos 20°}\text{N} = 774\text{N}$$

由（2-42）式得：

$$F_{B_x} = \frac{(b+c)F_x - r_D F_y - aF_Q\cos\alpha}{b}$$

$$= \frac{(400+250) \times 465 - 60 \times 325 - 60 \times 774 \times \cos20°}{400} \text{N} = 598\text{N}$$

由（2-37）式得：

$$F_{A_x} = F_x + F_Q\cos\alpha - F_{B_x}$$

$$= (465 + 774 \times \cos20° - 598)\text{N} = 594\text{N}$$

由（2-40）式得：

$$F_{B_z} = \frac{aF_Q\sin\alpha - (b+c)F_z}{b}$$

$$= \frac{60 \times 774 \times \sin20° - (400+250) \times 1455}{400}\text{N} = -232\text{N}$$

最后由（2-39）式得：

$$F_{A_z} = -F_z - F_{B_z} - F_Q\sin\alpha = [-1455 - (-2325) - 774 \times \sin20°]\text{N} = 605\text{N}$$

例 2-10 均质等厚度板 ABCD 质量为 10kg，用光滑球铰 A 和蝶铰 B 与墙壁联接，并用绳索 CE 拉住。在水平位置保持静止，如图 2-26 所示，AB = a，AD = b。已知 A、E 两点在同一铅垂线上，且 ∠ECA = ∠BAC = 30°，试求绳索的拉力和铰 A、B 的约束反力。

解： 取矩形板 ABCD 为研究对象，板所受的主动力为重力 mg，大小为 10×9.8N，作用于板的质心 G 点；根据铰的性质，A 处球铰的约束反力为

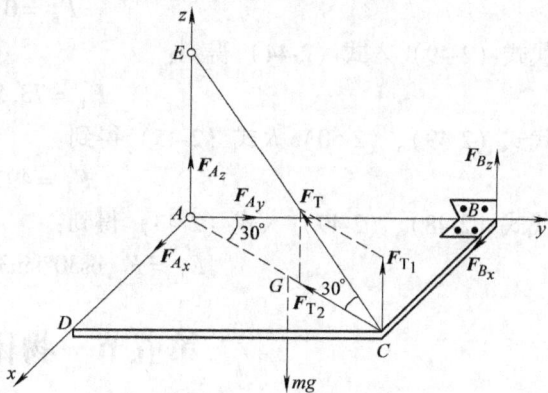

图 2-26 例 2-10 图

F_{A_x}、F_{A_y}、F_{A_z}，B 处蝶铰的约束反力为 F_{B_x}、F_{B_z}。

将绳索拉力 F_T 分解，得到平行于 z 轴的分力 F_{T1} 和位于平面 Axy 内的分力 F_{T2}，有：

$$F_{T1} = F_T\sin30°, \quad F_{T2} = F_T\cos30°$$

进而得到：

$$\begin{cases} F_{T_x} = -F_{T_2}\sin30° = -F_T\cos30°\sin30° \\ F_{T_y} = -F_{T_2}\cos30° = -F_T\cos^2 30° \\ F_{T_z} = F_{T_1} = F_T\sin30° \end{cases}$$

列写平衡方程，求解未知力，由式（2-36）得：

$$\begin{cases} \sum_{i=1}^{n} F_{ix} = 0, F_{A_x} + F_{B_x} + F_{T_x} = 0, F_{A_x} + F_{B_x} - F_T\cos30°\sin30° = 0 & (2\text{-}43) \\[2mm] \sum_{i=1}^{n} F_{iy} = 0, F_{A_y} + F_{T_y} = 0, F_{A_y} - F_T\cos^2 30° = 0 & (2\text{-}44) \\[2mm] \sum_{i=1}^{n} F_{iz} = 0, F_{A_z} + F_{B_z} - mg + F_{T_z} = 0, F_{A_z} + F_{B_z} - mg + F_T\sin30° = 0 & (2\text{-}45) \\[2mm] \sum_{i=1}^{n} m_x(\boldsymbol{F}_i) = 0, F_{B_z}a + F_{T_z}a - mg\dfrac{a}{2} = 0, F_{B_z}a + F_T\sin30°a - mg\dfrac{a}{2} = 0 & (2\text{-}46) \\[2mm] \sum_{i=1}^{n} m_y(\boldsymbol{F}_i) = 0, mg\dfrac{b}{2} - F_{T_z}b = 0, \dfrac{mg}{2} - F_T\sin30° = 0 & (2\text{-}47) \\[2mm] \sum_{i=1}^{n} m_z(\boldsymbol{F}_i) = 0, -F_{B_x}a = 0, F_{B_x} = 0 & (2\text{-}48) \end{cases}$$

由式（2-47）得到：

$$F_T = mg = 98\text{N} \tag{2-49}$$

代式（2-49）入式（2-46）得到：

$$F_{B_z} = 0 \tag{2-50}$$

代式（2-49）入式（2-44）得到：

$$F_{A_y} = 73.5\text{N}$$

代式（2-49）、(2-50)入式（2-45）得到：

$$F_{A_z} = 49\text{N}$$

代式（2-48）、(2-49)入式（2-43）得到：

$$F_{A_x} = F_T\cos30°\sin30° = 42.4\text{N}$$

第五节　物体的重心

　　重心是力学中的一个重要概念。对物体重心的研究，在工程实际中有很重要的意义。例如起重机重心的位置若超出某一范围，受载后就不能保证起重机的平衡；高速旋转的物体像涡轮机的叶片、洗衣机甩干桶等，如果其重心偏离转轴的中心线，转动起来就会引起轴的振动和轴承的动压力；汽车或飞机重心的位置对它们运动的稳定性和操作性有很大影响；高速转动的计算机硬盘对重心位置也有严格的限制。

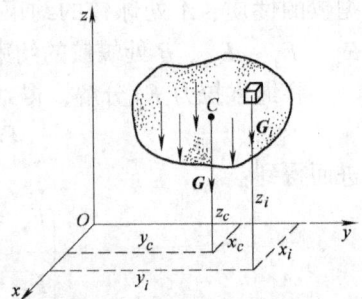

图 2-27　物体的重心

一、物体的重心

　　物体的重力就是地球对它的吸引力。如果把物体视为由许多质点组成，由于地球比所研究的物体大得多，作用在这些质点上的重力形成的力系可以认为是一个铅垂的平行力系。这个空间平行力系的中心称为物体的重心，如图 2-27 所示。

将物体分割成许多微单元，每一微单元的重力方向均指向地心，近似地看成一平行力系，大小分别为 G_1、G_2、$\cdots$、G_n，其作用点为 $C_1(x_1,y_1,z_1)$、$C_2(x_2,y_2,z_2)$、$\cdots$、$C_n(x_n,y_n,z_n)$。物体重心 C 的坐标的近似公式为：

$$x_C = \frac{\sum\limits_{i=1}^{n} G_i x_i}{\sum\limits_{i=1}^{n} G_i}; y_C = \frac{\sum\limits_{i=1}^{n} G_i y_i}{\sum\limits_{i=1}^{n} G_i}; z_C = \frac{\sum\limits_{i=1}^{n} G_i z_i}{\sum\limits_{i=1}^{n} G_i} \tag{2-51}$$

式中，$\sum\limits_{i=1}^{n} G_i$ 为整个物体的重量 G。微单元分得越多，每个单元体体积越小，所求得的重心 C 的位置就越准确。在极限情况下，$n \to \infty$，$G_i \to 0$，得到重心的一般公式为

$$\begin{cases} x_C = \dfrac{\lim\limits_{n \to \infty} \sum\limits_{i=1}^{n} G_i x_i}{\lim\limits_{n \to \infty} \sum\limits_{i=1}^{n} G_i} = \dfrac{\int_V \rho g x \mathrm{d}v}{\int_V \rho g \mathrm{d}v} \\[3em] y_C = \dfrac{\lim\limits_{n \to \infty} \sum\limits_{i=1}^{n} G_i y_i}{\lim\limits_{n \to \infty} \sum\limits_{i=1}^{n} G_i} = \dfrac{\int_V \rho g y \mathrm{d}v}{\int_V \rho g \mathrm{d}v} \\[3em] z_C = \dfrac{\lim\limits_{n \to \infty} \sum\limits_{i=1}^{n} G_i z_i}{\lim\limits_{n \to \infty} \sum\limits_{i=1}^{n} G_i} = \dfrac{\int_V \rho g z \mathrm{d}v}{\int_V \rho g \mathrm{d}v} \end{cases} \tag{2-52}$$

式中，ρ 为物体的密度；g 为重力加速度；ρg 为单位体积所受的重力；$\mathrm{d}v$ 是微单元的体积。

对于匀质的物体来说，物体单位体积所受的重力 ρg 为常数，代入式（2-52）得到：

$$x_C = \frac{\int_V x \mathrm{d}v}{\int_V \mathrm{d}v} = \frac{\int_V x \mathrm{d}v}{V}; y_C = \frac{\int_V y \mathrm{d}v}{\int_V \mathrm{d}v} = \frac{\int_V y \mathrm{d}v}{V}; z_C = \frac{\int_V z \mathrm{d}v}{\int_V \mathrm{d}v} = \frac{\int_V z \mathrm{d}v}{V} \tag{2-53}$$

这里 $V = \int_V \mathrm{d}v$ 是整个物体的体积。

由式（2-53）可见，匀质物体的重心，只决定于物体的几何形状，而与物体的重度无关，因此又称为**形心**。

需要强调的是，一个形体的形心，不一定在该形体上。例如图 2-28 所示的输水管道，其形心在 C 点。一个物体的重心，同样也不一定在该物体上。例如我们日常用的碗，其重心也不在碗体上。

工程实际中常采用匀质、等厚度的薄板、薄壳结构，形成一种面形形体。例如厂房的双曲顶壳、薄壁容器、飞机机翼等。若厚度为 t，面积元为 dA，则体积元 $dV = tdA$，代入式（2-53）得到面体体形的重心坐标公式：

$$x_C = \frac{\int_A x dA}{A}; y_C = \frac{\int_A y dA}{A}; z_C = \frac{\int_A z dA}{A} \qquad (2\text{-}54)$$

图 2-28　输水管道横截面

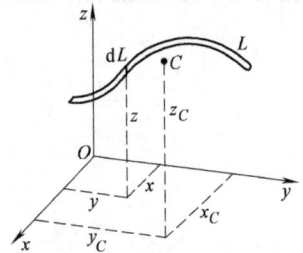

式中　$A = \int_A dA$ 是整个面形体的面积。

对于匀质线段如等截面匀质细长曲杆、细金属丝，可以视为一匀质空间曲线，如图 2-29 所示，其重心坐标公式为：

$$x_C = \frac{\int_L x dL}{L}; y_C = \frac{\int_L y dL}{L}; z_C = \frac{\int_L z dL}{L} \qquad (2\text{-}55)$$

式中，$L = \int_L dL$ 是整个线段的长度。

图 2-29　匀质线段的重心

二、确定物体重心的几种方法

下面介绍几种常用的确定物体重心的方法。

1. 对称法

对于具有对称轴、对称面或对称中心的匀质物体，可以利用其对称性确定重心位置。可以证明这种物体的重心必在对称轴、对称面或对称中心上。如圆球体或球面的重心在球心，圆柱体的重心在轴线中点，圆环的重心在圆心，等腰三角形的重心在垂直于底边的中线上。

2. 积分法

对于具有某种规律的规则形体，可以根据式（2-53）、式（2-54）或式（2-55）利用积分方法求出形体的重心从而得到简单图形的形心，如表 2-1 所示。

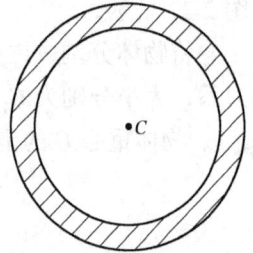

表 2-1　简单图形的形心位置

图　形	形　心　坐　标
	$y_C = \dfrac{h}{3}$

（续）

图　　形	形　心　坐　标
	$$y_C = \frac{h(a+2b)}{3(a+b)}$$
	$x_C = \dfrac{r\sin\alpha}{\alpha}$（$\alpha$ 用弧度表示，以下各图相同） 对于半圆弧 $\alpha = \dfrac{\pi}{2}$，则 $x_C = \dfrac{2r}{\pi}$
	$$x_C = \frac{2r\sin\alpha}{3\alpha}$$ 对于半圆 $\alpha = \dfrac{\pi}{2}$，则 $x_C = \dfrac{4r}{3\pi}$
	$$x_C = \frac{2r^3\sin^3\alpha}{3A}$$ 其中弓形面积 $A = \dfrac{r^2(2\alpha - \sin2\alpha)}{2}$

3. 组合法

工程中有些形体虽然比较复杂，但往往是由一些简单形体组成的，而简单形体重心位置根据对称性或查表很容易确定。因而可将组合形体分割为 m 个简单几何形体，然后应用下式求出组合形体的重心位置：

$$x_C = \frac{\sum_{i=1}^{m} A_i x_i}{A}; \quad y_C = \frac{\sum_{i=1}^{m} A_i y_i}{A}; \quad z_C = \frac{\sum_{i=1}^{m} A_i z_i}{A} \quad (2\text{-}56)$$

式中 $A = \sum_{i=1}^{m} A_i$ 是整个面积体的面积。

例2-11　角钢截面的尺寸如图 2-30 所示，试求其形心的位置。

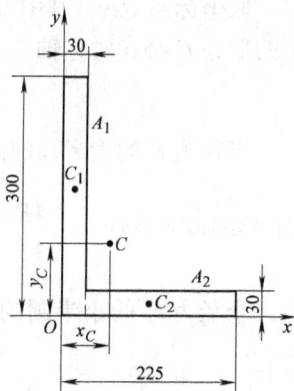

图2-30　例2-11图

解：取 Oxy 坐标系如图所示，角钢截面可用虚线分为两个矩形。两矩形的形心位置 C_1 和 C_2 处于矩形对角线的交点，坐标分别为：

$$x_1 = 15\text{mm}, \ y_1 = 150\text{mm};$$

$$x_2 = \left(30 + \frac{225 - 30}{2}\right)\text{mm} = 127.5\text{mm}, \ y_2 = 15\text{mm}$$

两个矩形的面积分别为：

$$A_1 = 30 \times 300\text{mm}^2 = 9000\text{mm}^2; A_2 = (225 - 30) \times 30\text{mm}^2 = 5850\text{mm}^2$$

将以上数值代入式（2-56），得到角钢截面对 Oxy 坐标系的形心坐标为：

$$x_C = \frac{\sum\limits_{i=1}^{m} A_i x_i}{A} = \frac{9000 \times 15 + 5850 \times 127.5}{9000 + 5850}\text{mm} = 59.3\text{mm}$$

$$y_C = \frac{\sum\limits_{i=1}^{m} A_i y_i}{A} = \frac{9000 \times 150 + 5850 \times 15}{9000 + 5850}\text{mm} = 96.8\text{mm}$$

4. 负面积法

如果在规则形体上切去一部分，例如钻孔或开槽等。当求这类形体的形心时，首先认为原形体是完整的，然后把切去的部分视为负面积，运用式（2-56）求出形心。

负面积法可以认为是形体组合法的推广。

例 2-12 已知振动器用的偏心块为等厚度的匀质形体，如图 2-31 所示。其上有半径为 r_2 的圆孔。偏心块的几何尺寸 $R = 120\text{mm}$，$r_1 = 35\text{mm}$，$r_2 = 15\text{mm}$。试求偏心块形心的位置。

解：将偏心块挖空的圆孔视为"负面积"，于是偏心块的面积可以视为由半径为 R 的大半圆、半径为 r_1 的小半圆和半径为 r_2 的小圆（负面积）共三部分组成。

取坐标系 Oxy，其中 Oy 轴为对称轴。根据对称性，偏心块的形心 C 必在对称轴 Oy 上，所以：

$$x_C = 0$$

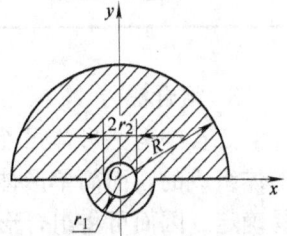

图 2-31 例 2-12 图

半径为 R 的大半圆的面积 $A_1 = \frac{1}{2}\pi R^2 = 7200\pi\text{mm}^2$，查表 2-1 得到形心坐标 $y_1 = \frac{4R}{3\pi} = \frac{160}{\pi}\text{mm}$；

半径为 r_1 的小半圆的面积 $A_2 = \frac{1}{2}\pi r_1^2 = 612.5\pi\text{mm}^2$，查表 2-1 得到形心坐标 $y_2 = -\frac{4r_1}{3\pi} = -\frac{46.67}{\pi}\text{mm}$；

半径为 r_2 的小圆的面积 $A_3 = -\pi r_2^2 = -225\pi\text{mm}^2$，形心坐标 $y_3 = 0$。

将上面的结果代入式（2-56）可得到形心坐标为：

$$y_C = \frac{\sum\limits_{i=1}^{m} A_i y_i}{A} = \frac{7200\pi \times \dfrac{160}{\pi} + 612.5\pi \times \left(-\dfrac{46.67}{\pi}\right) + (-225\pi) \times 0}{7200\pi + 612.5\pi + (-225\pi)} \text{mm} = 47.1\text{mm}$$

5. 试验法

对于某些形状复杂的机械零部件，在工程实际中常采用试验方法来测定其重心。试验法往往比计算法直接、简便，并具有足够的准确性。常用的试验方法有如下两种：

（1）悬挂法 对于形状复杂的薄平板求形心时可以采用悬挂法。如图 2-32 所示，首先将板悬挂于任一点 A，则可以判断薄平板的形心在绳子向下的延长线 AD 上；然后将薄平板悬挂于另一点 B，其形心在绳子向下的延长线 BE 上。显然，AD 与 BE 的交点即为薄平板的形心 C。

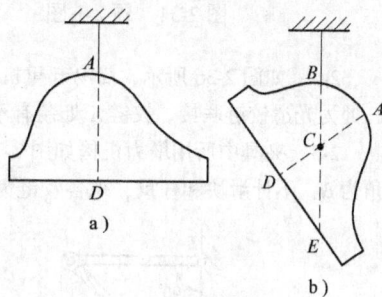

（2）称重法 形状复杂或体积庞大的物体，可以采用称重法求重心。例如内燃机的连杆，其重心必在对称中心线 AB 上，如图 2-33 所示，我们只需确定重心在中心线 AB 上的确切位置。将连杆的小端 A 放在水平面上，大端 B 放在台秤上，使中心线 AB 处于水平位置。已知连杆重量为 G，小头支承点距重力 G 的作用线的距离为 x_C，由力矩平衡方程：

图 2-32 悬挂法求重心

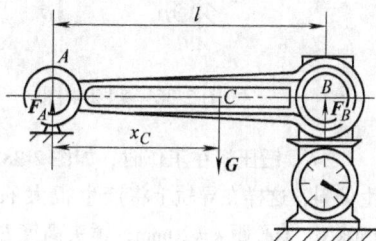

图 2-33 称重法求重心

$$\sum_{i=1}^{n} m_A(\boldsymbol{F}_i) = 0, F_B l - G x_C = 0$$

可得

$$x_C = \frac{F_B}{G} l$$

式中，l 为连杆大、小头支承点间的距离；G 为重量，可以直接测定；B 端的反力 F_B 的大小可由台秤读出，从而求出 x_C 的值。

为了便于测量和减少误差，A、B 支承处的接触面积要尽量小，可做成刃口形状。摩托车、汽车、各类机床等的重心位置可以用称重法确定。

习　题

2-1　圆柱的重量 G = 2.5kN，搁置在三角形槽上，如图 2-34 所示。若不计摩擦，试用几何法求圆柱对三角槽壁 A、B 处的压力。

2-2　用解析法求解上题。

2-3　图 2-35 中的绳索 ACB 的两端 A、B 分别固定在水平面上，在它的中点 C 处用铅垂力 **F** 向下拉，A、B 两点相距越远，绳索越容易被拉断，为什么？

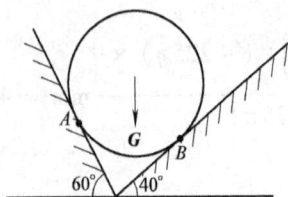

图 2-34　题 2-1 图

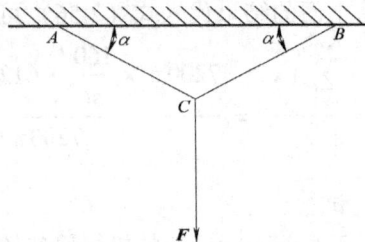

图 2-35　题 2-3 图

2-4　如图 2-36 所示，简易起重机用钢丝绳吊起重量 $G = 10kN$ 的重物。各杆自重不计，A、B、C 三处为光滑铰链联接。铰链 A 处装有不计半径的光滑滑轮。求杆 AB 和 AC 受到的力。

2-5　夹具中所用增力机构如图 2-37 所示。已知推力 F 作用于 A 点，夹紧平衡时杆与水平线的夹角为 α，不计滑块和杆重，视各铰链为光滑。定义增力倍数 $\beta = F_Q / F$。试求 β 与 α 的函数关系。

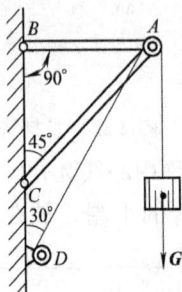

图 2-36　题 2-4 图

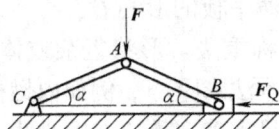

图 2-37　题 2-5 图

2-6　锻压机在工作时，如图 2-38 所示，如果锤头所受工件的作用力偏离中心线，就会使锤头发生偏斜，这样在导轨上将产生很大的压力，加速导轨的磨损，影响工件的精度。已知打击力 $F = 150kN$，偏心距 $e = 20mm$，锤头高度 $h = 0.30m$。试求锤头加给两侧导轨的压力。

2-7　图 2-39 所示飞机起落架，已知机场跑道作用于轮子的约束反力 F_{ND} 铅直向上，作用线通过轮心，大小为 40kN。图中尺寸长度单位是毫米，起落架本身重量忽略不计。试求铰链 A 和 B 的约束反力。

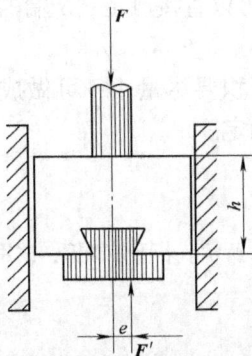

图 2-38　题 2-6 图

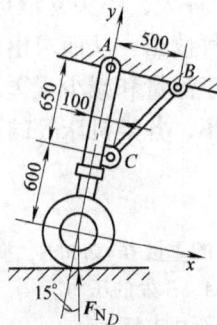

图 2-39　题 2-7 图

2-8　拖车的重量 $G = 250\text{kN}$，牵引车对它的作用力 $F = 50\text{kN}$，如图 2-40 所示。当车辆匀速直线行驶时，车轮 A、B 对地面的正压力。

2-9　如图 2-41 所示，数控铣床重量为 $G = 30\text{kN}$，当水平放置时（$\theta_1 = 0°$），秤上读数为 $F_1 = 21\text{kN}$；当 $\theta_2 = 20°$ 时，秤上读数为 $F_2 = 18\text{kN}$。试求机床重心坐标 x_C、y_C（提示：当 $\theta_1 = 0°$、$\theta_2 = 20°$ 时，分别对 B 点列力矩平衡方程）。

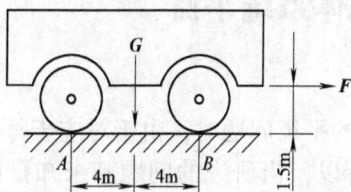

图 2-40　题 2-8 图

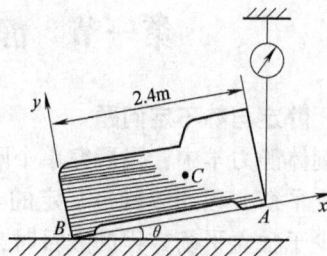

图 2-41　题 2-9 图

2-10　平面桁架由 7 根相同材料的匀质等截面杆构成，杆长如图 2-42 所示，试求该桁架重心的位置。

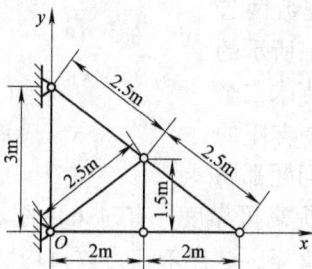

图 2-42　题 2-10 图

第三章 平衡方程的应用

第一节 静定问题及刚体系统平衡

一、静定与静不定问题

在刚体静力学中，当研究单个刚体或刚体系统的平衡问题时，由于对应于每一种力系的独立平衡方程的数目是一定的（见表 3-1），所以，当研究的问题其未知量的数目等于或少于独立平衡方程的数目时，则所有未知量都能由平衡方程求出，这样的问题称为**静定问题**。若未知量的数目多于独立平衡方程的数目，则未知量不能全部由平衡方程求出，这样的问题称为**静不定问题**（或称**超静定问题**）。而总的未知量数与独立的平衡方程数两者之差称为**静不定次数**。在图 3-1 所示的平衡问题中，已知作用力 F，当求二个杆的内力（见图 a、b）或二个支座的约束反力（见图 c）时，这些问题都属于静定问题；但是工程中为了提高可靠度，有时采用图 3-2 所示系统，即图 a、b 中增加 1 根杆，图 c 增加 1 个滚轴支座，这样未知力数目均增加了 1 个，而系统独立的方程数不变，这样这些问题就变成了一次静不定问题。

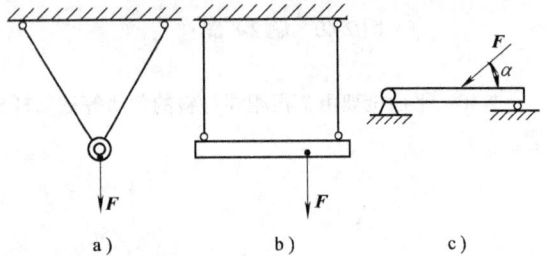

图 3-1 静定问题

表 3-1 各种力系的独立方程数

力系名称	平面任意力系	平面汇交力系	平面平行力系	平面力偶系	空间任意力系
独立方程数	3	2	2	1	6

静不定问题仅用刚体静力平衡方程是不能完全解决的，需要把物体作为变形体，考虑作用于物体上的力与变形的关系（见本书第二篇），再列出补充方程来解决。关于静不定问题的求解，已超出了本章所研究的范围。

二、刚体系统的平衡问题

由若干个物体通过约束联系所组

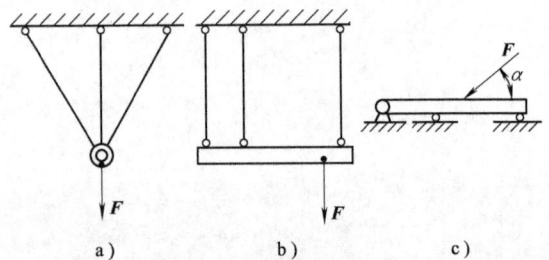

图 3-2 静不定问题

成的系统称为**物体系统**，简称为物系。本篇讨论刚体静力学，将物体视为刚体，所以物体系统也称为**刚体系统**。当整个系统平衡时，则组成该系统的每一个刚体也都平衡，因此研究这类问题时，既可取系统中的某一个物体为分离体，也可以取几个物体的组合或取整个系统为分离体。

一旦取出分离体后，该分离体以外物体对于这个分离体作用的力称为**外力**，分离体系统内各物体间相互作用的力称为**内力**。

在研究刚体系统的平衡问题时，不仅要分析外界物体对于这个系统作用的力（外力），有时还需要分析系统内各物体间相互作用的力（内力）。由于内力总是成对出现的，因此，当取整个系统为研究对象时，可不考虑其内力。但是内力和外力的概念又是相对的，当研究刚体系统中某一刚体或某一部分的平衡时，刚体系统中的其他刚体或其他部分对所研究刚体或部分的作用力就成为外力，必须予以考虑。

在选择分离体列平衡方程时，应尽可能避免解联立方程。对于 n 个刚体组成的系统，在平面任意力系作用下，可以列出 $3n$ 个独立平衡方程。若系统中的刚体受到平面汇交力系或平面平行力系作用时，则独立平衡方程的总数目将相应地减少（见表3-1）。

下面通过实例来说明各类物体系统平衡问题的解法。

例3-1 一管道支架，尺寸如图3-3所示，设大管道重 $F_1 = 12\text{kN}$，小管道重 $F_2 = 7\text{kN}$，不计支架自重，求支座 A、C 处约束反力。

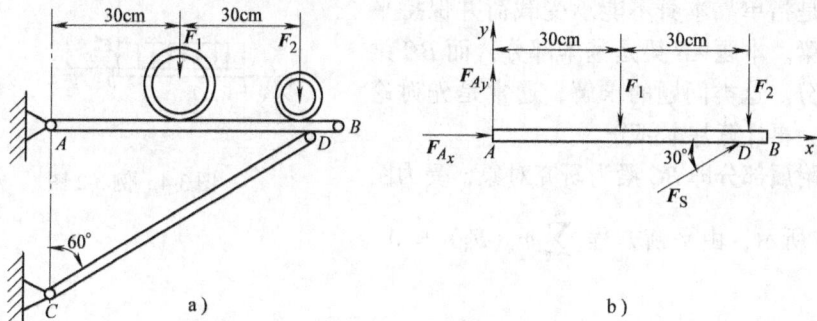

图3-3 例3-1图

a) 管道支架 b) 受力分析

解：如果仅考察整个系统的平衡，则按照约束性质，A、C 处各有2个未知力，而独立的平衡方程只有3个，所以为求解需要取部分为研究对象。

考察 AB 杆：由于不计各杆的重量，所以杆 CD 为二力杆，CD 杆对 AB 杆的作用力 F_S（见图3-3b所示），作用在 AB 杆上的还有主动力 F_1、F_2，支座 A 的约束反力 F_{A_x}、F_{A_y}，共5个力。

选择 Axy 坐标系，由平衡方程式（2-20）得到：

$$\sum_{i=1}^{n} m_A(\boldsymbol{F}_i) = 0, \qquad 0.6F_s\sin30° - 0.3F_1 - 0.6F_2 = 0$$

$$\sum_{i=1}^{n} F_{ix} = 0, F_{A_x} + F_s \cos 30° = 0$$

$$\sum_{i=1}^{n} F_{iy} = 0, F_{A_y} - F_1 - F_2 + F_s \sin 30° = 0$$

解上述方程，得到：

$$F_s = F_1 + 2F_2 = 26 \text{kN}$$

$$F_{A_x} = -F_s \cos 30° = -22.5 \text{kN}（负号说明 F_{A_x} 实际指向与假设相反）$$

$$F_{A_y} = F_1 + F_2 - F_s \sin 30° = 6 \text{kN}$$

根据作用力与反作用力定律，CD 杆在 D 点所受的力 $\pmb{F}'_s$ 与 $\pmb{F}_s$ 等值、反向，由 CD 杆的平衡条件可知，支座 C 处的约束反力 $F_C = F'_s = F_s = 26 \text{kN}$，指向 D 点。

例 3-2 静定多跨梁由 AB 梁和 BC 梁用中间铰 B 联接而成，支承和荷载情况如图 3-4a 所示，已知 $F = 10 \text{kN}$，$q = 2.5 \text{kN/m}$，$\alpha = 45°$。求支座 A、C 的反力和中间铰 B 处的内力。

解：静定多跨梁往往是由几个部分梁组成，主要包括基本部分和附属部分。基本部分是指单靠本身就能承受载荷并保持平衡的部分梁；附属部分是指单靠本身不能承受载荷并保持平衡的部分梁。本题 AB 梁是基本部分，而 BC 梁是附属部分。这类问题的求解，通常是先讨论附属部分，再计算基本部分。

先取附属部分即 BC 梁为研究对象，受力图如图 3-4b 所示，由平衡方程 $\sum_{i=1}^{n} m_B(\pmb{F}_i) = 0$，得到：

图 3-4 例 3-2 图

$$-F \times 1 + F_C \cos \alpha \times 2 = 0, \quad F_C = \frac{F}{2 \cos \alpha} = \frac{10}{2 \times \cos 45°} \text{kN} = 7.07 \text{kN}$$

由 $\sum_{i=1}^{n} F_{ix} = 0$ 得到：

$$F_{B_x} - F_C \sin \alpha = 0, \quad F_{B_x} = F_C \sin \alpha = 7.07 \times \sin 45° \text{kN} = 5.0 \text{kN}$$

由 $\sum_{i=1}^{n} F_{iy} = 0$ 得到：

$$F_{B_y} - F + F_C \cos \alpha = 0, F_{B_y} = F - F_C \cos \alpha = (10 - 7.07 \cos 45°) \text{kN} = 5.0 \text{kN}$$

再取 AB 梁为研究对象，受力图如图 3-4c 所示，由平衡方程（2-20）得到：

$$\sum_{i=1}^{n} m_A(\pmb{F}_i) = 0, M_A - \frac{1}{2} q \times 2^2 - F'_{B_y} \times 2 = 0 \tag{3-1}$$

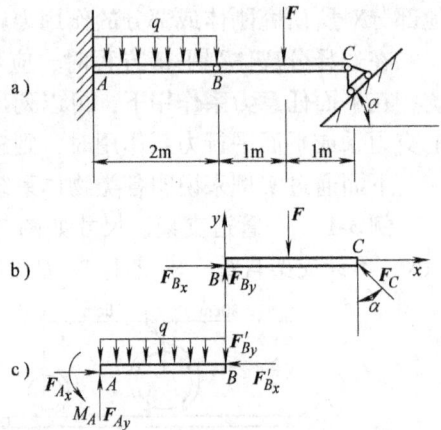

$$\sum_{i=1}^{n} F_{ix} = 0, F_{A_x} - F'_{B_x} = 0 \tag{3-2}$$

$$\sum_{i=1}^{n} F_{iy} = 0, F_{A_y} - 2q - F'_{B_y} = 0 \tag{3-3}$$

由作用和反作用定律得 $F'_{B_x} = F_{B_x} = 5.0\text{kN}$，$F'_{B_y} = F_{B_y} = 5.0\text{kN}$，代入式（3-1）、（3-2）、（3-3）解得：

$$M_A = 2q + 2F'_{B_y} = (2 \times 2.5 + 2 \times 5.0)\text{kN} \cdot \text{m} = 15\text{kN} \cdot \text{m}$$

$$F_{A_x} = F'_{B_x} = 5.0\text{kN}$$

$$F_{A_y} = 2q + F'_{B_y} = (2 \times 2.5 + 5.0)\text{kN} = 10\text{kN}$$

例3-3　图 3-5a 所示静定多跨梁结构由两根梁在 B 处用铰链连接，各梁长均为 $2l$。已知其上作用有集中力偶 M 及集度为 q 的均布载荷。试画出 AB 梁、BC 梁受力图，并求支座 A、C 处的约束反力，以及铰链 B 受到的力。

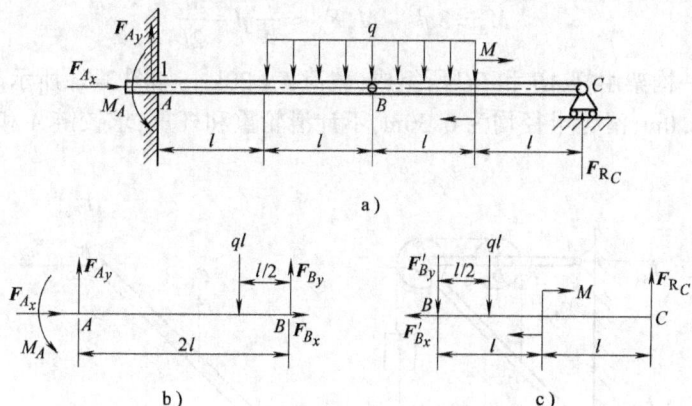

图 3-5　例 3-3 图

解：（1）按照约束性质，画出图 3-5a 所示的整体受力图，由于未知量 F_{A_x}、F_{A_y}、M_A、F_{R_C} 共有 4 个，而只有 3 个独立的平衡方程，所以仅考察整体平衡不能求得全部约束反力。

将系统分为基本部分 AB 和附属部分 BC，将两部分受到的均布载荷分别等效为集中力，大小为 ql，得到受力图 3-5b、c。

（2）取附属部分即 BC 梁为研究对象，列写平衡方程：

$$\sum_{i=1}^{n} m_B(\boldsymbol{F}_i) = 0, F_{R_C} \times 2l - M - \frac{ql^2}{2} = 0$$

$$\sum_{i=1}^{n} F_{i_x} = 0, F'_{B_x} = 0$$

$$\sum_{i=1}^{n} F_{i_y} = 0, \ -F'_{B_y} - ql + F_{R_C} = 0$$

解得:

$$F_{R_C} = \frac{M}{2l} + \frac{ql}{4}, F'_{B_y} = F_{R_C} - ql = \frac{M}{2l} - \frac{3ql}{4}$$

(3) 取整体为研究对象,列写平衡方程:

$$\sum_{i=1}^{n} m_A(F_i) = 0, M_A + F_{R_C} \times 4l - M - 2ql \times 2l = 0$$

$$\sum_{i=1}^{n} F_{i_x} = 0, F_{A_x} = 0$$

$$\sum_{i=1}^{n} F_{i_y} = 0, F_{A_y} + F_{R_C} - 2ql = 0,$$

解得:

$$M_A = 3ql^2 - M, F_{A_y} = \frac{7}{4}ql - \frac{M}{2l}$$

例3-4 一构架由杆 AB 和 BC 所组成,载荷 F = 20kN,如图 3-6a 所示。已知 AD = DB = 1.0m,AC = 2.0m,滑轮半径均为 0.30m,不计滑轮重和杆重,求铰链 A 和 C 处的约束反力。

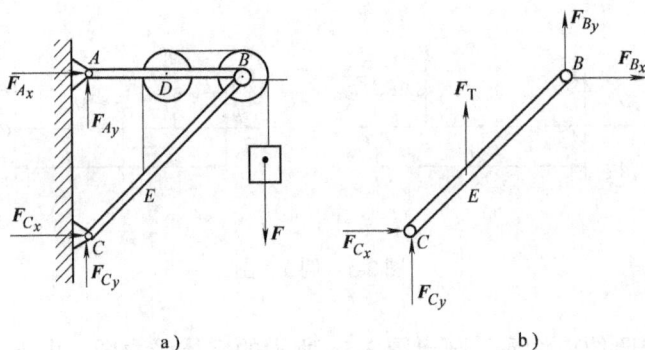

图 3-6 例 3-4 图

解:此构架不能分为基本部分和附属部分,我们首先取整个系统研究,列平衡方程求得部分未知量,或建立未知量之间的关系式。之后取分体研究,以求出全部未知量。

(1) 取整体为研究对象,受力图如图 3-6a 所示,由力矩平衡方程 $\sum_{i=1}^{n} m_C(F_i) = 0$ 得:

$$-F_{A_x} \times 2.0 - F \times 2.3 = 0, \quad F_{A_x} = -23\text{kN} \ (负号表示 F_{A_x} 指向与图示相反)$$

由力平衡方程 $\sum_{i=1}^{n} F_{i_x} = 0$ 得:

$$F_{A_x} + F_{C_x} = 0, \quad F_{C_x} = -F_{A_x} = 23\text{kN}$$

由力平衡方程 $\sum\limits_{i=1}^{n} F_{i_y} = 0$ 得：

$$F_{A_y} + F_{C_y} - F = 0 \tag{3-4}$$

（2）再取 BC 杆研究，受力如图 3-6b 所示，由定滑轮的性质可知 $F_T = F$，由力矩平衡方程 $\sum\limits_{i=1}^{n} m_B(F_i) = 0$ 得到：

$$-F_T \times 1.3 - F_{C_y} \times 2 + F_{C_x} \times 2.0 = 0, \quad F_{C_y} = 10\text{kN}$$

代入（3-4）式得到：

$$F_{A_y} = F - F_{C_y} = 10\text{kN}$$

例 3-5　图 3-7a 所示结构中，$AD = DB = 2.0\text{m}$，$CD = DE = 1.5\text{m}$，$F_P = 120\text{kN}$。不计滑轮和各个杆的重量，试求支座 A、B 的约束反力及 BC 杆的内力。

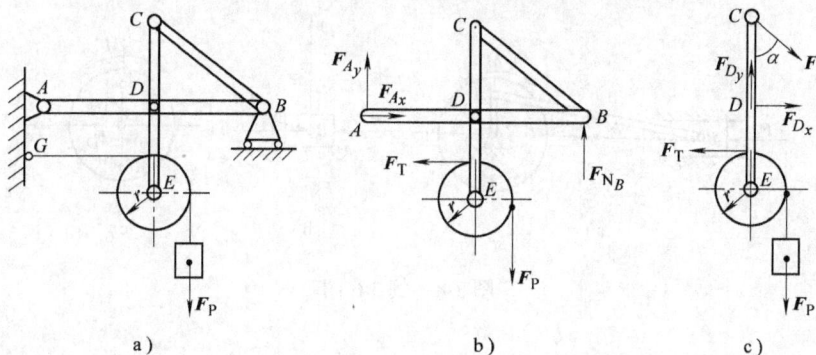

图 3-7　例 3-5 图

解：（1）取整个系统为研究对象，按照约束的性质画出 A、B 处的约束反力，如图 3-7b 所示。由定滑轮的性质可知 $F_T = F_P$。由平衡方程式（2-20）得到：

$$\sum_{i=1}^{n} m_A(F_i) = 0, F_{N_B} \times AB - F_P \times (AD + r) - F_T \times (DE - r) = 0$$

$$\sum_{i=1}^{n} F_{i_x} = 0, F_{A_x} - F_T = 0$$

$$\sum_{i=1}^{n} F_{i_y} = 0, F_{A_y} + F_{N_B} - F_T = 0$$

解得支座 B、A 的约束反力

$$F_{N_B} = \frac{F_T(AD + DE)}{AB} = \frac{120 \times (2.0 + 1.5)}{4.0}\text{kN} = 105\text{kN}$$

$$F_{A_x} = F_T = 120\text{kN}, F_{A_y} = F_T - F_{N_B} = (120 - 105)\text{kN} = 15\text{kN}$$

（2）为求 BC 杆内力 F，取 CDE 杆连同滑轮为分离体，画受力图 3-7c，列平衡方程：

$$\sum_{i=1}^{n} m_D(\boldsymbol{F}_i) = 0, \quad -F\sin\alpha \times CD - F_T \times (DE - r) - F_P r = 0$$

$$\sin\alpha = \frac{DB}{CB} = \frac{2.0}{\sqrt{1.5^2 + 2.0^2}} = 0.8$$

解得 BC 杆内力

$$F = -\frac{F_T \times DE}{\sin\alpha \times CD} = -150\text{kN}（负值表示 BC 杆受压力）$$

例 3-6 图 3-8a 所示曲柄连杆机构由活塞、连杆、曲柄和飞轮组成。已知飞轮重 G，曲柄 OA 长 r，连杆 AB 长 l，当曲柄 OA 在铅垂位置时系统平衡，作用于活塞 B 上的总压力为 F，不计活塞、连杆和曲柄的重量，求阻力偶矩 M、轴承 O 的反力。

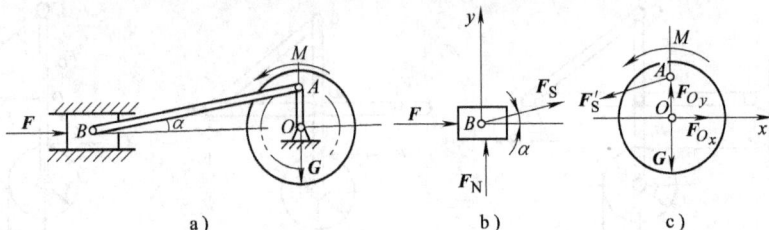

图 3-8　例 3-6 图

解：本题的刚体系统由曲柄（连飞轮）、连杆和活塞组成，特点是系统的构件是可动的，主动力与阻力之间要满足一定关系才能平衡。通常解这类问题是从受已知力作用的构件开始，依传动顺序选取研究对象，逐个求解。本题中连杆 AB 为二力杆。

（1）以活塞 B 为研究对象，受力图如图 3-8b，由平衡方程 $\sum_{i=1}^{n} F_{i_x} = 0$，得到：

$$F + F_S\cos\alpha = 0, \quad F_S = -\frac{F}{\cos\alpha} = -\frac{Fl}{\sqrt{l^2 - r^2}}$$

计算结果 F_S 为负值，说明 F_S 的实际指向与所设相反，即连杆 AB 受压力。由平衡方程 $\sum_{i=1}^{n} F_{i_y} = 0$，得到：

$$F_N + F_S\sin\alpha = 0, F_N = -F_S\sin\alpha = -\left(-\frac{Fl}{\sqrt{l^2 - r^2}}\right)\frac{r}{l} = \frac{Fr}{\sqrt{l^2 - r^2}}$$

（2）取飞轮为研究对象，受力图如图 3-8c 所示，列平衡方程：

$$\sum_{i=1}^{n} F_{i_x} = 0, \quad -F_S'\cos\alpha + F_{O_x} = 0$$

$$\sum_{i=1}^{n} F_{i_y} = 0, \quad -F'_S\sin\alpha + F_{O_y} - G = 0$$

$$\sum_{i=1}^{n} m_O(\boldsymbol{F}_i) = 0, \quad rF'_S\cos\alpha + M = 0$$

由于 $F'_S = F_S$，解上面三个方程，得：

$$F_{O_x} = F'_S\cos\alpha = -F$$

$$F_{O_y} = G + F'_S\sin\alpha = G - \frac{Fr}{\sqrt{l^2 - r^2}}$$

$$M = -F'_S r\cos\alpha = Fr$$

例 3-7   三铰刚架结构尺寸如图 3-9a 所示，承受集中力 F_1、F_2 的作用，试求 A、B、C 三个铰的约束反力。

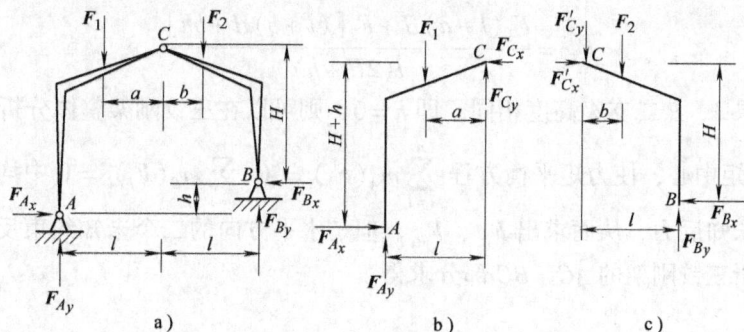

图 3-9   例 3-7 图

解：画出三铰刚架的整体受力图（见图 3-9a），由于有 4 个未知力，而独立的平衡方程只有 3 个。所以需要对三铰刚架的 AC、BC 部分进行受力分析。

画出刚架 AC 部分受力图，如图 3-9b 所示，由平衡方程式（2-20）得到：

$$\sum_{i=1}^{n} m_A(\boldsymbol{F}_i) = 0, \quad F_{C_x}(H + h) + F_{C_y}l - F_1(l - a) = 0 \tag{3-5}$$

$$\sum_{i=1}^{n} F_{i_x} = 0, \quad F_{A_x} - F_{C_x} = 0 \tag{3-6}$$

$$\sum_{i=1}^{n} F_{i_y} = 0, \quad F_{A_y} + F_{C_y} - F_1 = 0 \tag{3-7}$$

画出刚架 BC 部分受力图，如图 3-9c 所示，由平衡方程式（2-20）得到：

$$\sum_{i=1}^{n} m_B(\boldsymbol{F}_i) = 0, \quad -F'_{C_x}H + F'_{C_y}l + F_2(l - b) = 0 \tag{3-8}$$

$$\sum_{i=1}^{n} F_{i_x} = 0, \quad -F_{B_x} + F'_{C_x} = 0 \tag{3-9}$$

$$\sum_{i=1}^{n} F_{i_y} = 0, F_{B_y} - F'_{C_y} - F_2 = 0 \tag{3-10}$$

由作用和反作用定律可知 $F'_{C_x} = F_{C_x}$，$F'_{C_y} = F_{C_y}$，联立（3-5）、（3-8）二式，解得

$$F_{C_x} = F'_{C_x} = \frac{F_1(l-a) + F_2(l-b)}{2H+h}$$

$$F_{C_y} = F'_{C_y} = \frac{F_1(l-a)H - F_2(l-b)(H+h)}{l(2H+h)}$$

将上述结果代入式（3-6）、（3-7）、（3-9）、（3-10），得到：

$$F_{A_x} = F_{B_x} = F_{C_x} = \frac{F_1(l-a) + F_2(l-b)}{2H+h}$$

$$F_{A_y} = \frac{F_1[(l+a)H + hl] + F_2(l-b)(H+h)}{l(2H+h)}$$

$$F_{B_y} = \frac{F_1(l-a)H + F_2[(l+b)H + bh]}{l(2H+h)}$$

本题如果 A、B 二支座高度相同，即 $h=0$，则可以在三铰刚架整体分析时，通过取 A、B 点为力矩中心，使力矩平衡方程 $\sum_{i=1}^{n} m_A(F_i) = 0$、$\sum_{i=1}^{n} m_B(F_i) = 0$ 中均只含有垂直方向的一个未知反力，从而求出 F_{A_y}、F_{B_y}。但是水平方向的二个未知约束反力 F_{A_x}、F_{B_x} 只能通过分析三铰刚架的 AC、BC 部分求得。

第二节　平面静定桁架的内力计算

桁架是工程中常见的一种杆系结构，它是由若干直杆在其两端用铰链联接而成的几何形状不变的结构。桁架中各杆件的联接处称为**节点**。由于桁架结构受力合理，使用材料比较经济，因而在工程实际中被广泛采用。房屋的屋架（见图 3-10）、桥梁的拱架、高压输电塔、电视塔、修建高层建筑用的塔吊等便是例子。

图 3-10　房屋屋架

杆件轴线都在同一平面内的桁架称为**平面桁架**（如一些屋架、桥梁桁架等），否则称为**空间桁架**（如输电铁塔、电视发射塔等）。本节只讨论平面桁架的基本概念和初步计算，有关桁架的详细理论可参考《结构力学》教材。在平面桁架计算中，通常引用如

下假定：

1）组成桁架的各杆均为直杆；

2）所有外力（载荷和支座反力）都作用在桁架所处的平面内，且都作用于节点处；

3）组成桁架的各杆件彼此都用光滑铰链联接，杆件自重不计，桁架的每根杆件都是二力杆。

满足上述假定的桁架称为**理想桁架**，实际的桁架与上述假定是有差别的，如钢桁架结构的节点为铆接（见图 3-11）或焊接，钢筋混凝土桁架结构的节点是有一定刚性的整体节点，它们都有一定的弹性变形，杆件的中心线也不可能是绝对直的，但上述三点假定已反映了实际桁架的主要受力特征，其计算结果可满足工程实际的需要。

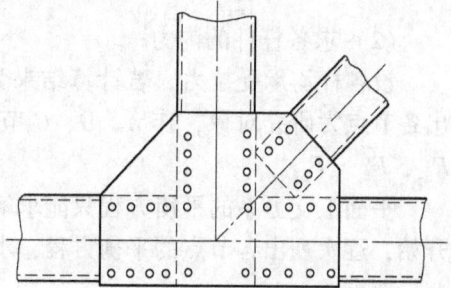

图 3-11　钢桁架结构的节点

分析静定平面桁架内力的基本方法有节点法和截面法，下面分别予以介绍。

一、节点法

因为桁架中各杆都是二力杆，所以每个节点都受到平面汇交力系的作用。为计算各杆内力，可以逐个地取节点为研究对象，分别列出平衡方程，即可由已知力求出全部杆件的内力，这就是**节点法**。由于平面汇交力系只能列出两个独立平衡方程，所以应用节点法往往从只含两个未知力的节点开始计算。

例 3-8　平面桁架的受力及尺寸如图 3-12a 所示，试求桁架各杆的内力。

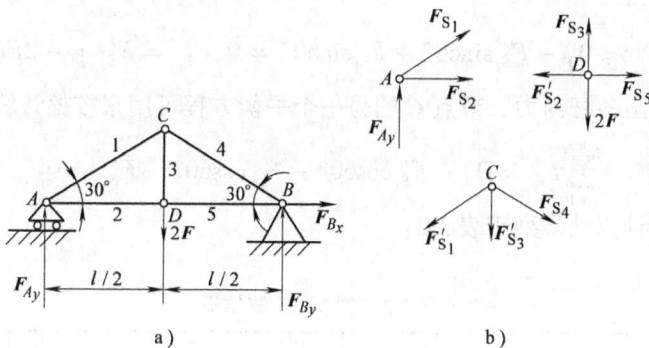

a)　　　　　　　　　　　b)

图 3-12　例 3-8 图

解：（1）求桁架的支座反力

以整体桁架为研究对象，桁架受主动力 $2F$ 以及约束反力 F_{Ay}、F_{Bx}、F_{By} 作用，列平衡方程并求解：

$$\sum_{i=1}^{n} F_{i_x} = 0, \quad F_{B_x} = 0$$

$$\sum_{i=1}^{n} m_B(\boldsymbol{F}_i) = 0, \quad 2F \times \frac{l}{2} - F_{A_y} l = 0, F_{A_y} = F$$

$$\sum_{i=1}^{n} F_{i_y} = 0, F_{A_y} + F_{B_y} - 2F = 0, \quad F_{B_y} = 2F - F_{A_y} = F$$

（2）求各杆件的内力

设各杆均承受拉力，若计算结果为负，表示杆实际受压力。设想将杆件截断，取出各节点为研究对象，作 A、D、C 节点受力图（见图 3-12b），其中 $F'_{S_1} = F_{S_1}$，$F'_{S_2} = F_{S_2}$，$F'_{S_3} = F_{S_3}$。

平面汇交力系的平衡方程只能求解两个未知力，故首先从只含两个未知力的节点 A 开始，逐次列出各节点的平衡方程，求出各杆内力。

节点 A：

$$\sum_{i=1}^{n} F_{i_y} = 0, F_{A_y} + F_{S_1} \sin 30° = 0, F_{S_1} = -2F_{A_y} = -2F(压)$$

$$\sum_{i=1}^{n} F_{i_x} = 0, F_{S_2} + F_{S_1} \cos 30° = 0, F_{S_2} = -0.866 F_{S_1} = 1.73F(拉)$$

节点 D：

$$\sum_{i=1}^{n} F_{i_x} = 0, -F'_{S_2} + F_{S_5} = 0, F_{S_5} = F'_{S_2} = F_{S_2} = 1.73F(拉)$$

$$\sum_{i=1}^{n} F_{i_y} = 0, F_{S_3} - 2F = 0, F_{S_3} = 2F(拉)$$

节点 C：

$$\sum_{i=1}^{n} F_{i_x} = 0, -F'_{S_1} \sin 60° + F_{S_4} \sin 60° = 0, F_{S_4} = F'_{S_1} = -2F(压)$$

至此已经求出各杆内力，节点 C 的另一个平衡方程可用来校核计算结果：

$$\sum_{i=1}^{n} F_{i_y} = 0, -F'_{S_1} \cos 60° - F_{S_4} \cos 60° - F'_{S_3} = 0$$

将各杆内力计算结果列于表 3-2：

表 3-2　例 3-8 计算结果

杆号	1	2	3	4	5
内力	$-2F$	$1.73F$	$2F$	$-2F$	$1.73F$

例 3-9　试求图 3-13a 所示的平面桁架中各杆件的内力，已知 $\alpha = 30°$，$G = 20\text{kN}$。

解：（1）画出各节点受力图，如图 3-13b 所示，其中 $F'_i = F_i$（$i = 1, 2, \cdots, 6$）。

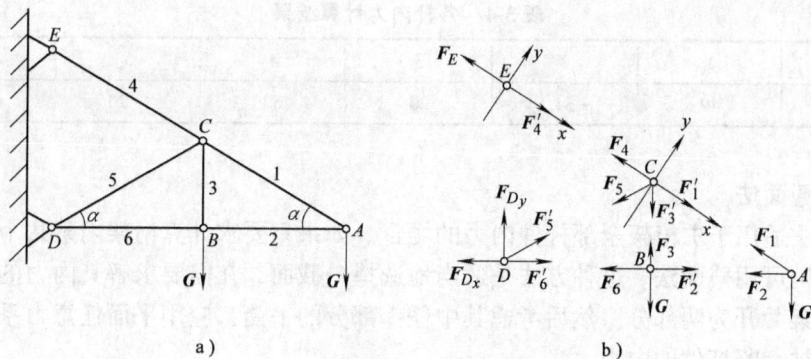

图 3-13 例 3-9 图

各点未知力个数、平衡方程数如表 3-3。由于 A 点的平衡方程数与未知力个数相等，所以首先讨论 A 点。

表 3-3 未知力个数、平衡方程数

节点	A	B	C	D	E
未知力个数	2	3	4	4	2
独立方程数	2	2	2	2	1

（2）逐个取节点，列平衡方程并求解

节点 A：

$$\sum_{i=1}^{n} F_{i_y} = 0 , \quad F_1 \sin 30° - G = 0, \quad F_1 = \frac{G}{\sin 30°} = 40\text{kN}（拉）$$

$$\sum_{i=1}^{n} F_{i_x} = 0 , \quad -F_1 \cos 30° - F_2 = 0, \quad F_2 = -F_1 \cos 30° = -34.6\text{kN}（压）$$

节点 B：

$$\sum_{i=1}^{n} F_{i_x} = 0 , \quad F_2' - F_6 = 0, \quad F_6 = F_2' = -34.6\text{kN}（压）$$

$$\sum_{i=1}^{n} F_{i_y} = 0 , \quad F_3 - G = 0, \quad F_3 = G = 20\text{kN}（拉）$$

节点 C：

$$\sum_{i=1}^{n} F_{i_y} = 0 , \quad -F_5 \cos 30° - F_3' \cos 30° = 0, \quad F_5 = -F_3 = -20\text{kN}（压）$$

$$\sum_{i=1}^{n} F_{i_x} = 0 , \quad F_1' - F_4 + F_3' \cos 60° - F_5 \cos 60° = 0,$$

$$F_4 = F_1' + F_3' \cos 60° - F_5 \cos 60° = \left[40 + 20\cos 60° - (-20)\cos 60°\right]\text{kN} = 60\text{kN}（拉）$$

将各杆内力计算结果列于表 3-4：

表3-4　各杆内力计算结果

杆号	1	2	3	4	5	6
内力/kN	40	− 34.6	20	60	− 20	− 34.6

二、截面法

节点法适用于求桁架全部杆件内力的场合。如果只要求计算桁架内某几个杆件所受的内力，则可用**截面法**。这种方法是适当地选择一截面，在需要求解其内力的杆件处假想地把桁架截开为两部分，然后考虑其中任一部分的平衡，应用平面任意力系平衡方程求出这些被截断杆件的内力。

例3-10　如图3-14a所示的平面桁架，各杆件的长度都等于1.0m，在节点 E 上作用载荷 $F_1 = 21$kN，在节点 G 上作用载荷 $F_2 = 15$kN，试计算杆1、2和3的内力。

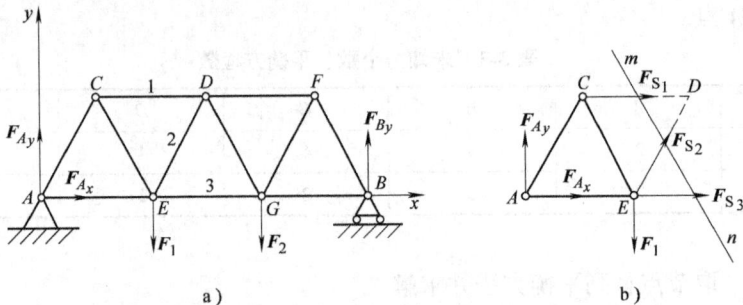

图3-14　例3-10图

解：（1）求支座反力

以整体桁架为研究对象，受力图如图3-14a所示，列平衡方程：

$$\sum_{i=1}^{n} F_{i_x} = 0, F_{A_x} = 0$$

$$\sum_{i=1}^{n} m_A(\boldsymbol{F}_i) = 0, F_{B_y} \times 3.0 - F_1 \times 1.0 - F_2 \times 2.0 = 0$$

$$\sum_{i=1}^{n} F_{i_y} = 0, F_{A_y} + F_{B_y} - F_1 - F_2 = 0$$

解得：

$$F_{B_y} = \frac{F_1 + 2.0F_2}{3.0} = 17\text{kN}, \quad F_{A_y} = F_1 + F_2 - F_{B_y} = 19\text{kN}$$

（2）求杆1、2和3的内力

作截面一假想将此三杆截断，并取桁架的左半部分为研究对象，设所截三杆都受拉力，这部分桁架的受力图如图3-14b所示。列平衡方程：

$$\sum_{i=1}^{n} m_E(\boldsymbol{F}_i) = 0, \quad -F_{S_1} \times 1.0 \times \sin60° - F_{A_y} \times 1.0 = 0$$

$$\sum_{i=1}^{n} m_D(\boldsymbol{F}_i) = 0, \quad F_1 \times 0.5 + F_{S_3} \times 1.0 \times \sin60° - F_{A_y} \times 1.5 = 0$$

$$\sum_{i=1}^{n} F_{i_y} = 0, \quad F_{A_y} + F_{S_2} \times \sin60° - F_1 = 0$$

解得:

$$F_{S_1} = -\frac{F_{A_y}}{\sin60°} = -21.9\text{kN （压）}$$

$$F_{S_3} = \frac{1.5F_{A_y} - 0.5F_1}{\sin60°} = \frac{1.5 \times 19 - 0.5 \times 21}{0.866}\text{kN} = 20.8\text{kN （拉）}$$

$$F_{S_2} = \frac{F_1 - F_{A_y}}{\sin60°} = \frac{21 - 19}{0.866}\text{kN} = 2.3\text{kN （拉）}$$

如果选取桁架的右半部分为研究对象,可得到相同的计算结果。

例3-11 平面桁架结构尺寸如图3-15a所示,试计算杆1、2和3的内力。

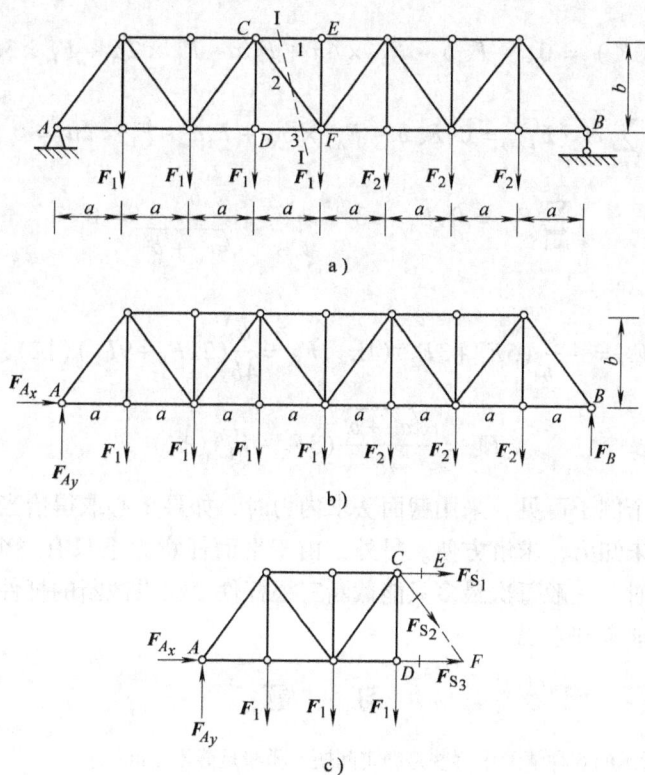

图 3-15 例 3-11 图

解：（1）求支座反力

以整体桁架为研究对象，受力图如图 3-15b 所示，列平衡方程：

$$\sum_{i=1}^{n} F_{i_x} = 0, F_{A_x} = 0$$

$$\sum_{i=1}^{n} m_A(\boldsymbol{F}_i) = 0,$$

$$F_B \times 8a - F_1 \times a - F_1 \times 2a - F_1 \times 3a - F_1 \times 4a - F_2 \times 5a - F_2 \times 6a - F_2 \times 7a = 0$$

$$\sum_{i=1}^{n} F_{i_y} = 0, F_{A_y} + F_B - 4F_1 - 3F_2 = 0$$

解得：

$$F_B = \frac{10F_1 + 18F_2}{8} = \frac{5F_1 + 9F_2}{4}, \quad F_{A_y} = -F_B + 4F_1 + 3F_2 = \frac{11F_1 + 3F_2}{4}$$

（2）求杆 1、2 和 3 的内力

作截面 I—I 假想将杆 1、2、3 截断，并取桁架的左半部分为研究对象，设所截三杆都受拉力，这部分桁架的受力图如图 3-15c 所示。列平衡方程：

$$\sum_{i=1}^{n} m_F(\boldsymbol{F}_i) = 0, \; -F_{S_1}b - F_{A_y} \times 4a + F_1 a + F_1 \times 2a + F_1 \times 3a = 0$$

$$\sum_{i=1}^{n} m_C(\boldsymbol{F}_i) = 0, F_{S_3}b - F_{A_y} \times 3a + F_1 a + F_1 \times 2a = 0$$

$$\sum_{i=1}^{n} F_{i_y} = 0, F_{A_y} - 3F_1 - F_{S_2} \frac{b}{\sqrt{a^2 + b^2}} = 0$$

解得：

$$F_{S_1} = -\frac{a}{b}(5F_1 + 3F_2)(\text{压}), F_{S_3} = \frac{a}{4b}(21F_1 + 9F_2)(\text{拉}),$$

$$F_{S_2} = \frac{\sqrt{a^2 + b^2}}{4b}(3F_2 - F_1)(\text{拉})$$

由上面的二个例子可见，采用截面法求内力时，如果矩心取得恰当，力矩平衡方程中往往仅含一个未知力，求解方便。另外，由于平面任意力系只有三个独立平衡方程，因此作假想截面时，一般每次最多只能截断三根杆件，如果截断的杆件多于 3 根时，它们的内力一般不能全部求出。

习　题

3-1　图 3-16 所示的 6 种情形中哪些是静定问题？哪些是静不定问题？

3-2　试求图 3-17 所示静定梁在支座 A 和 C 处的全部约束反力。其中尺寸 d、载荷集度 q、力偶 M 已知。

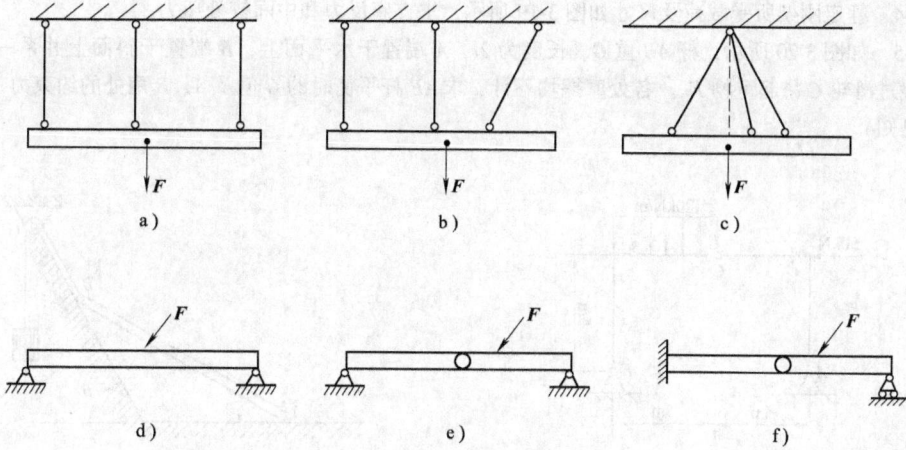

图 3-16 题 3-1 图

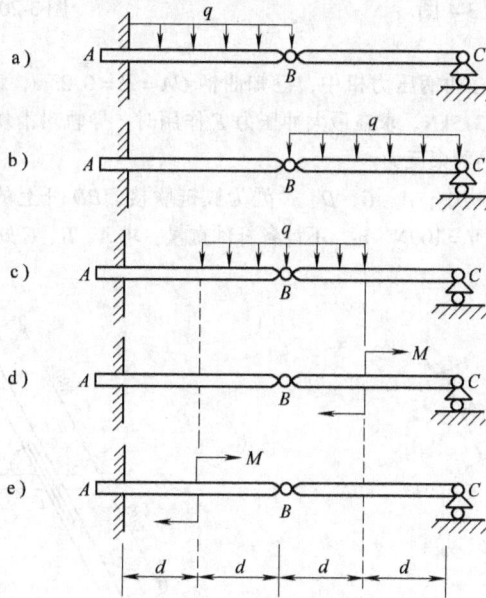

图 3-17 题 3-2 图

3-3 静定多跨梁的载荷及尺寸如图 3-18 所示，求支座反力和中间铰处的压力。

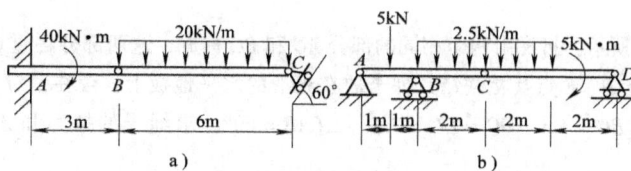

图 3-18 题 3-3 图

3-4 静定刚架所受载荷及尺寸如图 3-19 所示，求支座反力和中间铰处压力。

3-5 如图 3-20 所示，杆 AB 重 G、长度为 $2l$，A 端置于水平面上，B 端置于斜面上并系一绳子，绳子绕过滑轮 C 吊起重物 F_Q。各处摩擦均不计，求 AB 杆平衡时的 G 值及 A、B 两处的约束力（α、β 均为已知）。

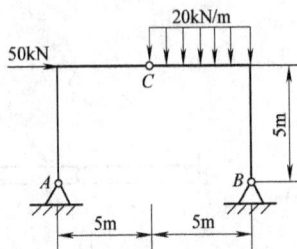

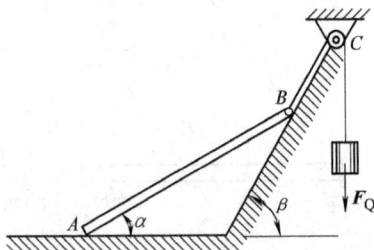

图 3-19 题 3-4 图 　　　　　　　　图 3-20 题 3-5 图

3-6 如图 3-21 所示，在曲柄压力机中，已知曲柄 $OA = R = 0.23\text{m}$，设计要求：当 $\alpha = 20°$，$\beta = 3.2°$ 时达到最大冲压力 $F = 315\text{kN}$。求在最大冲压力 F 作用时，导轨对滑块的侧压力和曲柄上所加的转矩 M，并求此时轴承 O 的约束反力。

3-7 在图 3-22 所示架构中，A、C、D、E 处为铰链联接，BD 杆上的销钉 B 置于 AC 杆的光滑槽内，力 $F = 200\text{N}$，力偶矩 $M = 100\text{N}\cdot\text{m}$，不计各杆件重量，求 A、B、C 处的约束反力。

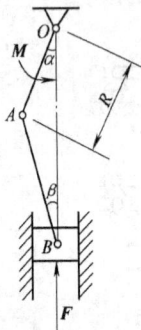

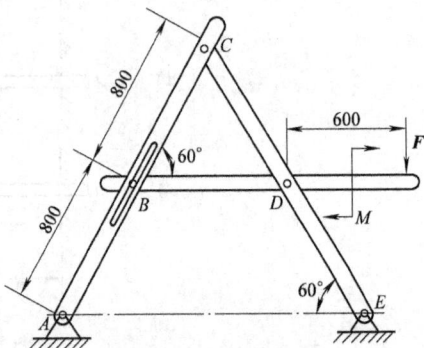

图 3-21 题 3-6 图 　　　　　　　　图 3-22 题 3-7 图

3-8 如图 3-23 所示，折梯由两个相同的部分 AC 和 BC 构成，这两部分各重 0.1kN，在 C 点用铰链联接，并用绳子在 D、E 点互相联结，梯子放在光滑的水平地板上，今在销钉 C 上悬挂 $G = 0.5\text{kN}$ 的重物，已知 $AC = BC = 4\text{m}$，$DC = EC = 3\text{m}$，$\angle CAB = 60°$，求绳子的拉力和 AC 作用于销钉 C 的力。

3-9 三脚架如图 3-24 所示，$F_\text{P} = 4.0\text{kN}$，试求支座 A、B 的约束反力。

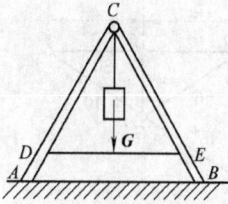

图 3-23 题 3-8 图

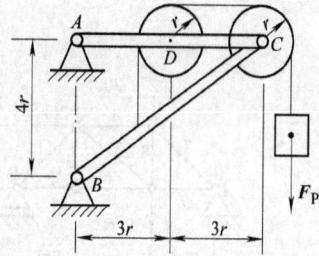

图3-24 题3-9图

3-10 如图3-25所示,起重机停在水平组合梁板上,载有重 $G = 10$kN 的重物,起重机自身重 50kN,其重心位于垂线 DC 上,如不计梁板自重,求 A、B 两处的约束反力。

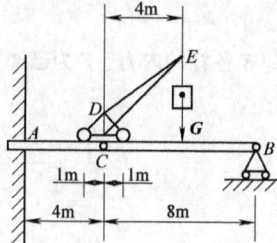

图3-25 题3-10图

3-11 平面桁架的结构尺寸如图3-26所示,载荷 F 已知,求各杆的内力。

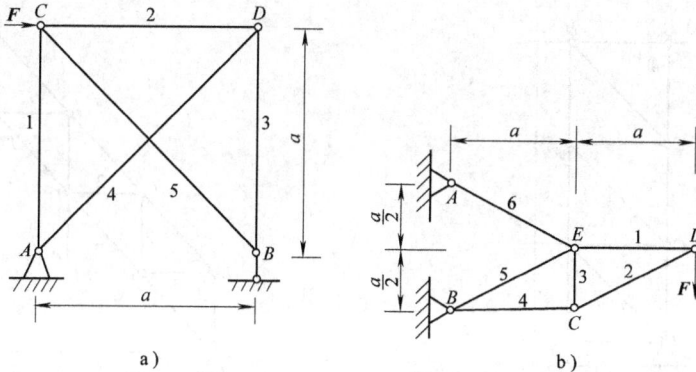

a)

b)

图 3-26 题 3-11 图

3-12 平面桁架的载荷及结构尺寸如图3-27所示,求各杆的内力。

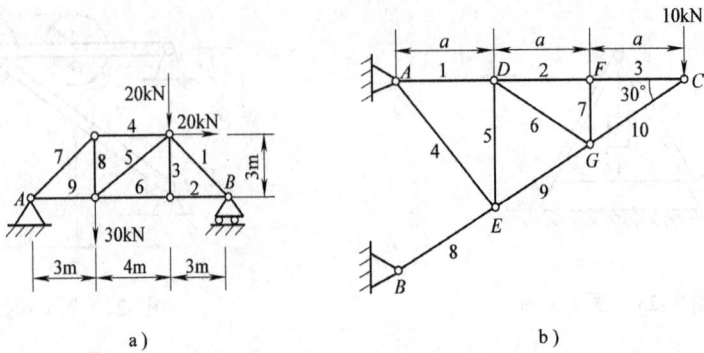

a)

b)

图3-27 题3-12图

3-13 如需求图3-28所示桁架中3、5、7各杆的内力，利用截面法，作截面 *I—I* 截断此三杆，问能否求出三杆内力？

3-14 求图3-29所示桁架中1、2、3各杆的内力，F为已知，各杆长度相等。

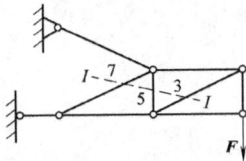

图3-28 题3-13图

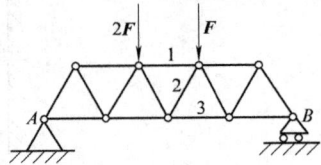

图3-29 题3-14图

3-15 桁架尺寸如图3-30所示，主动力 **F** 为已知，求桁架中1、2、3各杆的内力。

3-16 桁架尺寸如图3-31所示，主动力 **F** 为已知，求桁架中1、2、3、4各杆的内力。

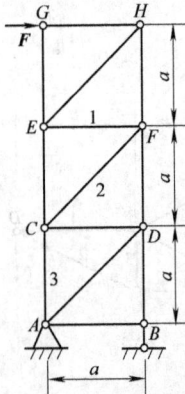

图3-30 题3-15图

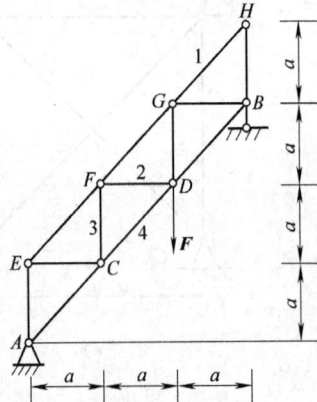

图3-31 题3-16图

第四章 摩 擦

一个物体沿另一个物体接触表面有相对运动或有相对运动趋势而受到阻碍的现象，称为**摩擦现象**，简称为**摩擦**。摩擦是机械运动中普遍存在的一种自然现象。无论是机器运转、车辆行驶还是人行走都存在摩擦。前三章在讨论刚体受力及平衡问题时，我们将两物体的接触面看作为绝对光滑和刚硬的，未考虑摩擦作用，这实际是一种简化。当相对运动的两个物体接触面比较光滑或有良好的润滑条件，这时摩擦对所研究的问题的影响为次要因素，当摩擦力较小时，这种简化是合理的，在工程近似计算中也是允许的。

但在另一些问题中，摩擦对所研究的问题有重要的影响，是主要因素而不能忽略。例如车辆的制动、摩擦轮或带轮传动、夹具利用摩擦夹紧工件、楔紧装置、螺栓利用摩擦锁紧等。本章将讨论摩擦以及考虑摩擦时的平衡问题。

摩擦会引起运转机械发热、零件磨损，使机器精度降低，缩短使用寿命，同时还阻碍机械运动，消耗能量，降低机械效率。另一方面，摩擦也有其有利的一面，如利用摩擦原理制成了摩擦离合器、摩擦传动装置以及回程自锁的汽车千斤顶等。我们研究摩擦的目的是为了掌握它的基本规律，从而能有效地发挥其有利的一面，减少其不利的一面。

第一节 滑 动 摩 擦

两个相互接触的物体，当它们之间有相对滑动或有相对滑动趋势时，在接触面之间产生彼此阻碍运动的力，这种阻力就称为**滑动摩擦力**。摩擦力作用于相互接触处，其方向与相对滑动的趋势或相对滑动的方向相反，而它的大小则根据主动力作用的不同，可以分为静滑动摩擦力、最大静滑动摩擦力和动滑动摩擦力。

一、静滑动摩擦力和最大静滑动摩擦力

粗糙的水平地面上放置一重为 F_P 的物体，该物体在重力 F_P 和地面法向约束反力 F_N 的作用下处于静止状态，如图 4-1a 所示。今在该物体上作用一大小可以变化的水平拉力 F，研究表明，当物体处于相对静止时，静摩擦力 F_s 由平衡方程确定，其大小随主动力 F 的变化而变化，并且在如下范围之内：

$$0 \leqslant F_s \leqslant F_{max} \qquad (4-1)$$

图 4-1 滑动摩擦

其中 F_{max} 是指当物体处于临界平衡状态时，摩擦力达到的最大值，称为**最大静滑动摩擦力**。

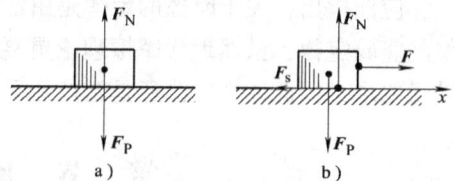

实验表明：**最大静滑动摩擦力**的大小与两物体间的正压力（即法向约束力）成正比，即

$$F_{\max} = f_s F_N \qquad (4\text{-}2)$$

式中 f_s 称为**静摩擦因数**，式（4-2）称为**静摩擦定律**，也称**库仑摩擦定律**，是工程中常用的近似理论。

静摩擦因数 f_s 与接触物体的材料、表面粗糙度、润滑情况等有关，通常用实验方法测定，其参考数值在工程手册上可以查到，表4-1 中列出了部分常用材料的滑动摩擦因数。

表 4-1 常用材料的滑动摩擦因数

材料名称	静摩擦因数 f_s		动摩擦因数 f	
	无润滑	有润滑	无润滑	有润滑
钢—钢	0.15	0.1 ~ 0.12	0.15	0.05 ~ 0.10
钢—软钢			0.2	0.1 ~ 0.2
钢—铸铁	0.30		0.18	0.05 ~ 0.15
钢—青铜	0.15	0.1 ~ 0.15	0.15	0.1 ~ 0.15
铸铁—铸铁		0.18	0.15	0.07 ~ 0.12
皮革—铸铁	0.3 ~ 0.5	0.15	0.6	0.15
木材—木材	0.4 ~ 0.6	0.1	0.2 ~ 0.5	0.07 ~ 0.15

二、动滑动摩擦力

当静滑动摩擦力已达到最大值时，若主动力 F 再继续加大，接触面之间将出现相对滑动。此时，接触物体之间出现阻碍物体滑动的摩擦力称为**动滑动摩擦力**，简称**动摩擦力**，以 F_d 表示。实验表明：**动滑动摩擦力的大小与两物体间的正压力（即法向约束力）成正比**，即

$$F_d = f F_N \qquad (4\text{-}3)$$

上式称为**动摩擦定律**，式中 f 称为**动摩擦因数**，它与接触物体的材料、表面粗糙度、润滑情况以及相对滑动速度等有关。当相对滑动速度不大时，动摩擦因数可近似地认为是个常数。

一般情况下，**动摩擦因数 f 小于静摩擦因数 f_s**。

在机器中，往往采用减小接触表面粗糙度、加入润滑剂等方法，使动摩擦因数 f 降低，以减小摩擦和磨损。

应该指出，关于摩擦的定律是由法国科学家库仑于 1781 年建立的。摩擦定律是近似的实验定律，虽然近代摩擦理论更复杂、更精确，但在一般工程计算中，应用它已能满足要求，因此库仑定律还是被广泛采用。

第二节 摩擦角和自锁现象

一、摩擦角

当有摩擦时，支承面对平衡物体的约束力包含法向约束力 F_N 和切向约束力 F_s

（即静摩擦力），这两个力的合力 $F_{R_A}(\,=F_N+F_S)$ 称为支承面的全约束力，它的作用线与接触面的公法线成一偏角 φ，如图 4-2a 所示。当物体处于平衡的临界状态时，静摩擦力为最大静摩擦力，偏角 φ 也达到最大值，如图 4-2b 所示。全约束力与法线间夹角的最大值 φ_f 称为**摩擦角**。由图可知：

$$\tan\varphi_f = \frac{F_{max}}{F_N} = f_s$$

即：

$$\varphi_f = \arctan f_s \tag{4-4}$$

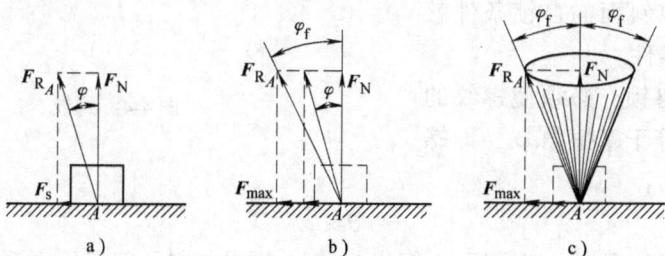

图 4-2　摩擦角

即摩擦角的正切等于静摩擦因数。因此，摩擦角 φ_f 与摩擦因数 f_s 一样，都是表示材料表面性质的量。

设作用于物块 A 的主动力等于最大静摩擦力，如果将该力作用线在水平面内连续改变方向，则物块的滑动趋势也随之改变，约束全反力 F_{R_A} 的作用线将画出一个以接触点 A 为顶点的锥面，如图 4-2c 所示，此锥面称为**摩擦锥**。对于沿接触面各个方向摩擦因数都相同的情况，摩擦锥是一个顶角为 $2\varphi_f$ 的圆锥。

二、自锁现象

物块平衡时，静摩擦力与切向合外力平衡，$0 \leq F_s \leq F_{max}$，所以全约束反力与法线间的夹角 φ 也在 0 与摩擦角 φ_f 之间变化，即：

$$0 \leq \varphi \leq \varphi_f \tag{4-5}$$

由于静摩擦力不可能超过最大值，因此全约束反力的作用线也不可能超出摩擦角以外。

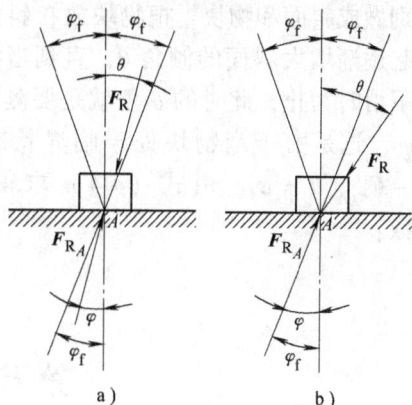

图 4-3　自锁与不自锁

如图 4-3a 所示，当作用在物块上的全部主动力的合力 F_R 的作用线在摩擦角 φ_f（或摩擦锥）之内，则无论这个力有多大，物块必保持静止。这种现象称为**自锁现象**。反之，当全部主动力的合力 F_R 的作用线在摩擦角 φ_f（或摩擦锥）以外时，则无论主动力有多小，物块一定不能保持平衡，这种现象称为不

自锁（见图4-3b）。

工程实际中常应用自锁条件设计一些机构和夹具使它自动"卡住"，如千斤顶、压榨机、圆锥销等。

螺纹（见图4-4a）可以看成绕圆柱上的斜面（见图4-4b），螺纹升角 θ 就是斜面的倾角（见图4-4c）。螺母相当于斜面上的滑块 A，加在螺母的轴向载荷 F_P 相当于物块 A 的重力。所以斜面的自锁条件就是螺纹的自锁条件。

要使螺纹自锁，必须使螺纹的升角 θ 小于或等于摩擦角 φ_f，即螺纹的自锁条件为：

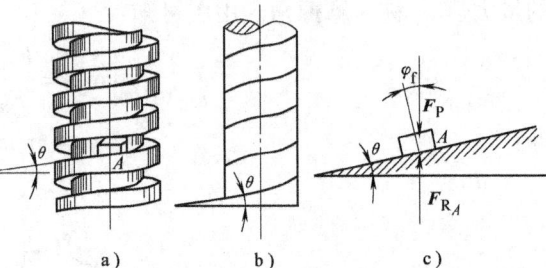

图4-4　螺纹

$$\theta \leqslant \varphi_f$$

螺旋千斤顶的螺杆一般采用45钢或50钢，螺母材料一般采用青铜或铸铁，若螺杆与螺母之间的摩擦因数 $f_s = 0.1$，则由公式（4-4）得：

$$\varphi_f = \arctan f_s = 5°43'$$

为保证千斤顶自锁，一般取螺纹升角 $\theta = 4° \sim 4°30'$。

利用摩擦角的概念还可以进行静摩擦因数测定，如图4-5所示，把要测定的两种材料分别做成斜面和物块，把物块放在斜面上，从0°起逐渐增大斜面的倾角 θ，直到当物块刚开始下滑时为止，此时的 θ 角就是要测定的摩擦角 φ_f。这是由于当物块处于临界状态时，$F_P = -F_{R_A}$，$\theta = \varphi_f$。由式（4-4）求得静摩擦因数：

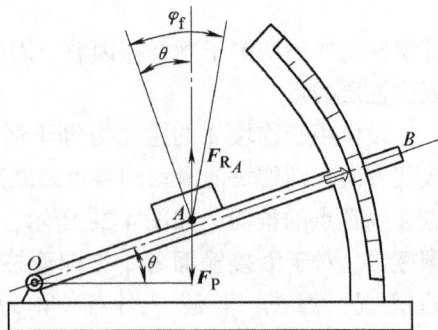

图4-5　测定的摩擦角

$$f_s = \tan\varphi_f = \tan\theta$$

第三节　滚动摩阻

古人发明了车轮，用滚动代替滑动，以明显地节省体力。在工程实践中，人们常利用滚动来减少摩擦，例如搬运沉重的包装箱，在其下面安放一些滚子（见图4-6），汽车、自行车采用轮胎，火车采用钢轮。同样在图4-7中，滚珠轴承（见图b）比滑动轴承（见图a）摩擦所消耗的能量少。

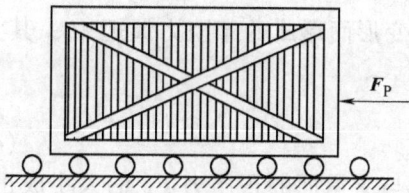

图 4-6 搬运包装箱

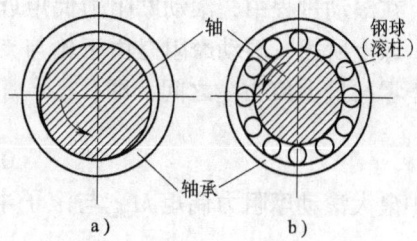

图 4-7 滑动轴承与滚珠轴承

将一重量为 G 的车轮放在地面上，如图 4-8 所示，在车轮中心 O 加一微小的水平力 F_T，此时在车轮与地面接触处 A 就会产生摩擦阻力 F，以阻止车轮的滑动。主动力 F_T 与滑动摩擦力 F 组成一个力偶，其值为 FR，它将驱动车轮转动，实际上，如果 F_T 比较小，转动并不会发生，这说明还存在一阻止转动的力偶，这就是**滚动摩阻力偶**。

为了解释滚动摩阻力偶的产生，需要引入柔性约束模型。作为一种简化，仍将轮子视为刚体，而将路轨视为具有接触变形的柔性约束，如图 4-9a 所示。当车轮受到较小的水平力 F_T 作用后，车轮与路轨在接触面上约束反力将非均匀地分布（见图 4-9b），我们将分布力系合成为 F_N 和 F 二个力，或进一步合成为一个力 F_R，如图 4-9c 所示，这时 F_N 偏离 AO 一微小距离 δ_1。当主动力 F_T 不断增大时，F_N 偏离 AO 的距离 δ_1 也随之增加，滚动摩阻力偶矩 $F_N\delta_1$ 平衡产生滚动趋势的力偶（F_T，F）。当主动力 F_T 增加到某个值时，轮子处于将滚未滚的临界平衡状态，δ_1 达到最大值 δ，滚动摩阻力偶矩达到最大值，称为**最大滚动摩阻力偶矩**，用 M_{max} 表示。若力 F_T 再增加，轮子就会滚动。若将力 F_N、F 平移到 A 点，如图 4-9d 所示，F_N 的平移产生附加力偶矩 $F_N\delta$，即滚动摩阻力偶矩 M_f。

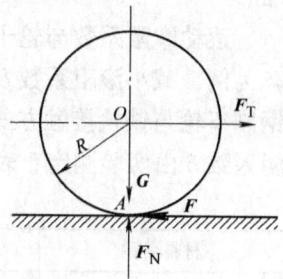

图 4-8 在地面上的车轮

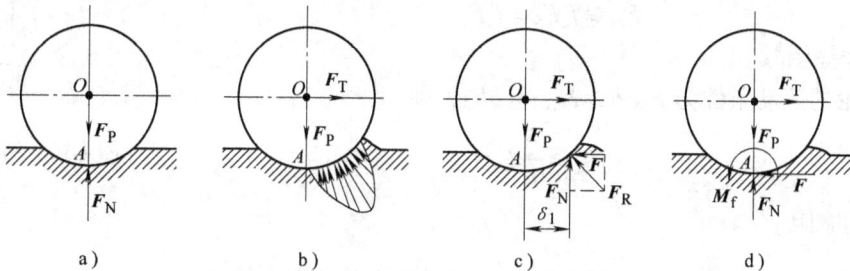

图 4-9 滚动摩阻

在滚动过程中，滚动摩阻力偶矩近似等于 M_{max}。

综上所述，滚动摩阻是由于轮与支承面接触变形而形成的摩阻力偶矩 M_f，其大小介于零与最大值 M_{max} 之间，即：

$$0 \leqslant M_f \leqslant M_{max} \tag{4-6}$$

其中最大滚动摩阻力偶矩 M_{max} 与滚子半径无关，与支承面的正压力 F_N 的大小成正比，即

$$M_{max} = \delta F_N \tag{4-7}$$

上式称为**滚动摩阻定律**，其中比例常数 δ 称为**滚动摩阻系数**，简称**滚阻系数**，单位为mm。

滚动摩阻系数与轮子和支承面的材料硬度和湿度有关，与滚子半径无关。以骑自行车为例，减小滚阻系数 δ 的方法是轮胎充气足、路面坚硬。对于同样重量的车厢，采用钢制车轮与铁轨接触方式，其滚阻系数 δ 就小于橡胶轮胎与马路接触时的滚阻系数。滚阻系数 δ 由实验测定，表4-2列出了一些材料的滚动摩阻系数的值。

表 4-2　滚动摩阻 δ

材料名称	δ/mm	材料名称	δ/mm
铸铁—铸铁	0.5	木—钢	0.3 ~ 0.4
钢质车轮—钢轨	0.05	钢质车轮—木面	1.5 ~ 2.5
软钢—钢	0.5	木—木	0.5 ~ 0.8
淬火钢珠—钢	0.01	软木—软木	1.5
轮胎—路面	2 ~ 10		

例 4-1　试分析重力为 F_P 的车轮（见图4-10），在轮心受水平力 F 作用下的滑动条件、滚动条件。

解：车轮共受到重力 F_P、水平推动力 F、地面法向支承力 F_N、摩擦力 F_s 以及滚动摩阻力偶矩 M，如图4-10所示。

车轮的滑动条件为：

$$F_{滑} \geqslant f_s F_N = f_s F_P$$

f_s 为静摩擦因数。

车轮的滚动条件为 $F_{滚} R \geqslant M_{max} = \delta F_P$，即

$$F_{滚} \geqslant \frac{\delta}{R} F_P$$

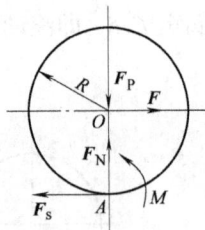

图 4-10　例 4-1 图

δ 为滚动摩阻。

一般情况下，$\dfrac{\delta}{R} \ll f_s$，所以使车轮的滚动比滑动省力的多。

第四节　考虑摩擦时物体的平衡问题

考虑摩擦时，求解物体的平衡问题的方法和步骤与前面几章所述基本相同，但是在画受力图及分析计算时必须考虑摩擦力，摩擦力的方向与相对滑动趋势的方向相反，大小有一个范围，即 $0 \leqslant F \leqslant F_{max}$。当物体处于临界的平衡状态，摩擦力达到最大值，即 $F_{max} = f_s F_N$。

由于静摩擦力的值 F 可以在 0 与 F_{max} 之间变化，因此在考虑摩擦的平衡问题时，主动力也允许在一定范围内变化，所以关于这类问题的解答往往具有一个变化范围。

例 4-2　重 $G = 1250N$ 的物体。放在倾角 $\alpha = 45°$ 的斜面上如图 4-11a 所示，若接触面间的静摩擦因数 $f_s = 0.12$，今有一大小为 $F_P = 980N$ 的力沿斜面推物体，问物体在斜面上是否处于平衡状态？若静止，这时摩擦力为多大？

解：设物体静止并有向下滑的趋势，画出物体受力图及坐标如图 4-11b 所示，由平衡方程：

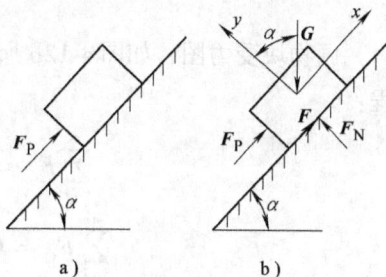

图 4-11　例 4-2 图

$$\sum_{i=1}^{n} F_{ix} = 0 , \quad F_P - G\sin\alpha + F = 0$$

$$\sum_{i=1}^{n} F_{iy} = 0 , \quad F_N - G\cos\alpha = 0$$

解得

$$F = G\sin\alpha - F_P = (1250 \times \sin45° - 980)N = -96.1N(实际指向与假设方向相反)$$

$$F_N = G\cos\alpha = 1250 \times \cos45°N = 884N$$

根据静摩擦定律，接触面可能出现的最大静摩擦力为：

$$F_{max} = f_s F_N = 0.12 \times 884N = 106N$$

摩擦力 F 为负号，说明它沿斜面向下，故物块实际上有向上滑的趋势。由于保持平衡所需的摩擦力 F 的绝对值小于最大静摩擦力 F_{max}，所以物块在斜面上可以保持静止状态，这时摩擦力的值为 96.1N，方向沿斜面向下。

例 4-3　斜面上放一重为 G 的重物如图 4-12a 所示，斜面倾角为 α，物体与斜面间的摩擦角为 φ_m，且知 $\alpha > \varphi_m$，试求维持物体在斜面上静止时，水平推力 F_P 所容许的范围。

解：取物体为研究对象，已知 $\alpha > \varphi_m$，所以如果不加水平力 F_P，物体将下滑，为维持物体在斜面上静止，需要加上水平推力 $\pmb{F}_P$。

当水平推力 F_P 比较小时，物块有下滑趋势；当水平推力 F_P 比较大时，物块有上滑趋势。下面确定水平推力 F_P 的上下限，即物体的两个临界状态。

（1）求 F_P 的下限 F_{P_1}

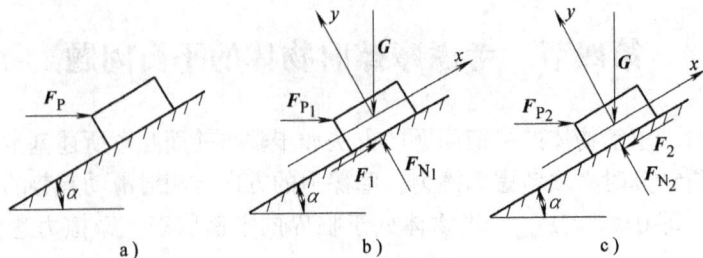

图 4-12 例 4-3 图

画物块受力图，如图 4-12b 所示，这时静摩擦力 F_1 的方向沿斜面向上，列平衡方程：

$$\sum_{i=1}^{n} F_{i_x} = 0 , \quad F_{P_1}\cos\alpha - G\sin\alpha + F_1 = 0 \tag{4-8}$$

$$\sum_{i=1}^{n} F_{i_y} = 0 , \quad -F_{P_1}\sin\alpha - G\cos\alpha + F_{N_1} = 0 \tag{4-9}$$

以及摩擦力的补充方程：

$$F_1 = f_s F_{N_1} = F_{N_1}\tan\varphi_m \tag{4-10}$$

联立 (4-8)、(4-9)、(4-10) 式解得：

$$F_{P_1} = G\frac{\tan\alpha - f_s}{1 + f_s\tan\alpha} = G\tan(\alpha - \varphi_m)$$

(2) 求 F_P 的上限 F_{P_2}

画物块受力图，如图 4-12c 所示，这时静摩擦力 F_2 的方向沿斜面向下，列平衡方程：

$$\sum_{i=1}^{n} F_{i_x} = 0 , \quad F_{P_2}\cos\alpha - G\sin\alpha - F_2 = 0 \tag{4-11}$$

$$\sum_{i=1}^{n} F_{i_y} = 0 , \quad -F_{P_2}\sin\alpha - G\cos\alpha + F_{N_2} = 0 \tag{4-12}$$

以及摩擦力的补充方程：

$$F_2 = f_s F_{N_2} = F_{N_2}\tan\varphi_m \tag{4-13}$$

联立 (4-11)、(4-12)、(4-13) 式解得：

$$F_{P_2} = G\frac{\tan\alpha + f_s}{1 - f_s\tan\alpha} = G\tan(\alpha + \varphi_m)$$

由上分析可知，欲使物体在斜面上保持静止，水平推力 F_P 的大小应在 $F_{P_1} \leqslant F_P \leqslant F_{P_2}$ 范围内变化，即：

$$G\tan(\alpha - \varphi_m) \leqslant F_P \leqslant G\tan(\alpha + \varphi_m)$$

例4-4 凸轮机构如图4-13所示，已知推杆与滑道间的摩擦因数f_s，滑道宽为b。推杆自重及推杆与凸轮接触处的摩擦均忽略不计。为保证推杆不被卡住，求a的取值范围。

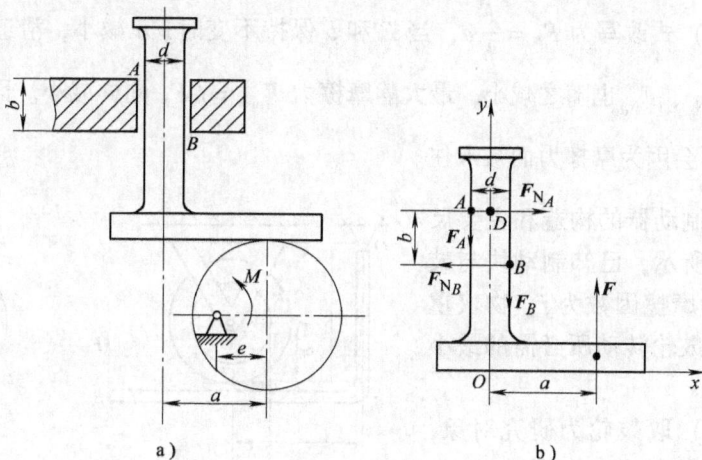

图4-13 例4-4图
a）凸轮机构 b）推杆受力分析

解：取推杆为研究对象，受力图如图4-13b所示。推杆受到5个力的作用：凸轮推力F，滑道A、B处的法向约束反力F_{N_A}、F_{N_B}，阻止推杆向上运动的摩擦力F_A、F_B。列平衡方程：

$$\sum_{i=1}^n F_{i_x} = 0, \quad F_{N_A} - F_{N_B} = 0 \tag{4-14}$$

$$\sum_{i=1}^n F_{i_y} = 0, \quad -F_A - F_B + F = 0 \tag{4-15}$$

$$\sum_{i=1}^n m_D(\boldsymbol{F}_i) = 0, \quad Fa - F_{N_B}b - F_B\frac{d}{2} + F_A\frac{d}{2} = 0 \tag{4-16}$$

考虑推杆将动而未动情况，即平衡的临界状态，摩擦力F_A、F_B都到达最大值，有补充方程：

$$\left.\begin{array}{l} F_A = f_s F_{N_A} \\ F_B = f_s F_{N_B} \end{array}\right\} \tag{4-17}$$

由方程（4-14）得$F_{N_A} = F_{N_B} = F_N$，代入方程组（4-17）得到：

$$F_A = F_B = F_{max} = f_s F_N$$

代上式入方程（4-15）、（4-16），分别得到：

$$F = 2F_{max} = 2f_s F_N \tag{4-18}$$

$$Fa - F_{N_B}b = 0 \qquad\qquad (4\text{-}19)$$

联立 (4-18)、(4-19) 二式，解得：

$$a_{临界} = \frac{b}{2f_s}$$

将 (4-19) 式改写为 $F_N = \dfrac{F}{b}a$，当 F 和 b 保持不变时，a 减小，滑道 A、B 处的法向约束反力 F_{N_A}、F_{N_B} 也随之减小，最大静摩擦力 $F_{max} = f_s F_N$ 同样减小。因而当 $a < a_{临界}$ $= \dfrac{b}{2f_s}$，推杆不会因为摩擦力而被卡住。

例 4-5 制动器的构造和主要尺寸如图 4-14a 所示，已知制动块与鼓轮表面间的动摩擦因数为 f，物块重为 G，求制动鼓轮转动所必需的最小力 F_P。

解： （1）取鼓轮为研究对象，受力图如图 4-14b 所示。其中 $F_T = G$，由平衡方程：

$$\sum_{i=1}^{n} m_{O_1}(\boldsymbol{F}_i) = 0 , \quad F_T r - FR = 0$$

解得

$$F = \frac{r}{R}F_T = \frac{v}{R}G \qquad (4\text{-}20)$$

当 F_P 为最小值时，鼓轮与制动块间处于临界平衡状态，$F_{max} = f F_N$，所以：

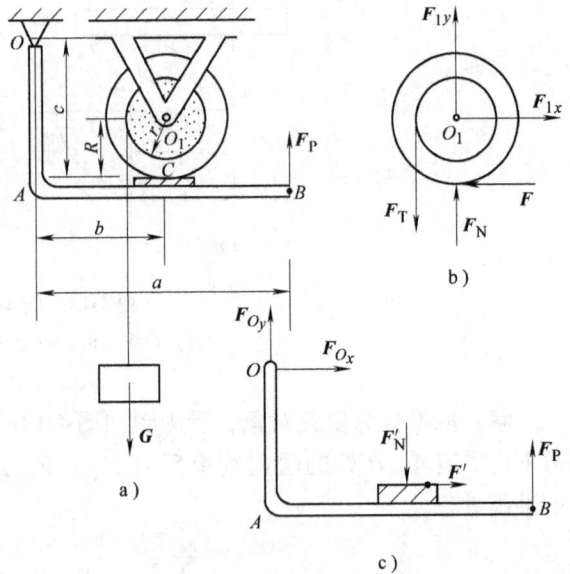

图 4-14　例 4-5 图

$$F_N = \frac{F_{max}}{f} = \frac{r}{Rf}G \qquad\qquad (4\text{-}21)$$

（2）取杠杆 OAB 为研究对象，受力图如图 4-14c 所示，列平衡方程：

$$\sum_{i=1}^{n} m_O(\boldsymbol{F}_i) = 0 , \quad F_P a + F'c - F'_N b = 0 \qquad\qquad (4\text{-}22)$$

由作用与反作用定律得 $F'_N = F_N$，$F' = f F'_N$，将 (4-20)、(4-21) 式代入 (4-22)，解得 $F_P = \dfrac{Gr}{aR}\left(\dfrac{b}{f} - c\right)$。由于按临界状态求得的 F_P 是最小值，所以制动鼓轮的力必须满足下列条件：

$$F_P \geqslant \frac{Gr}{aR}\left(\frac{b}{f} - c\right)$$

习 题

4-1 在粗糙的斜面上放置重物，当重物不下滑时，敲打斜面板，重物可能会下滑。试解释其原因。

4-2 已知一物块重 $F_P = 150N$，用水平力 $F = 800N$ 压在一铅垂表面上，如图 4-15 所示，其静摩擦因数 $f_s = 0.2$，问此时物块所受的摩擦力等于多少？

4-3 已知图 4-16a、b 中压力 F 相同，胶带与轮的摩擦因数相同，试比较平胶带与 V 形胶带所能传递的最大拉力。

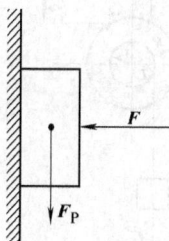

图 4-15 题 4-2 图

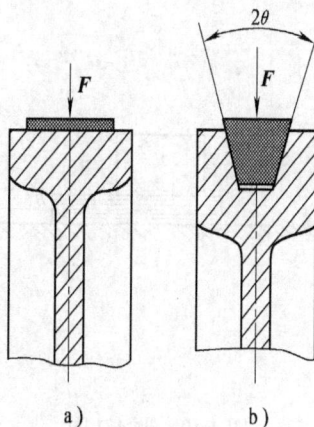

图 4-16 题 4-3 图

4-4 如何减小自行车、摩托车、汽车、火车前进过程中滚动摩阻力偶矩。

4-5 如图 4-17 所示，一直径为 150mm 的圆柱体，由于自重沿斜面匀速地向下滚动，斜面的斜率 $\tan\alpha = 0.018$。试求圆柱体与斜面间的滚动摩阻系数 δ。

4-6 如图 4-18 所示，置于 V 型槽中的棒料上作用一力偶，当力偶的矩 $M = 15N \cdot m$ 时，刚好能转动此棒料。已知棒料重 $G = 400N$，直径 $D = 0.25m$，不计滚动摩阻，求棒料与 V 型槽间的静摩擦因数 f_s。

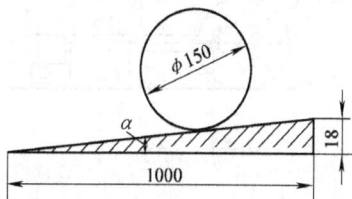

图 4-17 题 4-5 图

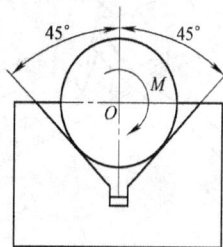

图 4-18 题 4-6 图

4-7　如图 4-19 所示，铁板 B 重 2kN，其上压一重 5kN 的重物 A，拉住重物的绳索与水平面成 30° 角，今欲将铁板抽出。已知铁板 B 和水平面间的摩擦因数 $f_1 = 0.20$，重物 A 和铁板间的摩擦因数 $f_2 = 0.25$，求抽出铁板所需力 F 的最小值。

4-8　起重绞车的制动器由有制动块的手柄和制动轮所组成，如图 4-20 所示。已知制动轮半径 $R = 0.5m$，鼓轮半径 $r = 0.3m$，制动轮与制动块间的摩擦因数 $f = 0.4$，提升的重量 $G = 1kN$，手柄长 $l = 3m$，$a = 0.6m$，$b = 0.1m$，不计手柄和制动轮的重量，求能够制动所需力 F 的最小值。

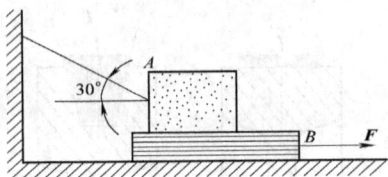

图 4-19　题 4-7 图

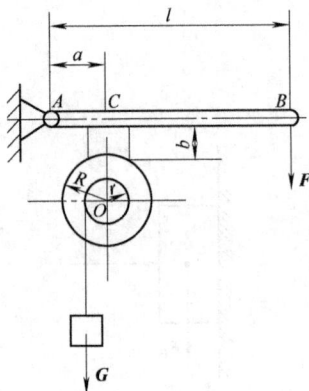

图 4-20　题 4-8 图

4-9　如图 4-21 所示，斧头的劈尖角为 16°，问木头与斧面之间的摩擦因数至少为多少时，斧尖自锁在木头中。

4-10　图 4-22 所示偏心夹紧装置，转动偏心手柄，就可使杠杆一端 O_1 点升高，从而压紧工件。已知偏心轮半径为 r，与台面间摩擦因数为 f。不计偏心轮和杠杆的自重，要求在图示位置夹紧工件后不致自动松开，问偏心距 e 应为多少？

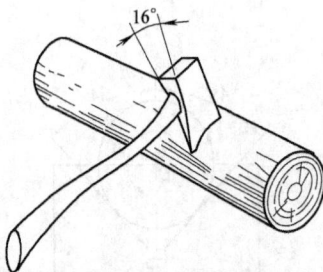

图 4-21　题 4-9 图

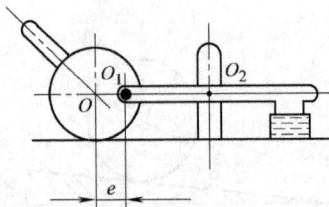

图 4-22　题 4-10 图

* 4-11 梯子 *AB* 靠在墙上，其质量为 20.4kg，如图 4-23 所示。梯子长为 *l*，并与水平面交角 $\theta =$ 60°。已知接触面间的静摩擦因数均为 0.25。今有重 66.3kg 的人沿梯子上爬，为保证人能够从底端爬到最高点而梯子不滑动，问梯子质心 *C* 到 *A* 点的距离 *s* 应为多少？

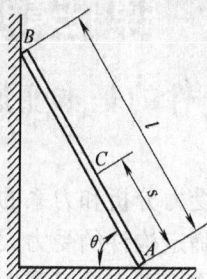

图 4-23 题 4-11 图

第二篇 弹性静力学 I

（杆件的基本变形）

上一篇我们研究了物体的受力分析和力系的平衡条件，应用这些知识可分析组成机器设备的构件的受力状态。在确定构件的受力大小、方向后，需要进一步分析这些构件能否承受这些力，能否在外力作用下安全可靠地工作。对机械和工程结构的组成构件来说，为确保正常工作，必须满足以下要求：

1）杆件具有足够的抵抗破坏的能力，使其在载荷作用下不致破坏，即要求它具有足够的强度。例如，吊起重物的钢索不能被拉断；啮合的一对齿轮在传递载荷时，轮齿不允许被折断；液化气储气罐不能爆破。

2）杆件具有足够的抵抗变形的能力，使其在载荷作用下所产生的变形不超过工程上所允许的范围，即要求它具有足够的刚度。例如，车床主轴如果变形过大，将破坏主轴上齿轮的正常啮合、引起轴承的不均匀磨损及噪声，影响车床的加工精度。

3）杆件具有足够的抵抗失稳的能力，使杆件在外力作用下能保持其原有形状下的平衡，即要求它具有足够的稳定性。例如千斤顶的螺杆、内燃机的挺杆等，工作时应始终保持原有的直线平衡状态。

在保证构件满足上述三个条件的同时，还要考虑节省材料、实用和价廉等经济要求。需要指出的是，在研究构件的强度、刚度和稳定性时，我们的研究对象不再是刚体而是可变形固体，对于一般金属（如钢铁）、水泥等传统工程材料来说，可以作如下假设：

(1) **连续性假设** 即认为物体内部毫无空隙地充满物质；

(2) **均匀性假设** 即认为物体各部分的力学性能是完全相同的；

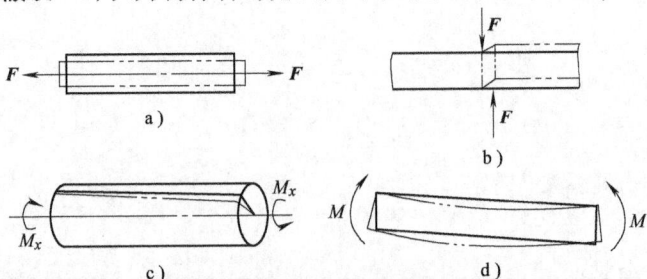

不同形式的变形图
a) 杆件的拉伸变形　b) 杆件的剪切变形
c) 杆件的扭转变形　d) 杆件的弯曲变形

（3）**各向同性假设**　指材料沿各个方向具有相同的力学性质；

（4）**小变形条件**　指杆件受到外力作用后发生的变形与原尺寸相比非常微小，在进行内力和变形计算时仍可以采用变形前的尺寸。

本篇讨论的杆件，均满足上述 4 点基本假设。

杆件在不同外力作用下将产生不同形式的变形（见上图），主要有轴向拉伸（压缩）（见图 a）、剪切（见图 b）、扭转（见图 c）与弯曲（见图 d）四种基本变形，其他复杂的变形都可以将其视为上述基本变形形式的组合。本篇在讨论杆件的各种基本变形时，除非特别说明，一般情况下都是指杆件处于平衡状态。

第五章 轴向拉伸和压缩

第一节 轴向拉伸（压缩）时杆的内力和应力

工程结构中经常遇到承受拉伸和压缩的直杆。例如：内燃机燃气爆发冲程中的连杆（见图5-1）、油压千斤顶的顶杆（见图5-2）、桁架中的杆件、起吊重物的钢索、厂房的立柱等，均为受拉伸或压缩杆的实例。这些杆的受力特点是：外力（或外力的合力）的作用线与杆件的轴线重合。变形特点是：杆件产生沿轴线方向的伸长或缩短，如图5-3a、b所示。

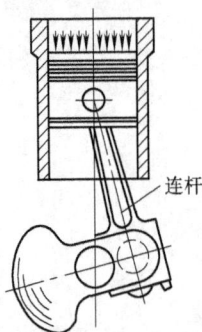

图5-1 内燃机燃气爆发冲程　　图5-2 油压千斤顶　　图5-3 拉伸、压缩杆

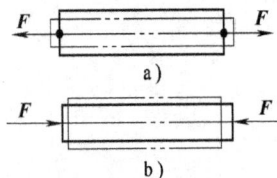

一、内力

物体在没有受到外力作用时，为了保持物体的固有形状，分子间已存在着结合力。当物体受外力作用而变形时，为了抵抗外力引起的变形，结合力发生了变化，这种由于外力作用而引起的内力的改变量，称为"附加内力"，简称**内力**。内力随外力增减而变化，当内力增大到某一极限时，构件就会发生破坏，所以内力与构件的强度、刚度和稳定性等密切相关，在研究强度等问题时，必须首先求出内力。

欲求某一截面 $m-m$ 上的内力，可假想沿该截面截开，将杆分成左、右两段，任取其中一段为研究对象，将另一段对该段的作用以内力 F_N 来代替，因为构件整体是平衡的，所以它的任何一部分也必须是平衡的。列出平衡方程即可求出截面上内力的大小和方向。这种方法称为**截面法**。

为了显示图5-4a所示的轴向拉杆横截面上的内力，可以取 $m-m$ 截面左段研究，其受力分析如图5-4b所示，由平衡条件：

$$\sum_{i=1}^{n} F_{ix} = 0, \qquad F_N - F = 0$$

可得

$$F_N = F$$

若取右段为研究对象（见图 5-4c），同样可得 $F_N' = F$。由于轴向拉压引起的内力也与杆的轴线一致，故称为轴向内力，简称**轴力**。习惯上规定：拉伸引起的轴力为正值，指向背离横截面；压缩引起的轴力为负值，指向横截面。按这种符号规定，无论取杆件左段或右段研究，同一截面两侧上的内力不但数值相等，而且符号也相同。

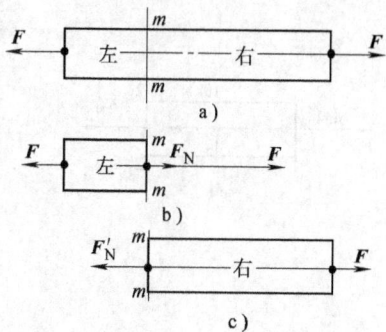

图 5-4　截面法

用截面法确定内力的过程可归纳为：

（1）截开　在需要求内力的截面处，用一个截面将构件假想地截开；

（2）代替　任取一部分（一般取受力情况比较简单的部分）作为研究对象，移去部分对留下部分的作用以杆在截面上的内力（力或力偶）代替；

（3）平衡　建立留下部分的平衡方程，根据已知外力计算杆在截面处的未知内力。

二、轴力图

实际问题中，杆件上往往有多个轴向外力作用在不同位置，例如某厂房立柱（见图 5-5）承受屋架压力 F_1 和吊车梁压力 F_2，这样的杆件各段的轴力是不同的，应当分段应用截面法确定各段内的轴力。为了表示整个杆件各横截面轴力的变化情况，用平行于杆轴线的坐标表示横截面的位置，用垂直于杆轴线的坐标表示对应横截面轴力的正负及大小。这种表示轴力沿轴线方向变化的图形称为**轴力图**。

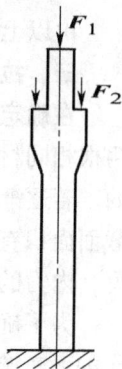

图 5-5　厂房立柱

例 5-1　直杆在 A、B、C、D 面中心处受到外力 6kN、10kN、8kN、4kN 的作用，方向如图 5-6a 所示，求此杆各段的轴力，并作轴力图。

解：分段计算各段内轴力：

（1）AB 段　用截面 1-1 假想将杆截开，取左段研究，设截面上的轴力 F_{N_1} 为正方向，受力如图 5-6b 所示。由平衡条件 $\sum_{i=1}^{n} F_{i_x} = 0$ 得：

$$F_{N_1} - 6kN = 0, \qquad F_{N_1} = 6kN \text{（拉力）}$$

（2）BC 段　用截面 2-2 假想将杆截开，取截面左段研究，F_{N_2} 设为正向，受力如图 5-6c 所示，由平衡条件 $\sum_{i=1}^{n} F_{i_x} = 0$ 得：

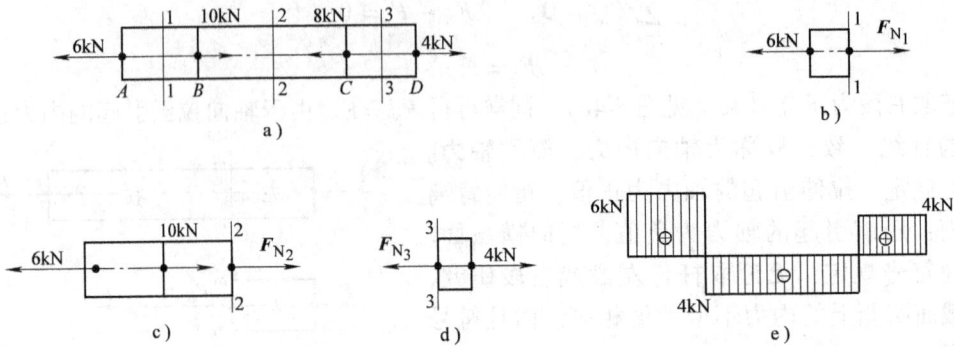

图 5-6　例 5-1 图

$$F_{N_2} + 10\text{kN} - 6\text{kN} = 0, \qquad F_{N_2} = -4\text{kN}（压力）$$

所得结果为负值，表示所设 F_{N_2} 的方向与实际方向相反，即 F_{N_2} 为压力。

（3）CD 段　用截面 3-3 假想将杆截开，取截面右段研究，F_{N_3} 亦先设为正，受力如图 5-6d 所示。由平衡条件 $\sum\limits_{i=1}^{n} F_{i_x} = 0$ 得：

$$4\text{kN} - F_{N_3} = 0, \qquad F_{N_3} = 4\text{kN}（拉力）$$

由以上结果，可绘出轴力图（见图 5-6e）。

三、拉压杆横截面上的应力

在确定了拉压杆的轴力以后，还不能单凭它来判断是否会因强度不够而破坏。例如两根相同材料做成的粗细不同的直杆，在相同拉力作用下，两杆横截面上的轴力是相同的。若逐渐将拉力增大，则细杆先被拉断。这说明拉杆的强度不仅与内力有关，还与横截面面积有关。当粗细二杆轴力相同时，细杆内力分布的密集程度比粗杆要大一些，可见，内力的密集程度才是影响强度的主要原因。为此我们引入应力的概念。

为了确定拉压杆横截面上的应力，首先必须知道横截面上内力的分布规律。为此，作如下实验：取一等直杆，先在杆的表面画上两条垂直于轴线的横向线 ab 和 cd，如图 5-7a 所示。当杆的两端受到一对轴向拉力 F 作用后，可以观察到如下现象：直线 ab 和 cd 仍垂直于轴线，但分别平移到 $a'b'$ 和 $c'd'$ 位置。这一现象是杆的变形在其表面的反映。我们进一步假设杆内部的变形情况也是如此，即杆变形后各横截面仍保持为平面，这个假设称为**平面假设**。

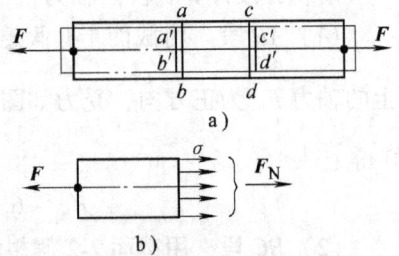

图 5-7　拉伸实验

如果设想杆件由许多根纵向纤维所组成，根据平面假设可以推断出两平面之间所有纵向纤维的伸长量应该相同。由于材料是均匀连续的，故横截面上的轴力是均匀分布的，即拉杆横截面上各点的应力是均匀分布的，其方向与纵向变形一致，如图 5-7b 所示。

由上述规律可知，拉杆横截面上各点处的应力都相等，其方向垂直于横截面。通常将方向垂直于它所在截面的应力称为**正应力**，并以 σ 表示。正应力的计算公式为：

$$\sigma = \frac{F_N}{A} \tag{5-1}$$

式中，σ 为横截面上的正应力；F_N 为横截面上的轴力；A 为横截面面积。

式（5-1）即为杆件受轴向拉、压时横截面上正应力的计算公式。σ 的符号规定与轴力 F_N 相同，即当轴力为正时（拉力），σ 为拉应力取正号；当轴力为负时（压力），σ 为压应力取负号。应力的量纲为〔力〕／〔长度〕²，在法定计量单位中，采用的应力单位是帕斯卡（Pa），$1Pa = 1N/m^2$，由于此单位较小，在计算中也常用 kPa、MPa、GPa，其中 $1kPa = 10^3Pa$，$1MPa = 10^6Pa$，$1GPa = 10^9Pa$。

例 5-2 一阶梯轴载荷如图 5-8a 所示，AB 段直径 $d_1 = 10m$，BC 段直径 $d_2 = 12m$，试求各段杆横截面上的正应力。

解：（1）计算轴各段内的轴力 由截面法，求出轴 AB 段、BC 段的轴力分别为：

$$F_{N_1} = 8kN \text{（拉力）}, \quad F_{N_2} = -15kN \text{（压力）}$$

（2）确定正应力 σ AB 段横截面面积为 $A_1 = \frac{\pi}{4}d_1^2$，BC 段横截面面积为 $A_2 = \frac{\pi}{4}d_2^2$，根据式（5-1），AB 段横截面上的正应力为：

$$\sigma_1 = \frac{F_{N_1}}{A_1} = \frac{8 \times 10^3}{\frac{\pi}{4} \times 0.010^2} Pa = 102MPa \text{（拉应力）}$$

BC 段横截面上的正应力为：

$$\sigma_2 = \frac{F_{N_2}}{A_2} = \frac{-15 \times 10^3}{\frac{\pi}{4} \times 0.012^2} Pa = -133MPa \text{（压应力）}$$

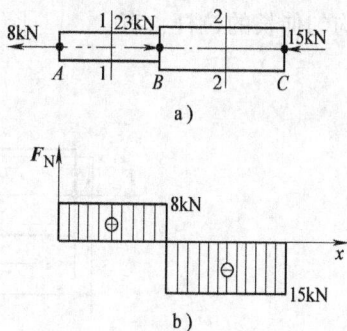

图 5-8 例 5-2 图
a) 阶梯轴载荷图 b) 轴力图

第二节 轴向拉伸（压缩）时杆的变形

在轴向拉力（或压力）作用下，杆件产生轴向伸长（或缩短）的变形，称为**纵向变**

形。此外，由实验可知，当杆件产生纵向伸长时，杆件的横向尺寸还会缩小；当杆件产生纵向缩短时，杆件的横向尺寸会增大。横向尺寸的变化称为**横向变形**。下面分别讨论纵向变形和横向变形。

一、纵向变形和线应变的概念

以图 5-9 所示杆为例，设杆件原长为 l，受轴向外力 F 作用后，长度改变为 l_1，则杆的长度改变量为：

$$\Delta l = l_1 - l$$

Δl 反映了杆的总的纵向变形量，称为杆的**纵向变形**。拉伸时 $\Delta l > 0$，压缩时 $\Delta l < 0$。杆件的绝对变形是与杆的原长有关的，因此，为了消除杆件原长度的影响，采用单位长度的变形量来度量杆件的变形程度，称为**纵向线应变**，又称为轴向应变，用 ε 表示。对于均匀伸长的拉杆，有：

$$\varepsilon = \frac{\Delta l}{l} = \frac{l_1 - l}{l} \tag{5-2}$$

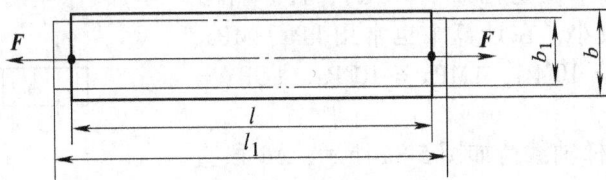

图 5-9　杆件轴向伸长

纵向线应变 ε 是量纲为 1 的量，其正负号与 Δl 的相同，即在轴向拉伸时 ε 为正值，称为拉应变；在压缩时 ε 为负值，称为压应变。

二、胡克定律

杆件的变形与其所受外力之间的关系，与材料的力学性能有关，只能由实验获得。实验表明，当轴向拉伸（压缩）杆件横截面上的正应力 σ 不大于某一极限值时，杆件的纵向变形量 Δl 与轴力 F_N 及杆长 l 成正比，而与横截面面积 A 成反比，即：

$$\Delta l \propto \frac{F_N l}{A}$$

引入比例常数 E，则有：

$$\Delta l = \frac{F_N l}{EA} \tag{5-3}$$

上式称为**胡克定律**，其中 E 称为材料的弹性模量，它说明材料抵抗拉伸（压缩）变形的能力，其值随材料而异，由实验测定（参见表 5-1）。弹性模量 E 的单位与应力单位相同，通常采用 Pa、kPa、MPa、GPa。

式（5-3）表明，对 F_N、l 相同的杆件，EA 越大则变形 Δl 越小，所以 EA 称为杆件的**抗拉（或抗压）刚度**。它反映了杆抵抗拉伸（压缩）变形的能力。

表 5-1　几种常用材料的 E 和 μ 的值

材料名称	弹性模量 E/GPa	泊松比 μ
铸铁	80 ~ 160	0.23 ~ 0.27
碳钢	196 ~ 216	0.24 ~ 0.28
合金钢	206 ~ 216	0.25 ~ 0.30
铝合金	70 ~ 72	0.26 ~ 0.33
铜	100 ~ 120	0.33 ~ 0.35
木材(顺纹)	8 ~ 12	—
橡胶	0.008 ~ 0.67	0.47

将 $\sigma = F_N/A$，$\varepsilon = \Delta l/l$ 代入式（5-3），得到胡克定律的另一表达形式：

$$\sigma = E\varepsilon \tag{5-4}$$

上式比式（5-3）具有更普遍的意义。可简述为：在弹性范围内，杆件上任一点的正应力与线应变成正比。

三、横向变形

前面曾提到，轴向拉伸或压缩的杆件，不仅有纵向变形，还会有横向变形。如图 5-10 所示，设杆件轴向（水平方向）受压，变形前的横向尺寸为 b，变形后为 b_1，则杆件的横向变形量 $\Delta b = b_1 - b$，与纵向线应变的概念相似，定义横向线应变 $\varepsilon' = \dfrac{\Delta b}{b} = \dfrac{b_1 - b}{b}$。

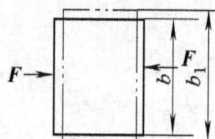

试验指出，同一种材料，在弹性变形范围内，横向线应变 ε' 和纵向线应变 ε 之比的绝对值为一常数，即：

图 5-10　横向变形

$$\left| \frac{\varepsilon'}{\varepsilon} \right| = \mu \tag{5-5}$$

μ 称为**横向变形系数**或**泊松比**，它是一个量纲为 1 的量，其值因材料而异，可由试验测定，参见表 5-1。

由于 μ 取绝对值，而 ε 与 ε' 的正负号总是相反，故式（5-5）又可写为

$$\varepsilon' = -\mu\varepsilon \tag{5-6}$$

例 5-3　一钢制阶梯轴如图 5-11a 所示，已知轴向外力 $F_1 = 50\text{kN}$，$F_2 = 20\text{kN}$，各段杆长为 $l_1 = l_2 = 0.24\text{m}$，$l_3 = 0.30\text{m}$，直径 $d_1 = d_2 = 25\text{m}$，$d_3 = 18\text{m}$，钢的弹性模量 $E = 200\text{GPa}$，试求各段杆的纵向变形和线应变。

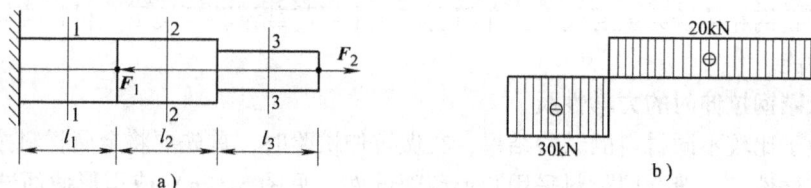

图 5-11　例 5-3 图

解：(1) 分别求图 5-11a 所示截面 1 – 1、2 – 2、3 – 3 的轴力，得到：

$$F_{N_1} = -30kN, \ F_{N_2} = F_{N_3} = 20kN$$

画轴力图，如图 5-11b 所示。

(2) 计算各段杆的纵向变形：

$$\Delta l_1 = \frac{F_{N_1} l_1}{EA_1} = \frac{-30 \times 10^3 \times 0.24}{200 \times 10^9 \times \frac{\pi}{4} \times 0.025^2} m = -7.33 \times 10^{-5} m = -0.0733mm$$

$$\Delta l_2 = \frac{F_{N_2} l_2}{EA_2} = \frac{20 \times 10^3 \times 0.24}{200 \times 10^9 \times \frac{\pi}{4} \times 0.025^2} m = 4.89 \times 10^{-5} m = 0.0489mm$$

$$\Delta l_3 = \frac{F_{N_3} l_3}{EA_3} = \frac{20 \times 10^3 \times 0.30}{200 \times 10^9 \times \frac{\pi}{4} \times 0.018^2} m = 1.18 \times 10^{-4} m = 0.118mm$$

(3) 计算各段杆的线应变：

$$\varepsilon_1 = \frac{\Delta l_1}{l_1} = \frac{-7.33 \times 10^{-5}}{0.24} = -3.05 \times 10^{-4}$$

$$\varepsilon_2 = \frac{\Delta l_2}{l_2} = \frac{4.89 \times 10^{-5}}{0.24} = 2.04 \times 10^{-4}$$

$$\varepsilon_3 = \frac{\Delta l_3}{l_3} = \frac{1.18 \times 10^{-4}}{0.30} = 3.93 \times 10^{-4}$$

第三节　材料在轴向拉伸和压缩时的力学性能

分析构件的强度时，除了计算应力外，还需要了解材料的力学性能。材料的力学性能是指材料在外力作用下表现出的强度、变形等方面的各种特性，包括弹性模量 E、泊松比 μ 以及极限应力等，它们要由实验来测定。在室温下，以缓慢平稳的加载方式进行试验，称为常温静载试验，是测定材料力学性能的基本试验。

在材料的力学性能实验中，实验环境（如温度高低不同）和加载方式（如静加载、冲击载荷）都影响着材料的力学性能。低碳钢和铸铁是工程中广泛使用的金属材料，下面就以低碳钢和铸铁为主要代表，介绍它们在常温静载试验环境下，材料拉伸和压缩时的力学性能。

一、低碳钢拉伸时的力学性质

为了便于比较不同材料的试验结果，在做拉伸试验时，首先要将金属材料按国家标准制成标准试件。一般金属材料采用圆形截面试件（见图 5-12a）或矩形截面试件（见图 5-12b）。试件中部一段为等截面，在该段中标出长度为 l_0 的一段称为工作段（试验段），试验时即测量工作段的变形量。工作段长度称为标距 l_0，按规定，对圆形试件，标距 l_0 与横截面直径 d_0 的比例为：

$$l_0 = 10d_0 \quad 或 \quad l_0 = 5d_0$$

对于矩形截面试件，若截面面积为 A_0，则：

$$l_0 = 11.3 \sqrt{A_0} \quad 或 \quad l_0 = 5.65 \sqrt{A_0}$$

低碳钢是指碳的质量分数在 0.3% 以下的碳素钢。这类钢材在工程中使用较广，在拉伸试验中表现出的力学性能也最为典型。

将低碳钢制成的标准试件安装在试验机上，开动机器缓慢加载，直至试件拉断为止。试验机的自动绘图装置将试验过程中的载荷 F_N 和对应的伸长量 Δl 绘成 F_N-Δl 曲线图，称为拉伸图或 F_N-Δl 曲线，如图 5-13 所示。

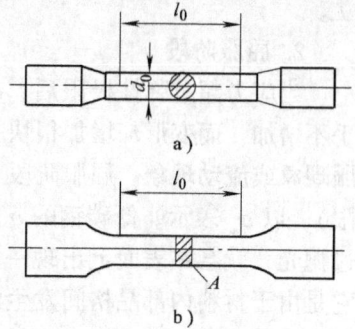

图 5-12 低碳钢拉伸试件

试件的拉伸图与试件的原始几何尺寸有关，为了消除试件原始几何尺寸的影响，获得反映材料性能的曲线，常把拉力 F_N 除以试件横截面的原始面积 A，得到正应力 $\sigma = F_N/A$，作为纵坐标；把伸长量 Δl 除以标距的原始长度 l_0，得到应变 $\varepsilon = \Delta l/l_0$，作为横坐标。作图得到材料拉伸时的应力—应变曲线图或称 σ-ε 曲线，如图 5-14 所示。

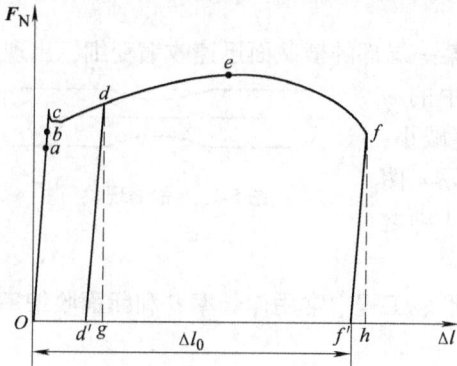

图 5-13 F_N-Δl 曲线

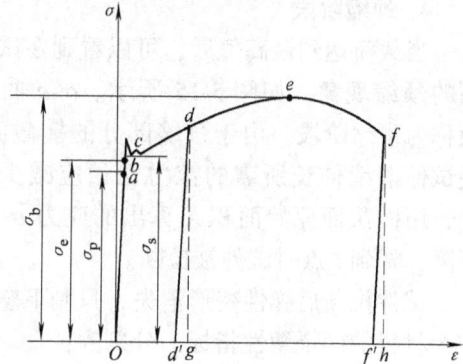

图 5-14 σ-ε 曲线

根据试验结果，现将低碳钢的应力—应变曲线，分成 4 个阶段讨论其力学性能。

1. 弹性阶段

弹性阶段由直线段 Oa 和微弯段 ab 组成。直线段 Oa 部分表示应力与应变成正比关系，故 Oa 段称为比例阶段或线弹性阶段，在此阶段内，材料服从胡克定律 $\sigma = E\varepsilon$，a 点所对应的应力值称为材料的**比例极限**，用 σ_P 表示，低碳钢的 $\sigma_P \approx 200\text{MPa}$。

应力超过比例极限后，应力与应变不再成比例关系，曲线 ab 段称为非线性弹性阶段，只要应力不超过 b 点，材料的变形仍是弹性变形，在解除拉力后变形仍可完全消失。所以 b 点对应的应力称为弹性极限，以 σ_e 表示。由于大部分材料的 σ_p 和 σ_e 极为接近，工程上并不严格区分弹性极限和比例极限，常认为在弹性范围内，胡克定律成立。

2. 屈服阶段

当应力超过弹性极限后，$\sigma\text{-}\varepsilon$ 曲线图上的 bc 段将出现近似的水平段，这时应力几乎不增加，而变形却增加很快，表明材料暂时失去了抵抗变形的能力。这种现象称为**屈服现象**或**流动现象**。屈服阶段（bc 段）的最低点对应的应力称为屈服极限（或流动极限），以 σ_s 表示。低碳钢的 $\sigma_s \approx 220 \sim 240\text{MPa}$，当应力达到屈服极限时，如试件表面经过抛光，就会在表面上出现一系列与轴线大致成45°夹角的倾斜条纹（称为滑移线）。它是由于材料内部晶格间发生滑移所引起的，一般认为，晶格间的滑移是产生塑性变形的根本原因。工程中的大多数构件一旦出现塑性变形，将不能正常工作（或称失效）。所以屈服极限 σ_s 是衡量材料失效与否的强度指标。

3. 强化阶段

过了屈服阶段 bc，图中向上升的曲线 ce 说明材料恢复了抵抗变形的能力，要使试件继续变形必须再增加载荷，这种现象称为材料的**强化**，故 $\sigma\text{-}\varepsilon$ 曲线图中的 ce 段称为**强化阶段**，最高点 e 点所对应的应力值称为材料的**强度极限**，以 σ_b 表示，它是材料所能承受的最大应力。低碳钢的 $\sigma_b \approx 370 \sim 460\text{MPa}$。

4. 颈缩阶段

当载荷达到最高值后，可以看到在试件的某一局部的横截面迅速收缩变细，出现所谓的**颈缩现象**，如图5-15所示。$\sigma\text{-}\varepsilon$ 曲线图中的 ef 段称为颈缩阶段。由于颈缩部分的横截面迅速减小，使试件继续伸长所需的拉力也相应减少。在 $\sigma\text{-}\varepsilon$ 图中，用横截面原始面积 A 算出的应力 $\sigma = F_N/A$ 随之下降，降到 f 点时试件被拉断。

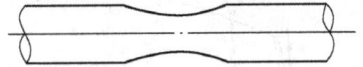

图5-15　颈缩现象

试件拉断后弹性变形消失，只剩下塑性变形。工程中常用**伸长率 δ** 和**断面收缩率 ψ** 作为材料的两个塑性指标。分别为：

$$\delta = \frac{l_1 - l_0}{l} \times 100\% \tag{5-7}$$

$$\psi = \frac{A_0 - A_1}{A_0} \times 100\% \tag{5-8}$$

式中，l_1 为试件拉断后的标距长度；l_0 为原标距长度；A_0 为试件横截面原面积；A_1 为试件被拉断后在颈缩处测得的最小横截面面积。

工程中通常按照伸长率的大小把材料分为两大类：$\delta > 5\%$ 的材料称为**塑性材料**，如碳素钢、黄铜、铝合金等；而把 $\delta < 5\%$ 的材料称为**脆性材料**，如灰铸铁、玻璃、陶瓷、砖、石等。低碳钢的伸长率很高，其平均值为 $20\% \sim 30\%$，这说明低碳钢是典型的塑性材料。

截面收缩率 ψ 也是衡量材料塑性的重要指标，低碳钢的截面收缩率 $\psi \approx 60\%$。需要注意的是，材料的塑性和脆性会因制造工艺、变形速度、温度等条件而发生变化，例如某些脆性材料在高温下会呈现塑性，而某些塑性材料在低温下呈现脆性，又如在铸铁中加入球化剂可使其变为塑性较好的球墨铸铁。

实验表明，如果将试件拉伸到超过屈服点 σ_s 后的任一点，例如图 5-14 中的 d 点，然后缓慢地卸载。这时会发现，卸载过程中试件的应力与应变之间沿着直线 dd' 的关系变化，dd' 与直线 Oa 几乎平行。由此可见，在强化阶段中试件的应变包含弹性应变和塑性应变，卸载后弹性应变消失，只留下塑性应变，塑性应变又称残余应变。

如果将卸载后的试件在短期内再次加载，则应力和应变之间基本上仍沿着卸载时的同一直线关系，直到开始卸载时的 d 点为止，然后大体上沿着原来路径 def（见图 5-14）的关系。所以当试件在强化阶段卸载，然后再加载时，其 σ-ε 曲线图应是图 5-14 中的 $d'def$，图中直线 $d'd$ 的最高点 d 的应力值，可以认为是材料在经过卸载而重新加载时的比例极限，显然它比原来的比例极限提高了，但拉断后的残余应变则比原来的 δ 小，这种现象称为**冷作硬化**。工程中经常利用冷作硬化来提高材料的弹性阶段，例如起重机的钢索和建筑用的钢筋，常采用冷拔工艺提高强度。

二、其他金属材料拉伸时的力学性质

其他金属材料的拉伸试验与低碳钢的拉伸试验方法相同，但材料所显示出的力学性能有很大差异，图 5-16 给出了锰钢、硬铝、退火球墨铸铁和 45 钢的应力—应变曲线，这些都是塑性材料，但前三种材料没有明显的屈服阶段。对于没有明显屈服点的塑性材料，工程上规定，取试件产生 0.2% 的塑性应变时，所对应的应力值作为材料的条件屈服极限，以 $\sigma_{0.2}$ 表示（见图 5-17）。

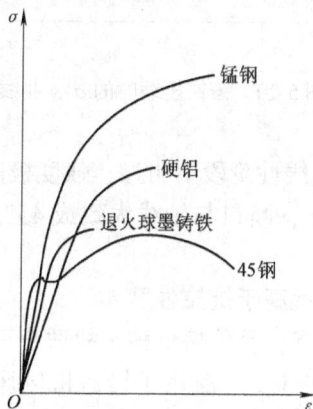

图 5-16 其他材料的 σ-ε 曲线   图 5-17 名义屈服强度

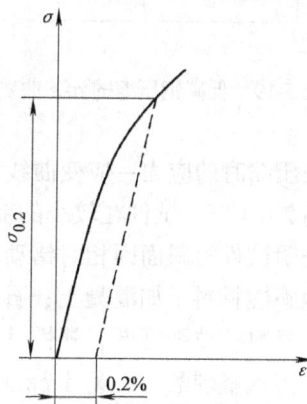

图 5-18 所示为铸铁拉伸时的应力—应变关系，由图可见，应力—应变之间无明显

的直线部分，但应力较小时接近于直线，可近似认为服从胡克定律。工程上有时以曲线的某一割线（见图 5-18 中的虚线）的斜率作为弹性模量。

铸铁的伸长率 δ 通常只有 0.5% ~ 0.6%，是典型的脆性材料，其拉伸时无屈服现象和颈缩现象，断裂是突然发生的，断口垂直于试件轴线。强度指标 σ_b 是衡量铸铁强度的唯一指标。

三、金属材料压缩时的力学性能

金属材料的压缩试件常做成圆柱体，其高度是直径的 1.5 ~ 3.0 倍，以避免试验时被压弯；非金属材料（如水泥、石料）的压缩试件常做成立方体。

低碳钢压缩时的应力—应变曲线如图 5-19 所示，图中虚线是为了便于比较而绘出的拉伸的 $\sigma\text{-}\varepsilon$ 曲线，从图中可以看出，低碳钢压缩时的弹性模量 E 和屈服极限 σ_s 都与拉伸时大致相同。屈服阶段以后，试件愈压愈扁，横截面面积不断增大，试件抗压能力也不断提高，因而得不到压缩时的强度极限。

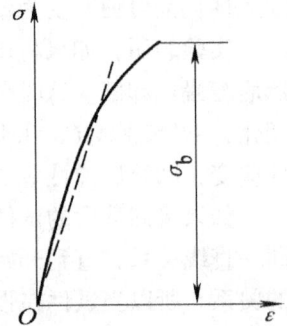

图 5-18 铸铁拉伸

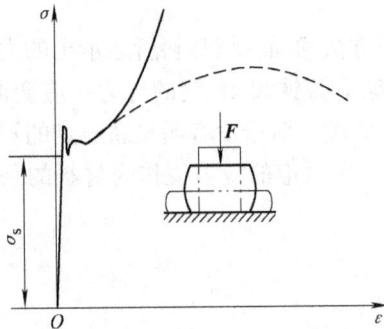

图 5-19 低碳钢压缩的 $\sigma\text{-}\varepsilon$ 曲线

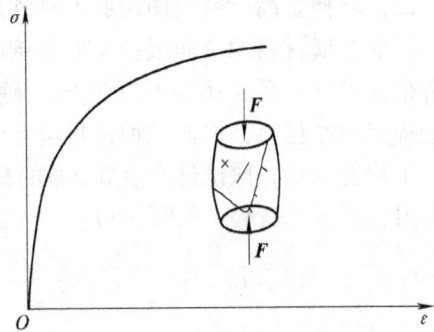

图 5-20 铸铁压缩时的 $\sigma\text{-}\varepsilon$ 曲线

铸铁压缩时的应力—应变曲线如图 5-20 所示，其线性阶段不明显，强度极限 σ_b 比拉伸时高 2 ~ 4 倍，试件在较小的变形下突然发生破坏，断口与轴线大致成 45° ~ 55° 的倾角，表明试件沿斜面因相对错动而破坏。

其他脆性材料，如混凝土、石料等，抗压强度也远高于抗拉强度。

脆性材料抗拉强度低、塑性性能差，但抗压强度高，且价格低廉，故适合于制作承压构件。铸铁坚硬耐摩，易于浇注成形状复杂的零部件，广泛用于铸造机床床身、机座、缸体及轴承座等受压零部件。因此，铸铁压缩试验比拉伸试验更为重要。

衡量材料力学性能的指标主要有：比例极限 σ_p、屈服点 σ_s、强度极限 σ_b、弹性模量 E、伸长率 δ 和断面收缩率 ψ 等。对于许多金属来说，这些量往往受温度、热处理等条件的影响，表 5-2 列出了几种常用材料的力学性能。

表 5-2　几种常用材料的力学性能表

材料牌号	屈服极限 σ_s /MPa	抗拉强度 σ_b /MPa	伸长率 $\delta(\%)$	断面收缩率 $\psi/(\%)$
35 钢	216 ~ 314	432 ~ 530	15 ~ 20	28 ~ 45
45 钢	265 ~ 353	530 ~ 598	13 ~ 16	30 ~ 40
Q235A 钢	216 ~ 235	373 ~ 461	25 ~ 27	—
QT700 - 2	412	538	2	—
HT150	—	拉 98 ~ 275 压 637		

第四节　许用应力·安全系数·强度条件

由脆性材料制成的构件，在拉力作用下，当变形很小时就会突然断裂，脆性材料断裂时的应力即强度极限 σ_b；塑性材料制成的构件，在拉断之前已出现塑性变形，在不考虑塑性变形力学设计方法的情况下，考虑到构件不能保持原有的形状和尺寸，故认为它已不能正常工作，塑性材料到达屈服时的应力即屈服点 σ_s。脆性材料的强度极限 σ_b、塑性材料屈服极限 σ_s 称为**构件失效的极限应力**。为保证构件具有足够的强度，构件在外力作用下的最大工作应力必须小于材料的极限应力。在强度计算中，把材料的极限应力除以一个大于 1 的系数 n（称为安全系数），作为构件工作时所允许的最大应力，称为材料的**许用应力**，以 $[\sigma]$ 表示。对于脆性材料，许用应力：

$$[\sigma] = \frac{\sigma_b}{n_b} \tag{5-9}$$

对于塑性材料，许用应力：

$$[\sigma] = \frac{\sigma_s}{n_s} \tag{5-10}$$

式中，n_b、n_s 分别为脆性材料、塑性材料对应的安全系数。

安全系数的确定除了要考虑载荷变化，构件加工精度不同，计算差异，工作环境的变化等因素外，还要考虑材料的性能差异（塑性材料或脆性材料）及材质的均匀性，以及构件在设备中的重要性，损坏后造成后果的严重程度。

安全系数的选取，必须体现既安全又经济的设计思想，通常由国家有关部门制订，公布在有关的规范中供设计时参考，一般在静载下，对塑性材料可取 $n_s = 1.5 \sim 2.0$；脆性材料均匀性差，且断裂突然发生，有更大的危险性，所以取 $n_b = 2.0 \sim 5.0$，甚至取到 $5 \sim 9$。

为了保证构件在外力作用下安全可靠地工作，必须使构件的最大工作应力小于材料的许用应力，即：

$$\sigma_{\max} = \frac{F_{N_{\max}}}{A} \leqslant [\sigma] \tag{5-11}$$

上式就是杆件受轴向拉伸或压缩时的**强度条件**。根据这一强度条件，可以进行杆件以下三方面的计算。

1）**强度校核** 已知杆件的尺寸、所受载荷和材料的许用应力，直接应用式（5-11），验算杆件是否满足强度条件。

2）**截面设计** 已知杆件所受载荷和材料的许用应力，将式（5-11）改成 $A \geqslant \frac{F_{N_{\max}}}{[\sigma]}$，由强度条件确定杆件所需的横截面面积。

3）**许用载荷的确定** 已知杆件的横截面尺寸和材料的许用应力，由强度条件 $F_{N_{\max}} \leqslant A[\sigma]$ 确定杆件所能承受的最大轴力，最后通过静力学平衡方程算出杆件所能承担的最大许可载荷。

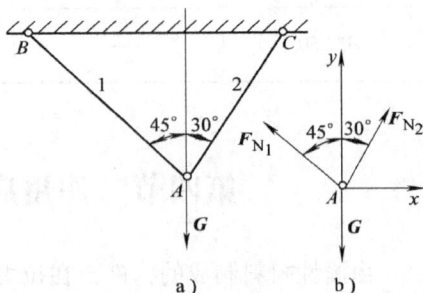

图 5-21 例 5-4 图

例 5-4 一结构包括钢杆 1 和铜杆 2，如图 5-21a 所示，A、B、C 处为铰链联接。在节点 A 悬挂一个 $G = 20\text{kN}$ 的重物。钢杆 AB 的横截面面积为 $A_1 = 75\text{mm}^2$，铜杆的横截面面积为 $A_2 = 150\text{mm}^2$。材料的许用应力分别为 $[\sigma_1] = 160\text{MPa}$，$[\sigma_2] = 100\text{MPa}$，试校核此结构的强度。

解：求各杆的轴力，取节点 A 为研究对象，作出其受力图（见图 5-21b），图中假定两杆均为拉力。由平衡方程：

$$\sum_{i=1}^{n} F_{i_x} = 0, \quad F_{N_2}\sin 30° - F_{N_1}\sin 45° = 0$$

$$\sum_{i=1}^{n} F_{i_y} = 0, \quad F_{N_1}\cos 45° + F_{N_2}\cos 30° - G = 0$$

解得：

$$F_{N_1} = 10.4\text{kN}, \qquad F_{N_2} = 14.6\text{kN}$$

两杆横截面上的应力分别为：

$$\sigma_1 = \frac{F_{N_1}}{A_1} = \frac{10.4 \times 10^3}{75 \times 10^{-6}}\text{Pa} = 139\text{MPa}$$

$$\sigma_2 = \frac{F_{N_2}}{A_2} = \frac{14.6 \times 10^3}{150 \times 10^{-6}}\text{Pa} = 97.3\text{MPa}$$

由于 $\sigma_1 < [\sigma_1] = 160\text{MPa}$，$\sigma_2 < [\sigma_2] = 100\text{MPa}$，故此结构的强度足够。

例 5-5 如图 5-22a 所示，三角架受载荷 $F = 50\text{kN}$ 作用，AC 杆是圆钢杆，其许用

应力 $[\sigma_1]$ =160MPa；BC 杆的材料是木材，圆形横截面，其许用应力 $[\sigma_2]$ =8MPa，试设计两杆的直径。

解： 由于 $[\sigma_1]$、$[\sigma_2]$ 已知，故首先求出 AC 杆和 BC 杆的轴力 F_{N_1} 和 F_{N_2}，然后由 A_1 $\geqslant \dfrac{F_{N_1}}{[\sigma_1]}$，$A_2 \geqslant \dfrac{F_{N_2}}{[\sigma_2]}$ 求解。

（1）求两杆的轴力　取节点 C 研究，受力分析如图 5-22b 所示，列平衡方程：

$$\sum_{i=1}^{n} F_{i_x} = 0, \ -F_{N_1}\cos30° - F_{N_2}\cos30° = 0$$

解得：

$$F_{N_1} = -F_{N_2}$$

$$\sum_{i=1}^{n} F_{i_y} = 0, F_{N_1}\sin30° - F_{N_2}\sin30° - F = 0$$

解得：

$$F_{N_1} = F = 50\text{kN （拉）}, \qquad F_{N_2} = -F_{N_1} = -50\text{kN （压）}$$

（2）求截面直径　分别求得两杆的横截面面积为：

$$A_1 \geqslant \frac{F_{N_1}}{[\sigma_1]} = \frac{50 \times 10^3}{160 \times 10^6}\text{m}^2 = 3.13 \times 10^{-4}\text{m}^2 = 3.13\text{cm}^2$$

$$A_2 \geqslant \frac{F_{N_2}}{[\sigma_2]} = \frac{50 \times 10^3}{8 \times 10^6}\text{m}^2 = 62.5 \times 10^{-4}\text{m}^2 = 62.5\text{cm}^2$$

直径 $d_1 = \sqrt{\dfrac{4A_1}{\pi}} \geqslant 2.0\text{cm}$，$d_2 = \sqrt{\dfrac{4A_2}{\pi}} \geqslant 8.9\text{cm}$

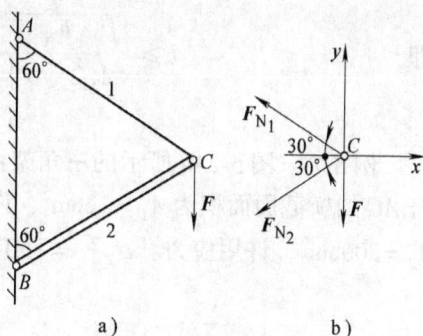

图 5-22　例 5-5 图

例 5-6　图 5-23 所示某冷镦机的曲柄滑块机构，镦压时，截面为矩形的连杆 AB 处于水平位置，高宽比 $h/b = 1.2$，材料为 45 钢，许用应力 $[\sigma]$ =90MPa。若不考虑杆的自重，已知镦压力 F =4500kN，试按照强度条件确定 h、b 的大小。

解： 如图 5-23b 所示，AB 杆为轴向压缩，由截面法可得连杆的轴力数值大小为：

$$F_N = F = 4500\text{kN}$$

将强度条件改写为 $A \geqslant \dfrac{F_N}{[\sigma]}$，由于 $A = bh$ $= 1.2b^2$，所以：

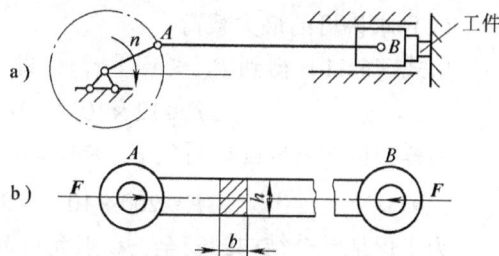

图 5-23　例 5-6 图
a）曲柄滑块机构　b）连杆

$$1.2b^2 \geqslant \frac{F_N}{[\sigma]}$$

即
$$b \geqslant \sqrt{\frac{F_N}{1.2\,[\sigma]}} = \sqrt{\frac{4500 \times 10^3}{1.2 \times 90 \times 10^6}}\mathrm{m} = 0.204\mathrm{m}$$

$$h = 1.2b \geqslant 0.245\mathrm{m}$$

例 5-7　图 5-24a 所示的三角架由钢杆 AC 和木杆 BC 在 A、B、C 处铰接而成，钢杆 AC 的横截面面积为 $A_1 = 12\mathrm{cm}^2$，许用应力 $[\sigma_1] = 160\mathrm{MPa}$，木杆 BC 的横截面面积 $A_2 = 200\mathrm{cm}^2$，许用应力 $[\sigma_2] = 8\mathrm{MPa}$，求 C 点允许起吊的最大载荷 F 为多少？

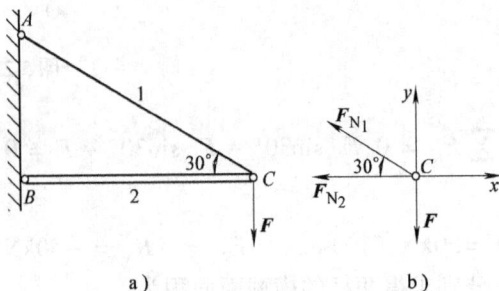

图 5-24　例 5-7 图

解：（1）求 AC 杆和 BC 杆的轴力

取节点 C 研究，受力分析如图 5-24b 所示，列平衡方程：

$$\sum_{i=1}^{n} F_{i_x} = 0, \qquad -F_{N_1}\cos30° - F_{N_2} = 0$$

$$\sum_{i=1}^{n} F_{i_y} = 0, \qquad F_{N_1}\sin30° - F = 0$$

解得：

$$F_{N_1} = 2F\ （拉） \qquad F_{N_2} = -\sqrt{3}F\ （压）$$

（2）求许可的最大载荷

由式（5-11）得到 $F_{N_1} \leqslant A_1\,[\sigma_1]$，即：

$$2F \leqslant 12 \times 10^{-4} \times 160 \times 10^6\mathrm{N}, \quad F_1 \leqslant 96\mathrm{kN}$$

同样，由式（5-11）得到 $F_{N_2} \leqslant A_2\,[\sigma_2]$，即：

$$\sqrt{3}F \leqslant 200 \times 10^{-4} \times 8 \times 10^6\mathrm{N}, \quad F_2 \leqslant 92.4\mathrm{kN}$$

为了保证整个结构的安全，C 点允许起吊的最大载荷应选取所求得的 F_1、F_2 中的较小值，即 $[F]_{max} = 92.4\mathrm{kN}$。

第五节 简单拉压超静定问题

在前面几节讨论的问题中，杆件的约束反力和杆件的内力可以用静力平衡方程求出，这类问题称为**静定问题**。例如图 5-25a 所示的杆 AB，在 C 处受到集中力 F，则 AC、CB 段的内力可由平衡方程求出；同样，图 5-26a 所示的构架，是由 AB 及 AC 两杆组成，在 A 点受到载荷 G 的作用，求 AB 和 AC 杆的两个未知内力时，因能列出两个平衡方程，所以是静定问题。

在工程实际中，有时为了增加构件和结构物的强度和刚度，或者由于构造上的需要，往往要给构件增加一些约束，或在结构物中增加一些杆件，这时构件的约束反力或杆件的数目多于刚体静力学平衡方程的数目，因而仅用静力平衡方程不能求解。这类问题称为**超静定问题**或称**静不定问题**。未知力个数与独立的平衡方程数之差称为**静不定**

图 5-25 单杆静定、静不定问题

次数或称**超静定次数**。例如图 5-25b 所示的杆，A、B 两端有未知的约束力 F_{N1}、F_{N2}，y 方向静力平衡方程数只有 1 个，故属于一次超静定问题；图 5-26b 所示的构架，是由 AB、AC、AD 三杆组成，若取节点 A 研究，其所受力组成平面汇交力系，可列出 2 个静力平衡方程，但未知力有 3 个（F_{N1}、F_{N2}、F_{N3}），属于一次超静定问题。显然仅由静力平衡方程不能求出全部未知内力。

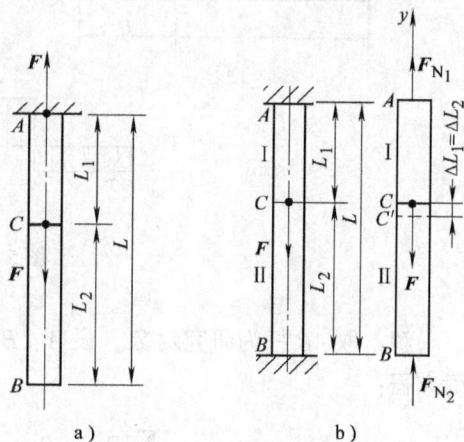

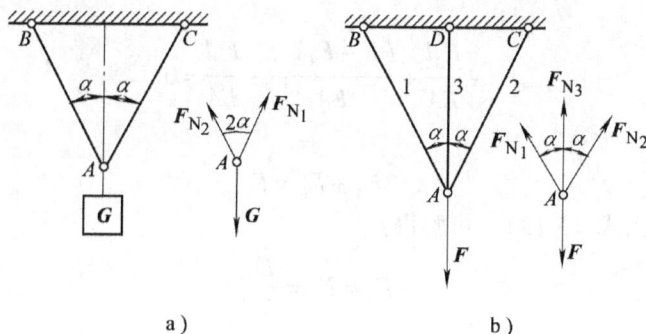

图 5-26 多杆静定、静不定问题

求解超静定问题，除了根据静力平衡条件列出平衡方程外，还必须根据杆件变形之间的相互关系（称为变形协调条件），列出变形的几何方程，再由力和变形之间的物理条件（胡克定律）建立所需的补充方程。下面通过例题说明超静定问题的解法。

例 5-8　图 5-27a 所示为两端固定的杆。在 C、D 两截面处有一对力 F 作用，杆的横截面面积为 A，弹性模量为 E，求 A、B 处支座反力，并作轴力图。

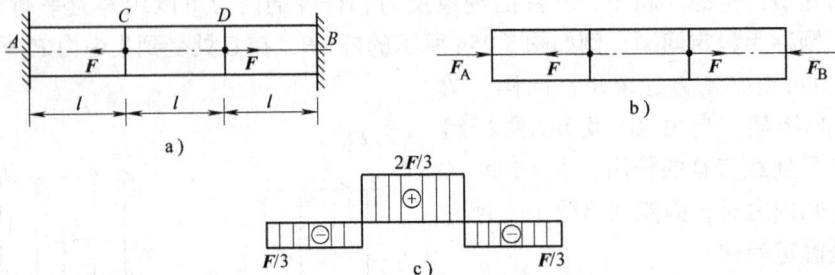

图 5-27　例 5-8 图

解：取 AB 杆为研究对象，设 A、B 处的约束反力为压力，如图 5-27b 所示，由平衡方程：

$$\sum_{i=1}^{n} F_{i_x} = 0, \quad F_A - F + F - F_B = 0$$

得：
$$F_A = F_B \tag{5-12}$$

上式中只知道两个未知约束反力相等，不能解出具体值，故还需要列一个补充方程。

显然，杆件各段变形后，由于约束的限制，总长度保持不变，故变形协调条件为：

$$\Delta l_{AC} + \Delta l_{CD} + \Delta l_{DB} = 0$$

根据胡克定律，得到 $\Delta l_{AC} = -\dfrac{F_A l}{EA}$，$\Delta l_{CD} = \dfrac{(F - F_A)\,l}{EA}$，$\Delta l_{DB} = -\dfrac{F_B l}{EA}$，代入上式得到变形的几何方程为：

$$-\frac{F_A l}{EA} + \frac{(F - F_A)\,l}{EA} - \frac{F_B l}{EA} = 0$$

整理后得：
$$2F_A + F_B = F \tag{5-13}$$

将式（5-12）代入式（5-13），可解得：

$$F_A = F_B = \frac{F}{3}$$

作出杆的轴力图，如图 5-27c 所示。

例 5-9　图 5-28a 所示结构中，已知杆 1、杆 2 和杆 3 的抗拉刚度均为 EA，角 $\alpha = 30°$，重力 $G = 38\text{kN}$，试求各杆所受的拉力。

解：（1）列平衡方程　在重力 G 作用下，三根杆均被拉长，故可设三杆均受拉力，节点 A 的受力图如图 5-28b 所示，列平衡方程：

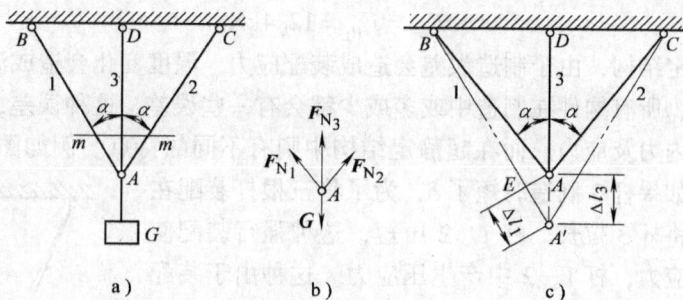

图 5-28 例 5-9 图

$$\sum_{i=1}^{n} F_{i_x} = 0, \qquad -F_{N_1}\sin\alpha + F_{N_2}\sin\alpha = 0$$

$$\sum_{i=1}^{n} F_{i_y} = 0, \qquad F_{N_1}\cos\alpha + F_{N_2}\cos\alpha + F_{N_3} - G = 0$$

整理得到：

$$\begin{cases} F_{N_1} = F_{N_2} \\ \sqrt{3}F_{N_1} + F_{N_3} - G = 0 \end{cases} \tag{5-14}$$

（2）变形几何关系 由图 5-28c 可以看到，由于结构左右对称，杆1、2 的抗拉刚度相同，所以节点 A 只能垂直下移。设变形后各杆汇交于 A' 点，则 $AA' = \Delta l_3$。以 B 点为圆心，杆 1 的原长 BA 为半径作圆弧并与 BA' 相交，BA' 在圆弧以外的线段即为杆 1 的伸长 Δl_1，由于变形很小，可用垂直于 BA' 的直线 AE 代替上述弧线，且仍可以认为 $\angle BA'D = \alpha = 30°$。于是：

$$\Delta l_1 = \Delta l_3 \cos\alpha \tag{5-15}$$

（3）物理关系 由胡克定律，得到：

$$\Delta l_1 = \frac{F_{N_1} l_1}{EA}, \Delta l_3 = \frac{F_{N_3} l_3}{EA} \tag{5-16}$$

（4）补充方程 将物理关系式（5-16）代入几何方程（5-15），得到解该超静定问题的补充方程：

$$\frac{F_{N_1} l_1}{EA} = \frac{F_{N_3} l_3}{EA}\cos\alpha$$

将 $l_3 = l_1\cos\alpha$ 代入上式，整理得到 $F_{N_1} = F_{N_3}\cos^2\alpha$，即：

$$F_{N_1} = 0.75 F_{N_3} \tag{5-17}$$

（5）求解各杆轴力 联立求解补充方程（5-17）和平衡方程（5-14），可得：

$$F_{N_3} = \frac{G}{\sqrt{3}\times 0.75 + 1} = 16.5\text{kN},$$

$$F_{N_1} = F_{N_2} = 12.4\text{kN}$$

对于超静定结构，由于制造误差会造成装配应力，温度变化会造成温度应力。

我们知道，所有构件在制造中或多或少都会有一些误差，这种误差，在静定结构中不会引起任何内力及应力。而在超静定结构中则有不同的特点。例如图 5-29 所示的三杆桁架结构，如果杆 3 制造时短了 δ，为了将三根杆装配在一起，则必须将杆 3 拉长，杆 1、2 压短，这种强行装配使杆 3 中产生拉应力，杆 1、2 中产生压应力。这种由于装配而引起的杆内应力，称为**装配应力**。装配应力是在载荷作用前结构中已经具有的应力，因而是一种**初应力**。这种应力的存在，有时是不利的，它会降低构件承受载荷的能力，但有时又可以利用它来达到一定的目的。例如轮毂和轴的紧配合就是有意识地利用与装配应力相应的变形，来防止轮毂和轴的相对转动；预应力钢筋混凝土构件，也是利用装配应力来提高其承受载荷的能力。

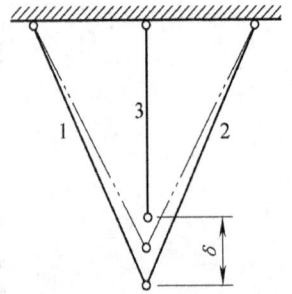

图 5-29 超静定结构
装配应力

在工程实际中，构件往往会遇到温度变化，从而引起构件热胀冷缩的温度变形。在静定结构中，构件可以自由变形，故温度改变不会在构件内产生应力。例如图 5-25a、图 5-26a 所示的杆，如果全杆各点处温度均上升了 $\Delta T°\text{C}$，则杆件因热胀而伸长（见图 5-30c 所示），但不会产生应力。然而在图 5-30a 所示的超静定结构中，如果杆 AB 的温度发生变化，由于有了多余的约束，在杆内将出现温度应力。设温度变化前杆 AB 长度正好合适，如果全杆各点处温度均上升了 $\Delta T°\text{C}$，设想此时只有一个支座 A，则杆应伸长 $\Delta L_t = \alpha\Delta T \cdot L$，其中 α 为材料的线膨胀系数。但由于两端均受到刚性支座的约束，杆的长度不能改变。因此，杆的两端必受到来自支座的轴向压力 F，使杆缩短了 ΔL_p（=

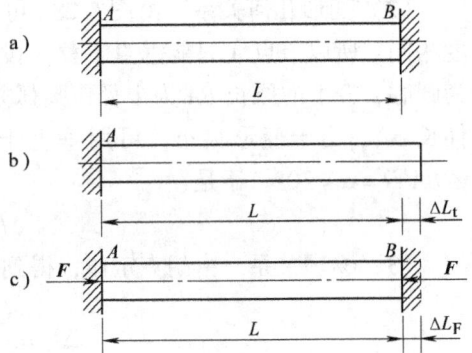

图 5-30 温度应力

ΔL_t）而回到原长 L（图 5-30c）。同时在杆内产生了应力 $\sigma_T = E\dfrac{\Delta L_p}{L}$。这种由于温度改变而在杆件内产生的应力称为温度应力，其计算式为：

$$\sigma_T = E\alpha\Delta T \tag{5-18}$$

碳钢的 $\alpha = 12.5 \times 10^{-6}1/°\text{C}$，$E = 200\text{GPa}$。所以：

$$\sigma_T = 12.5 \times 10^{-6} \times 200 \times 10^9 \Delta T\text{Pa} = 2.5\Delta T\text{MPa}$$

可见当温度变化 ΔT 较大时，σ_T 的数值便非常可观。为了避免过高的温度应力，在送热管道中可以增加伸缩节（见图 5-31）；在铁路钢轨各段之间留有伸缩缝，以削弱对钢轨膨胀的约束，降低温度应力；铁路桥梁一端用固定铰链支座，另一端采用可动铰链支座（见图 5-32），可以避免桥梁水平方向的温度应力。

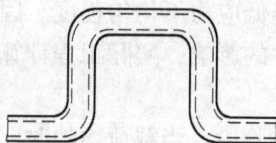

图 5-31 伸缩节

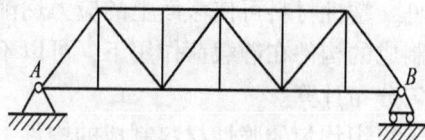

图 5-32 铁路桥梁

第六节 应力集中的概念

由于实际需要，在工程中常在一些构件上钻孔、开退刀槽或键槽、车削螺纹等，有些则需要制成阶梯状，这就引起构件横截面尺寸的突变。这样的杆在轴向拉伸时，在杆件截面突变处附近的小范围内，应力的数值急剧增大，而离开这个区域稍远处，应力就大为降低。并趋于均匀分布，这种现象称为**应力集中**。图 5-33 所示为拉杆孔边的应力分布简图，其中 σ_{max} 为最大局部应力，σ 为假设应力均匀分布时该截面上的名义应力（即按照等直杆的公式算得的应力）。应力集中的程度，通常用**理论应力集中系数**表示：

图 5-33 应力集中

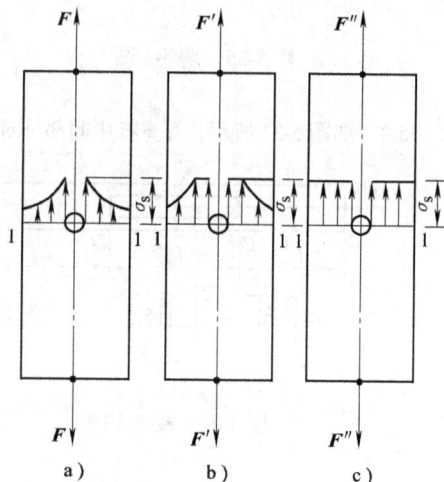

$$\alpha = \frac{\sigma_{max}}{\sigma} \tag{5-19}$$

应力集中系数 α 值表明最大局部应力为名义应力的多少倍，其值与材料无关，它取决于截面的几何形状与尺寸，截面尺寸改变越急剧，应力集中的程度就越严重。因此，在杆件上应尽量避免带尖角、槽或小孔，在阶梯轴的轴肩处，过渡圆弧的半径应该尽可能大一些。

杆件在拉伸、扭转和弯曲时有不同的 α 值。

在静载荷作用下，塑性材料对应力集中不敏感，例如具有圆孔的低碳钢拉杆，当最大局部应力 σ_{max} 到达屈服点 σ_s 时（见图 5-34a），如果载荷继续增大，则该处相邻的材料将进入屈服阶段而停止增长。增大的载荷由截面上尚未屈服的材料来承担，使截面 1－1 上材料的屈服区域将随载荷的不断增大

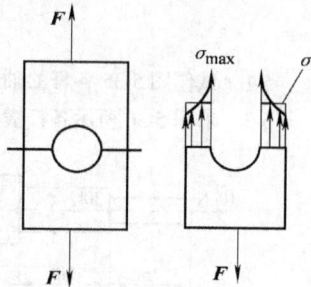

图 5-34 对应力集中不敏感的塑性材料

而扩大（见图 5-34b），直至截面 1 - 1 上各点处的应力都达到屈服极限（见图 5-34c）。由此可见，塑性材料可使截面上的应力逐渐趋于平均，降低应力不均匀程度。因此用塑性材料制成的构件在静载荷作用下，可以不考虑应力集中的影响，实际工程计算中可按应力均匀分布计算。

对于组织均匀的脆性材料制成的构件，因材料无屈服阶段，当载荷增加时，应力集中处的最大应力 σ_{max} 一直领先，首先达到强度极限 σ_b，该处首先产生裂纹。因此对应力集中十分敏感，必须考虑应力集中的影响。对于各种典型的应力集中情形，如铣槽、钻孔和螺纹等，α 的数值可查有关的机械设计手册。

对于灰铸铁，其内部的不均匀性和缺陷往往是产生应力集中的主要因素，而构件外形改变所引起的应力集中是次要因素，可以不考虑应力集中的影响。

习　题

5-1　试作图 5-35 各杆的轴力图。

5-2　求图 5-36 所示各杆横截面 1-1、2-2、3-3 上的轴力并画轴力图。

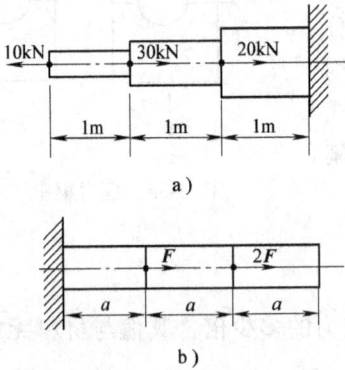

a)

b)

图 5-35　题 5-1 图

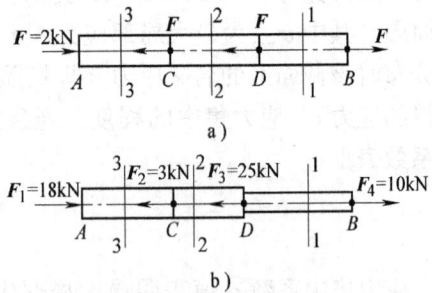

a)

b)

图 5-36　题 5-2 图

5-3　如图 5-37 所示，等直杆中间部分对称开槽，试求横截面 1-1 和 2-2 上的正应力。

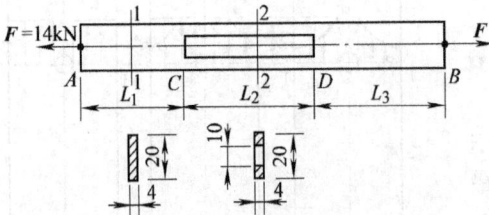

图 5-37　题 5-3 图

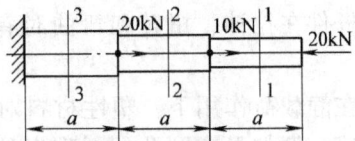

图 5-38　题 5-4 图

5-4　求图 5-38 所示阶梯杆横截面 1-1、2-2、3-3 上的轴力，并作轴力图。若横截面面积 $A_1 = 200\text{mm}^2$，$A_2 = 250\text{mm}^2$，$A_3 = 300\text{mm}^2$，求各横截面上的应力。

5-5　作用于图 5-39 所示零件上的拉力 $F = 45kN$，试问零件内最大拉应力发生在哪个截面上？并求其值。

5-6　两根材料相同的拉杆如图 5-40 所示，试说明它们的绝对变形是否相同？如果不相同，哪根变形大？为什么？

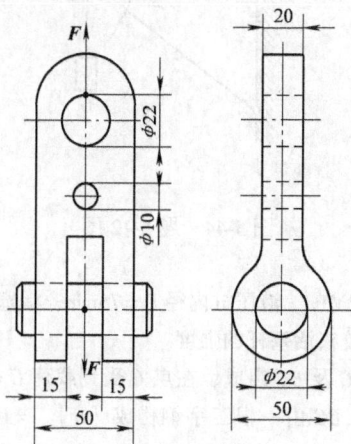

图 5-39　题 5-5 图

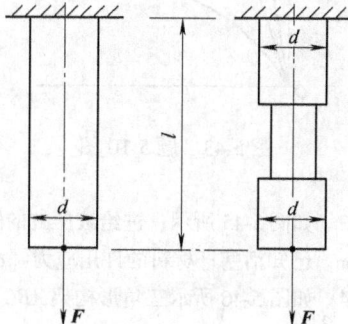

图 5-40　题 5-6 图

5-7　如图 5-41 所示，等直杆的横截面面积为 $1.5 \times 10^{-4} m^2$，材料的弹性模量 $E = 200GPa$。试画轴力图并求杆的总长度改变。

5-8　一钢制阶梯轴如图 5-42 所示。已知沿轴线方向外力 $F_1 = 50kN$，$F_2 = 20kN$，各段轴长 $l_1 = 1.0m$，$l_2 = l_3 = 0.8m$，横截面面积 $A_1 = A_2 = 4.0 \times 10^{-4} m^2$，$A_3 = 2.5 \times 10^{-4} m^2$，钢的弹性模量 $E = 200GPa$，试求轴各段的纵向变形、轴的总变形量及杆各段的线应变。

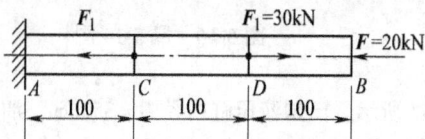

图 5-41　题 5-7 图

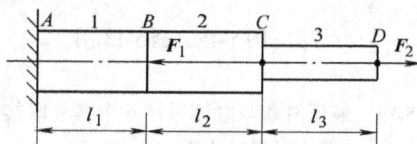

图 5-42　题 5-8 图

5-9　试述低碳钢拉伸试验中的四个阶段，其应力—应变图上四个特征点的物理意义是什么？

5-10　三种材料的应力－应变曲线如图 5-43 所示，试说明哪种材料强度高？哪种材料塑性好？哪种材料在弹性范围内弹性模量大？

5-11　两根不同材料的等截面直杆，承受相同的轴向拉力，它们的横截面和长度都相同。

问：1）横截面上的应力是否相等？

2）强度是否相同？

3）绝对变形是否相同？

5-12　图 5-44 所示三角架，杆 AB 及 BC 均为圆截面钢制杆，杆 AB 的直径为 $d_1 = 40mm$，杆 BC 的直径为 $d_2 = 80mm$，设重物的重力为 $G = 80kN$，钢材料的 $[\sigma] = 160MPa$，问此三角架是否安全？

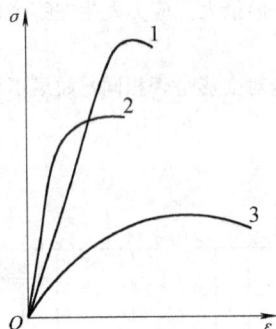

图 5-43　题 5-10 图

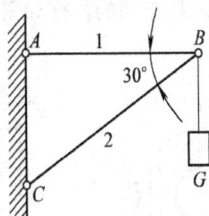

图 5-44　题 5-12 图

5-13　如图 5-45 所示，进给液压缸的缸内工作油压 $p = 2\text{MPa}$，液压缸内径 $D = 75\text{mm}$，活塞杆直径 $d = 18\text{mm}$。已知活塞杆材料的许用应力 $[\sigma] = 40\text{MPa}$，试校核活塞杆的强度。

5-14　如图 5-46 所示三角形构架 ABC，由等长的两杆 AC 及 BC 组成，在点 C 受到载荷 $G = 350\text{kN}$ 的作用。已知杆 AC 由两根槽钢构成，$[\sigma]_{AC} = 160\text{MPa}$，杆 BC 由一根工字钢构成 $[\sigma]_{BC} = 100\text{MPa}$，试选择两杆的截面。

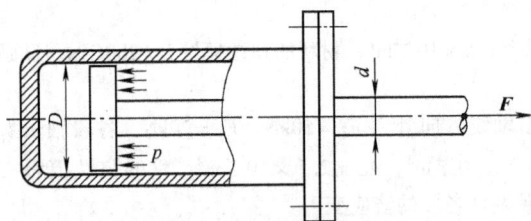

图 5-45　题 5-13 图

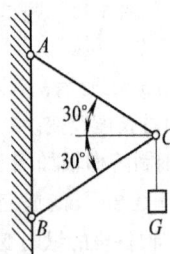

图 5-46　题 5-14 图

5-15　液压缸盖与缸体采用 6 个螺栓联接，如图 5-47 所示。已知液压缸内径 $D = 350\text{mm}$，油压 $p = 1\text{MPa}$。若螺栓材料的许用应力 $[\sigma] = 40\text{MPa}$，求螺栓的内径。

5-16　刚性杆 AB 由圆截面钢杆 CD 拉住，如图 5-48 所示，设 CD 杆直径为 $d = 20\text{mm}$，许用应力 $[\sigma] = 160\text{MPa}$，求作用于点 B 处的许用载荷 F。

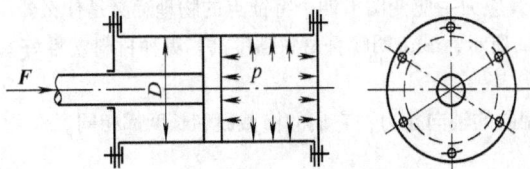

图 5-47　题 5-15 图

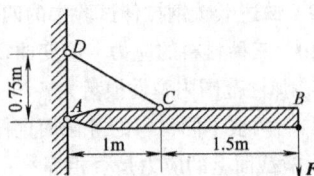

图 5-48　题 5-16 图

5-17　如图 5-49 所示结构中，BC 杆和 BD 杆材料相同，且抗拉和抗压许用应力相同，为使杆系使用的材料最省，求夹角 θ 的值。

5-18　如图 5-50 所示结构中，梁 AB 可视为刚体，其弯曲变形可忽略不计。杆 1 为钢质圆杆，直径 $d_1 = 20\text{mm}$，其弹性模量 $E_1 = 200\text{GPa}$，杆 2 为铜杆，其直径 $d_2 = 25\text{mm}$，弹性模量 $E_2 = 100\text{GPa}$，不计刚梁 AB 的自重，试求：

（1）载荷 F 加在何处，才能使刚梁 AB 受力后保持水平？

（2）若此时 $F = 30\text{kN}$，求两杆内横截面上的正应力。

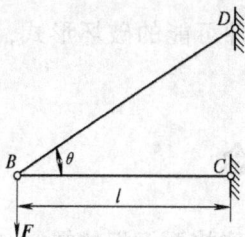

图 5-49　题 5-17 图　　　　　　　　图 5-50　题 5-18 图

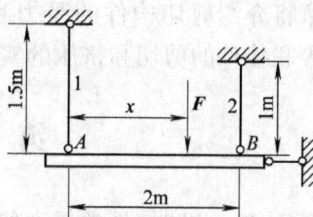

5-19　如图 5-51 所示，已知作用力 F 及各杆长度及夹角 α，试判断下列三个结构中哪些是静不定结构？并求出静不定次数。

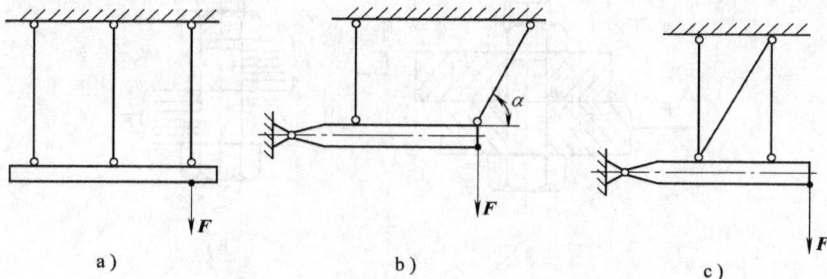

图 5-51　题 5-19 图

5-20　横截面面积 $A = 10\text{cm}^2$ 的钢杆，其两端固定，杆件轴向所受外力如图 5-52 所示。试求钢杆各段内的应力。

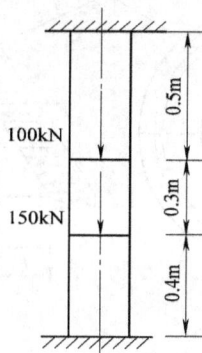

图 5-52　题 5-20 图

第六章 剪　　切

本章将介绍剪切构件的受力和变形特点，剪切构件可能的破坏形式，以及螺栓、键、销等联接件的剪切和挤压的实用计算。

第一节　剪切的概念

机器中的一些联接件常遇到剪切变形的情形，例如联接两钢板的螺栓（见图6-1）、联接齿轮与轴的键（见图6-2）等。在外力的作用下，将沿着 $m\text{-}n$ 截面发生剪切变形。同样在日常生活中，剪刀剪纸、剪布等，也是剪切的例子。

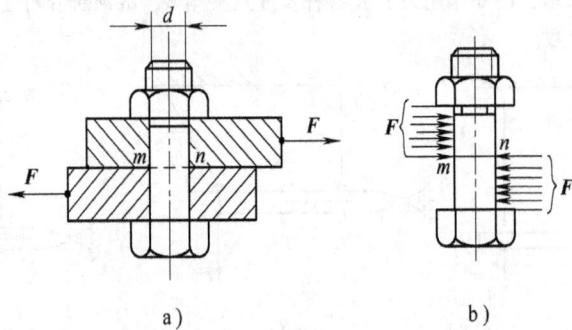

图6-1　螺栓受剪切

a）螺栓联接　b）螺栓受力分析

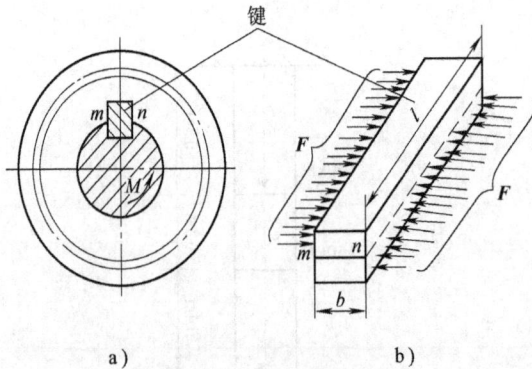

图6-2　联接齿轮与轴的键

a）键联接　b）键受力分析

下面以剪床剪钢板为例来阐明剪切的概念。剪钢板时（见图 6-3a），剪床的上下两个刀刃以大小相等、方向相反、作用线相距很近的两个力 F 作用于钢板上（见图 6-3b），迫使钢板在 m-n 截面的两侧部分沿 m-n 截面发生相对错动，当 F 增加到某一极限值时，钢板将沿截面 m-n 被剪断。构件在这样一对大小相等、方向相反、作用线相隔很近的外力作用下，截面沿着力的方向发生相对错动的变形，称为**剪切变形**。在变形过程中，产生相对错动的截面（如 m-n）称为**剪切面**。它位于方向相反的两个外力之间，且与外力的作用线平行。图 6-1 中的螺栓、图 6-2 中的键、图 6-3 中的钢板各有一个剪切面，而有些联接件，如图 6-4a 中的销钉、图 6-4b 中的焊缝则均有两个剪切面 m-m 和 n-n。

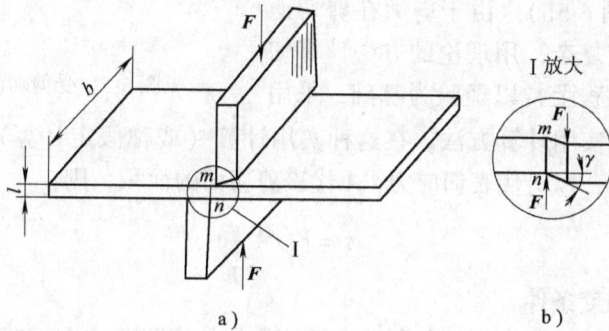

图 6-3 剪钢板

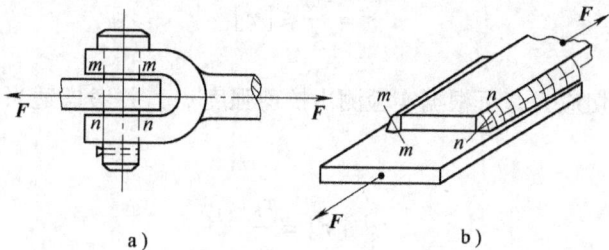

图 6-4 双面剪切

第二节　剪切的实用计算

一、剪力及切应力

一般情况下，为了保证机器、结构正常工作，联接件必须具有足够的抵抗剪切的能力；但有时，例如机器超载越过允许范围，安全销要自动被剪断。为此，需要对联接件进行剪切的实用计算。

为了对构件进行切应力计算，首先要计算剪切面上的内力。现以图 6-1 所示的联接螺栓为例，进行分析。

运用截面法，假想将螺栓沿剪切面（*m-n*）分成上下两部分，如图 6-5a 所示，任取其中一部分为研究对象。根据力的平衡可知，剪切面上内力的合力 F_Q 必然与外力 F 平行、大小相等，即 $F_Q = F$。因 F_Q 与剪切面相切，故称为**剪力**。

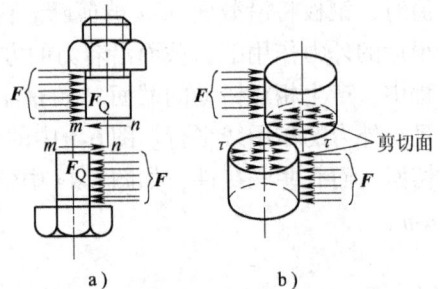

图 6-5　受剪切作用的螺栓

与求直杆拉伸、压缩时横截面上的应力一样，求得剪力以后，我们进一步确定剪切面上应力的数值（见图 6-5b）。由于剪力在剪切面上的分布情况比较复杂，用理论的方法计算切应力非常困难，工程上常以经验为基础，采用近似但切合实际的实用计算方法。在这种实用计算（或称假定计算）中，假定内力在剪切面内均匀分布，以 τ 代表切应力，A 代表剪切面的面积，则：

$$\tau = F_Q/A \tag{6-1}$$

二、剪切的强度条件

为了保证构件在工作中不被剪断，必须使构件的实际剪应力不超过材料的许用切应力，这就是**剪切的强度条件**。其表达式为：

$$\tau = \frac{F_Q}{A} \leqslant [\tau] \tag{6-2}$$

式中 $[\tau]$ 为许用切应力，可根据实验测出抗剪强度 τ_b，并考虑适当的安全储备，得出许用切应力为：

$$[\tau] = \frac{\tau_b}{n}$$

n 是安全系数。许用切应力 $[\tau]$ 可以从有关设计手册中查得。此外对于钢材，根据试验结果常可以取：

$$[\tau] = (0.6 \sim 0.8)[\sigma]$$

式中的 $[\sigma]$ 为其许用拉应力。

例 6-1　如图 6-6 所示，已知钢板厚度 $t = 10\text{mm}$，其抗剪强度为 $\tau_b = 300\text{MPa}$。若用冲床将钢板冲出直径 $d = 32\text{mm}$ 的孔，问需要多大的冲剪力 F?

解：剪切面是钢板内被冲床冲出的圆饼体的柱形侧面，如图 6-6b 所示，其面积为：

$$A = \pi dt = \pi \times 32 \times 10\text{mm}^2 = 1.01 \times 10^{-3}\text{m}^2$$

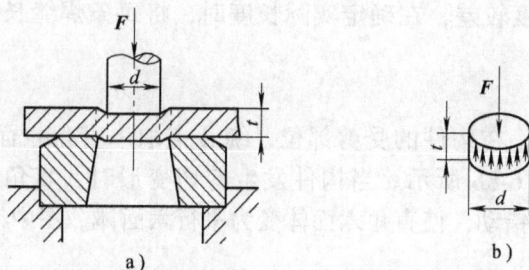

图 6-6 例 6-1 图

a) 冲圆孔 b) 钢板圆饼体受力

冲孔所需要的冲剪力应为：

$$F \geq A\tau_b = 1.01 \times 10^{-3} \times 300 \times 10^6 \text{N} = 3.03 \times 10^5 \text{N} = 303 \text{kN}$$

例 6-2 如图 6-7a 所示，两块钢板焊接连接，作用在钢板上的拉力 $F = 282.8 \text{kN}$，高度 $h = 10 \text{mm}$，焊缝的许用切应力 $[\tau] = 100 \text{MPa}$。试求所需焊缝的长度 l。

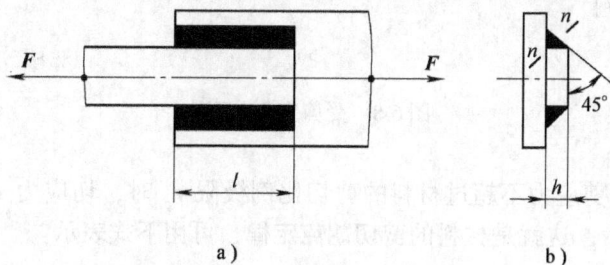

图 6-7 例 6-2 图

解：焊缝破坏时，沿焊缝最小宽度 n-n 的纵截面被剪断（见图 6-7b），焊缝的横截面可认为是一个等腰三角形。

剪切面 n-n 上的剪力 $F_Q = \dfrac{F}{2} = 141.4 \text{kN}$，剪切面积 $A = lh\cos 45° = 7.07 \times 10^{-3} l$。由抗剪强度条件得到：

$$\tau = \frac{F_Q}{A} = \frac{141.4 \times 10^3}{7.07 \times 10^{-3} l} \leq [\tau]$$

故得到焊缝长度为：

$$l \geq \frac{141.4 \times 10^3}{7.07 \times 10^{-3} [\tau]} = \frac{141.4 \times 10^3}{7.07 \times 10^{-3} \times 100 \times 10^6} \text{m} = 200 \text{mm}$$

考虑到焊缝两端强度较差，在确定实际长度时，将每条焊缝长度加长 10mm，取 l =210mm。

三、剪切胡克定律

为了分析剪切变形，在构件的受剪部位，绕 A 点取一直角六面体如图 6-8a 所示，并把该六面体放大如图 6-8b 所示。当构件发生剪切变形时，直角六面体的两个侧面 abcd 和 efgh 将发生相对错动，使直角六面体变为平行六面体。图中线段 ee′ 或 ff′ 为相对的滑移量，称为**绝对剪切变形**。而矩形直角的微小改变量 $\gamma \approx \tan\gamma = \dfrac{ee'}{ae}$，称为**切应变**，即**相对剪切变形**。

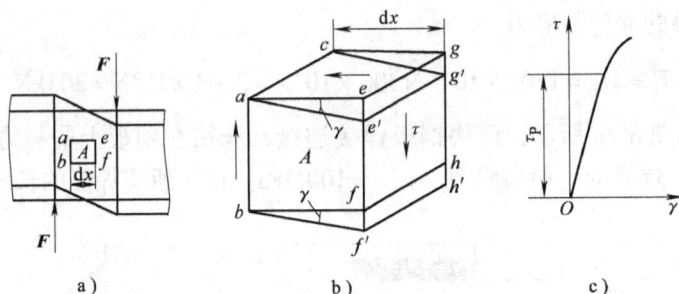

图 6-8 受剪直角六面体

实验证明：当剪应力不超过材料的剪切比例极限 τ_p 时，切应力 τ 与切应变 γ 成正比，如图 6-8c 所示，这就是材料的**剪切胡克定律**，可用下式表示：

$$\tau = G\gamma \tag{6-3}$$

式中比例常数 G 称为材料的**切变模量**。因 γ 是一个无量纲的量，所以 G 的量纲与 τ 相同，常用的单位是 GPa。钢的切变模量 G 值约为 80GPa。

另外对各向同性材料，切变模量 G、弹性模量 E 和泊松比 μ 三个弹性常数之间存在下列关系（证明见第十一章例 11-4）：

$$G = \frac{E}{2(1+\mu)} \tag{6-4}$$

第三节　挤压的实用计算

机械中的联接件如螺栓、销钉、键、铆钉等，在承受剪切的同时，还将在联接件和被联接件的接触面上相互压紧，这种现象称为**挤压**。如图 6-1 所示的联接件中，螺栓的左侧圆柱面在上半部分与钢板相互压紧，而螺栓的右侧圆柱面在下半部分与钢板相互挤压。其中相互压紧的接触面称为**挤压面**，挤压面的面积用 A_{bs} 表示。

一、挤压应力

通常把作用于接触面上的压力称为**挤压力**，用 F_{bs} 表示。而挤压面上的压强称为**挤压应力**，用 σ_{bs} 表示。挤压应力与压缩应力不同，压缩应力分布在整个构件内部，且在横截面上均匀分布；而挤压应力则只分布于两构件相互接触的局部区域，在挤压面上的分布也比较复杂。像切应力的实用计算一样，在工程实际中也采用实用计算方法来计算挤压应力。即假定在挤压面上应力是均匀分布的，则：

$$\sigma_{bs} = \frac{F_{bs}}{A_{bs}} \tag{6-5}$$

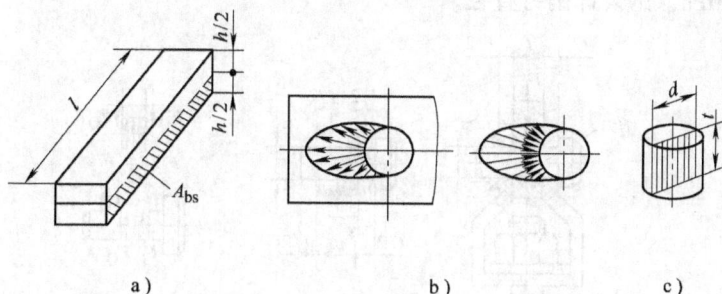

图 6-9　挤压面积的计算

挤压面面积 A_{bs} 的计算要根据接触面的情况而定。当接触面为平面时，如图 6-2 中所示的键联接，其接触面面积为挤压面面积，即 $A_{bs} = \frac{h}{2}l$（图 6-9a 中带阴影部分的面积）；当接触面为近似半圆柱侧面时，如图 6-1 中所示的螺栓联接，钢板与螺栓之间挤压应力的分布情况如图 6-9b 所示，圆柱形接触面中点的挤压应力最大。若以圆柱面的正投影作为挤压面积（图 6-9c 中带阴影部分的面积），计算而得的挤压应力，与接触面上的实际最大应力大致相等。故对于螺栓、销钉、铆钉等圆柱形联接件的挤压面积计算公式为 $A_{bs} = dt$，d 为螺栓的直径，t 为钢板的厚度。

二、挤压的强度条件

在工程实际中，往往由于挤压破坏使联接松动而不能正常工作，如图 6-10a 所示的螺栓联接，钢板的圆孔可能被挤压成如图 6-10b 所示的长圆孔，或螺栓的表面被压溃。

因此，除了进行抗剪强度计算外，还要进行抗压强度计算。抗压强度条件为

$$\sigma_{bs} = \frac{F_{bs}}{A_{bs}} \leqslant [\sigma_{bs}] \tag{6-6}$$

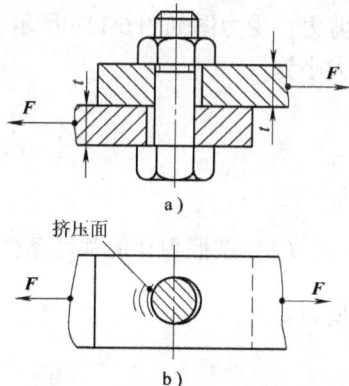

图 6-10　螺栓表面和钢板圆孔受挤压

式中的 $[\sigma_{bs}]$ 为材料的许用挤压应力，可以从有关设计手册中查得。对于钢材，也可以按如下的经验公式确定：

$$[\sigma_{bs}] = (1.7 \sim 2.0)[\sigma_-]$$

式中的 $[\sigma_-]$ 为材料的许用压应力。必须注意：如果两个相互挤压构件的材料不同，则必须对材料抗压强度小的构件进行计算。

例 6-3 如图 6-11a 所示，起重机吊钩用销钉联接。已知吊钩的钢板厚度 $t = 24\text{mm}$，吊起的最大重量为 $F = 100\text{kN}$，销钉材料的许用切应力 $[\tau] = 60\text{MPa}$，许用挤压应力 $[\sigma_{bs}] = 180\text{MPa}$，试设计销钉直径。

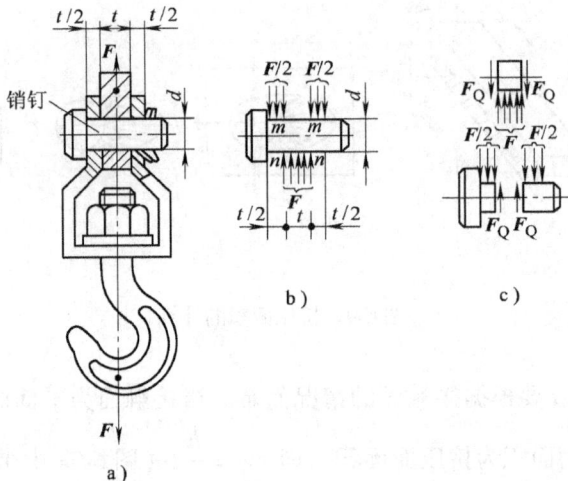

图 6-11 例 6-3 图

解: (1) 取销钉为研究对象，画出受力图如图 6-11b 所示。用截面法求剪切面上的剪力，受力图如图 6-11c 所示，根据力在垂直方向的平衡条件，得剪切面上剪力 F_Q 的大小为：

$$F_Q = \frac{F}{2} = 50\text{kN}$$

(2) 按照剪切的强度条件即式 (6-2)，得 $A \geqslant \dfrac{F_Q}{[\tau]}$。圆截面销钉的面积为 $A = \dfrac{\pi d^2}{4}$，所以：

$$d = \sqrt{\frac{4A}{\pi}} \geqslant \sqrt{\frac{4F_Q}{\pi[\tau]}} = \sqrt{\frac{4 \times 50 \times 10^3}{3.14 \times 60 \times 10^6}}\text{m} = 32.6\text{mm}$$

(3) 销钉的挤压应力各处均相同，其中挤压力 $F_{bs} = F$，挤压面积 $A_{bs} = A$，按挤压的强度条件式（6-6）得：

$$A_{bs} = dt \geqslant \frac{F_{bs}}{[\sigma_{bs}]}$$

所以：

$$d \geqslant \frac{F}{[\sigma_{bs}]t} = \frac{100 \times 10^3}{180 \times 10^6 \times 24 \times 10^{-3}} \text{m} = 23.1 \text{mm}$$

为了保证销钉安全工作，必须同时满足剪切和抗压强度条件，应取 $d \geqslant 32.6$mm。

例 6-4 有一铆钉接头如图 6-12a 所示，已知拉力 $F = 100$kN。铆钉直径 $d = 16$mm，钢板厚度 $t = 20$mm，$t_1 = 12$mm。铆钉和钢板的许用应力 $[\sigma] = 160$MPa，$[\tau] = 140$MPa，$[\sigma_{bs}] = 320$MPa。试确定所需铆钉的个数 n 及钢板的宽度 b。

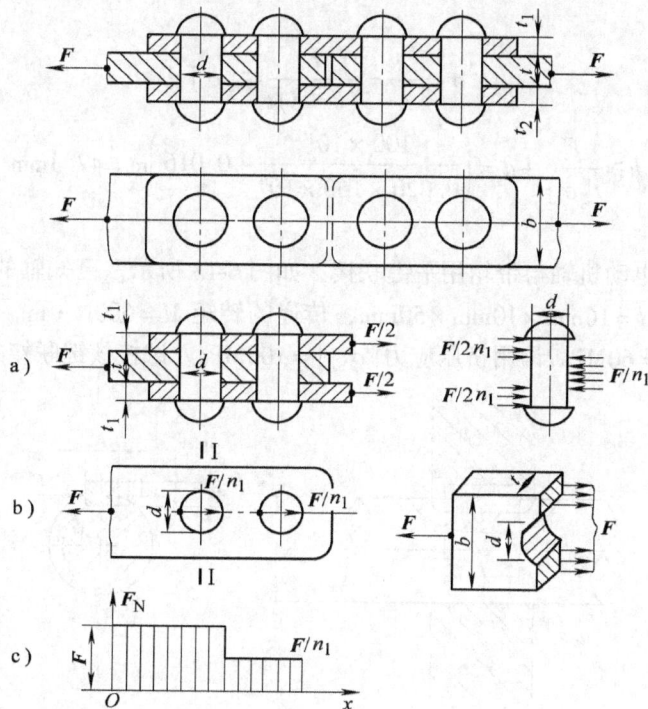

图 6-12　例 6-4 图

解：（1）按抗剪切强度条件计算铆钉的个数 n 由于铆钉左右对称，故可取一边进行分析。现取左半边，假设左半边需要 n_1 个铆钉，则每个铆钉的受力图如图 6-12b 所示，按剪切强度条件公式（6-2）可得：

$$\tau = \frac{F/n_1}{2 \times \frac{\pi}{4}d^2} \leqslant [\tau]$$

$$n_1 \geqslant \frac{4F}{2\pi d^2 [\tau]} = \frac{4 \times 100 \times 10^3}{2\pi \times 0.016^2 \times 140 \times 10^6} = 1.78$$

取整得 $n_1 = 2$，故共需铆钉数 $n = 2n_1 = 4$。

（2）校核抗压强度　上下副板厚度之和为 $2t_1$，中间主板厚度 t，由于 $2t_1 > t$，故主板与铆钉间的挤压应力较大。按抗压强度公式（6-6）得：

$$\sigma_{bs} = \frac{F_{bs}}{A_{bs}} = \frac{F/n_1}{dt} = \frac{100 \times 10^3 / 2}{0.016 \times 0.020} \text{Pa} = 156\text{MPa} < [\sigma_{bs}]$$

故抗压强度也足够。

（3）计算钢板宽度 b　钢板宽度要根据抗拉强度确定，由 $2t_1 > t$，可知主板抗拉强度较低，其轴力图如图 6-12c 所示，由图可知截面 I - I 为危险截面。按抗拉强度条件公式得：

$$\sigma = \frac{F_N}{A} = \frac{F}{(b-d)t} \leqslant [\sigma]$$

$$b \geqslant \frac{F}{t[\sigma]} + d = \left(\frac{100 \times 10^3}{0.020 \times 160 \times 10^6} + 0.016 \right) \text{m} = 47.3\text{mm}$$

取 $b = 48\text{mm}$。

例 6-5　某电动机轴与带轮用平键联接，如图 6-13 所示。已知轴的直径 $d = 50\text{mm}$，键的尺寸 $b \times h \times l = 16\text{mm} \times 10\text{mm} \times 50\text{mm}$，传递的转矩 $M = 600\text{N} \cdot \text{m}$。键材料为 45 钢，许用切应力 $[\tau] = 60\text{MPa}$，许用挤压应力 $[\sigma_{bs}] = 100\text{MPa}$。试校核键联接的强度。

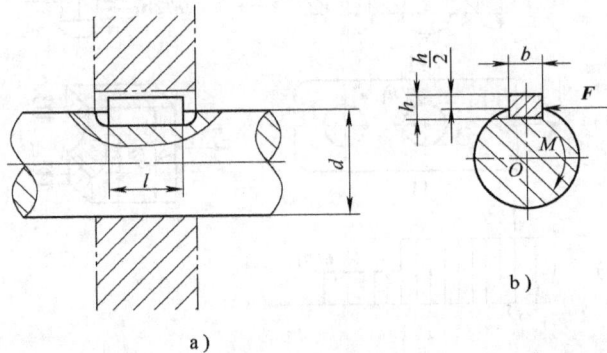

图 6-13　例 6-5 图

a）键联接　b）键受力分析

解：（1）计算作用于键上的力 F　取轴和键一起为研究对象，其受力如图 6-13b 所示。由平衡条件 $\sum_{i=1}^{n} m_0(F_i) = 0$ 得：

$$F = \frac{M}{d/2} = \frac{600}{50 \times 10^{-3} / 2} \text{N} = 24\text{kN}$$

（2）校核键的抗剪切强度 剪切面的剪力为 $F_Q = F = 24\text{kN}$，键的剪切面积为 $A = bl$ $= 16 \times 50\text{mm}^2 = 800\text{mm}^2$。按剪应力计算公式（6-1）得：

$$\tau = \frac{F_Q}{A} = \frac{24 \times 10^3}{800 \times 10^{-6}}\text{Pa} = 30\text{MPa} \leqslant [\tau]$$

故抗剪强度足够。

（3）校核键的抗压强度 键所受的挤压力为 $F_{bs} = F = 24\text{kN}$，挤压面积为：$A_{bs} = \dfrac{hl}{2}$ $= \dfrac{10 \times 50 \times 10^{-6}}{2}\text{m}^2 = 2.5 \times 10^{-4}\text{m}^2$。按挤压应力强度条件即式（6-6），得：

$$\sigma_{bs} = \frac{F_{bs}}{A_{bs}} = \frac{24 \times 10^3}{2.5 \times 10^{-4}}\text{Pa} = 96\text{MPa} < [\sigma_{bs}]$$

故抗压强度也足够。

综上所述，整个键的联接强度足够。

习　题

6-1 剪切和挤压实用计算采用了什么假设？为什么？

6-2 挤压面面积是否与两构件的接触面积相同？试举例说明。

6-3 挤压和压缩有何区别？试指出图6-14中哪个物体应考虑压缩强度？哪个物体应考虑抗压强度？

6-4 图6-15中拉杆的材料为钢材，在拉杆和木材之间放一金属垫圈，该垫圈起何作用？

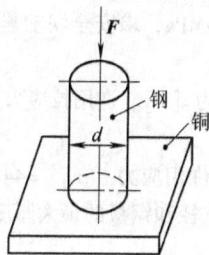

图 6-14　题 6-3 图

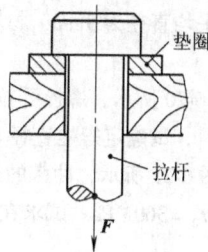

图 6-15　题 6-4 图

6-5 如图 6-16 所示，切料装置用刀刃把直径为 6mm 的棒料切断，棒料的抗剪强度 $\tau_b = 320\text{MPa}$。试确定切断力 F 的大小。

6-6 图 6-17 所示为测定圆柱试件抗剪强度的实验装置，已知试件直径 $d = 12\text{mm}$，剪断时的压力 $F = 169\text{kN}$，试求该材料的抗剪强度 τ_b。

6-7 电动机轴与带轮用平键联接，如图 6-18 所示，已知轴的直径 $d = 35\text{mm}$，键的尺寸 $b \times h \times l = 10\text{mm} \times 8\text{mm} \times 60\text{mm}$，传递的转矩 $M = 46.5\text{N} \cdot \text{m}$。键材料为 45 钢，许用切应力 $[\tau] = 60\text{MPa}$，许用挤压应力 $[\sigma_{bs}] = 100\text{MPa}$。带轮材料为铸铁，许用挤压应力 $[\sigma_{bs}] = 53\text{MPa}$。试校核键联接的强度。

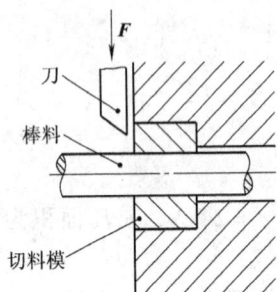

图 6-16　题 6-5 图

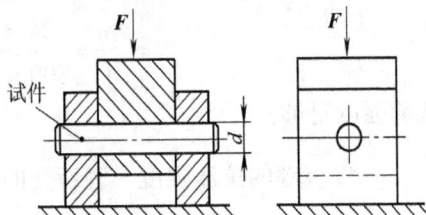

图 6-17　题 6-6 图

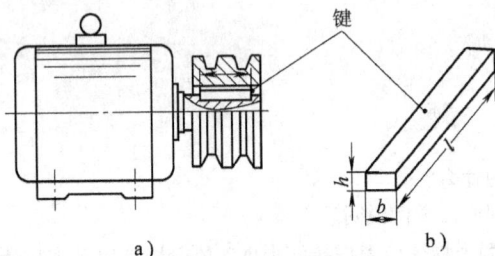

a)　　　　　　b)

图 6-18　题 6-7 图

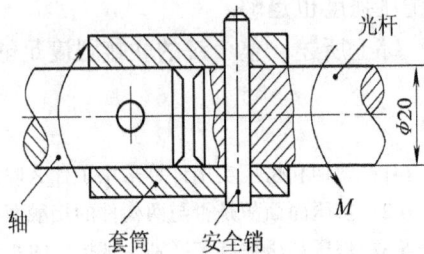

图 6-19　题 6-8 图

6-8　车床的传动光杠装有安全联轴器，如图 6-19 所示。当超过一定载荷时，安全销即被剪断。已知安全销的平均直径为 5mm，材料为 45 钢，其抗剪强度 $\tau_b = 370MPa$，求安全联轴器所能传递的最大力偶矩。

6-9　如图 6-20 所示，螺栓受拉力 F 作用，材料的许用切应力为 $[\tau]$、许用拉应力为 $[\sigma]$，已知 $[\tau] = 0.7[\sigma]$，试确定螺栓直径 d 与螺栓头高度 h 的合理比例。

6-10　如图 6-21 所示，冲床的最大冲力为 400kN，冲头材料的许用应力 $[\sigma] = 440MPa$，被冲钢板的抗剪强度 $\tau_0 = 360MPa$。试求在此冲床上，能冲剪圆孔的最小直径和钢板的最大厚度 t。

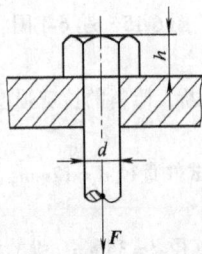

图 6-20　题 6-9 图

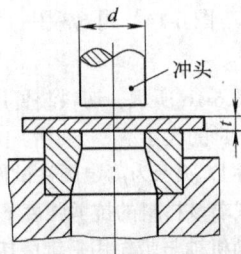

图 6-21　题 6-10 图

6-11 如图 6-22 所示铆接结构,已知 $t = 10\text{mm}$, $b = 50\text{mm}$, $t_1 = 6\text{mm}$, $F = 50\text{kN}$,铆钉和钢板材料的许用应力为 $[\sigma] = 170\text{MPa}$, $[\tau] = 100\text{MPa}$, $[\sigma_{bs}] = 250\text{MPa}$,试设计铆钉直径。

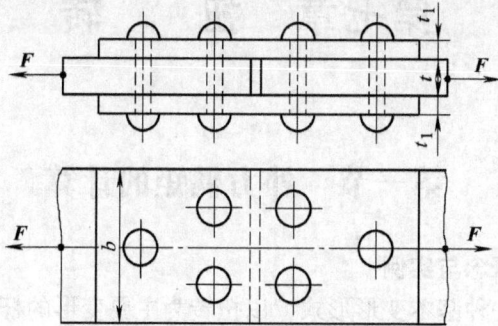

图 6-22 题 6-11 图

第七章 扭 转

第一节 外力偶矩的计算

一、圆轴扭转的概念与实例

扭转是杆件的又一种基本变形形式，以扭转为主要变形的杆件统称为轴。工程中较常见的是直杆圆轴，本章主要介绍圆轴扭转时的应力和变形的分析，以及强度和刚度计算。

在工程实际中，许多杆件会发生扭转变形。如图7-1所示，当钳工攻螺纹孔时，两手所加的外力偶作用在丝锥杆的上端，工件的反力偶作用在丝锥杆的下端，使得丝锥杆发生扭转变形。又如驾驶员双手作用在转向盘上的外力偶和转向器的反力偶作用（见图7-2），使舵杆发生扭转变形。这些杆件工作时受到两个转动方向相反的力偶作用，它们均为扭转变形的实例。

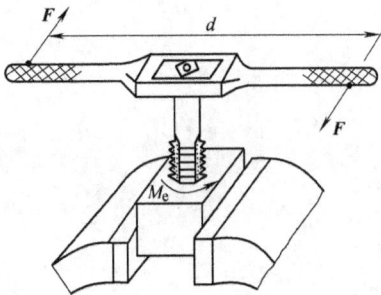

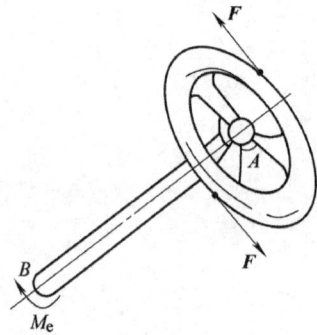

图 7-1　攻螺纹孔　　　　　　　　　　图 7-2　汽车转向盘

由上述例子可见，杆件扭转时的受力特点为：杆件两端受到两个作用面与其轴线垂直的、大小相等的、转向相反的力偶矩作用。扭转变形中杆件相邻横截面绕轴线发生相对转动，扭转时杆件任意两横截面间相对转过的角位移（见图7-3），称为**扭转角**，简称**转角**，常用 φ 表示。

二、外力偶矩的计算

工程实际中作用于轴上的外力偶矩并不是直接给出的，往往是通过给出轴的转速及其所传递的功率来计算的。外力偶矩的计算公式为：

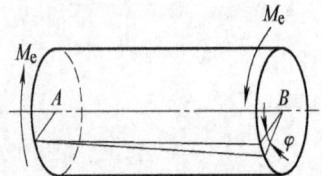

图 7-3　杆件扭转变形

$$M_e = 9550\frac{P}{n} \qquad (7\text{-}1)$$

式中，M_e 为外力偶矩，单位为 N·m；P 为轴传递的功率，单位为 kW；n 为轴的转速，单位为 r/min。

输入力偶矩为主动力矩，其方向与轴的转向相同；输出力偶矩为阻力矩，其方向与轴的转向相反。

第二节 扭矩和扭矩图

现在讨论受扭杆横截面上的内力，仍然采用截面法。图 7-4a 所示为一等截面圆轴，其 A、B 两端上作用有一对平衡外力偶矩 M_e，现用截面法求圆轴横截面上的内力。在任意截面 $m\text{-}m$ 处将轴分为两段，取左段为研究对象（见图 7-4b），因 A 端有外力偶 M_e 的作用，为保持左段平衡，故在截面 $m\text{-}m$ 上必有一个内力偶矩 T 与之平衡，T 称为**扭矩**。由平衡方程 $\sum M_x = 0$，得到：

$$T = M_e$$

若取右段为研究对象（见图 7-4c），求得的扭矩与以左段为研究对象求得的扭矩大小相等、转向相反，它们是作用与反作用的关系。为了使不论取左段还是取右段求得的扭矩的大小、符号都一致，对扭矩的正负号规定如下：采用右手**螺旋法则**，四指顺着扭矩的转向握住轴线，大拇指的指向与横截面的外法线方向一致时为正；反之为负，如图 7-5 所示。

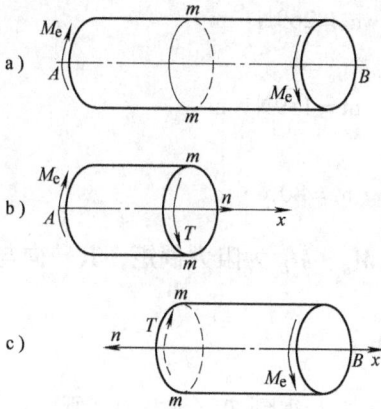

图 7-4 受扭圆轴

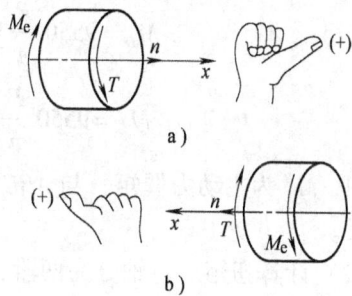

图 7-5 右手螺纹法则

求扭矩时，如果横截面上扭矩的实际转向未知，则一般先假设扭矩矢量沿横截面的外法线方向，若求得结果为正则表示扭矩实际转向与假设相同；若求得结果为负则表示扭矩实际转向与假设相反。如果轴上作用有几个外力偶时，必须把外力偶所在的轴用截面法分成数段，逐段求出其扭矩。

一般把扭矩沿轴线的变化情况，仿照轴力图的方法绘制扭矩图。作图时 x 轴表示横截面的位置，纵轴表示相应截面上的扭矩。以下举例说明。

例 7-1　如图 7-6a 所示，一传动系统的主轴 ABC，其转速 $n = 960\text{r/min}$，输入功率 $P_A = 27\text{kW}$，输出功率 $P_B = 19\text{kW}$，$P_C = 8\text{kW}$，不计轴承摩擦等功率消耗，试画出 ABC 轴的扭矩图。

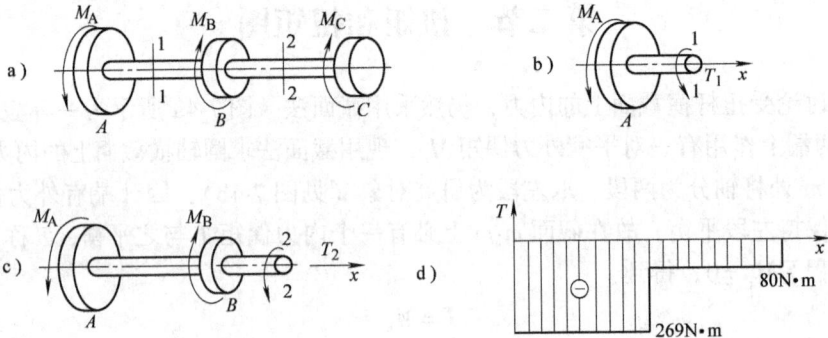

图 7-6　例 7-1 图

解：（1）计算外力偶矩。由式（7-1）得：

$$M_A = 9550 \frac{P}{n} = 9550 \times \frac{27}{960} \text{N} \cdot \text{m} = 269\text{N} \cdot \text{m}$$

$$M_B = 9550 \frac{P}{n} = 9550 \times \frac{19}{960} \text{N} \cdot \text{m} = 189\text{N} \cdot \text{m}$$

$$M_C = 9550 \frac{P}{n} = 9550 \times \frac{8}{960} \text{N} \cdot \text{m} = 80\text{N} \cdot \text{m}$$

上式中，M_A 为主动力偶矩，与 ABC 轴转向相同；M_B、M_C 为阻力偶矩，其转向与轴转向相反。

（2）计算扭矩。将轴分为两段，逐段计算扭矩。

对 AB 段 1-1 截面（见图 7-6b），由 $\sum_{i=1}^{n} m_x(\boldsymbol{F}_i) = 0$ 得到 $T_1 + M_A = 0$，所以：

$$T_1 = -M_A = -269\text{N} \cdot \text{m}$$

对 BC 段 2-2 截面（图 7-6c），由 $\sum_{i=1}^{n} m_x(\boldsymbol{F}_i) = 0$ 得到：

$$T_2 + M_A - M_B = 0$$

所以：
$$T_2 = -M_A + M_B = -269 + 189\text{N} \cdot \text{m} = -80\text{N} \cdot \text{m}$$

（3）画扭矩图。根据以上计算结果，画出扭矩图 7-6d。由图看出，在集中外力偶作用面处，扭矩值发生突变，其突变值等于该集中外力偶矩的大小。最大扭矩在 AB 段内，其值为 $T_{max} = 269N \cdot m$。

第三节　圆轴扭转时的应力和强度计算

一、切应力互等定理

为了便于讨论圆轴扭转应力，先通过薄壁圆筒来研究切应力与切应变两者之间的关系。

关于薄壁圆筒的应力分布情况，我们可进行扭转实验，图 7-7a 为等厚度薄壁圆筒，未受扭时在表面上用圆周线和纵向线画成方格。扭转试验结果表明，在小变形条件下，截面 q-q 和 p-p 发生相对转动，造成方格两边相对错动（见图 7-7b），但方格沿轴线的长度及圆筒的半径长度均不变。这表明，圆筒横截面和包含轴线的纵向截面上都没有正应力，横截面上只有切应力。因圆筒很薄，可近似认为切应力沿厚度均匀分布（见图 7-7c）。

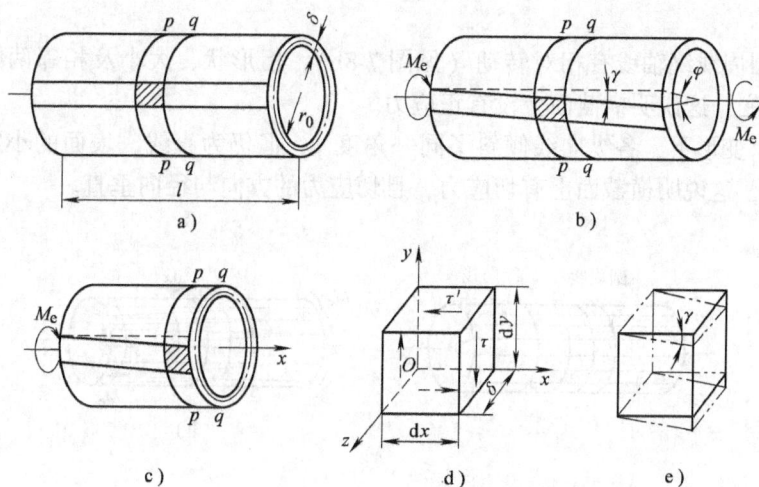

图 7-7　受扭薄壁圆筒

用相邻的两个横截面和两个纵向截面，从圆筒中截出边长分别 dx、dy、δ 的单元体（图 7-7d），左、右侧面上均有切应力 τ，组成力偶矩为 $(\tau dy\delta) dx$ 的力偶。因单元体是平衡的，故上、下侧面上必定存在方向相反的切应力 τ'，组成力偶矩为 $(\tau' dx\delta) dy$ 的力偶，与上述力偶相平衡。由平衡方程 $\sum_{i=1}^{n} m_z(\boldsymbol{F}_i) = 0$ 得 $(\tau dy\delta)dx = (\tau' dx\delta)dy$，整理为：

$$\tau = \tau' \tag{7-2}$$

上式表明，在相互垂直的两个平面上，切应力必然成对存在，且数值相等，两者都垂直于两个平面的交线，方向则共同指向或共同背离这一交线。这就是**切应力互等定理**。

在图 7-7d 所示单元体的上、下、左、右四个面上，只有切应力而无正应力，这种情况称为**纯剪切**；纯剪切单元体的相对两侧面将发生微小的相对错动（见图 7-7c），使原来互相垂直的单元体直角改变了一个微量 γ（见图 7-7e），γ 即为**切应变**。

二、圆轴扭转时横截面上的应力

前面讨论了薄壁圆筒的应力分布情况，因圆筒很薄，可认为切应力沿厚度均匀分布。对于受扭转的实心截面圆轴来说，不能再认为切应力在截面上是均匀分布的了。以下从三个方面即变形几何关系、物理关系和静力关系，建立圆轴扭转时横截面上的应力计算公式。

（一）变形几何关系

1. 实验观察

实验前在薄壁圆筒表面画若干垂直于轴线的圆周线和平行于轴线的纵向线（见图 7-8a），然后两端施加一对方向相反、力偶矩大小相等的外力偶。在变形很小时，可观察到：

1）各圆周线绕轴线有相对转动（见图 7-8b），但形状、大小及相邻两圆周线之间的距离均不变，这说明横截面上没有正应力。

2）在小变形下，各纵向线倾斜了同一角度 γ，但仍为直线，表面的小矩形变形成平行四边形，这说明横截面上有切应力，且切应力的方向与径向垂直。

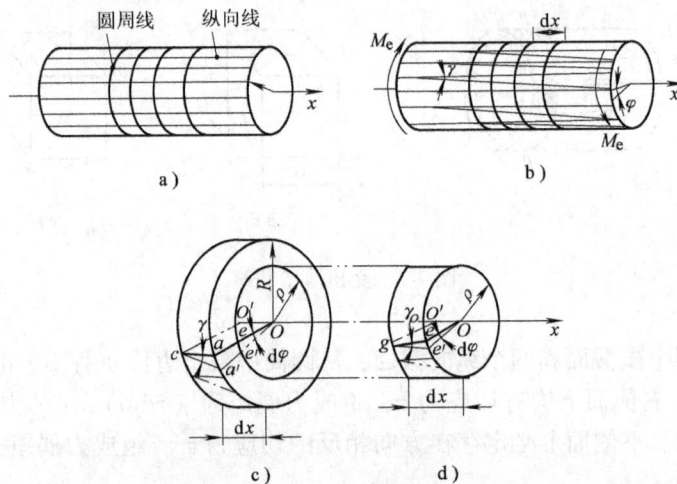

图 7-8　实心圆轴扭转实验

2. 平面假设

根据实验可作如下假设：圆轴扭转变形前为平面的横截面，变形后仍为平面，形状和大小不变，半径仍为直线，且相邻两截面间的距离不变。根据这一假设，在扭转变形中，圆轴的横截面就像刚性平面一样，绕轴线旋转了一个角度。

3. 变形规律

用相邻横截面从圆轴中假想地截取长为 dx 的微段，放大如图 7-8c、d 所示。变形以后，dx 段左右两个横截面相对转动了 $d\varphi$ 角，变形前与 Oc 处于同一径向平面上的半径线 Oa 转至 Oa' 位置，此时，圆周表面上的纵向线 ca 倾斜了 γ 角移至 ca' 位置（见图 7-8c）。对于圆轴内部半径为 ρ 的任一层假想的圆筒（见图 7-8d），若设想变形前在其表面上绘有与 ca 线处于同一径向平面的 ge 线，则变形以后 ge 线将移至 ge' 位置，用 γ_ρ 表示 ge 线的倾角，由图可见：

$$\gamma_\rho dx = ee' = \rho d\varphi$$

故有：

$$\gamma_\rho = \rho \frac{d\varphi}{dx} \tag{7-3}$$

式中，$\dfrac{d\varphi}{dx}$ 表示相距单位长度的两个横截面间的相对扭转角，由于假设横截面作刚性转动，故在同一横截面上 $\dfrac{d\varphi}{dx}$ 为一常量。所以式（7-3）表明，横截面上任意点的切应变 γ_ρ 与该点至圆心的距离 ρ 成正比。即横截面上切应变随半径按线性规律变化。

（二）物理方面

由剪切胡克定律知，横截面上距离轴心 ρ 处的切应力 τ_ρ 与该点的切应变 γ_ρ 成正比。即：

$$\tau_\rho = G\gamma_\rho \tag{7-4}$$

将式（7-3）代入上式，得：

$$\tau_\rho = G\rho \frac{d\varphi}{dx} \tag{7-5}$$

横截面上任意点的切应力 τ_ρ 与该点到圆心的距离 ρ 成正比，其方向于垂直于半径，沿半径切应力 τ_ρ 的分布如图 7-9 所示。

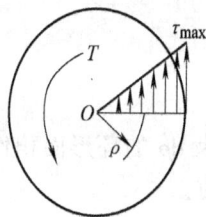

图 7-9 切应力分布

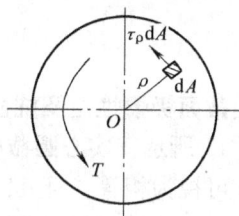

图 7-10 截面上扭矩的微剪力

由于式（7-5）中的$\dfrac{\mathrm{d}\varphi}{\mathrm{d}x}$未求出，所以仍不能用它计算切应力，这就要用静力关系来解决。

（三）静力关系

在图 7-10 中，圆轴横截面上的扭矩 T 由横截面上无数微剪力对轴线的力矩组成。由此可得出横截面上切应力的指向为顺着扭矩的转向。从图可知：

$$T = \int_A \tau_\rho \mathrm{d}A \cdot \rho$$

将式（7-4）代入上式，并且由于$\dfrac{\mathrm{d}\varphi}{\mathrm{d}x}$和 G 为常量，可得：

$$T = \int_A G\rho \frac{\mathrm{d}\varphi}{\mathrm{d}x}\mathrm{d}A \cdot \rho = G\frac{\mathrm{d}\varphi}{\mathrm{d}x}\int_A \rho^2 \mathrm{d}A \tag{7-6}$$

令

$$I_\mathrm{p} = \int_A \rho^2 \mathrm{d}A \tag{7-7}$$

I_p 称为横截面对圆心 O 点的**极惯性矩**，单位为 m^4。它只与横截面的几何形状和尺寸有关。

将式（7-7）代入式（7-6），整理得到：

$$\frac{\mathrm{d}\varphi}{\mathrm{d}x} = \frac{T}{GI_\mathrm{p}} \tag{7-8}$$

将上式代入式（7-5）得：

$$\tau_\rho = \frac{T\rho}{I_\mathrm{p}} \tag{7-9}$$

当 $\rho = R$ 时切应力最大，即圆轴横截面上边缘点的切应力最大，其值为：

$$\tau_{\max} = \frac{TR}{I_\mathrm{p}} \tag{7-10}$$

引用记号：

$$W_\mathrm{P} = \frac{I_\mathrm{P}}{R} \tag{7-11}$$

W_P 称为**抗扭截面系数**，单位为 m^3。将上式代入（7-10）式得：

$$\tau_{\max} = \frac{T}{W_\mathrm{P}} \tag{7-12}$$

三、圆截面极惯性矩及抗扭截面系数

如图 7-11 所示，实心圆截面上距圆心为 ρ 处取厚度为 $\mathrm{d}\rho$ 的环形面积作微面积，其上各点的 ρ 可视为相等，且 $\mathrm{d}A = 2\pi\rho\mathrm{d}\rho$，故极惯性矩 I_p 为：

$$I_\mathrm{P} = \int_A \rho^2 \mathrm{d}A = \int_0^{\frac{d}{2}} \rho^2 \times 2\pi\rho\mathrm{d}\rho = \frac{\pi D^4}{32}$$

抗扭截面系数 W_P 为:

$$W_P = \frac{I_P}{R} = \frac{\pi D^3}{16}$$

如图 7-12 所示,在空心圆轴的情况下,极惯性矩 I_p 为:

$$I_P = \int_A \rho^2 dA = \int_{\frac{d}{2}}^{\frac{D}{2}} 2\pi\rho^3 d\rho = \frac{\pi}{32}(D^4 - d^4) = \frac{\pi D^4}{32}(1 - \alpha^4)$$

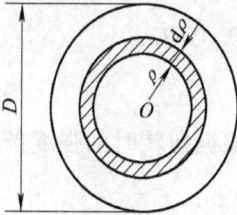

图 7-11　实心圆轴极惯性矩计算

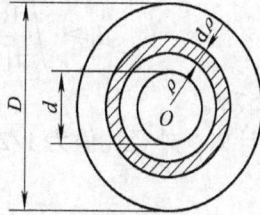

图 7-12　空心圆轴极惯性矩计算

抗扭截面系数 W_P 为:

$$W_P = \frac{I_P}{R} = \frac{\pi D^3}{16}(1 - \alpha^4)$$

式中,D 为外径;α 为空心圆轴内外直径之比$\left(\alpha = \dfrac{d}{D}\right)$。

四、圆轴扭转时的强度条件

圆轴扭转时的强度条件应该是轴上最大工作切应力 τ_{max} 不超过材料的许用切应力 $[\tau]$,即:

$$\tau_{max} \leqslant [\tau]$$

对于等截面圆轴,τ_{max} 应发生在最大扭矩 T_{max} 的横截面上周边各点处,所以其强度条件为:

$$\tau_{max} = \frac{T_{max}}{W_P} \leqslant [\tau] \tag{7-13}$$

例 7-2　如图 7-13 所示,实心轴和空心轴通过牙嵌离合器联接在一起,已知轴的转速 $n = 100 \text{r/min}$,传递的功率 $P = 7.5 \text{kW}$,$[\tau] = 20 \text{MPa}$。试设计:

1）实心轴的直径 d_1;

2）内、外径比值为 1/2 时的空心轴外径 D_2。

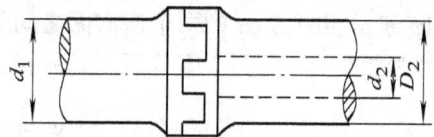

图 7-13　例 7-2 图

解:1）设计实心轴直径 d_1　实心轴和空心轴传递功率相等,受相同的外力偶矩,横截面上的扭矩因此也相等。由式 (7-1) 得:

$$T = M_e = 9550 \frac{P}{n} = 9550 \times \frac{7.5}{100} \text{N} \cdot \text{m} = 716 \text{N} \cdot \text{m}$$

根据扭转时的强度条件：

$$\tau_{\max} = \frac{T_{\max}}{W_P} = \frac{16T}{\pi d_1^3} \leqslant [\tau]$$

求得：

$$d_1 \geqslant \sqrt[3]{\frac{16T}{\pi[\tau]}} = \sqrt[3]{\frac{16 \times 716}{\pi \times 20 \times 10^6}} \text{m} = 0.0567 \text{m}$$

取 $d_1 = 0.057 \text{m}$。

2）设计内、外径比值为 1/2 时的空心轴外径 D_2 根据扭转时的强度条件：

$$\tau_{\max} = \frac{T_{\max}}{W_P} = \frac{16T}{\pi D_2^3 (1 - \alpha^4)} \leqslant [\tau]$$

得：

$$D_2 \geqslant \sqrt[3]{\frac{16T}{\pi[\tau](1 - \alpha^4)}} = \sqrt[3]{\frac{16 \times 716}{\pi \times 20 \times 10^6 \times (1 - 0.5^4)}} \text{m} = 0.0579 \text{m}$$

取 $D_2 = 0.058 \text{m}$。

实心轴和空心轴的面积之比为：

$$\frac{A_1}{A_2} = \frac{d_1^2}{D_2^2 (1 - \alpha^2)} = \frac{0.057^2}{0.058^2 (1 - 0.5^2)} = 1.28$$

可见，如果轴的长度相同，在最大切应力相同的情况下，实心轴所用的材料比空心轴多。

第四节 圆轴扭转时的变形和刚度计算

一、圆轴扭转时的变形计算

圆轴扭转时的变形是用两个横截面绕轴线的相对转角，即相对扭转角 φ 来度量的。由式（7-8）得：

$$d\varphi = \frac{T}{GI_P} dx$$

$d\varphi$ 表示相距为 dx 的两个横截面之间的相对转角，如图 7-8 所示，将上式沿轴线 x 积分，即为相距为 l 的两个横截面之间的相对转角：

$$\varphi = \int_l \frac{T}{GI_P} dx = \int_0^l \frac{T}{GI_P} dx$$

若在两截面之间 T 的值不变，且轴为等直杆，则 T/GI_P 为常量，上式变为：

$$\varphi = \frac{Tl}{GI_P} \tag{7-14}$$

φ 的单位为弧度（rad）。上式表明，GI_P 越大，则扭转角 φ 越小，它反映了圆轴扭转变形的难易程度，故 GI_P 称为圆轴的**抗扭刚度**。

二、圆轴扭转时的刚度计算

在工程中，圆轴扭转时除了要满足强度条件外，有时还要满足刚度条件。扭转的刚度条件就是限定单位长度扭转角 θ 的最大值不得超过规定的允许值 $[\theta]$，即：

$$\theta_{max} \le [\theta]$$

对于等截面圆轴，用 φ' 表示变化率 $d\varphi/dx$，由式（7-8）得出：

$$\varphi'_{max} = \frac{T_{max}}{GI_P} \le [\varphi'] \tag{7-15}$$

式中，单位长度转角 φ' 和单位长度许可转角 $[\varphi']$ 的单位均为 rad/m。

工程上，习惯把度/米（°/m）作为转角 φ' 的单位。考虑单位换算，得到：

$$\varphi'_{max} = \frac{T_{max}}{GI_P} \times \frac{180}{\pi} \le [\varphi'] \tag{7-16}$$

各种轴类零件的 $[\varphi']$ 的值可从工程设计手册中查得。

例 7-3 传动圆轴如图 7-14a 所示，已知主动轮 A 输入功率 $P_A = 30$kW，从动轮输出功率 $P_B = 5$kW、$P_C = 10$kW、$P_D = 15$kW，该轴转速 $n = 300$r/min，材料的切变模量 $G = 80$GPa，许用切应力 $[\tau] = 40$MPa，轴的许可转角 $[\varphi'] = 1$°/m。试按强度条件及刚度条件设计此轴直径。

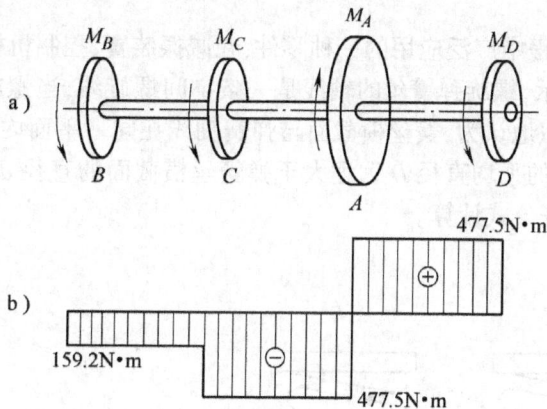

图 7-14 例 7-3 图
a）传动轴 b）扭矩图

解：1）先计算外力偶矩

$$M_A = 9550\frac{P_A}{n} = 955\text{N} \cdot \text{m}, \qquad M_B = 9550\frac{P_B}{n} = 159.2\text{N} \cdot \text{m}$$

$$M_C = 9550\frac{P_C}{n} = 318.3\text{N} \cdot \text{m}, \qquad M_D = 9550\frac{P_D}{n} = 477.5\text{N} \cdot \text{m}$$

2）计算各段扭矩，画扭矩图

$$T_{BC} = -195.2\text{N} \cdot \text{m}, \quad T_{CA} = -477.5\text{N} \cdot \text{m}, \quad T_{AD} = 477.5\text{N} \cdot \text{m}$$

轴的扭矩图如图 7-14a 所示，最大扭矩发生在 CA 和 AD 段，$T_{max} = 477.5\text{N} \cdot \text{m}$。

3）按强度条件设计轴径

$$\tau_{max} = \frac{T_{max}}{W_P} = \frac{16T_{max}}{\pi D^3} \leqslant [\tau]$$

整理得：

$$D \geqslant \sqrt[3]{\frac{16T_{max}}{\pi[\tau]}} = \sqrt[3]{\frac{16 \times 477.5}{\pi \times 40 \times 10^6}}\text{m} = 0.0393\text{m}$$

4）按刚度条件设计轴径，由式（7-15）得到：

$$\varphi'_{max} = \frac{T_{max}}{GI_P} \times \frac{180}{\pi} = \frac{32T_{max}}{G\pi D^4} \times \frac{180}{\pi} \leqslant [\varphi']$$

$$D \geqslant \sqrt[4]{\frac{32T_{max} \times 180}{G\pi^2[\varphi']}} = \sqrt[4]{\frac{32 \times 477.5 \times 180}{80 \times 10^9 \times \pi^2 \times 1}}\text{m} = 0.0432\text{m}$$

若使轴同时满足强度条件和刚度条件，应取 $D = 0.044\text{m}$。

*第五节　圆柱形密圈螺旋弹簧的应力和变形

　　圆柱形弹簧是工程中广泛应用的一种零件,在减振装置、控制机构与仪表中得到广泛应用。如图 7-15a 所示,螺旋弹簧丝的轴线是一条空间螺旋线,当螺旋角 α 小于 5°时,便可忽略 α 的影响,近似地认为,簧丝横截面与弹簧轴线在同一平面内,这种弹簧称为密圈螺旋弹簧。若弹簧圈的平均直径 D 远远大于弹簧丝横截面的直径 d,也可忽略簧丝曲率的影响,近似地用直杆公式计算。

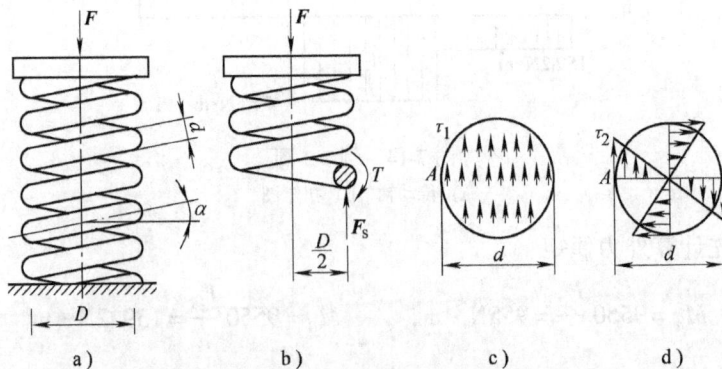

图 7-15　簧丝截面上的应力

一、弹簧丝横截面上的应力

如图 7-15b 所示,利用截面法,以通过弹簧轴线的平面将弹簧丝切断,并选择其上部为研究对象,由于螺旋升角 α 很小,因此,所切截面可近似看成是弹簧丝横截面。于是,由平衡条件可知:

$$F_S = F, T = \frac{FD}{2}$$

式中,F_S 为弹簧丝横截面上的剪力;T 为横截面上的扭矩。

假设与剪力 F_S 相应的切应力 τ_1 在横截面上均匀分布(见图 7-15c),则:

$$\tau_1 = \frac{F_S}{A} = \frac{4F}{\pi d^2}$$

与扭矩 T 对应的应力 τ_2,认为与轴线为直线的圆轴相同(见图 7-15d),其最大值为:

$$\tau_{2max} = \frac{T}{W_P} = \frac{8FD}{\pi d^3}$$

显然,横截面上任一点处的总切应力,应为上述两种剪应力的矢量和,而最大切应力则发生在截面内侧点 A 处,其值为:

$$\tau_{max} = \tau_1 + \tau_{2max} = \frac{4F}{\pi d^2} + \frac{8FD}{\pi d^3} = \frac{8FD}{\pi d^3}\left(\frac{d}{2D} + 1\right) \tag{7-17}$$

式中,括号内的第一项代表剪切的影响,当 $D/d \geq 10$ 时,$d/2D < 0.05$,显然可以省略。因此当忽略剪切,只考虑扭转的影响时,式 (7-17) 简化为:

$$\tau_{max} = \frac{8FD}{\pi d^3} \tag{7-18}$$

但对于比值 $D/d < 10$ 的弹簧,或在计算精度要求较高的情况下,则不仅与剪力相应的切应力不能忽略,而且还应考虑弹簧丝曲率的影响,这时,最大切应力计算公式为:

$$\tau_{max} = \left(\frac{4c-1}{4c-4} + \frac{0.615}{c}\right)\frac{8FD}{\pi d^3} = k\frac{8FD}{\pi d^3} \tag{7-19}$$

式中,$c = D/d$ 称为**弹簧指数**;$k = \frac{4c-1}{4c-4} + \frac{0.615}{c}$ 为修正系数,称为曲度系数。

由以上分析可知,弹簧危险点处于纯剪切应力状态,所以,弹簧的强度条件为:

$$\tau_{max} \leqslant [\tau]$$

式中,$[\tau]$ 为弹簧丝的许用切应力。

二、弹簧的变形

如图 7-16a 所示,在压力或拉力作用下,轴线方向总缩短或伸长量 λ,就是弹簧的变形。弹簧承受剪切和扭转两种变形,由于剪切变形影响很小可略去。因此,弹簧的伸长或缩短,主要是由弹簧丝的扭转变形造成的。

为了研究弹簧的变形,假想截下长度 ds 微段的簧丝(见图 7-16b),现将长为 ds 的微段看成是弹性体，而将弹簧的其余部分暂时视为刚体，则当微段 $\mathrm{d}s$ 在扭矩 T 作用下产生扭转变形 $\mathrm{d}\varphi$ 时，截面 B 的形心与载荷作用点 n 的连线 Bn 将随之转至 Bn'，载荷作用点的垂直位移分量为：

$$\mathrm{d}\lambda = \overline{nn'}\sin\theta = \overline{Bn}\mathrm{d}\varphi\sin\theta \qquad (7\text{-}20)$$

由式（7-8）得：

$$\mathrm{d}\varphi = \frac{T\mathrm{d}s}{GI_{\mathrm{p}}} = \frac{16FD\mathrm{d}s}{G\pi d^4} \qquad (7\text{-}21)$$

由图 7-16b 可知，存在几何关系：

$$\overline{Bn} = \frac{\dfrac{D}{2}}{\sin\theta} \qquad (7\text{-}22)$$

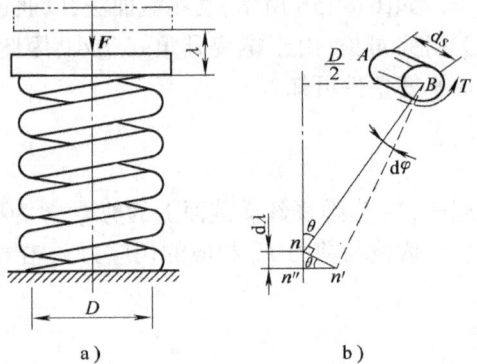

图 7-16　弹簧的变形

将式（7-21）、（7-22）代入式（7-20）得：

$$\mathrm{d}\lambda = \frac{8FD^2}{G\pi d^4}\mathrm{d}s \qquad (7\text{-}23)$$

这就是微段扭转变形所引起的载荷作用点的轴向位移。因此，弹簧的轴向变形为：

$$\lambda = \int_0^s \frac{8FD^2}{G\pi d^4}\mathrm{d}s = \frac{8FD^2 s}{G\pi d^4} \qquad (7\text{-}24)$$

式中，s 为弹簧丝的总长。对于由 n 圈弹簧丝组成的密圈螺旋弹簧，其总长为：

$$s = n\pi D$$

将上式代入式（7-24）得：

$$\lambda = \frac{8FD^3 n}{Gd^4} \qquad (7\text{-}25)$$

此即弹簧的轴向变形公式。

式（7-25）可写成：

$$\lambda = \frac{F}{\dfrac{Gd^4}{8D^3 n}} = \frac{F}{C} \qquad (7\text{-}26)$$

式中，$C = \dfrac{Gd^4}{8D^3 n}$ 称为**弹簧刚度**，C 越大则 λ 越小，所以 C 代表弹簧抵抗变形的能力，常用单位为 N/mm 或 kN/m。

通过以上分析可以看出，在一定载荷作用下，所用材料的许用切应力愈高，则弹簧丝的直径愈细，弹簧的刚度愈小。减振用的弹簧须具有较大的柔度，因而要求材料具有较高的强度。

例 7-4　一阀门弹簧，其簧丝直径 $d = 4\text{mm}$，簧圈平均直径 $D = 32\text{mm}$，弹簧材料的许用切应力 $[\tau] = 500\text{MPa}$，如弹簧受到轴向力 $F = 306\text{N}$ 作用，试校核弹簧的强度。又

弹簧有效圈数 $n=5$，材料的切变模量 $G=80\text{GPa}$，试求弹簧的变形。

解：由式（7-18）计算 τ_{max}，式中 $c=D/d=32/4=8$，$k=\dfrac{4c-1}{4c-4}+\dfrac{0.615}{c}=1.18$。因此，簧丝横截面上的最大切应力为：

$$\tau_{max}=k\frac{8FD}{\pi d^3}=1.18\times\frac{8\times306\times32\times10^{-3}}{\pi\times(4\times10^{-3})^3}\text{Pa}=460\times10^6\text{Pa}=460\text{MPa}$$

故弹簧的强度是足够的。

由式（7-25）得弹簧的变形：

$$\lambda=\frac{8FD^3n}{Gd^4}=\frac{8\times306\times(32\times10^{-3})^3\times5}{80\times10^9\times(4\times10^{-3})^4}\text{m}=19.6\times10^{-3}\text{m}=19.6\text{mm}$$

*第六节　非圆截面杆扭转的概念

前面讨论了圆形截面轴的扭转。但在实际工程中许多非圆形横截面轴受到扭转载荷的作用。例如农业机械中有时采用的方形传动轴，又如内燃机曲轴上的曲柄臂等，都是非圆截面轴扭转的例子，而其横截面是矩形的。圆轴扭转应力与变形公式是以平面假设为基础，它得到了实验的验证。而对非圆截面轴的扭转，平面假设还能成立吗？

一、自由扭转与限制扭转

非圆截面轴扭转试验表明，扭转时横截面不再保持平面而发生翘曲，图7-17a、b分别表示矩形截面轴扭转前后的情况。可见对非圆截面轴的扭转，平面假设不再成立，所以圆截面轴的扭转公式不能应用到非圆截面轴的扭转计算中。

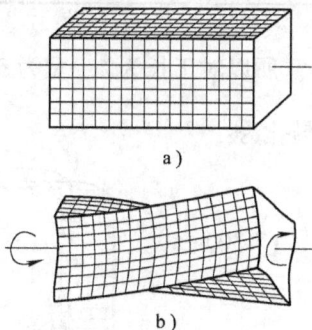

图7-17　矩形截面轴扭转

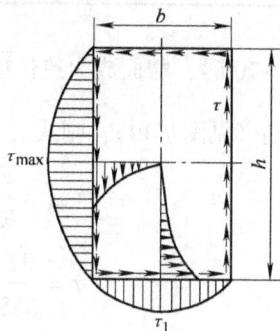

图7-18　矩形截面上切应力的分布

非圆截面轴的扭转可以分为自由扭转和限制扭转。若整个杆的各横截面的翘曲不受任何限制，任意两相邻横截面的翘曲情况完全相同，截面间对应点的纵向距离保持不变，横截面上只产生切应力而无正应力，这种情况称为**自由扭转**。若各截面的翘曲程度不同，则截面间对应点的纵向距离将有不同的改变，因此横截面上不仅有切应力，还有正应力，这种情况称为**限制扭转**。实验及理论分析表明，对于矩形、椭圆截面等实体杆件，由于限制扭转产生的正应力数值较小，工程计算中可以略去不计。

二、矩形截面轴扭转

根据弹性力学的理论分析结果，在小变形条件下，矩形截面轴在扭转时，横截面上切应力的分布如图 7-18 所示，并有下列特征：

周边上切应力方向与周边相切，且与扭矩 T 的转向相同。在长边中点作用着最大切应力 τ_{max}，在短边的中点作用着短边上最大的切应力 τ_1。矩形的四个角点处，切应力为零。矩形内部各点处的切应力分布呈非线性。

矩形截面扭转切应力 τ_{max}、τ_1 以及扭转角 φ 的计算公式可表达为：

$$\tau_{max} = \frac{T}{W_t} \tag{7-27}$$

$$\tau_1 = \gamma \tau_{max} \tag{7-28}$$

$$\varphi = \frac{Tl}{GI_t} \tag{7-29}$$

式中 $W_t = \alpha h b^2$，$I_t = \beta h b^3$ 均与截面的形状及尺寸有关，其量纲分别与 W_P、I_P 相同。h 和 b 分别代表矩形截面长边和短边的长度；系数 α、β 及 γ 与比值 h/b 有关，其值见表 7-1。

表 7-1　矩形截面轴扭转时的系数 α、β、γ

h/b	1.0	1.2	1.5	2.0	2.5	3.0	4.0	6.0	8.0	10.0	∞
α	0.208	0.219	0.231	0.246	0.258	0.267	0.282	0.299	0.307	0.313	0.333
β	0.141	0.166	0.196	0.229	0.249	0.263	0.281	0.299	0.307	0.313	0.333
γ	1.00	0.930	0.858	0.796	0.767	0.753	0.745	0.743	0.743	0.743	0.743

当 $\dfrac{h}{b} > 10$ 时，截面成为狭长矩形，这时 $\alpha = \beta \approx \dfrac{1}{3}$。所以对于长为 h、宽为 δ 的狭长矩形截面轴（见图 7-19），则式（7-27）和式（7-29）转化为：

$$\left. \begin{array}{l} \tau_{max} = \dfrac{3T}{h\delta^2} \\[3mm] \varphi = \dfrac{3Tl}{Gh\delta^3} \end{array} \right\} \tag{7-30}$$

三、椭圆等非圆截面轴扭转

对于椭圆、三角形等非圆截面轴，可按下列公式计算最大扭转切应力与扭转变形：

$$\left. \begin{array}{l} \tau_{max} = \dfrac{T}{W_t} \\[3mm] \varphi = \dfrac{Tl}{GI_t} \end{array} \right\} \tag{7-31}$$

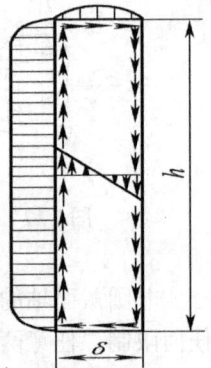

图 7-19　狭长矩形截面轴上切应力的分布

式中，W_t、I_t 值可查相关设计手册。

习 题

7-1 试画出图 7-20 所示两轴的扭矩图。

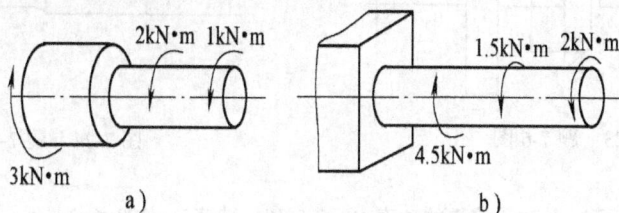

图 7-20 题 7-1 图

7-2 如图 7-21 所示，一传动轴上有 5 个轮子，主动轮 2 输入的功率为 60kW，从动轮 1、3、4、5 分别输出 18kW、12kW、22kW 和 8kW 的功率。轴的转速为 200r/min，试画出该轴的扭矩图。若将主动轮 2 与从动轮 1 调换位置，扭矩图有何变化？

7-3 如图 7-22 所示阶梯轴，AC 段 $D_1 = 40$mm，BC 段直径为 $D_2 = 70$mm，B 轮输入功率 $P_B = 35$kW，A 轮输出功率 $P_A = 15$kW，C 轮输出功率 $P_C = 20$kW，轴匀速转动，已知转速 $n = 200$r/min，许用切应力 $[\tau] = 60$MPa，$G = 80$GPa，轴的单位长度许可转角 $[\varphi'] = 2°/$m。试校核轴的强度和刚度。

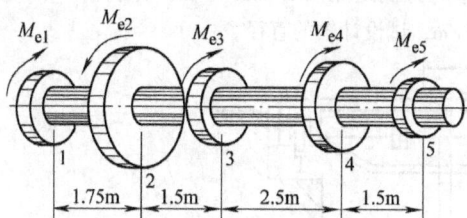

图 7-21 题 7-2 图

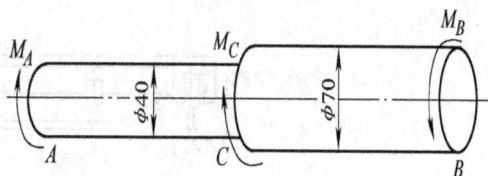

图 7-22 题 7-3 图

7-4 在变速器中，为何低速轴的直径比高速轴的直径大？

7-5 直径 $D = 50$mm 的圆轴，受到扭矩 $T = 2.15$kN·m 的作用。试求在距离轴心 10mm 处的切应力，并求轴横截面上的最大切应力。

7-6 如图 7-23 所示，AB 轴的转速 $n = 120$r/min，从 B 轮输入功率 $P = 44$kW，此功率一半通过齿轮传给垂直轴，另一半由水平轴输出。已知 $[\tau] = 20$MPa，$D_1 = 0.60$m，$D_2 = 0.24$m，$d_1 = 0.10$m，$d_2 = 0.08$m，$d_3 = 0.06$m。试对各轴进行强度校核。

7-7 如图 7-24 所示，船用推进轴一端是实心的，其直径 $d_1 = 0.28$m；另一端是空心轴，其内径 $d = 0.148$m，外径 $D = 0.296$m。若 $[\tau] = 50$MPa，试求此轴允许传递的外力偶矩。

7-8 一圆轴因扭转而产生的最大切应力 τ_{max} 达到许用切应力 $[\tau]$ 的两倍，为使轴能安全可靠地工作，要将轴的直径 d_1 加大到 d_2。试确定 d_2 是 d_1 的几倍？

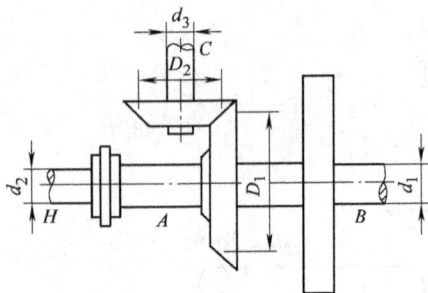

图 7-23　题 7-6 图

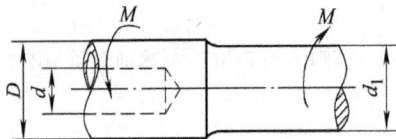

图 7-24　题 7-7 图

7-9　如图 7-25 所示，某轴所传递的功率 $P=5.5\text{kW}$，转速 $n=200\text{r/min}$，$[\tau]=40\text{MPa}$，试按强度条件计算轴的直径。

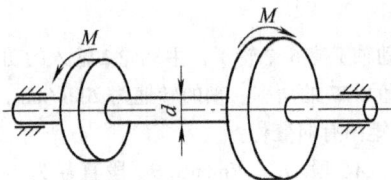

图 7-25　题 7-9 图

7-10　如图 7-26 所示桥式起重机，若传动轴传递的力偶矩 $M=1.08\text{kN}\cdot\text{m}$，材料的 $[\tau]=40\text{MPa}$，$G=80\text{GPa}$，轴的单位长度许可转角 $[\varphi']=0.5°/\text{m}$，试设计轴的直径。

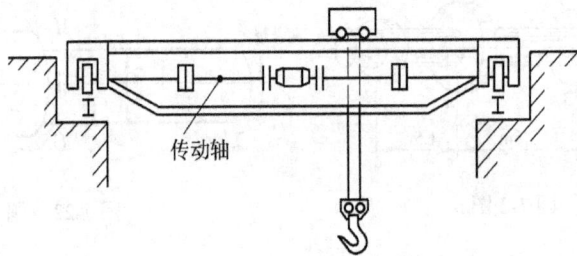

传动轴

图 7-26　题 7-10 图

7-11　如图 7-27 所示，传动轴的转速为 $n=500\text{r/min}$，主动轮 1 输入功率 $P_1=368\text{kW}$，从动轮 2、3 分别输出功率 $P_2=147\text{kW}$，$P_3=221\text{kW}$。已知材料的 $[\tau]=70\text{MPa}$，轴的单位长度许可转角 $[\varphi']=1°/\text{m}$，$G=80\text{GPa}$。

(1) 试确定 AB 段的直径 d_1 和 BC 段的直径 d_2。

(2) 若 AB 和 BC 两段选用同一直径，试确定直径 d。

(3) 主动轮和从动轮应如何安排才比较合理？

*7-12　圆柱形密圈螺旋弹簧，簧丝横截面直径 $d=18\text{mm}$，弹簧平均直径 $D=125\text{mm}$，弹簧材料的 $G=80\text{GPa}$。如弹簧所受拉力 $F=500\text{N}$，试求：

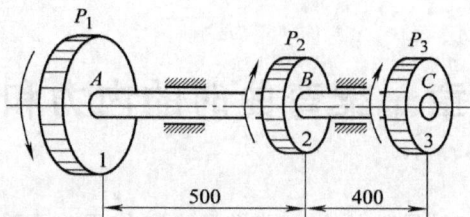

图 7-27 题 7-11 图

（1）簧丝的最大切应力。

（2）弹簧要几圈才能使它的伸长等于 6mm。

*7-13 油泵分油阀门的弹簧丝直径 2.25mm，簧圈外径 18mm，有效圈数 $n=8$，轴向压力 $F=89N$，弹簧材料的 $G=82GPa$。试求弹簧丝的最大切应力及弹簧的变形值 λ。

*7-14 拖拉机通过方轴带动悬挂在后面的旋耕机。方轴的转速 $n=720r/min$，传递的最大功率 $P=25.7kW$，截面为 30mm×30mm，材料的 $[\tau]=100MPa$。试校核该方轴的强度。

*7-15 有一矩形截面的钢杆，其横截面尺寸为 100mm×50mm，长度 $l=2m$，在杆的两端作用着一对力偶矩。若材料的 $[\tau]=100MPa$，$G=80GPa$，杆件的许可扭转角为 $[\varphi]=2°$，试求作用于杆件两端的力偶矩的许可值。

第八章 梁弯曲时的内力和应力

当杆件受到垂直于杆轴线的外力（即横向力）作用，或受到位于杆轴平面内的外力偶作用时，杆的轴线将由直线弯成曲线，这种变形形式称为**弯曲**。以弯曲为主要变形的杆件，通常称为**梁**。

梁在工程实际和日常生活中有着广泛的应用。例如，桥式起重机的横梁（见图 8-1a、c），运动员跳跃作用下的跳水板（见图 8-1b、d），以及桥梁、房屋结构中的大梁、阳台梁和挑担用的扁担等，都是以弯曲为主要变形的杆件。

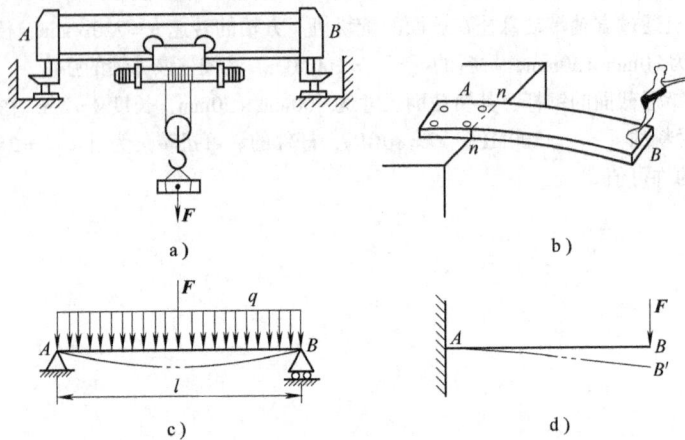

图 8-1 工程实际和日常生活中的梁
a) 桥式起重机 b) 跳板跳水 c) 横梁受力图 d) 跳板受力图

工程中常见的梁，其横截面往往具有对称轴（见图 8-2），整个梁具有通过梁轴线和截面对称轴的纵向对称面，并且所有外力都作用在该对称面内（见图 8-3）。这种情况下，梁的轴线将弯成位于同一纵向对称面内的一条平面曲线，这种弯曲称为**平面弯曲**。平面弯曲是最简单也是最常见的弯曲变形。

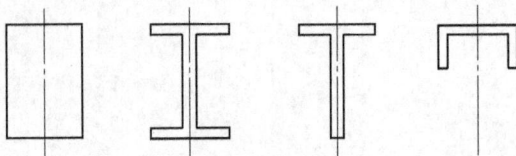

图 8-2 梁的横截面

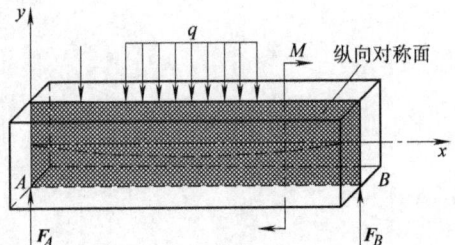

图 8-3 平面弯曲

第一节　梁的计算简图

梁的几何形状、所承受载荷和支承情况是复杂多样的。为了便于分析，有必要进行合理的简化并作出梁的计算简图，以便进行力学计算。在计算简图中，通常以梁的轴线表示梁本身。例如，图 8-1a 所示桥式起重机的横梁，在计算简图中即以轴线 AB 表示，如图 8-1c 所示。下面讨论对梁的载荷和支座的简化。

一、载荷的简化

作用在梁上的载荷多种多样，但可归纳、简化为三种：

1. 集中载荷 F

当横向载荷在梁上的分布范围远小于梁的长度时，可简化为作用于一点的集中力。例如，起重机的车轮对横梁的压力即可简化为集中力 F，见图 8-1c；跳水运动员对跳板的压力可简化为集中力 F，见图 8-1d。

2. 分布载荷 q

分布载荷是沿梁的全长或部分长度连续分布的横向载荷，单位为 N/m。按 q 在其分布长度内是否等于常量而分别称为**均布载荷和非均布载荷**。阳台梁所受重力可简化为一均布载荷 q（见图 8-4）。

图 8-4　阳台栏杆受
水平推力

3. 集中力偶 M

当力偶在梁上的作用长度远小于梁的长度时，可简化为作用在梁的某截面，称为**集中力偶**，其单位为牛顿·米（N·m）。例如，阳台栏杆上的水平推力 F 可以简化为作用于阳台梁自由端 B 处的一个集中力偶 M 和一个水平集中力 F（见图 8-4）。

二、梁的支座

梁的支座虽然构造各异，但根据对梁的位移的约束特点可以简化为三种基本形式：

1. 活动铰支座

梁支承处受约束时，横截面有转动余地并稍有水平移动可能，这种情况可简化为活动铰支座，见图 8-5a，只有垂直反力作用于梁。

2. 固定铰支座

梁支承处受约束时，横截面只有转动余地而无移动可能，即可简化为固定铰支座，见图 8-5b，对梁的支反力可分解为垂直反力和水平反力。

3. 固定端

梁端受约束时，既不能转动也不能移动，即为固定端，见图 8-5c，对梁的支反力除垂直反力和水平反力外，还有反力偶作用。

对实际工程中梁的支座简化时，通常是根据每个支座对于梁横截面的约束状况来判定其接近于上述三种支座中的哪一种。通常桥梁下的滚动支座等，可简化为活动铰支

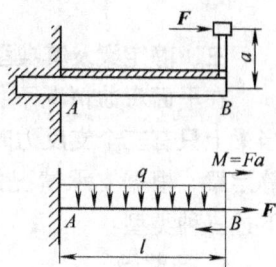

座；止推轴承和桥梁下的不动铰支座等，可简化为固定铰支座；长轴承、车床车刀的刀架等，可简化为固定端。

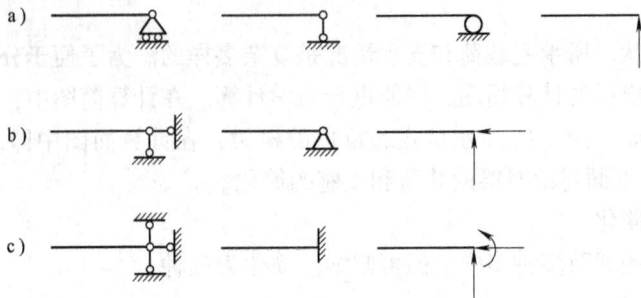

图 8-5　梁的支座

三、静定梁及其典型形式

在平面弯曲情况下，作用在梁上的外力（包括载荷和支反力）是一个平面力系。当梁上只有三个支反力时，可由平面力系的三个静力平衡方程将它们求出，这种梁称为**静定梁**。根据支承情况的不同，常见的静定梁有下述三种类型：

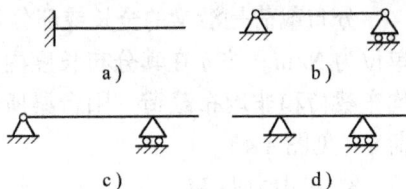

1. 悬臂梁

梁的一端为固定，另一端自由，见图 8-6a。

2. 简支梁

梁的一端为固定铰支座，另一端为活动铰支座，见图 8-6b。

图 8-6　静定梁

3. 外伸梁

梁用一个活动铰支座和一个固定铰支座支承，梁的一端或两端伸出支座之外，见图 8-6c、d。

第二节　弯曲时的内力

作用在梁上的所有外力（载荷与支反力）确定后，为了进行梁的强度和刚度计算，首先要计算梁的各截面上所受的力（即梁的内力）。和前述各章一样，求梁内力的基本方法仍然是截面法。

图 8-7a 所示为一简支梁 AB，在通过梁轴线的纵向对称平面内作用有与轴线垂直的载荷 F。根据平衡方程 $\sum_{i=1}^{n} m_A(F_i) = 0$ 和 $\sum_{i=1}^{n} m_B(F_i) = 0$，求出梁的支反力 $F_A = F(l - a)/l$，$F_B = Fa/l$，即全部外力均已知，现计算梁在横截面 $m-m$ 上的内力。

为了显示任一截面 $m-m$ 上的内力，应用截面法沿 $m-m$ 截面将梁假想切开，分成左右两段，任取其中一段（如取左侧梁段）为研究对象，如图 8-7 所示。右段梁对左段梁的作用可以用截面上的内力来代替。由于整梁 AB 处于平衡，所以左段梁也处于平衡。由静力平衡方程 $\sum\limits_{i=1}^{n} F_{i_y} = 0, F_A - F - F_Q = 0$，得：

$$F_Q = F_A - F \qquad (8\text{-}1)$$

F_Q 的作用线平行于横截面 $m-m$，称为横截面的**剪力**。

再由 $\sum\limits_{i=1}^{n} M_C(F_i) = 0, -F_A x + F(x-a) + M = 0$，得：

$$M = F_A x - F(x-a) \qquad (8\text{-}2)$$

M 为一内力偶矩，称为横截面的**弯矩**。

同理，若取右段梁为研究对象，用同样方法也可得横截面 $m-m$ 上的剪力 F_Q' 和弯矩 M'，它们在数值上与上述结果相同，但作用方向则与 F_Q 和 M 相反。

从式(8-1)、(8-2)看出，剪力 F_Q 和弯矩 M 的大小分别为：

$$F_Q = \sum_{i=1}^{n} F_i$$

$$M = \sum_{i=1}^{n} M_i$$

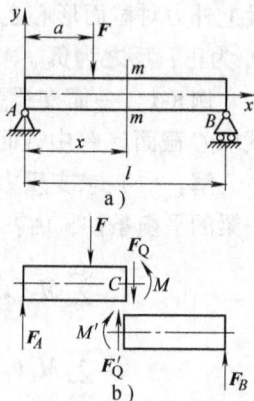

图 8-7　简支梁 AB

式中 n 为截面以左（或右）梁段上的外力数。可见，梁的任意横截面上的剪力 F_Q，在数值上等于截面以左（或右）所有横向外力的代数和；梁的任意横截面上的弯矩 M，在数值上等于该截面以左（或右）所有外力对截面形心力矩的代数和。

为了使左、右两段梁求得同一横截面上的剪力和弯矩不仅数值相等，而且符号也相同，需要根据外力的方向，结合梁的变形，对剪力和弯矩符号作如下规定：用两个相邻横截面切出的一小段梁，对如图 8-8a 所示剪切变形的剪力为正（左上右下为正）；反之，对如图 8-8b 所示剪切变形的剪力为负（左下右上为负）。对如图 8-9a 所示弯曲变形的弯矩为正（碗口向上为正）；反之，对如图 8-9b 所示的弯矩为负（碗口向下为负）。可记为：左上右下 F_Q 为正，反之为负；凸面向下（碗口向上）M 为正，反之为负。值得注意的是，静力学中列平衡方程的符号规定与这里按变形规定的符号并不一致。为了避免符号的混乱，在求内力时，可假定截面上内力 F_Q 和 M 均按变形规定取正号；代入平衡方程运算时沿用静力学符号规则进行；结果为正说明假定方向正确，结果为负说明与假定方向相反。这样做的结果，恰好与按变形规定的符号相一致。

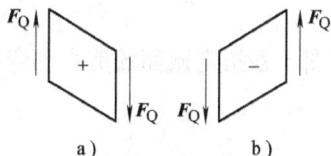

图 8-8　剪力符号规定

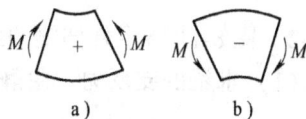

图 8-9　弯矩符号规定

按前述符号规定可推断：截面左侧梁段上方向朝上，或右侧梁段上方向朝下的横向外力 F_i 引起正的剪力 F_Q，因而规定"左上右下"的 F_i 为正，反之为负；截面左侧梁段上外力对截面形心之矩为顺时针方向、右侧梁段上外力对截面形心之矩为逆时针方向 M_i 为正，反之为负。

例8-1 一简支梁受满跨均布载荷 q 和集中力偶 M_1 与 M_2 作用，如图 8-10a 所示。试求 C 截面（跨中截面）上的剪力和弯矩。

解：（1）求支反力 由于梁上没有水平载荷作用，故只有两个支反力 F_A 和 F_B。根据梁的平衡条件，由：

$$\sum_{i=1}^{n} M_A(\boldsymbol{F}_i) = 0, \; F_B \times 4a - (q \times 4a) \times 2a - M_1 - M_2 = 0$$

$$\sum_{i=1}^{n} M_B(\boldsymbol{F}_i) = 0, \; (q \times 4a) \times 2a - M_1 - M_2 - F_A \times 4a = 0$$

解得：

$$F_A = qa, \; F_B = 3qa$$

用 $\sum_{i=1}^{n} F_{iy} = 0$ 校核：

$$F_A + F_B - q \times 4a = qa + 3qa - q \times 4a = 0, \text{无误。}$$

（2）求指定横截面上的剪力和弯矩 沿 C 处的横截面假想地将梁切开，取左段梁为研究对象，并假设截面上的剪力 F_{Qc} 和弯矩 M_C 均为正号，如图 8-10b 所示。根据左段梁的平衡条件，由：

$$\sum_{i=1}^{n} F_{iy} = 0, \; F_A - q \times 2a - F_{Qc} = 0$$

得：

$$F_{Qc} = -qa$$

由 $\sum_{i=1}^{n} M_C(\boldsymbol{F}_i) = 0, \; M_C - F_A \times 2a + 2qa \times a - M_1 = 0$

得

$$M_C = 2qa^2$$

所得结果表明，剪力 F_{Qc} 的方向与假设方向相反，为负剪力；弯矩 M_C 的转向与假设的转向相同，为正弯矩。

可取右段梁为研究对象来计算 F'_{Qc} 和 M'_C，受力如图 8-10c 所示，借以验算上面的结果。

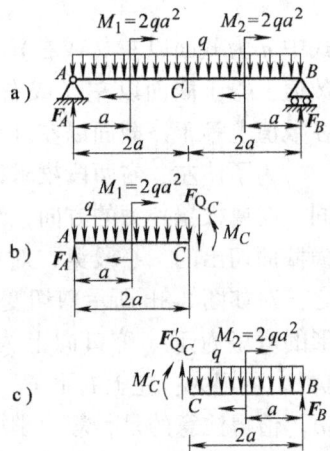

图 8-10 例 8-1 图

上面所得结果表明，无论取左段梁或右段梁来计算，在同一截面上的内力是相同的。为使计算方便，通常取外力比较简单的一段梁作为研究对象。

例8-2 图 8-11 所示外伸梁的载荷为已知，试求图示各指定截面的剪力和弯矩。

解：（1）求梁的支反力 由静力平衡条件：

$$\sum_{i=1}^{n} M_A(\boldsymbol{F}_i) = 0 \text{ 和 } \sum_{i=1}^{n} M_B(\boldsymbol{F}_i) = 0, \text{得：}$$

$$F_A = \frac{3}{4}qa, \quad F_B = \frac{5}{4}qa$$

（2）**计算各指定截面的内力**　对于截面5-5，取该截面以右为研究对象，其余各截面均取相应截面以左为研究对象。

1-1 截面　$F_{Q1} = F_A = \dfrac{3}{4}qa$，$M_1 = F_A\Delta = 0$（因 1-1 截面为

从右侧无限接近支座 A 的截面，即 $\Delta \to 0$，以下同样理解）。

2-2 截面　$F_{Q2} = F_A = \dfrac{3}{4}qa$，$M_2 = F_A a = \dfrac{3}{4}qa^2$

3-3 截面　$F_{Q3} = F_A - F = \dfrac{3}{4}qa - qa = -\dfrac{1}{4}qa$

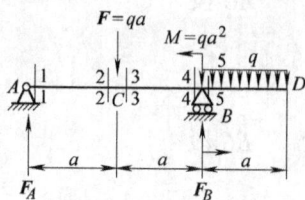

图 8-11　例 8-2 图

$$M_3 = F_A a - F\Delta = \frac{3}{4}qa^2$$

4-4 截面　$F_{Q4} = F_A - F = \dfrac{3}{4}qa - qa = -\dfrac{1}{4}qa$

$$M_4 = F_A 2a - Fa = \frac{3}{4}qa \times 2a - qa \times a = \frac{1}{2}qa^2$$

5-5 截面　$F_{Q5} = qa$，$M_5 = -qa\,\dfrac{a}{2} = -\dfrac{1}{2}qa^2$

第三节　剪力图和弯矩图

一、剪力、弯矩方程与剪力、弯矩图

由以上分析可知，一般剪力和弯矩是随着截面的位置不同而变化。如取梁的轴线为 x 轴，以坐标 x 表示横截面的位置，则剪力和弯矩可表示为 x 的函数，即

$$F_Q = F_Q(x), \quad M = M(x)$$

上述关系式表达了剪力和弯矩沿轴线变化的规律，分别称为梁的**剪力方程**和**弯矩方程**。

为了清楚地表明剪力和弯矩沿梁轴线变化的大小和正负，把剪力方程或弯矩方程用图线表示，称为**剪力图**或**弯矩图**。作图时按选定的比例，以横截面沿轴线的位置为横坐标，以表示各截面的剪力或弯矩为纵坐标，按方程作图。

例 8-3　图 8-12a 所示的简支梁为齿轮传动轴的计算简图，试列出它的剪力方程和弯矩方程，并作剪力图和弯矩图。

解：（1）**计算梁的支反力**　取整个梁 AB 为研究对象。

由平衡条件：$\displaystyle\sum_{i=1}^{n} M_A(F_i) = 0$ 和 $\displaystyle\sum_{i=1}^{n} M_B(F_i) = 0$，得：

$$F_A = \frac{Fb}{l}, \quad F_B = \frac{Fa}{l}$$

（2）**列出剪力方程和弯矩方程**　以梁的左端 A 为坐标原点，选取坐标系如图 8-12a 所示。集中力 F 作用于 C

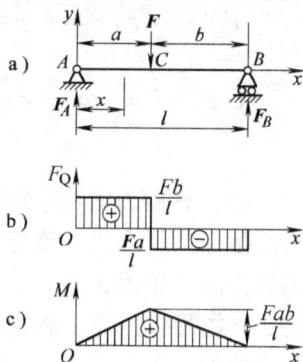

图 8-12　例 8-3 图

点，梁在 AC 和 CB 两段内的剪力和弯矩不能用同一方程来表示，应分段考虑。设各段任意截面的剪力和弯矩均以截面之左的外力表示，则得：

AC 段
$$F_Q(x) = F_A = \frac{Fb}{l} \qquad 0 < x < a \tag{8-3}$$

$$M(x) = F_A x = \frac{Fb}{l}x \qquad 0 \leqslant x \leqslant a \tag{8-4}$$

BC 段
$$F_Q(x) = F_A - F = -\frac{Fa}{l} \qquad a < x < l \tag{8-5}$$

$$M(x) = F_A x - F(x-a) = \left(\frac{Fb}{l} - F\right)x + Fa = \frac{Fa}{l}(l-x) \qquad a \leqslant x \leqslant l \tag{8-6}$$

（3）按方程分段作图　由式（8-3）与式（8-5）可知，AC 段和 BC 段的剪力均为常数，所以剪力图是平行于 x 轴的直线。AC 段的剪力为正，故剪力图在 x 轴上方；BC 段剪力为负，故剪力图在 x 轴之下，如图 8-12b 所示。

由式（8-4）与式（8-6）可知，弯矩都是 x 的一次方程，所以弯矩图是两段斜直线。根据式（8-4）、（8-6）确定三点：

$$x = 0, \; M(x) = 0$$

$$x = a, \; M(x) = \frac{Fab}{l}$$

$$x = l, \; M(x) = 0$$

由这三点分别作出 AC 段与 BC 段的弯矩图，如图 8-12c。

例 8-4　简支梁 AB 受集度为 q 的均布载荷作用，如图 8-13a 所示，作此梁的剪力图和弯矩图。

解：（1）求支反力　由载荷及支反力的对称性可知两个支反力相等，即：

$$F_A = F_B = \frac{ql}{2}$$

（2）列出剪力方程和弯矩方程　以梁左端 A 为坐标原点，选取坐标系如图 8-13 所示。距原点为 x 的任意横截面上的剪力和弯矩分别为：

$$F_Q(x) = F_A - qx = \frac{ql}{2} - qx \qquad 0 < x < l \tag{8-7}$$

$$M(x) = F_A x - qx\frac{x}{2} = \frac{ql}{2}x - \frac{1}{2}qx^2 \qquad 0 \leqslant x \leqslant l \tag{8-8}$$

（3）作剪力图和弯矩图　由式（8-7）可知，剪力图是一条斜直线，确定其上两点后即可绘出此梁的剪力图（见图 8-13b）。由式（8-8）可知，弯矩图为二次抛物线，要多确定曲线上的几点，才能画出这条曲线。例如通过下表中的几点作梁的弯矩图，如图8-13c 所示。

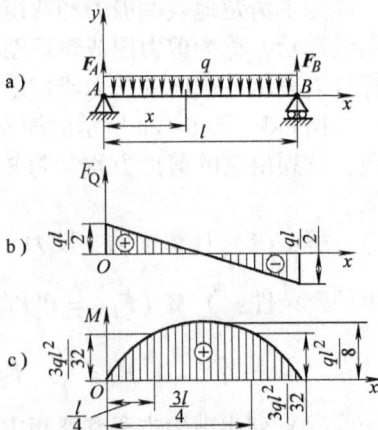

图 8-13　例 8-4 图

x	0	$l/4$	$l/2$	$3l/4$	l
$M(x)$	0	$\dfrac{3ql^2}{32}$	$\dfrac{ql^2}{8}$	$\dfrac{3ql^2}{32}$	0

由剪力图和弯矩图可以看出，在两个支座内侧的横截面上剪力为最大值：$\mid F_Q \mid_{\max}$ $=\dfrac{ql}{2}$。在梁跨度中点横截面上弯矩最大 $M_{\max}=\dfrac{1}{8}ql^2$，而在此截面上剪力 $F_Q=0$。

例 8-5　图 8-14a 所示简支梁，跨度为 l，在 C 截面受一集中力偶 M 作用。试列出梁的剪力方程 $F_Q(x)$ 和弯矩方程 $M(x)$，并绘出梁 AB 的剪力图和弯矩图。

解：（1）求支反力　由静力平衡方程 $\displaystyle\sum_{i=1}^{n} M_A(F_i)$ $=0$ 和 $\displaystyle\sum_{i=1}^{n} M_B(F_i)=0$ 得：

$$F_A=F_B=\frac{M}{l}$$

（2）列剪力方程和弯矩方程　由于集中力 M 作用在 C 处，全梁内力不能用一个方程来表示，故以 C 为界，分两段列出内力方程：

图 8-14　例 8-5 图

AC 段
$$F_Q(x)=F_A=\frac{M}{l} \qquad 0<x\leqslant a \tag{8-9}$$

$$M(x)=F_A x=\frac{M}{l}x \qquad 0\leqslant x<a \tag{8-10}$$

BC 段
$$F_Q(x)=F_A=\frac{M}{l} \qquad a\leqslant x<l \tag{8-11}$$

$$M(x)=F_A x-M=\frac{M}{l}x-M \qquad a\leqslant x\leqslant l \tag{8-12}$$

（3）画剪力图和弯矩图　由式（8-9）、（8-11）画出剪力图，见图 8-14b；由式（8-10）、（8-12）画出弯矩图，见图 8-14c。

二、弯矩、剪力与分布载荷集度之间的微分关系

在例 8-4 中，若将 $M(x)$ 的表达式对 x 取导数，就得到剪力 $F_Q(x)$。若再将 $F_Q(x)$ 的表达式对 x 取导数，则得到载荷集度 q。这里所得到的结果，并不是偶然的。实际上，在载荷集度、剪力和弯矩之间存在着普遍的微分关系。现从一般情况出发加以论证。

设图 8-15a 所示简支梁，受载荷作用，其中有载荷集度为 $q(x)$ 的分布载荷。$q(x)$ 是 x 的连续函数，规定向上为正，选取坐标系如图所示。

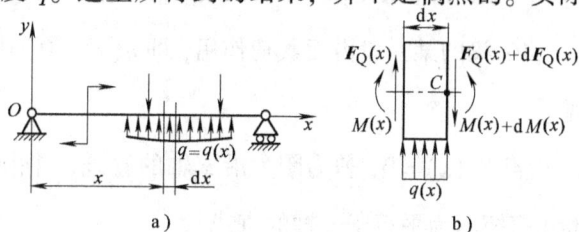

图 8-15　载荷集度、剪力、弯矩之间的关系

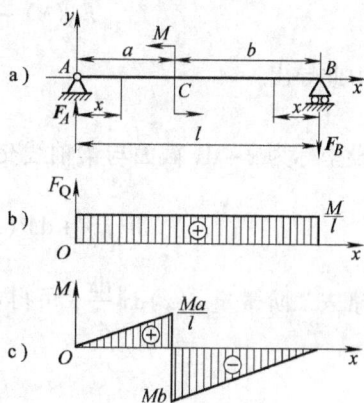

若用坐标为 x 和 $x + dx$ 的两个相邻横截面，从梁中取出长为 dx 的一段来研究，由于 dx 是微量，微段上的载荷集度 $q(x)$ 可视为均布载荷，见图 8-15b。

设坐标为 x 的横截面上的内力为 $F_Q(x)$ 和 $M(x)$，在坐标为 $x + dx$ 的横截面上的内力为 $F_Q(x) + dF_Q(x)$ 和 $M(x) + dM(x)$。假设这些内力均为正值，且在 dx 微段内没有集中力和集中力偶。微段梁在上述各力作用下处于平衡。根据平衡条件 $\sum_{i=1}^{n} F_{i_y} = 0$，得

$$F_Q(x) - [F_Q(x) + dF_Q(x)] + q(x)dx = 0$$

由此导出
$$\frac{dF_Q(x)}{dx} = q(x) \tag{8-13}$$

设坐标为 $x + dx$ 截面与梁轴线交点为 C，由 $\sum_{i=1}^{n} m_C(F_i) = 0$，得

$$M(x) + dM(x) - M(x) - F_Q(x)dx - q(x)dx\frac{dx}{2} = 0$$

略去二阶微量 $q(x)dx\dfrac{dx}{2}$，可得：

$$\frac{dM(x)}{dx} = F_Q(x) \tag{8-14}$$

将式(8-14)对 x 求一阶导数，并利用式(8-13)，得

$$\frac{d^2M(x)}{dx^2} = q(x) \tag{8-15}$$

式(8-13) ～式(8-15)就是载荷集度 $q(x)$、剪力 $F_Q(x)$ 和弯矩 $M(x)$ 之间的微分关系。它表示：

1）横截面的剪力对 x 的一阶导数，等于梁在该截面的载荷集度，即剪力图上某点切线的斜率等于该点相应横截面上的载荷集度。

2）横截面的弯矩对 x 的一阶导数，等于该截面上的剪力，即弯矩图上某点切线的斜率等于该点相应横截面上的剪力。

3）横截面的弯矩对 x 的二阶导数，等于梁在该截面的载荷集度 $q(x)$。由此表明弯矩图的变化形式与载荷集度 $q(x)$ 的正负值有关。若 $q(x)$ 方向向下（负值），即 $\dfrac{d^2M(x)}{dx^2} = q(x) < 0$，弯矩图为向上凸曲线；反之，$q(x)$ 方向向上（正值），则弯矩图为向下凸曲线。

根据微分关系，还可以看出剪力和弯矩有以下规律：

1）梁的某一段内无载荷作用，即 $q(x) = 0$，由 $\dfrac{dF_Q(x)}{dx} = q(x) = 0$ 可知，$F_Q(x) =$ 常量。

若 $F_Q(x) = 0$，剪力图为沿 x 轴的直线，并由 $\dfrac{dM(x)}{dx} = F_Q(x) = 0$ 可知，$M(x) =$ 常量，弯矩图为平行于 x 轴的直线。

若 $F_Q(x)$ 等于常数，剪力图为平行于 x 轴的直线，弯矩图为向上或向下倾斜的直

线。

2）梁的某一段内有均布载荷作用，即 $q(x)$ 等于常数，则剪力 $F_Q(x)$ 是 x 的一次函数，弯矩 $M(x)$ 是 x 的二次函数。剪力图为斜直线；若 $q(x)$ 为正值，斜线向上倾斜；若 $q(x)$ 负值，斜线向下倾斜。弯矩图为二次抛物线，当 $q(x)$ 为正值，即 $\dfrac{\mathrm{d}^2 M(x)}{\mathrm{d}x^2} = q(x) > 0$ 时，弯矩图为下凸曲线；当 $q(x)$ 为负值，即 $\dfrac{\mathrm{d}^2 M(x)}{\mathrm{d}x^2} = q(x) < 0$ 时，弯矩图为上凸曲线。

3）在集中力作用处，剪力图发生突变，突变的绝对值等于该集中力的数值。此处弯矩图由于切线斜率突变而发生转折。

4）在集中力偶作用处，剪力图不受影响，而弯矩图发生突变，突变的绝对值等于该集中力偶的数值。

上述结论可用表 8-1 表示。

表 8-1　各种形式载荷作用下的剪力图和弯矩图

载 荷 情 况	剪 力 图	弯 矩 图
$q = 0$（梁）	F_Q，$F_Q > 0$，$F_Q < 0$	M，$F_Q > 0$，$F_Q < 0$
$q = $ 常数	F_Q，$q < 0$，$q > 0$	M，$q < 0$，$q > 0$
F，C	F_Q，突变，F，C	M，转折，C
M，C	F_Q，不变，C	M，突变，C，M

利用剪力图和弯矩图的特点，可以定性地描绘剪力图和弯矩图，或校验剪力图和弯矩图。

例 8-6 图 8-16a 所示简支梁，受均布载荷和集中力共同作用，试绘梁的内力图。

解：（1）计算支反力 由 $\sum\limits_{i=1}^{n} M_A(\boldsymbol{F}_i) = 0$，得

$$-(q \times AB) \times \frac{AB}{2} + 6\text{kN} \times AC - F_D \times AD = 0$$

所以

$$F_D = \frac{-\dfrac{1}{2}q \cdot AB^2 + 6 \times AC}{AD} = 3\text{kN}$$

由 $\sum\limits_{i=1}^{n} F_{i_y} = 0$，得

$$F_A - q \times AB + 6 - F_D = 0$$

得

$$F_A = 3\text{kN}$$

（2）根据载荷作用位置把梁分成三段，并对各段的内力图形状作出分析判断，求出各段内力图的起点、终点和极值点的内力值，然后将其列表如下：

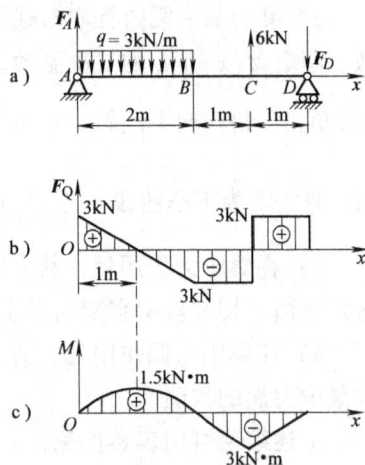

图 8-16 例 8-6 图

梁段	A_+ B_-			B_+ C_-		C_+ D_-	
$q/(\text{kN} \cdot \text{m}^{-1})$	-3			0		0	
剪力图形状	左高右低斜直线			水平线		水平线	
弯矩图形状	开口向下抛物线			斜直线		斜直线	
横截面 x 值/m	$0+\Delta$	1	$2-\Delta$	$2+\Delta$	$3-\Delta$	$3+\Delta$	$4-\Delta$
F_Q 值/kN	3	0	-3	-3	-3	3	3
M 值/$(\text{kN} \cdot \text{m})$	0	1.5	0	0	-3	-3	0

注：表中 $\Delta \to 0$。

（3）根据上表，由左至右逐段画出剪力图，如图 8-16b 所示；画出弯矩图，如图 8-16c 所示，可见 $|F_Q|_{\max} = 3\text{kN}$，$|M|_{\max} = 3\text{kN} \cdot \text{m}$。

例 8-7 外伸梁及其所受载荷如图 8-17a 所示，试作梁的剪力图和弯矩图。

解：按照前述使用的方法作剪力图和弯矩图时，应分段列出剪力方程及弯矩方程，然后按方程作图。现利用本节所得结论，可以不列方程而直接作图。

（1）求支反力 由 $\sum\limits_{i=1}^{n} M_A(\boldsymbol{F}_i) = 0$ 和 $\sum\limits_{i=1}^{n} M_B(\boldsymbol{F}_i) = 0$ 可求得：

$$F_A = 7\text{kN}, \ F_B = 5\text{kN}$$

（2）分段 沿集中力作用线、均布载荷的始末端以及集中力偶所在位置进行分段。现将 AE 梁分为 AC、CD、DB、BE 四段。

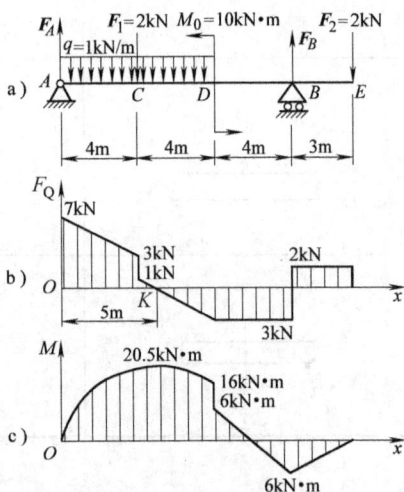

图 8-17 例 8-7 图

（3）作剪力图

AC 段 在支反力 F_A 的右侧梁截面上，剪力为 7kN。截面 *A* 到截面 *C* 之间的载荷为均布载荷，即 q_{AC}＝常数。剪力图为斜直线。算出集中力 F_1 左侧梁截面上剪力 $F_{QC左}$：

$$F_{QC左} = F_A - q \times AC = (7 - 4 \times 1)\text{kN} = 3\text{kN}$$

即可确定这条斜直线，见图 8-17b。

CD 段 截面 *C* 处有一集中力 F_1，剪力图发生突变，变化的数值等于 F_1。故：

$$F_{QC右} = F_{QC左} - F_1 = (3 - 2)\text{kN} = 1\text{kN}$$

从 *C* 到 *D* 剪力图又为斜直线，知：

$$F_{QD左} = F_{QD右} = F_{QC右} - q \times CD = (1 - 4 \times 1)\text{kN} = -3\text{kN}$$

DB 段 截面 *D* 与截面 *B* 之间梁上无载荷，剪力图为水平线。

BE 段 截面 *B* 与截面 *E* 之间剪力图也为水平线，算出截面 *B* 右侧截面上的 $F_{QB右}$ = 2kN，即可画出这一水平线。

（4）作弯矩图

AC 段 截面 *A* 上弯矩为零。从 *A* 到 *C* 梁上为均布载荷，且均布载荷向下，则弯矩图为上凸的抛物线。算出截面 *C* 的弯矩为：

$$M_C = F_A \times AC - \frac{1}{2}q \times AC \times AC = \left(7 \times 4 - \frac{1}{2} \times 1 \times 4 \times 4\right)\text{kN} \cdot \text{m} = 20\text{kN} \cdot \text{m}$$

已知 *A* 点、*C* 点弯矩以及抛物线为上凸，即可大致画出 *AC* 段的弯矩图。

CD 段 由受力特性可知，从 *C* 到 *D* 弯矩图为上凸的另一抛物线。截面 *C* 的剪力突变，故弯矩图在 *C* 点斜率也突变。在截面 *K* 上的剪力等于零，故 *K* 点为弯矩的极值点。由 *CD* 段的剪力方程可计算出 *K* 至梁左端距离为 5m，故可求出截面 *K* 上弯矩的极值为：

$$M_K = F_A \times AK - F_1 \times CK - \frac{1}{2}q \times AK \times AK = \left(7 \times 5 - 2 \times 1 - \frac{1}{2} \times 1 \times 5 \times 5\right)\text{kN} \cdot \text{m}$$

$$= 20.5\text{kN} \cdot \text{m}$$

在集中力偶 M_0 左侧截面上弯矩 $M_{D左}$ 为：

$$M_{D左} = F_A \times AD - F_1 \times CD - \frac{1}{2}q \times AD \times AD = \left(7 \times 8 - 2 \times 4 - \frac{1}{2} \times 1 \times 8 \times 8\right)\text{kN} \cdot \text{m}$$

$$= 16\text{kN} \cdot \text{m}$$

已知 *C*、*K* 及 $D_左$ 等三个截面上的弯矩，即可连成 *C* 到 *D* 之间的抛物线。

DB 段和 BE 段 截面 *D* 上有一集中力偶，弯矩图突变，而且变化的数值等于 M_0 = 10kN · m。所以在 *D* 右侧截面上 $M_{D右}$ 为：

$$M_{D右} = M_{D左} - M_0 = (16 - 10)\text{kN} \cdot \text{m} = 6\text{kN} \cdot \text{m}$$

B 截面上的弯矩 M_B 为：

$$M_B = -F_2 \times BE = -2 \times 3\text{kN} \cdot \text{m} = -6\text{kN} \cdot \text{m}$$

由于 DB 段的剪力图为水平直线，于是由 $M_{D右}$ 和 M_B 就确定了这条直线。B 到 E 之间弯矩图也是斜直线，由于 $M_E = 0$，故可画出图示斜直线。

从所得的剪力图（见图 8-17b）和弯矩图（见图 8-17c）上，不难确定最大剪力 $|F_Q|_{max} = 7\text{kN}$，最大弯矩 $|M|_{max} = 20.5\text{kN} \cdot \text{m}$。

要注意的是：$|M|_{max}$ 不但可能发生在 $F_Q = 0$ 的截面上，也有可能发生在集中力或集中力偶作用处。所以求弯矩的最大值 $|M|_{max}$ 时，应综合考虑上述几种可能性。

第四节 纯弯曲时的正应力

在一般情况下，梁的横截面上既有剪力，又有弯矩。剪力的存在，说明梁不仅有弯曲变形，而且有剪切变形。这种平面弯曲称为**剪切弯曲**。如果各横截面上只有弯矩而无剪力，则称为**纯弯曲**。如起重机横梁的 AB 段（见图 8-18），各横截面的弯矩 $M = -Fa$，为常量，而剪力 $F_Q = 0$，所以梁的 AB 段产生纯弯曲变形，而 CA、BD 段则产生剪切弯曲。

由以上所述可知，在 AB 段内，梁的各个横截面上剪力等于零，而弯矩为常量，因而横截面上就只有正应力而无切应力。研究纯弯曲时的正应力和研究圆轴扭转时的切应力的方法相似，也是从观察分析实验现象着手，综合考虑几何、物理和静力学三方面进行推证。

一、实验现象及假设

取一根梁（如矩形截面梁），在表面上画上纵向和横向直线，如图 8-19a 所示。在梁的两端施加一对大小相等、方向相反的力偶矩 M，使梁处于纯弯曲受力状态，如图 8-19b 所示。从实验中观察到梁的变形现象如下：

1）横向直线变形后仍为直线，仍然与已变成弧线的纵向线正交，只是相对地转了一个角度。

2）纵向直线变成圆弧线，位于中间位置的纵向线长度不变，上部的纵向线缩短，下部的纵向线伸长。

3）变形后横截面的高度不变，而宽度在纵向线伸长区减小，在纵向线缩短区增大。

从上述观察到的现象，并将绘于梁表面的横向直线看作梁的横截面，运用推理的方法，可作如下假设：

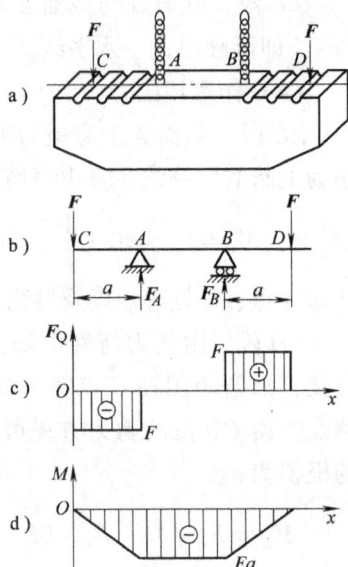

图 8-18 起重机横梁
a) 起重机横梁 b) 受力分析
c) 剪力图 d) 弯矩图

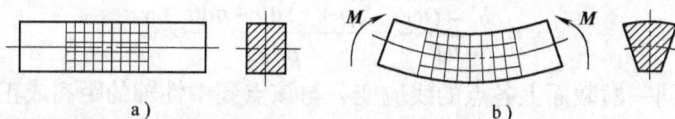

图 8-19 梁的纯弯曲实验

1. 平面假设

当梁的变形不大时,梁在变形前的横截面,变形后仍保持为平面,并仍然垂直于变形后梁的轴线,只是绕横截面内的某一轴线旋转了一个角度。

2. 单向受力假设

纵向纤维的变形只是简单的拉伸和压缩,各纤维之间无挤压作用。

根据平面假设,纯弯曲梁变形后各横截面仍然与各纵向线正交,即梁的纵、横截面上无切应变,所以也无切应力。又根据单向受力假设,梁弯曲后,存在纵向纤维的伸长区和缩短区,中间必有一纤维层既不伸长也不缩短,这一长度不变的过渡层称为**中性层**,如图8-20所示。中性层与横截面的交线称为**中性轴**。弯曲变形中,梁的横截面绕中性轴旋转。显然在平面弯曲的情况下,中性轴垂直于截面的对称轴。

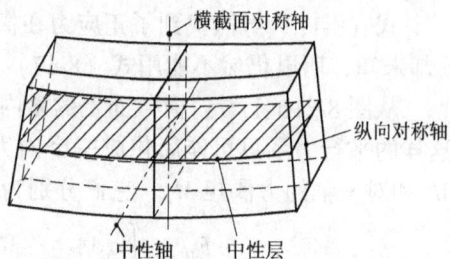

图 8-20 中性层和中性轴

二、变形几何关系

从平面假设出发,相距为 dx 的两横截面间的一段梁,变形后如图 8-21a 所示。取坐标系的 y 轴为截面的对称轴,z 轴为中性轴(见图 8-21b)。距中性层为 y 处的纵向纤维变形后的长度 bb' 应为:

$$bb' = (\rho + y)\,d\theta$$

这里 ρ 为变形后中性层的曲率半径,$d\theta$ 是相距为 dx 的两横截面的相对转角,至于这些纤维的原长度 dx,应与长度不变的中性层内的纤维 $\overline{OO'}$ 相等,即 $dx = \overline{OO'} = \rho\,d\theta$。其线应变为:

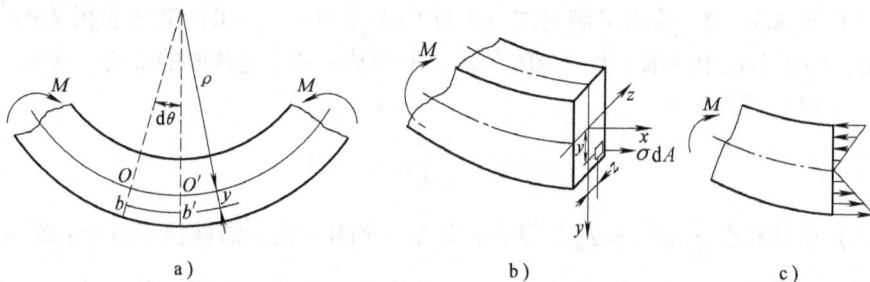

图 8-21 变形几何关系

$$\varepsilon = \frac{bb' - \overline{OO'}}{\overline{OO'}} = \frac{(\rho + y)\mathrm{d}\theta - \rho\mathrm{d}\theta}{\rho\mathrm{d}\theta} = \frac{y}{\rho} \tag{8-16}$$

式(8-16)表明,同一横截面上各点的线应变 ε 与该点到中性轴的距离成正比。

三、物理关系

根据单向受力状态的假设,当应力不超过材料的比例极限时,应用单向拉伸或压缩的胡克定律可得横截面上距中性轴为 y 处的正应力:

$$\sigma = E\varepsilon = E\frac{y}{\rho} \tag{8-17}$$

式 (8-17) 表明,横截面上任一点的正应力与该点到中性轴的距离成正比。即横截面上的正应力沿截面高度按直线规律变化,如图 8-21c 所示。在中性轴上的正应力为零。

四、静力关系

式 (8-17) 虽然找到了正应力在横截面上的分布规律,但中性轴的位置和曲率半径 ρ 却未知,所以仍然不能用式 (8-17) 求出正应力的大小,而需用静力学关系来解决。

从图 8-21b 上看,横截面上的微内力 $\sigma\mathrm{d}A$ 组成一个与横截面垂直的空间平行力系,这样的平行力系只可能简化成三个内力分量:平行于 x 轴的轴力 F_{N},对 z 轴的力偶矩 M_z 和对 y 轴的力偶矩 M_y。它们分别为:

$$F_{\mathrm{N}} = \int_A \sigma\mathrm{d}A \qquad M_y = \int_A z\sigma\mathrm{d}A \qquad M_z = \int_A y\sigma\mathrm{d}A$$

由于讨论的是纯弯曲状态,根据图 8-21b 所示的平衡关系,在横截面上只有弯矩 M_z 存在,轴力 F_{N} 和弯矩 M_y 均为零。于是得:

$$F_{\mathrm{N}} = \int_A \sigma\mathrm{d}A = 0 \tag{8-18}$$

$$M_y = \int_A z\sigma\mathrm{d}A = 0 \tag{8-19}$$

$$M_z = \int_A y\sigma\mathrm{d}A = M \tag{8-20}$$

将式 (8-17) 代入式 (8-18),得: $\qquad \int_A \sigma\mathrm{d}A = \frac{E}{\rho}\int_A y\mathrm{d}A = 0 \tag{8-21}$

式 (8-21) 中的积分 $\int_A y\mathrm{d}A = Ay_C$,是横截面对 z 轴的静矩 S_z,y_C 为截面形心在 y 轴上的坐标。由于 $E/\rho \neq 0$,故为了满足式 (8-21) 必须要求 $S_z = 0$;又知面积 $A \neq 0$,故必有 $y_C = 0$,即形心在中性轴 z 上。也就是说,中性轴 z 必通过截面的形心。将式 (8-17) 代入式 (8-19),得:

$$\int_A z\sigma\mathrm{d}A = \frac{E}{\rho}\int_A yz\mathrm{d}A = 0 \tag{8-22}$$

式 (8-22) 中的积分 $\int_A yz\mathrm{d}A = I_{yz}$,是横截面对 y 轴和 z 轴的惯性积。由于 y 轴是横截面的对称轴,必然有 $I_{yz} = 0$,故式 (8-22) 自然满足。以式 (8-17) 代入式 (8-20),并用 M 代替 M_z 得到

$$M = \int_A y\sigma dA = \frac{E}{\rho}\int_A y^2 dA \qquad (8\text{-}23)$$

式（8-23）中的积分 $\int_A y^2 dA = I_z$，I_z 称为横截面对中性轴的惯性矩。于是式（8-23）可写成：

$$\frac{1}{\rho} = \frac{M}{EI_z} \qquad (8\text{-}24)$$

上式为**梁弯曲变形的基本公式**。该式说明，中性层的曲率 $1/\rho$ 与弯矩 M 成正比，与 EI_z 成反比，比例常数 E 即为梁材料的弹性模量。由该式还可看出，在弯矩 M 一定时，EI_z 越大，曲率愈小，梁不易变形。因此，EI_z 是梁抵抗弯曲变形能力的度量，故称为**梁的抗弯刚度**。

将式（8-24）代入式（8-17），简化后得到梁纯弯曲时横截面上任一点的正应力计算公式：

$$\sigma = \frac{My}{I_z} \qquad (8\text{-}25)$$

由式（8-25）可知，梁横截面上任一点的正应力 σ，与截面上弯矩 M 和该点到中性轴的距离 y 成正比，与截面对中性轴的惯性矩 I_z 成反比。

应用式（8-25）时，M 及 y 均可用绝对值代入。至于所求点的正应力是拉应力还是压应力，可根据梁的变形情况而定。

当 $y = y_{max}$ 时，梁的截面最外边缘上各点处正应力达到最大值，即：

$$\sigma_{max} = \frac{M}{I_z}y_{max} = \frac{M}{W_z} \qquad (8\text{-}26)$$

式中 $W_z = I_z / y_{max}$，称为梁的**抗弯截面系数**。它只与截面的几何形状有关，单位为 mm^3 或 m^3。

当梁横截面形状对称于中性轴时，最大拉应力与最大压应力相等。但当梁的横截面对中性轴不对称时，如图 8-22 中的 T 形截面，其最大拉应力和最大压应力并不相等，这时应分别把 y_1 和 y_2 代入式（8-26），计算最大拉应力和最大压应力。

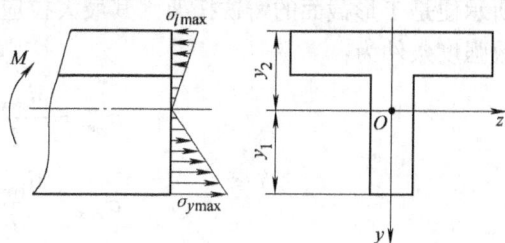

应该指出，式（8-25）及式（8-26）

图 8-22 T 形截面应力计算

的正确性，已为更严格的弹性力学理论所证实。这说明本节依据的假设是正确的。在上述公式导出时，应用了胡克定律，故在使用时其应力值不能超过材料的比例极限。

第五节　剪切弯曲时的正应力强度计算

工程中常见的梁，大多处于剪切弯曲变形，而式（8-24）～式（8-26）是在纯弯曲时导出的，但理论分析证明，对于一般细长梁（$l/h > 5$），剪力对正应力分布规律的影响很小，上述公式仍可用于平面剪切弯曲。在剪切弯曲时，梁横截面上的弯矩沿梁轴线是变化的。因此，梁的最大正应力公式可以改写为：

$$\sigma_{max} = \frac{|M|_{max}}{W_z} \tag{8-27}$$

式（8-27）用来计算等直梁在剪切弯曲时横截面上的最大正应力。此时，梁横截面上的最大正应力，发生在等直梁全梁最大弯矩 $|M|_{max}$ 所在截面上最外缘的各点处。

由于在横截面上最外边缘的各点处切应力等于零，因而最大弯曲正应力所作用的各点可看作为简单拉压受力状态。因此，建立梁的弯曲正应力强度条件为：

$$\sigma \leqslant [\sigma] \tag{8-28}$$

即梁的最大工作正应力不得超过材料的许用应力 $[\sigma]$。

对于低碳钢等塑性材料，其抗拉和抗压的许用应力相等。为了使横截面上最大拉应力和最大压应力同时达到其许用应力，通常将梁的截面做成与中性轴对称的形状。如工字形、矩形和圆形等。其强度条件为：

$$\sigma_{max} = \frac{|M|_{max}}{W_z} \leqslant [\sigma] \tag{8-29}$$

由于脆性材料抗拉与抗压的许用应力不同，为了充分利用材料，工程上常把梁的横截面做成与中性轴不对称的形状。例如 T 形截面等。图 8-23

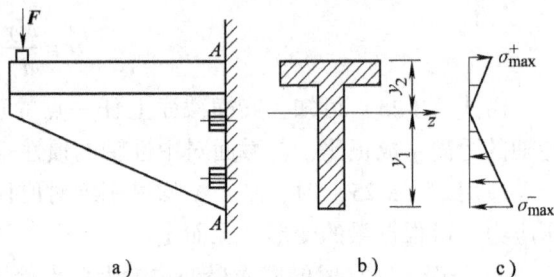

图 8-23 T 形截面托架
a) 托架 b) T 形截面 c) 应力图

所示便是 T 形截面的铸铁托架，其最大拉应力值和最大压应力值可由式（8-26）求得。故强度条件为：

$$\sigma_{max}^+ = \frac{M_{max}y_1}{I_z} \leqslant [\sigma^+] \tag{8-30}$$

$$\sigma_{max}^- = \frac{M_{max}y_2}{I_z} \leqslant [\sigma^-] \tag{8-31}$$

式中，$[\sigma^+]$ 表示抗拉许用应力，$[\sigma^-]$ 表示抗压许用应力。

对于阶梯形梁，因抗弯截面系数 W_z 不再是常量，对整个梁而言，σ_{max} 不一定发生在 $|M|_{max}$ 所在截面上。所以，应综合考虑弯矩及抗弯截面系数两个因素来确定全梁工作时的最大正应力。

式（8-29）～式（8-30）的强度条件，可以解决工程中梁弯曲强度校核、选择梁的截面和确定许可载荷三方面的问题。

例 8-8 一简易起重设备如图 8-24a 所示。起重量（包括电葫芦自重）$F = 40$kN，吊车大梁由 22a 号工字钢制成，跨度 $l = 5$m，材料许用应力 $[\sigma] = 170$MPa。试校核此梁的弯曲强度。

解： 此起重机梁可简化为受集中载荷作用的简支梁（见图 8-24b）。要进行梁的正应力强度校核，须首先确定载荷沿梁行走过程中使梁产生最大弯矩时的载荷作用位置，即工作最不利情况。当 F 作用在距支座 A 为 x 的截面时，该截面的弯矩 $M(x) = \dfrac{F(l-x)}{l}x$。

令此弯矩对 x 的一阶导数为零，则可确定弯矩为极大值时的截面位置，即：

$$\frac{\mathrm{d}M(x)}{\mathrm{d}x} = \frac{F}{l}(l-2x) = 0$$

得

$$x = \frac{l}{2}$$

这说明移动载荷 F 作用在简支梁的跨中点时（见图 8-24c），使梁受力最不利，产生的最大弯矩（见图 8-24d）为：

$$M_{\max} = \frac{Fl}{4}$$

由附录 C 型钢表查得 22a 号工字钢的抗弯截面系数 W_z 为：

$$W_z = 309\,\mathrm{cm}^3 = 3.09 \times 10^{-4}\,\mathrm{m}^3$$

根据正应力强度条件：

$$\sigma_{\max} = \frac{|M|_{\max}}{W_z} = \frac{Fl/4}{W_z} = \frac{40 \times 10^3 \times 5}{4 \times 3.09 \times 10^{-4}}\mathrm{Pa} = 162 \times 10^6\,\mathrm{Pa} = 162\,\mathrm{MPa} < [\sigma]$$

故满足强度条件要求。

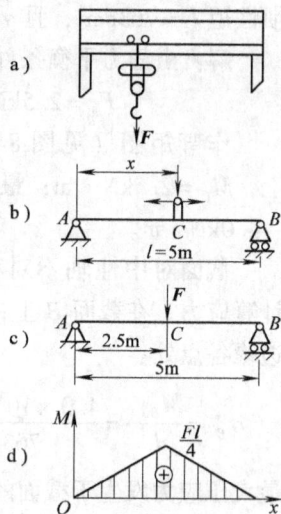

图 8-24　例 8-8 图

例 8-9　图 8-25 所示为一受均布载荷作用的圆截面梁，其跨度 $l = 3.0\,\mathrm{m}$，梁截面直径 $d = 30\,\mathrm{mm}$，许用应力 $[\sigma] = 150\,\mathrm{MPa}$。试确定梁的许用均布载荷 q。

解：（1）求最大弯矩　根据静力学平衡方程可求出支座反力，作简支梁的弯矩图，如图 8-25 所示。由弯矩图可知，最大弯矩发生在梁的中点，其值为：

$$M_{\max} = \frac{ql^2}{8}$$

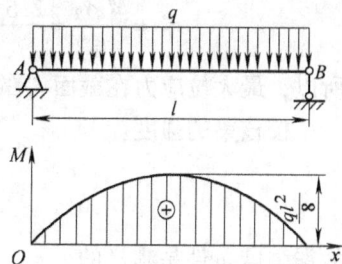

（2）根据强度条件确定梁的许用均布载荷 q：

将 $\sigma_{\max} = \dfrac{|M|_{\max}}{W_z} \leqslant [\sigma]$ 改写成 $|M|_{\max} \leqslant [\sigma]W_z$，有：

$$\frac{ql^2}{8} \leqslant [\sigma]W_z$$

图 8-25　例 8-9 图

由此得许用均布载荷：

$$q \leqslant \frac{8[\sigma]W_z}{l^2} = \frac{8 \times 150 \times 10^6 \times \dfrac{\pi}{32} \times 0.030^3}{3.0^2}\mathrm{N/m} = 353\,\mathrm{N/m}$$

例 8-10 图 8-26a 表示一 T 形截面铸铁梁。铸铁的抗拉许用应力为 $[\sigma^+] = 30\text{MPa}$，抗压许用应力为 $[\sigma^-] = 50\text{MPa}$。T 形截面尺寸如图 8-26b 所示。已知截面对形心轴 z 的惯性矩 $I_z = 763\text{cm}^4$，且 $y_1 = 52\text{mm}$。试校核梁的强度。

解： 由静力平衡条件求出梁的支反力为：

$$F_A = 2.5\text{kN}, \quad F_B = 10.5\text{kN}$$

作弯矩图（见图 8-26c），最大正弯矩在截面 C 上，$M_C = 2.5\text{kN·m}$；最大负弯矩在截面 B 上，$M_B = -4.0\text{kN·m}$。

截面对中性轴不对称，可用式（8-30、式 8-31）计算应力。在截面 B 上，最大拉应力发生于截面的上边缘各点处：

$$\sigma_B^+ = \frac{M_B y_1}{I_z} = \frac{4.0 \times 10^3 \times 52 \times 10^{-3}}{763 \times 10^{-8}}\text{MPa} = 27.2\text{MPa}$$

最大压应力发生于截面的下边缘各点处：

$$\sigma_B^- = \frac{M_B y_2}{I_z} = \frac{4.0 \times 10^3 \times (120 + 20 - 52) \times 10^{-3}}{763 \times 10^{-8}}\text{MPa}$$

$$= 46.2\text{MPa}$$

在截面 C 上虽然弯矩 M_C 的绝对值小于 M_B，但 M_C 是正弯矩，最大拉应力发生于截面的下边缘各点，而这些点到中性轴的距离又比较远，因而有可能发生比截面 B 还要大的拉应力。

$$\sigma_C^+ = \frac{M_C y_2}{I_z} = \frac{2.5 \times 10^3 \times (120 + 20 - 52) \times 10^{-3}}{763 \times 10^{-8}}\text{MPa} = 28.8\text{MPa}$$

所以，最大拉应力在截面 C 的下边缘各点处。

校核梁的强度：

$$\sigma_{max}^+ = \sigma_C^+ = 28.8\text{MPa} < [\sigma^+]$$

$$\sigma_{max}^- = \sigma_B^- = 46.2\text{MPa} < [\sigma^-]$$

故梁强度条件是满足的。

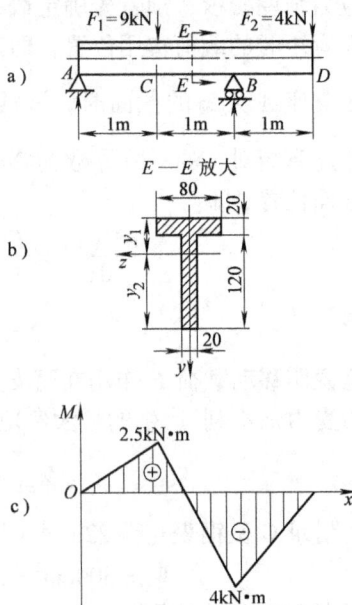

图 8-26 例 8-10 图

第六节 弯曲切应力

在工程中遇到的梁，大多数不是纯弯曲。也就是说，梁的内力除了弯矩之外还有剪力，因而截面上还要产生切应力。在弯曲问题中，一般对细长梁来说，正应力是强度计算主要因素。但在某些情况下，例如，跨度短而截面大的梁，腹板较薄的工字梁，载荷距支座较近的梁等，可能发生由弯曲切应力引起的破坏，由此需要计算弯曲时梁的切应力。这里介绍几种常用截面切应力的计算方法。

一、矩形截面梁的切应力

图 8-27a 所示为一受横向载荷的矩形截面梁，在求任意截面上的切应力时，对切应力的分布作如下假设：

1）截面上任一点的切应力方向均平行于剪力；

2）切应力沿矩形截面的宽度均匀分布，即切应力的大小只与 y 坐标有关。

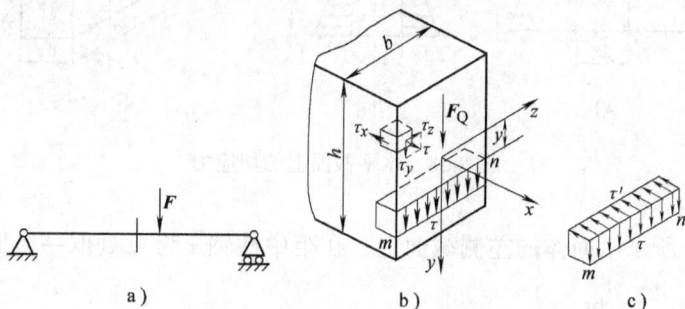

图 8-27　受横向载荷的矩形截面梁

根据以上假设，沿矩形截面宽度切应力的分布如图 8-27b 所示。

为了对上述假设的合理性作一简略的说明，我们在靠近梁侧面处取一单元体（见图 8-27b）。设横截面上在边界处切应力 τ 的方向与边界成一斜角，可把此切应力分解为平行于边界的 τ_y 和垂直于边界的 τ_z，由切应力互等定律可知在此单元体的侧面必有一 τ_x 与 τ_z 大小相等。但此侧面即为梁的侧表面，而侧表面为自由表面，不可能有切应力产生，故知 $\tau_x = \tau_z = 0$，即说明**梁横截面上沿周界处切应力的方向必与周界相切**。因此，左、右边界上切应力是平行于剪力 F_Q 的。又因对称关系，在 y 轴上切应力必平行于剪力 F_Q。因而可以设想整个截面上各点切应力均平行于剪力 F_Q。又当截面高度 h 大于 b 时，可近似地认为切应力沿截面宽度均匀分布。由弹性力学可以证明，在这两点假设基础上建立的切应力公式对长梁是足够精度的。

如从梁上两横截面之间并在距中性层为 y 处切取一单元体 mn，见图 8-27b、c，根据以上两条假设可知，在单元体的竖直面上具有均匀分布的垂直切应力 τ。又由切应力互等定理可知，单元体水平面上有水平切应力 τ'，并且 $\tau' = \tau$。下面先求水平截面上的 τ'。

在梁上取长为 dx 的一小段，如图 8-28a，设左、右截面上的弯矩分别为 M 及 $M + dM$，剪力为 F_Q。再在 1-1′、2-2′ 两截面间距离中性层为 y 处作一水平截面，研究此截面以下的部分，见图 8-28b、c。在六面体 31′2′4 上只画出左、右侧面上的正应力 σ 和水平截面上的切应力 τ'。在左侧截面上作用的正应力将构成一向左的水平力 F_{N_1}，在右侧面上作用的正应力将构成一向右的水平力 F_{N_2}，因为两截面上弯矩不同，故 F_{N_1}、F_{N_2} 亦不同，只有在存在水平切应力 τ' 的情况下，才能维持六面体在水平方向的平衡。因此，τ' 可由此六面体的水平方向的平衡而得到。

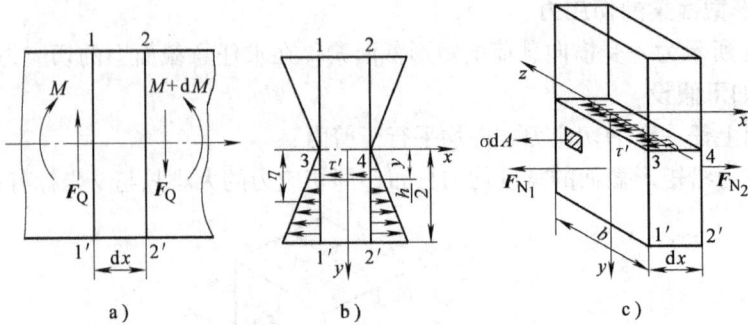

图 8-28 水平截面上的切应力

在图 8-28c 所示六面体的左侧截面上，在距中性轴 z 为 η 处取一微面积 dA，则 dA 上的正应力 $\sigma = \dfrac{M\eta}{I_z}$，故：

$$F_{N_1} = \int_{A_1} \sigma dA = \int_{A_1} \frac{M\eta}{I_z} dA = \frac{M}{I_z} \int_{A_1} \eta dA$$

上式中 A_1 表示六面体 $31'2'4$ 左侧截面的面积，$\int_{A_1} \eta dA$ 即为这部分面积对中性轴的面积矩，面积矩 S 的值随水平截面的位置 y 而变化。上式可写为：

$$F_{N_1} = \frac{MS}{I_z} \tag{8-32}$$

同理可得

$$F_{N_2} = \frac{M + dM}{I_z} S \tag{8-33}$$

水平截面 34 上的切应力 τ' 沿截面的宽度 b 无变化，沿长度 dx 也无变化（如梁上有分布力时，τ' 沿长度 dx 的变化也可略去），故 τ' 所组成的水平力 F_T 为：

$$F_T = \tau' b dx \tag{8-34}$$

力 F_{N_1}、F_{N_2} 和 F_T 应满足平衡方程 $\sum_{i=1}^{n} F_{ix} = 0$，即：

$$F_{N_2} - F_{N_1} - T = 0 \tag{8-35}$$

将式（8-32）～（8-34）代入式（8-35），得

$$\frac{M + dM}{I_z} S - \frac{M}{I_z} S - \tau' b dx = 0$$

整理得到 $\tau' b dx = \dfrac{dM}{I_z} S$，即：

$$\tau' = \frac{dM}{dx} \frac{S}{I_z b}$$

由于 $\dfrac{dM}{dx} = F_Q$，所以上式可改写为：

$$\tau' = \frac{F_Q S}{I_z b}$$

从切应力互等定理知 $\tau = \tau'$，故在横截面上距中性轴为 y 处的切应力为：

$$\tau = \frac{F_Q S}{I_z b} \tag{8-36}$$

式中 F_Q 为横截面上的剪力；I_z 为横截面对中性轴的惯性矩；b 为截面宽度；S 为距中性轴为 y 的横线以外部分的横截面面积对中性轴的面积矩（见图 8-28b，图 8-29a）。

式（8-36）称为**儒拉夫斯基公式**。

现在根据式（8-36）讨论切应力在横截面上的分布。在图 8-29 中，距中性轴为 y 处横线以下面积对中性轴的面矩 S 为：

图 8-29 横截面上切应力的分布

$$S = b\left(\frac{h}{2} - y\right) \times \left(y + \frac{\frac{h}{2} - y}{2}\right) = \frac{b}{2}\left(\frac{h^2}{4} - y^2\right)$$

由于 $I_z = \frac{bh^3}{12}$，故：

$$\tau = \frac{F_Q S}{I_z b} = \frac{F_Q \dfrac{b}{2}\left(\dfrac{h^2}{4} - y^2\right)}{\dfrac{bh^3}{12} b} = \frac{6 F_Q}{bh^3}\left(\frac{h^2}{4} - y^2\right)$$

上式表明，τ 沿矩形截面高度按二次抛物线规律变化，如图 8-29b 所示。在横截面的上、下边缘 $y = \pm\dfrac{h}{2}$ 处，$\tau = 0$。在中性轴上，即 $y = 0$ 处，出现最大切应力：

$$\tau_{max} = \frac{3}{2}\frac{F_Q}{bh} \tag{8-37}$$

式（8-37）说明矩形截面梁的最大切应力为平均切应力的 1.5 倍。

因为切应力 τ 与剪力 F_Q 平行、同向，故根据 F_Q 的方向即可判断 τ 的方向。

梁内的最大切应力发生在剪力 F_Q 最大的截面的中性轴上。中性轴一侧的面积对中性轴的面积矩如用 S_{max} 表示，则梁的切应力强度条件为：

$$\tau_{max} = \frac{F_{Qmax} S_{max}}{I_z b} \leqslant [\tau] \tag{8-38}$$

对矩形截面，由式（8-37）有：

$$\tau_{max} = \frac{3}{2}\frac{F_{Qmax}}{bh} \leqslant [\tau] \tag{8-39}$$

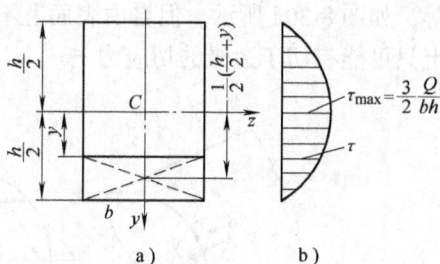

*二、圆形截面梁

当梁的横截面为圆形时，已经不能再假设截面上各点的切应力都平行于剪力 F_Q。容易证明截面边缘上各点的切应力不平行于剪力 F_Q，而是与圆周相切。这是因为如果在边缘上切应力不与圆周相切，就可以把它分解成一个与边缘相切的分量 τ_t 和另一个在边缘法线方向的分量 τ_r。根据切应力互等定理，对 τ_r 来说应与梁自由表面上的 $\tau_{r'}$ 相等，如图 8-30a 所示。但自由表面上不可能有切应力 τ_r'，即 $\tau_r = \tau_r' = 0$。故在边缘各点上只可能有切于边缘的切应力 τ_t。

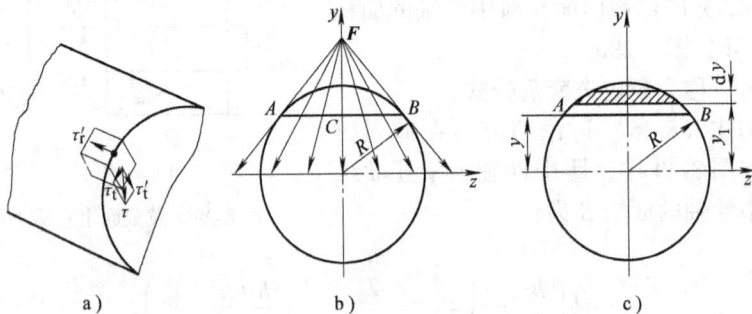

图 8-30　圆形截面上的切应力

这样，在圆截面某一水平弦 AB 的两端，如图 8-30b，切应力与圆周相切，相交于 y 轴上的 F 点。由于对称的原因，AB 中点 C 的切应力必然是垂直的，因而也过 F 点。由此，假设 AB 弦上任一点的切应力都通过 F 点。若再假设 AB 弦上各点切应力的垂直分量 τ_y 是相等的，亦即假设沿 AB 弦切应力的垂直分量 τ_y 是均匀分布的。这样，对 τ_y 来说与关于矩形截面所作的假设完全相同，因而也就可以由式（8-36）来计算。即：

$$\tau_y = \frac{F_Q S}{I_z b} \tag{8-40}$$

式中　$b = 2\sqrt{R^2 - y^2}$，为 AB 弦的长度；S 是 AB 弦以外的部分截面面积对中性轴的面积矩。由图 8-30c 可知：

$$S = \int_A y_1 dA = \int_y^R 2y_1 \sqrt{R^2 - y_1^2} dy_1 = \frac{2}{3}(R^2 - y^2)^{\frac{3}{2}} \tag{8-41}$$

将式(8-41)代入式(8-40)得：

$$\tau_y = \frac{F_Q(R^2 - y^2)}{3I_z} \tag{8-42}$$

求得切应力的垂直分量 τ_y 后，根据 AB 弦上每一点的切应力都通过 F 点的假设，不难求得每一点的总切应力。例如在 AB 弦的端点 A 或 B，切应力为：

$$\tau = \frac{R}{\sqrt{R^2 - y^2}} \tau_y = \frac{F_Q R \sqrt{R^2 - y^2}}{3I_z} \tag{8-43}$$

这也是 AB 弦上的最大切应力。

从式（8-43）可看出，在中性轴上，$y=0$，切应力达到最大值。对比式（8-42）可知，在中性轴上各点的 τ_y 也就是各点的总切应力。注意到 $I_z = \dfrac{\pi R^4}{4}$，从式（8-43）得到

$$\tau_{max} = \frac{F_Q S}{b I_z} = \frac{4 F_Q}{3 \pi R^2} = \frac{4 F_Q}{3 A} \tag{8-44}$$

可见圆形截面上的最大切应力 τ_{max} 为平均切应力 $\dfrac{F_Q}{A}$ 的 $1\dfrac{1}{3}$ 倍。

*三、薄壁截面梁的切应力

在工程上常遇到工字形、槽形和其他形状的薄壁截面（见图8-31），它们的壁厚与截面的其他尺寸相比小很多。图中的点画线是截面各处壁厚中点的连线，称为**薄壁截面的中线**。

根据切应力互等定理可知，截面周界上各点切应力的方向必须平行于周界。由于薄壁截面的壁厚非常小，可以认为截面上各点切应力的方向平行于截面中线；此外，还可以认为沿壁厚方向切应力大小不

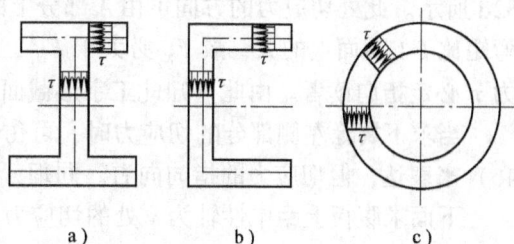

图 8-31 薄壁截面

变化，即沿任何一条与中线垂直的横线上各点切应力相同。根据上述假定，可知薄壁截面上切应力分布如图8-31所示。

薄壁杆件横截面上的切应力，可按照与矩形截面相同的方法来确定。在横向弯曲梁中取出 dx 小段（见图8-32a），欲求横截面上 $a\text{-}a$ 处的切应力，则自 $a\text{-}a$ 处假想截开（见图8-32b），保留 $a\text{-}a$ 以右部分（A 部分）。A 部分前、后两面上正应力合力 F_{N_1} 与 F_{N_2} 之差，被切应力 τ' 的合力所平衡（见图8-32c）；求出 τ' 后，利用切应力互等定理知，横截面内产生与 τ' 互等的切应力 τ。这样推导的薄壁截面切应力公式，仍可用式（8-36）表示，只是该式中的 b 应换为 t，得：

$$\tau = \frac{F_Q S}{I_z t} \tag{8-45}$$

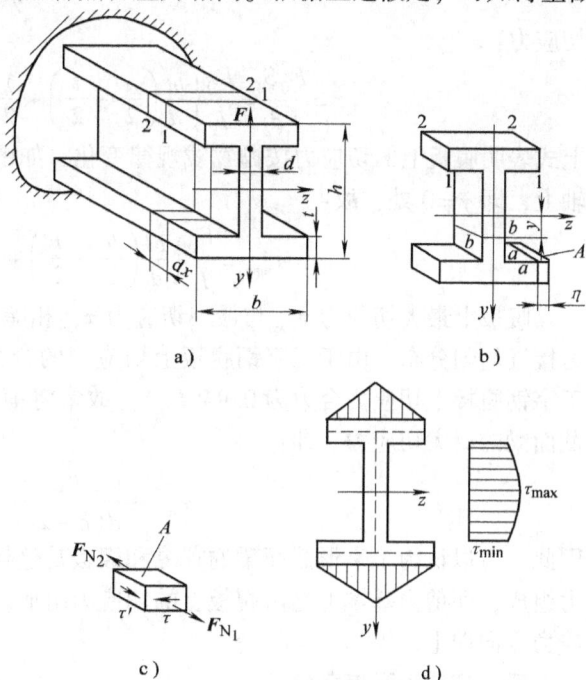

图 8-32 工字形截面上的切应力

式中　S 是部分面积（指从欲求切应力处所作垂直于截面中线的横线的一侧截面面积）对中性轴 z 的面积矩（绝对值）；I_z 仍为整个截面对中性轴 z 的惯性矩；t 为欲求切应力处的截面厚度。

下面研究图 8-32a 所示工字形截面上的切应力分布。首先讨论横截面下翼缘右边部分的切应力，距离 η 是从翼缘端点向 a-a 线度量的，如图 8-32b，此时：

$$S = t\eta\left(\frac{h}{2} - \frac{t}{2}\right)$$

$$\tau = \frac{F_Q}{I_z t}t\eta\left(\frac{h}{2} - \frac{t}{2}\right) = \frac{F_Q}{I_z}\left(\frac{h}{2} - \frac{t}{2}\right)\eta \tag{8-46}$$

式（8-46）表明翼缘上水平切应力的大小是与至端点距离 η 成正比的，其分布如图 8-32d 所示。此处切应力的方向可由 A 部分上的力来确定，如图 8-32c，因为 2-2 截面上的弯矩比 1-1 截面上的大，故 F_{N_2} 必大于 F_{N_1}，因此，为了满足平衡，A 部分左侧上的切应力 τ' 必定指向读者。由此可知此工字形截面梁下翼缘右侧的切应力的指向向左。

当求下翼缘左侧部分的切应力时，可仿照上面的方法，其切应力大小仍可用式（8-46）来表达，但切应力的指向向右。同理，可得出上翼缘切应力的大小和指向。

下面求腹板上距中性轴为 y 处的切应力，自图 8-32b 的 b-b 处切开，此时面积矩：

$$S = bt\left(\frac{h}{2} - \frac{t}{2}\right) + d\left(\frac{h}{2} - t - y\right)\left(y + \frac{\frac{h}{2} - y - t}{2}\right) = bt\left(\frac{h}{2} - \frac{t}{2}\right) + \frac{d}{2}\left[\left(\frac{h}{2} - t\right)^2 - y^2\right]$$

切应力：

$$\tau = \frac{F_Q S}{I_z d} = \frac{F_Q}{I_z}\left\{\frac{bt}{d}\left(\frac{h}{2} - \frac{t}{2}\right) + \frac{1}{2}\left[\left(\frac{h}{2} - t\right)^2 - y^2\right]\right\} \tag{8-47}$$

上式表明腹板上的切应力按抛物线规律变化，如图 8-32d 所示。最大切应力发生在中性轴上，即 $y = 0$ 处，故：

$$\tau_{max} = \frac{F_Q}{I_z}\left[\frac{bt}{d}\left(\frac{h}{2} - \frac{t}{2}\right) + \frac{1}{2}\left(\frac{h}{2} - t\right)^2\right]$$

腹板上最大切应力 τ_{max} 与最小切应力 τ_{min} 相差不大，即工字形截面梁腹板上的切应力接近均匀分布。由于工字钢腹板上切应力的合力与截面剪力 F_Q 十分接近（如 18 号工字钢腹板上切应力合力为 $0.945F_Q$）。故常将剪力除以腹板面积来近似地计算工字形截面梁的最大切应力。即：

$$\tau_{max} \approx \frac{F_Q}{d(h - 2t)} = \frac{F_Q}{A_{腹}}$$

因此，可以认为工字形截面梁的翼缘和腹板是这样分工的：弯矩主要是由翼缘上的正应力组成，而剪力基本上是由腹板上的切应力组成。由剪力的方向可知，此梁腹板上的切应力方向向上。

四、切应力强度条件

综合上述各种截面形状梁的最大切应力，写成一般公式为：

$$\tau_{max} = K \frac{F_Q}{A} \tag{8-48}$$

式中　A 为横截面面积。

上式表明最大切应力为截面的平均切应力乘以系数 K。不同截面形状 K 值不同。矩形截面 $K = 3/2$，工字钢截面 $K = 1$，圆形截面 $K = 4/3$，环形截面 $K = 2$。

对等直梁而言，最大工作应力 τ_{max} 发生在最大剪力 $|F_Q|_{max}$ 的截面内。

切应力强度条件为梁的最大工作应力 τ_{max} 不超过构件的许用切应力 $[\tau]$，即：

$$\tau_{max} = K \frac{|F_Q|_{max}}{A} \leqslant [\tau] \tag{8-49}$$

在进行强度计算时，必须同时满足正应力和切应力强度条件。通常是先按正应力强度条件选择截面的尺寸、形状或确定许可载荷，必要时再用切应力强度条件校核。一般在下列几种情况才需进行切应力强度校核：

1）小跨度梁或载荷作用在支座附近的情况，此时，梁的 $|M|_{max}$ 可能较小而 $|F_Q|_{max}$ 较大；

2）焊接的组合截面（如工字形）钢梁，当截面的腹板厚度与梁高之比小于型钢截面的相应比值时，横截面上可能产生较大的 τ_{max}；

3）对于木梁，它在顺纹方向的抗剪能力差，可能沿中性层发生剪切破坏。

例 8-11　某工字钢梁承受如图 8-33a 所示的载荷作用，已知型钢的许用应力 $[\sigma] = 160$MPa，试选择钢梁的型号。并绘出危险截面上腹板的剪力分布图。

解：（1）作内力图　为了确定所受剪力、弯矩最大的截面，可作出梁的内力图，如图 8-33b、c 所示。有：

$$F_{Qmax} = 50\text{kN}, \quad M_{max} = 20\text{kN} \cdot \text{m}$$

（2）按正应力强度条件选择截面：

$$W \geqslant \frac{M_{max}}{[\sigma]} = \frac{20 \times 10^3}{160 \times 10^6} \text{m}^3 = 125\text{cm}^3$$

查附录 C 型钢表，选 16 号工字钢，它的抗弯截面系数 $W = 141\text{cm}^3$，它的自重为 205kN/m。由自重引起的附加弯矩，使梁的最大弯矩值增加到 20.41 kN·m。所需抗弯截面系数增加到 128cm³。所以选择 16 号工字钢还是安全的。

（3）校核切应力

由型钢表查得，16 号工字钢腹板的宽度 $d = 0.006$m，$\dfrac{I_z}{S_{max}} = 0.138$m，腹板高度 $h_0 =$

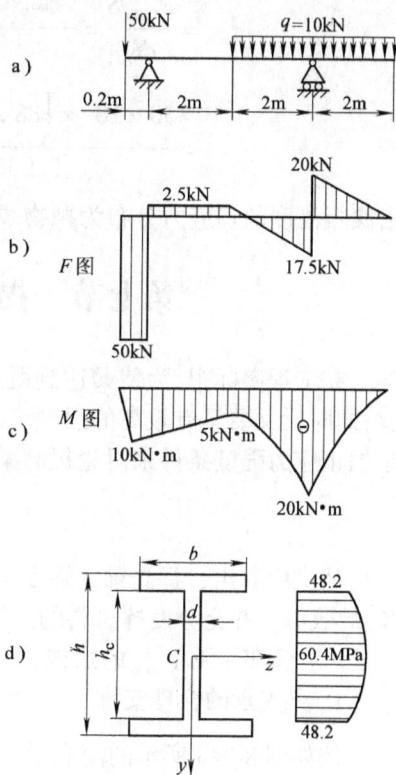

图 8-33　例 8-11 图

0.140m，$I_z = 1130\text{cm}^4$。

$$\tau_{max} = \frac{F_{Qmax}S_{max}}{dI_z} = \frac{50 \times 10^3}{0.006 \times 0.138}\text{Pa} = 60.4\text{MPa} < [\tau]$$

所选 16 号工字钢截面能满足切应力强度条件。

如果按近似公式 $\tau_{max} = \dfrac{F_{Qmax}}{A_{腹}} = \dfrac{F_{Qmax}}{dh_0}$ 计算，则：

$$\tau_{max} = \frac{F_{Qmax}}{A_{腹}} = \frac{F_{Qmax}}{dh_0} = \frac{50 \times 10^3}{0.006 \times 0.140}\text{Pa} = 59.5\text{MPa}$$

其误差在本例中为 5%，这说明上式是个比较好的近似公式。在翼板与腹板交界处的切应力 τ_{min} 为：

$$\tau_{min} = \frac{F_{Qmax}S}{dI_z} = \frac{F_{Qmax}bt\left(\dfrac{h}{2} - \dfrac{t}{2}\right)}{dI_z}$$

$$= \frac{50 \times 10^3 \times \left[88 \times 9.9 \times \left(\dfrac{160}{2} - \dfrac{9.9}{2}\right) \times 10^{-9}\right]}{0.006 \times (1130 \times 10^{-8})}\text{Pa} = 48.2\text{MPa}$$

沿腹板高度的切应力分布为抛物线变化，如图 8-33d 所示。

第七节　提高梁弯曲强度的一些措施

在工程实际中，为使梁达到既经济又安全的要求，所采用的材料量应较少且价格便宜，同时梁又要具有较高的强度。由于弯曲正应力是控制梁强度的主要因素，所以，主要依据正应力强度条件来讨论提高梁强度的措施。计算弯曲正应力公式(8-29)为：

$$\sigma_{max} = \frac{|M|_{max}}{W_z} \leqslant [\sigma]$$

从式中看出，提高梁的强度主要措施是：降低 $|M|_{max}$ 的数值和增大抗弯截面系数 W_z 的数值，并充分发挥材料的力学性能。

一、降低 $|M|_{max}$ 的措施

1. 梁支承的合理安排

例如图 8-34a 所示的简支梁，其最大弯矩 $M_{max} = \dfrac{1}{8}ql^2 = 0.125ql^2$，若两端支承均向内移动 $0.2l$（见图 8-34b），则最大弯矩 $M_{max} = 0.025ql^2$，只为前者的 1/5。工程中门式起重机大梁的支座、锅炉筒体的支承，都向内移动一定距离，其原因就在于此。

2. 载荷的合理布置

比较图 8-35a、b 的最大弯矩 M_{max} 数值，可知后者大约为前者的 1/3。因此，在结构允许的条件下，应尽可能把载荷安排得靠近支座。

比较图 8-36a、b、c 三种加载方式，可知前一种的弯矩最大值 $M_{max} = Fl/4$ 后，后两种的弯矩最大值均为 $M_{max} = Fl/8$。因此，在结构条件允许时，尽可能把集中载荷分散成较小的多个载荷或者改变为均布载荷。

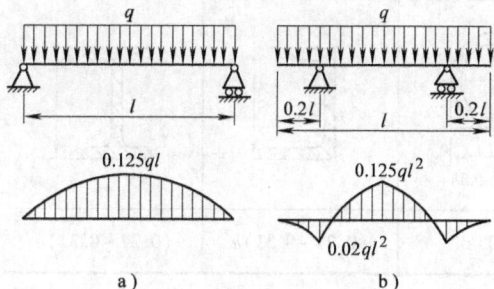

图 8-34　支承位置不同的简支梁　　　　　图 8-35　载荷位置不同的简支梁

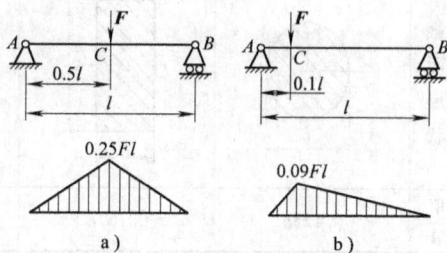

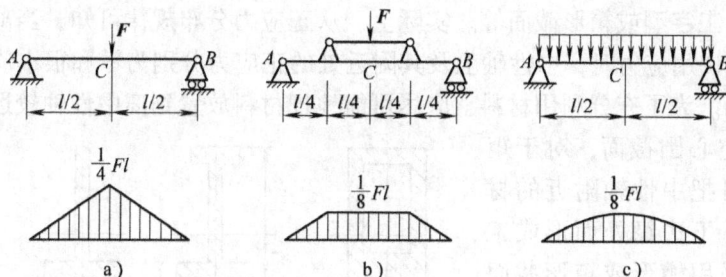

图 8-36　加载方式不同的简支梁

二、合理选择截面

合理的截面应该是，用最小的截面面积 A（即少用材料），得到大的抗弯截面系数 W_z。可采用下列措施：

1. 形状和面积相同的截面放置方式不同，则 W_z 值有可能不同

例如，图 8-37 所示矩形截面梁（$h > b$），竖放时承载能力大，不易弯曲；而平放时承载能力小，易弯曲。两者抗弯截面系数 W_z 之比为：

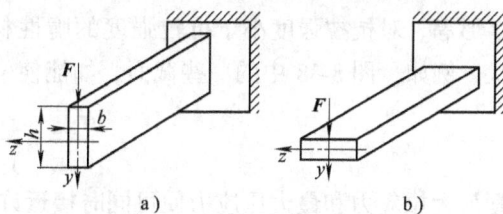

图 8-37　竖放、平放的矩形截面梁

$$\frac{W_{z竖}}{W_平} = \frac{\frac{1}{6}bh^2}{\frac{1}{6}hb^2} = \frac{h}{b} > 1$$

即：
$$W_{z竖} > W_{z平}$$

因此，对于静载荷作用下的梁的强度而言，矩形截面长边竖放比平放合理。

2. 面积相等而形状不同的截面

为了便于比较各种截面的经济程度，用抗弯截面系数 W_z 与截面面积 A 的比值

(W_z/A) 来衡量，比值愈大，经济性愈好。常用截面的比值 W_z/A 已列入表 8-2 中。

表 8-2　常用截面的比值 W_z/A

截面形状				
h	b，h	内径 $d=0.8h$	h	h
$\dfrac{W_z}{A}$　0.125h	0.167h	0.205h	$(0.27 \sim 0.31)h$	$(0.27 \sim 0.31)h$

由表 8-2 可知，槽钢和工字钢最佳，圆形截面最差。所以工程结构中抗弯杆件的截面常为槽形、工字型或箱形截面等。实际上，从正应力分布规律可知，当离中性轴最远处的 σ_{max} 达到许用应力时，中性轴上及其附近处的正应力分别为零和很小值，材料没有充分发挥作用。为了充分利用材料，应尽可能地把材料放置到离中性轴较远处，如实心圆截面改成空心圆截面；对于矩形截面，则可把中性轴附近的材料移置到上、下边缘处而形成工字型截面；采用槽形或箱形截面也是同样道理。

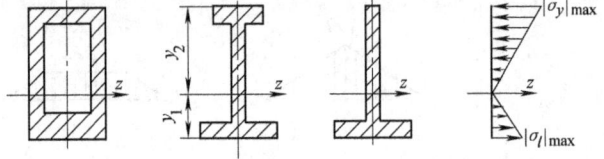

图 8-38　中性轴偏向一侧的截面

3. 截面形状应与材料特性相适应

对抗拉和抗压强度相等的塑性材料，宜采用中性轴对称的截面，如圆形、矩形、工字形等。对抗拉强度小于抗拉强度的脆性材料，宜采用中性轴偏向受拉一侧的截面形状。例如，图 8-38 中的一些截面。如能使 y_1 和 y_2 之比接近下列关系：

$$\frac{\sigma_{max}^+}{\sigma_{max}^-} = \frac{y_1}{y_2} = \frac{[\sigma^+]}{[\sigma^-]}$$

则最大拉应力和最大压应力便可同时接近许用应力。

三、变截面梁

一般情况下，梁各个截面上的弯矩并不相等。而截面尺寸是由最大弯矩来确定的。因此，对于等截面梁而言，除了危险截面以外，其余截面上的最大应力都未达到许用应力，材料未得到充分利用。为了节省材料，就应按各个截面上的弯矩来设计各个截面的尺寸，使截面几何尺寸随弯矩的变化而变化，即变截面梁。如果变截面梁各个横截面上的最大正应力都相等，并等于许用应力，则该梁称为**等强度梁**。设梁在任一截面上的弯矩为 $M(x)$，截面的抗弯截面系数为 $W(x)$。按等强度梁的要求，应有：

$$\sigma_{max} = \frac{M(x)}{W(x)} = [\sigma]$$

或
$$W(x) = \frac{M(x)}{[\sigma]} \qquad (8\text{-}50)$$

由式（8-50），即可根据弯矩的变化规律确定等强度梁的截面变化规律。

*第八节 悬 索

悬索有许多工程中应用，常见的有高压输电线、架空索道、悬索桥等。悬索结构两端固定，它和梁的主要区别在于悬索不能抵抗弯曲，只能承受拉力。在初步的力学计算中，假设悬索具有充分的柔软性，故称为**柔索**。本节讨论的悬索均为柔索。对于已经处于平衡状态的悬索，根据刚化原理可知，作用在悬索上的力应该满足刚体的平衡条件。同时需要注意的是，绳索不是刚体，平衡方程表示绳索平衡的必要条件但非充分条件。

工程实际中经常碰到的问题是：在给定载荷作用下，求悬索的形状、索内拉力和绳索长度，以及它们与跨度、垂度、载荷之间的关系，以作为设计、校核悬索的根据。

悬索在工作中受到的载荷可以分为两类：（1）集中载荷；（2）分布载荷。其中分布载荷中最常见的是水平均布载荷、沿索均布载荷。当不计钢索自重时，旅游胜地高空缆车的索道受到车厢集力（即重力）的作用（见图8-39a）；装有吊篮的架空索道，同样受吊篮的集中力（即重力）的作用。这些都是悬索受集中载荷作用的例子。悬索直拉桥

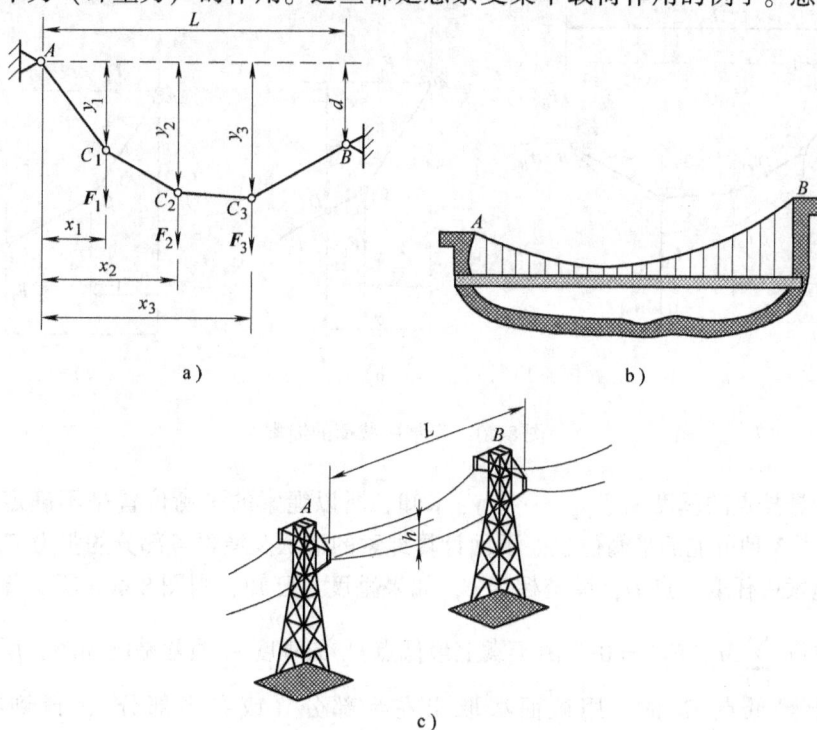

a)

b)

c)

图8-39 悬索实例

主索上承受的载荷可看成是水平均布载荷（见图 8-39b）。高空输电线（见图 8-39c）和舰船的锚链上承受的载荷可看成是沿索均布载荷。

当悬索两支座 A 和 B 高度相同时，两个支承点之间的水平距离称为**跨度**；在载荷作用下，悬索上每一点下垂的距离称为**垂度**，由悬挂点到最低点的垂直距离称为悬索的**垂度**。在悬索计算中，跨度和索上最低点的垂度通常是已知的。

一、集中载荷

设绳索（柔索）连接在两个固定点 A 和 B 并有 n 个垂直集中载荷 F_1、F_2、$\cdots$、F_n，如图 8-39a 所示，绳索的重力与绳索承受的载荷相比可以忽略。因此当绳索系统处于平衡状态时，相邻载荷之间的绳索段 AC_1、C_1C_2、C_2C_3 和 C_3B 均被拉紧成直线段，即在集中载荷作用下，绳索成折线状。故绳索段 AC_1、C_1C_2、C_2C_3 和 C_3B 均可以当作二力杆，绳索中任意点的内力可简化为沿绳索方向的张力。

图 8-39a 中，已知悬挂点 A 到每个载荷的水平距离 x_1、x_2、$\cdots$、x_n，画出绳索系统的受力图，如图 8-40a 所示，悬挂点 A 的约束反力为 F_{A_x}、F_{A_y}，悬挂点 B 的约束反力为 F_{B_x}、F_{B_y}，共有 4 个未知量，而平面一般力系独立的平衡方程只有 3 个，所以不能由整体的受力分析求出 A、B 点的约束反力，必须考虑绳索某一部分的平衡，得到一个附加方程。

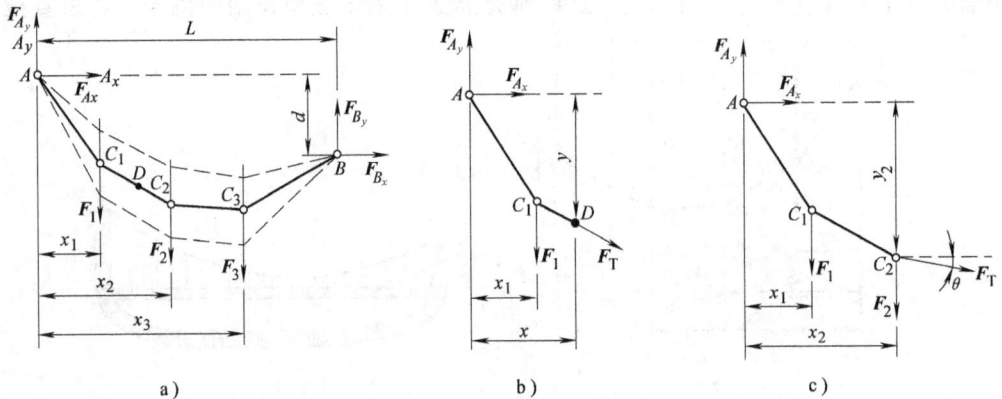

图 8-40　受集中载荷的绳索

由于悬挂点的垂度 y_1、y_2、$\cdots$、y_n 未知，所以绳索的平衡位置是不确定的，图 8-40a 表示了 3 种可能的平衡位置。下面计算绳索的形状及绳索各部分的张力 F_T。

设绳索中任取一点 D，横坐标为 x，如果垂度 y 已知，则图 8-40b 所示部分可以列写平衡方程 $\sum\limits_{i=1}^{n} M_D(F_i) = 0$。由于索上最低点 C_3 的垂度 y_3 通常是已知的，所以当 D 点取在索上最低点 C_3 时，用截面法取出左半部分（或右半部分），得到补充方程 $\sum\limits_{i=1}^{n} M_{C_3}(F_i) = 0$，与绳索整体系统的 3 个平衡方程联立求解，得到约束反力为 F_{A_x}、F_{A_y}、

F_{B_x}、F_{B_y}。

求出 A、B 处的约束反力后，可以利用截出部分（见图 8-40b、c）的力平衡方程 $\sum_{i=1}^{n} F_{i_x} = 0$ 及 $\sum_{i=1}^{n} F_{i_y} = 0$ 求出绳索上任意一点的张力。由于 $F_{T}\cos\theta = -F_{A_x}$，故绳索上任意一点的张力的水平分量均相同。张力 $F_{T} = -F_{A_x}/\cos\theta$，故 θ 越大，$\cos\theta$ 越小，F_{T} 也越大。

例 8-12 如图 8-41a 所示，绳索 AE 在 B、C、D 三个点承受垂直载荷。已知 C 点位于左端支承 A 之下 5m，计算

（1）支承处 A、E 的约束反力；

（2）点 B、D 的高度；

（3）各段绳索的张力；

（4）各段绳索的斜率。

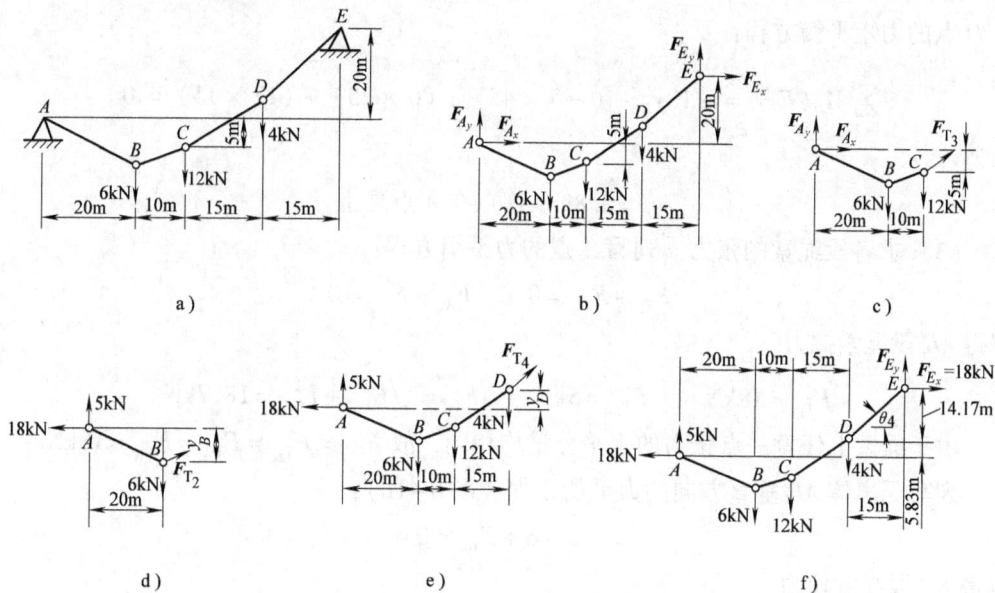

图 8-41 例 8-12 图

解：（1）取整个绳索为隔离体，画出图 8-41b 所示受力图，列写整个绳索系统的平衡方程：

$$F_{A_x} + F_{E_x} = 0 \tag{8-51}$$

$$F_{A_y} + F_{E_y} - 22 = 0 \tag{8-52}$$

$$\sum_{i=1}^{n} M_E(F_i) = 20F_{A_x} - 60F_{A_y} + 6 \times 40 + 12 \times 30 + 4 \times 15 = 0 \tag{8-53}$$

由于 C 点高度已知，故取隔离体 ABC，画出图 8-41c 所示受力图，列写隔离体

ABC 对 C 点的力矩平衡方程：

$$\sum_{i=1}^{n} M_C(\boldsymbol{F}_i) = -5F_{A_x} - 30F_{A_y} + 6 \times 10 = 0 \tag{8-54}$$

联立 (8-51)、(8-52)、(8-53)、(8-54) 四式，求得：

$$F_{A_x} = -18\text{kN} \qquad F_{A_y} = 5\text{kN} \qquad F_{E_x} = 18\text{kN} \qquad F_{E_y} = 17\text{kN}$$

（2）为求点 B 的高度，取隔离体 AB，画出图 8-41d 所示受力图，列写隔离体 AB 对 B 点的力矩平衡方程：

$$\sum_{i=1}^{n} M_B(\boldsymbol{F}_i) = 18y_B - 5 \times 20 = 0$$

解得：

$$y_B = 5.56\text{m}，B \text{ 点在 } A \text{ 点之下}$$

为求点 D 的高度，取隔离体 $ABCD$，画出图 8-41e 所示受力图，列写隔离体 $ABCD$ 对 D 点的力矩平衡方程：

$$\sum_{i=1}^{n} M_D(\boldsymbol{F}_i) = -18y_D + (-5 \times 45) + (6 \times 25) + (12 \times 15) = 0$$

解得：

$$y_D = 5.83\text{m}，D \text{ 点在 } A \text{ 点之上}$$

（3）求各段绳索的张力　列写 A 点的力平衡方程：

$$F_{A_x} + F_{T_{1x}} = 0 \qquad F_{A_y} - F_{T_{1y}} = 0$$

解得 AB 段绳索拉力

$$F_{T_{1x}} = 18\text{kN} \qquad F_{T_{1y}} = 5\text{kN} \qquad F_{T_1} = \sqrt{F_{T_{1x}}^2 + F_{T_{1y}}^2} = 18.7\text{kN}$$

由于绳索上任意一点张力的水平分量均相同，故 $F_{T_{1x}} = F_{T_{2x}} = F_{T_{3x}} = F_{T_{4x}} = 18\text{kN}$。

列写隔离体 AB 垂直方向的力平衡方程（图 8-41d）：

$$5 - 6 + F_{T_{2y}} = 0$$

解得 BC 段绳索拉力

$$F_{T_{2y}} = 1\text{kN} \qquad F_{T_2} = \sqrt{F_{T_{2x}}^2 + F_{T_{2y}}^2} = 18.0\text{kN}$$

列写隔离体 ABC 垂直方向的力平衡方程（图 8-41c）：

$$5 - 6 - 12 + F_{T_{3y}} = 0$$

解得 CD 段绳索拉力：

$$F_{T_{3y}} = 13\text{kN} \qquad F_{T_3} = \sqrt{F_{T_{3x}}^2 + F_{T_{3y}}^2} = 22.2\text{kN}$$

列写 E 点垂直方向的力平衡方程：

$$F_{E_y} - F_{T_{4y}} = 0$$

解得 DE 段绳索拉力：

$$F_{T_{4y}} = 17\text{kN} \qquad F_{T_4} = \sqrt{F_{T_{4x}}^2 + F_{T_{4y}}^2} = 24.8\text{kN}$$

所以绳索张力的最大值出现在 *DE* 段，$F_{T\text{max}} = F_{T_4} = 24.8\text{kN}$。

（4）求各段绳索的斜率　在图 8-41d 中，*AB* 段绳索的斜率：

$$\tan\theta_1 = -\frac{y_B}{20} = -\frac{5.56}{20} = -0.278 \qquad \theta_1 = -15.5°$$

在图 8-41e 中，*BC* 段绳索的斜率：

$$\tan\theta_2 = \frac{y_B - 5}{10} = 0.056 \qquad \theta_2 = 3.2°$$

在图 8-41f 中，*CD* 段绳索的斜率：

$$\tan\theta_3 = \frac{y_D + 5}{15} = \frac{5.83 + 5}{15} = 0.722 \qquad \theta_3 = 35.8°$$

在图 8-41f 中，*DE* 段绳索的斜率：

$$\tan\theta_4 = \frac{20 - y_D}{15} = \frac{20 - 5.83}{15} = 0.945 \qquad \theta_4 = 43.4°$$

二、水平均布载荷

如图 8-42a 所示，直拉式悬索桥的绳索重量远小于桥面道路的重量，这时绳索受到沿水平方向均匀分布的载荷，q 表示载荷集度，其量纲为 N/m。选择绳索最低点 *C* 为坐标原点，建立 *Cxy* 坐标系，*C* 到绳上任意一点 $D(x, y)$ 的绳索部分承受的载荷总共为 $G = qx$，取绳索的 *CD* 段为隔离体，如图 8-42b 所示，由力平衡方程 $\sum\limits_{i=1}^{n} F_{i_x} = 0$ 及 $\sum\limits_{i=1}^{n} F_{i_y} = 0$，求出 $F_T\cos\theta = F_{T_0}$，$F_T\sin\theta = G$，故 *D* 点的张力：

$$F_T = \sqrt{F_{T_0}^2 + q^2 x^2} \qquad \tan\theta = \frac{qx}{F_{T_0}} \qquad (8\text{-}55)$$

图 8-42b 中，合力 *G* 作用线与 *C*、*D* 两点在水平方向上为等距离，由 $\sum\limits_{i=1}^{n} M_D(F_i) = 0$ 得到：

$$qx\frac{x}{2} - F_{T_0}y = 0$$

整理上式，进而求得绳索形状方程：

$$y = \frac{qx^2}{2F_{T_0}} \qquad (8\text{-}56)$$

由式（8-56）可知，在水平均布载荷作用下，悬索呈抛物线形状。

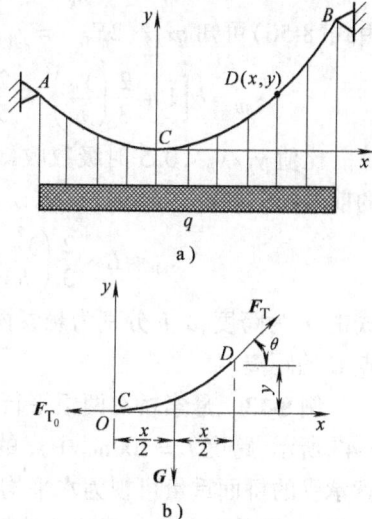

图 8-42　受水平方向均布载荷的绳索

讨论式（8-55），可以得到：

（1）悬索最低点的拉力为最小，其值为 F_{T_0}；

（2）固定点 A、B 处的拉力为最大，分别为：

$$\begin{cases} F_{T_A} = \sqrt{F_{T_0}^2 + q^2 x_A^2} \\ F_{T_B} = \sqrt{F_{T_0}^2 + q^2 x_B^2} \end{cases} \tag{8-57}$$

按照导数定义 $\dfrac{dy}{dx} = \tan\theta$，将式（8-55）代入得到 $\dfrac{dy}{dx} = \dfrac{qx}{F_{T_0}}$，因此绳索总长度为：

$$s_{AB} = \int_{AB} ds = \int_{x_A}^{x_B} \sqrt{1 + \left(\frac{dy}{dx}\right)^2} dx = \int_{x_A}^{x_B} \sqrt{1 + \frac{q^2 x^2}{F_{T_0}^2}} dx$$

对于实际工程问题，可以利用力学计算软件对上式进行数值积分，也可以利用二项式定理将 $\sqrt{1 + q^2 x^2 / F_{T_0}^2}$ 展成无穷级数，有：

$$s_{AB} = \int_{x_A}^{x_B} \sqrt{1 + \frac{q^2 x^2}{F_{T_0}^2}} dx = \int_{x_A}^{x_B} \left(1 + \frac{q^2 x^2}{2F_{T_0}^2} - \frac{q^4 x^4}{8F_{T_0}^4} + \cdots\right) dx = \left(x + \frac{q^2 x^3}{6F_{T_0}^2} - \frac{q^4 x^5}{40F_{T_0}^4} + \cdots\right)\Bigg|_{x_A}^{x_B}$$

$$= x_B \left(1 + \frac{q^2 x_B^2}{6F_{T_0}^2} - \frac{q^4 x_B^4}{40F_{T_0}^4} + \cdots\right) - x_A \left(1 + \frac{q^2 x_A^2}{6F_{T_0}^2} - \frac{q^4 x_A^4}{40F_{T_0}^4} + \cdots\right)$$

由式(8-56)可知 $q x_A^2 / (2F_{T_0}) = y_A$，$q x_B^2 / (2F_{T_0}) = y_B$，令 $x_B = b$，$x_A = -a$，故上式有：

$$s_{AB} = b\left[1 + \frac{2}{3}\left(\frac{y_B}{b}\right)^2 - \frac{2}{5}\left(\frac{y_B}{b}\right)^4 + \cdots\right] + a\left[1 + \frac{2}{3}\left(\frac{y_A}{a}\right)^2 - \frac{2}{5}\left(\frac{y_A}{a}\right)^4 + \cdots\right] \tag{8-58}$$

比值 $y_B/x_B < 0.5$ 时级数收敛。多数情况下，比值 y_B/x_B 都很小，只需要计算级数的前两项，即：

$$s_{AB} \approx L + \frac{2}{3}\left(\frac{y_B^2}{b} + \frac{y_A^2}{a}\right) \tag{8-59}$$

式中，L 为跨度，a、b 分别为悬索两端固定点 A、B 到最低点 C 的距离。

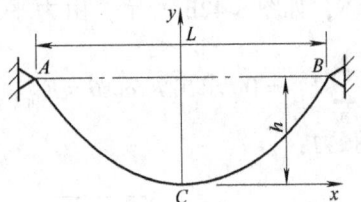

图 8-43　例 8-13 图

例 8-13　悬索桥有两根平行的主索，其中之一如图 8-43 所示，跨度 $L = 100\text{m}$，中点的垂度 $h = 16\text{m}$，每根主索承受的桥面重量可视为水平均布载荷，其集度 $q = 3\text{kN/m}$，主索和吊索的重量与载荷相比很小，可忽略不计。试求主索两端和中点的拉力以及主索的全长。

解：取主索中点 C 为坐标原点，建立 Cxy 坐标系，如图 8-43 所示。可以看出 $x_B = L/2 = b = 50\text{m}$，$y_B = h = 16\text{m}$，$x_A = -L/2 = -a = -50\text{m}$，$y_A = h = 16\text{m}$。由式（8-56）得到 $y_B = \dfrac{q x_B^2}{2F_{T_0}}$，即：

$$F_{T_0} = \frac{q x_B^2}{2 y_B} = \frac{3 \times 10^3 \times 50^2}{2 \times 16} \text{N} = 234\text{kN}$$

由式 (8-57) 得到：

$$F_{T_A} = F_{T_B} = \sqrt{F_{T_0}^2 + q^2 x_A^2} = \sqrt{234^2 + 3^2 \times 50^2}\,\text{kN} = 278\,\text{kN}$$

因为 $y_B/x_B = 16/50 < 0.5$，所以主索的长度可用近似公式 (8-59) 计算：

$$s_{AB} \approx L + \frac{2}{3}\left(\frac{y_B^2}{b} + \frac{y_A^2}{a}\right) = \left[100 + \frac{2}{3} \times \left(\frac{16^2}{50} + \frac{16^2}{50}\right)\right]\text{m} = 106.8\,\text{m}$$

三、沿索均布载荷

设载荷沿索长均匀分布，载荷集度为 q，如图 8-44a 所示，取悬索最低点 C 为坐标原点，建立 Cxy 坐标系，绳上任取一点 $D(x, y)$，取隔离体 CD 段，画出图 8-44b 所示受力图，由力的平衡方程可得：

$$F_T \cos\theta = F_{T_0}, \quad F_T \sin\theta = G = qs$$

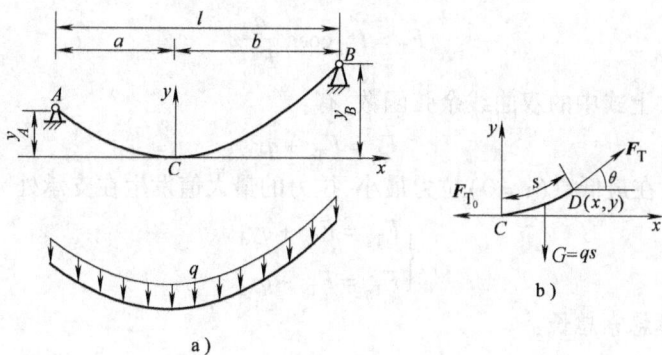

图 8-44 受均布载荷的绳索

即

$$F_T = \sqrt{F_{T_0}^2 + q^2 s^2}, \quad \tan\theta = \frac{q}{F_{T_0}}s \tag{8-60}$$

故

$$\frac{\mathrm{d}y}{\mathrm{d}x} = \tan\theta = \frac{q}{F_{T_0}}s \tag{8-61}$$

又

$$\mathrm{d}s = \sqrt{1 + \left(\frac{\mathrm{d}y}{\mathrm{d}x}\right)^2}\,\mathrm{d}x = \sqrt{1 + \left(\frac{qs}{F_{T_0}}\right)^2}\,\mathrm{d}x$$

所以

$$\mathrm{d}x = \mathrm{d}s \Big/ \sqrt{1 + \left(\frac{qs}{F_{T_0}}\right)^2}$$

积分可得

$$x = \frac{F_{T_0}}{q}\sinh^{-1}\frac{q}{F_{T_0}}s + C_1 \tag{8-62}$$

式中，$\sinh^{-1}(qs/F_{T_0})$ 为反双曲正弦函数，C_1 为积分常数。

存在边界条件：

$$s = 0 \text{ 时}, \quad x = 0$$

代边界条件入式(8-62)，求出积分常数 $C_1 = 0$。故式(8-62)变为 $x = \dfrac{F_{T_0}}{q}\sinh^{-1}\dfrac{q}{F_{T_0}}s$，即：

$$s = \frac{F_{T_0}}{q} \sinh \frac{q}{F_{T_0}} x \tag{8-63}$$

$\sinh(qx/F_{T_0})$ 为双曲线函数,将式(8-63)代入式(8-61)得到:

$$\frac{dy}{dx} = \sinh \frac{q}{F_{T_0}} x$$

由此可得:

$$y = \int_0^x \sinh \frac{q}{F_{T_0}} x \, dx = \frac{F_{T_0}}{q}\left(\cosh \frac{q}{F_{T_0}} x - 1\right) \tag{8-64}$$

上式表明,当载荷沿绳索均匀分布时,悬索为悬链线形状。

将式(8-63)代入式(8-60),得到:

$$F_T = F_{T_0} \cosh \frac{q}{F_{T_0}} x$$

由式(8-64)消去上式中的双曲线余弦函数,有:

$$F_T = F_{T_0} + qy \tag{8-65}$$

由此可见,悬索在最低点$(y=0)$拉力最小,拉力的最大值发生在支承处 A 点或 B 点。

$$\begin{cases} F_{T_A} = F_{T_0} + qy_A \\ F_{T_B} = F_{T_0} + qy_B \end{cases} \tag{8-66}$$

由式(8-63)计算悬索总长:

$$s_{AB} = s_{CA} + s_{CB} = \frac{F_{T_0}}{q}\left(\sinh \frac{qa}{F_{T_0}} + \sinh \frac{qb}{F_{T_0}}\right) \tag{8-67}$$

上式中 a、b 分别为 A、B 点在水平方向离 C 点的距离(图8-44a),即 $a = -x_A$,$b = x_B$。求 a、b 的数值也可利用式(8-64),即:

$$\begin{cases} a = \frac{F_{T_0}}{q}\cosh^{-1}\left(\frac{qy_A}{F_{T_0}} + 1\right) \\ b = \frac{F_{T_0}}{q}\cosh^{-1}\left(\frac{qy_B}{F_{T_0}} + 1\right) \end{cases} \tag{8-68}$$

在利用式(8-65)~式(8-68)计算悬索拉力、索长以及最低点到两端的距离时,均需要首先求出悬索最低点的水平拉力 F_{T_0}(或绳索上任意一点拉力的水平分量),但是计算 F_{T_0} 要解超越方程。工程实际中多采用试算法由下式求出:

$$L = a + b = \frac{F_{T_0}}{q}\left[\cosh^{-1}\left(\frac{qy_A}{F_{T_0}} + 1\right) + \cosh^{-1}\left(\frac{qy_B}{F_{T_0}} + 1\right)\right] \tag{8-69}$$

当绳索完全拉紧时,可以假设载荷沿水平方向均匀分布,悬链线可以用抛物线代替。这可以大大简化问题的求解,而引入的误差很小。

习　题

8-1　试求图8-45所示各梁截面1-1、2-2、3-3上的剪力和弯矩，这些截面无限接近于截面 C 或 D。设 F、q、a 均已知。

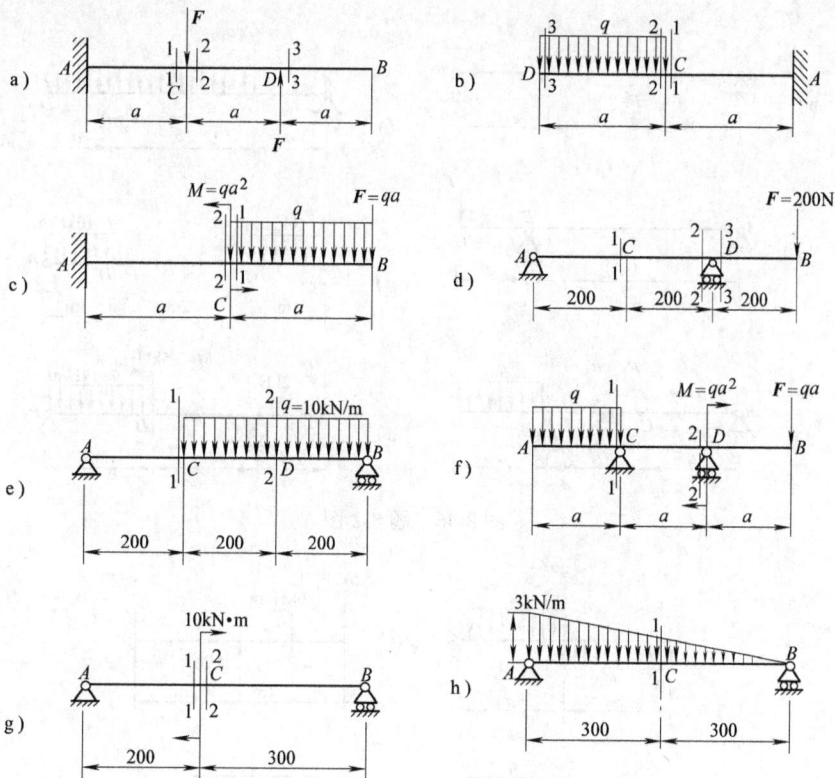

图 8-45　题 8-1 图

8-2　各梁如图8-46所示，已知集中力 F、载荷集度 q、力偶矩 M 和尺寸 a。

（1）写出梁的剪力方程和弯矩方程；

（2）作梁的剪力图和弯矩图；

（3）确定 $|F_Q|_{max}$ 和 $|M|_{max}$。

8-3　根据载荷集度、剪力和弯矩之间的微分关系，作出图8-47所示各梁的剪力图和弯矩图。

8-4　已知梁的剪力图如图8-48所示，试作梁的弯矩图和载荷图。设梁上没有集中力偶作用。

8-5　已知梁的弯矩图如图8-49所示，试作梁的载荷图和剪力图。

8-6　一根搁在地基上的梁，受两个集中载荷作用，如图8-50所示。假设地基的约束反力按直线规律连续变化。求反力在两端 A 点和 B 点处的集度 q_A 和 q_B，并作梁的剪力图和弯矩图。

8-7　作图8-51所示梁 ABC 的剪力图和弯矩图。

8-8　图8-52所示吊车梁，承受吊车轮子传来的压力 F 作用，问：

（1）吊车在什么位置时，梁内弯矩最大？最大弯矩等于多少？

（2）吊车在什么位置时，梁内支座反力最大？最大支座反力和最大剪力各等于多少？

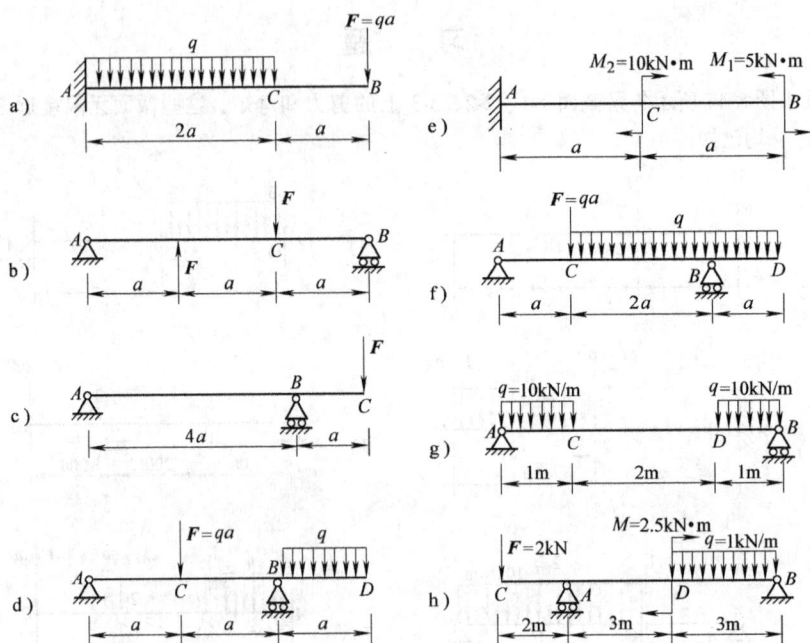

图 8-46　题 8-2 图

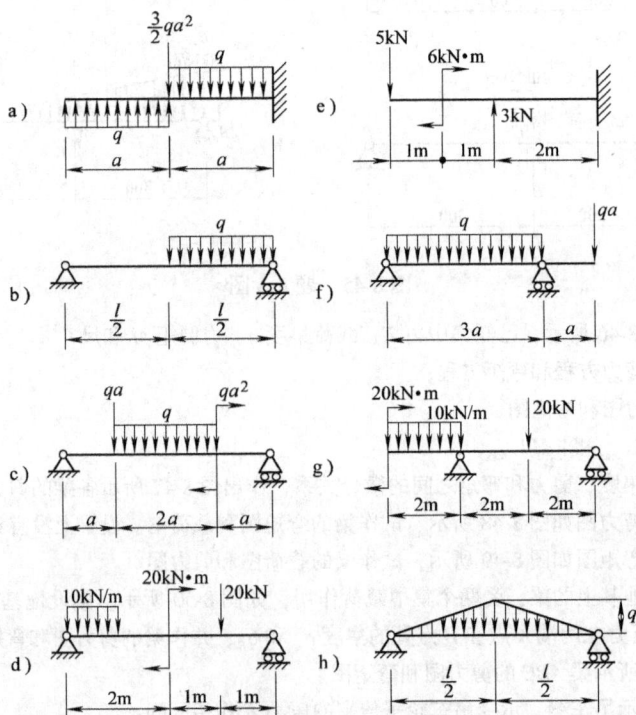

图 8-47　题 8-3 图

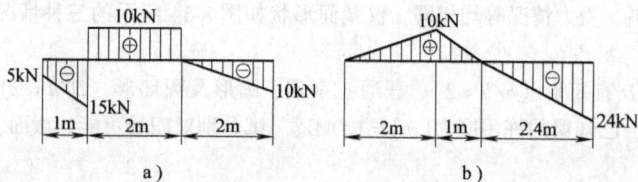

图 8-48 题 8-4 图

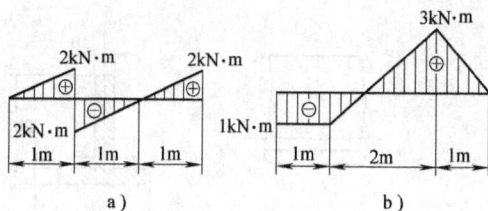

图 8-49 题 8-5 图

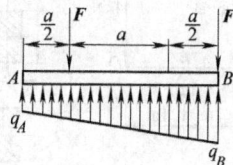

图 8-50 题 8-6 图

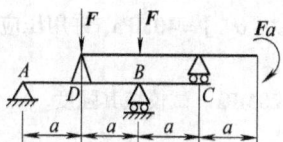

图 8-51 题 8-7 图

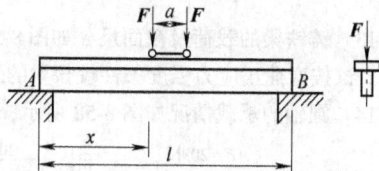

图 8-52 题 8-8 图

8-9 如图 8-53 所示，简支梁受均布载荷。试求

（1）截面 I-I 的 A-A 位置上 1、2 两点的正应力；

（2）画出该截面的正应力分布图；

（3）全梁的最大正应力。

*8-10 正方形截面梁，按图 8-54a、b 所示的两种放置方式，问：

（1）若在这两种情况下横截面上的弯矩 M 相等，试比较横截面上的最大正应力。

（2）如图 8-54c 所示，对于 $h = 200mm$ 的正方形，切取 $\mu = 10mm$ 的尖角，则抗弯截面系数 W_z 与未切角时相比有何变化？

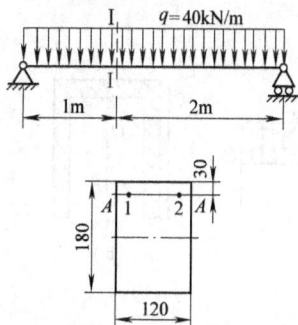

图 8-53 题 8-9 图

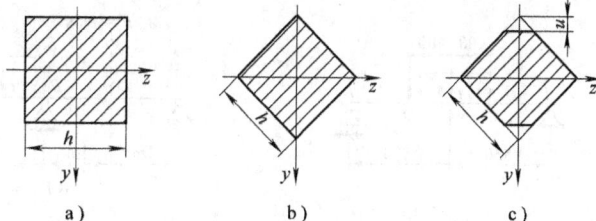

图 8-54 题 8-10 图

（3）若梁的材料、受力情况等均相同，仅截面形状如图 8-54 所示的三种情况，则哪种形式的梁承载能力最大？

8-11 外伸梁 AD 有矩形（$h/b = 2$）、普通工字钢、圆形及圆环形（$D/d = 2$）四种可能的截面。受力如图 8-55 所示，已知梁的许用应力 $[\sigma] = 120\text{MPa}$。试分别对四种可能的截面，为外伸梁 AD 选择截面尺寸。

8-12 图 8-56 所示为一承受纯弯曲的铸铁梁，其截面为⊥形，材料的拉伸与压缩的许用应力之比 $[\sigma^+]/[\sigma^-] = 1/4$，求水平翼板的合理宽度 b。

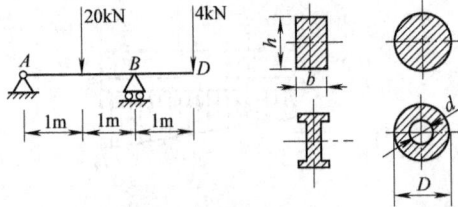

图 8-55 题 8-11 图

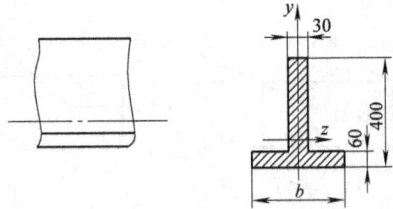

图 8-56 题 8-12 图

8-13 铸铁梁的载荷及截面尺寸如图 8-57 所示。许用拉应力 $[\sigma^+] = 40\text{MPa}$，许用压应力 $[\sigma^-] = 80\text{MPa}$。试按弯曲正应力强度条件校核梁的强度。

8-14 圆轴的承载情况如图 8-58 所示，其许用应力 $[\sigma] = 120\text{MPa}$。试校核其强度。

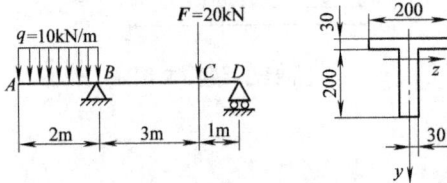

图 8-57 题 8-13 图

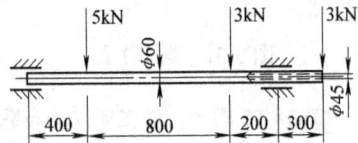

图 8-58 题 8-14 图

8-15 轧辊受轧制力为 $10 \times 10^3 \text{kN}$，并均匀分布于轧辊的 CD 范围内。直径 $d = 760\text{mm}$，若轧辊许用应力 $[\sigma] = 80\text{MPa}$，轧辊尺寸如图 8-59 所示，其单位为 mm，试校核轧辊的强度。

8-16 铸铁梁受载如图 8-60a 所示，其槽形截面（见图 8-60b）对中性轴 z 的惯性矩 $I_z = 40 \times 10^6 \text{mm}^4$，$y_1 = 140\text{mm}$，$y_2 = 60\text{mm}$，$[\sigma^+] = 40\text{MPa}$，$[\sigma^-] = 150\text{MPa}$。试校核梁的强度。

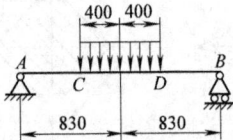

图 8-59 题 8-15 图

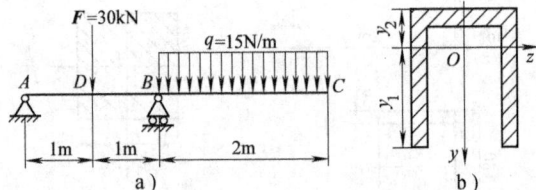

图 8-60 题 8-16 图

8-17 20a 工字钢梁的支承和受力情况如图 8-61 所示，若 $[\sigma]=160$MPa，试确定许可载荷 $[F]$。

8-18 图 8-62 所示梁 AB 的截面材料为 10 工字钢，D 点与圆钢杆 CD 联接，已知圆杆直径 $d=$ 20mm，梁及圆杆材料的许用应力相同，$[\sigma]=160$MPa，试求许用均布载荷 $[q]$。

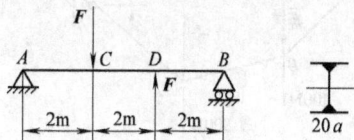

图 8-61　题 8-17 图　　　　　　　　　　　图 8-62　题 8-18 图

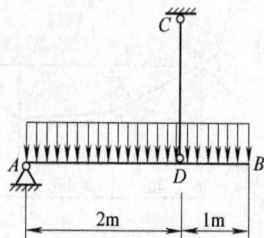

8-19 ⊥形截面铸铁悬臂梁，尺寸及载荷如图 8-63 所示。若材料拉伸许用应力 $[\sigma^+]=40$MPa，压缩许用应力 $[\sigma^-]=160$MPa，截面对中性轴 z 的惯性矩 $I_z=10180$cm^4，$h_1=9.64$cm，试计算该梁的许可载荷 $[F]$。

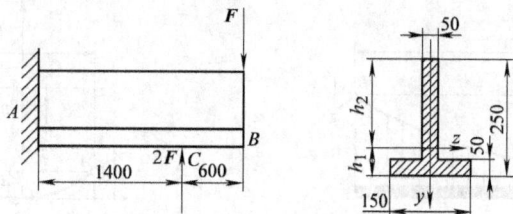

图 8-63　题 8-19 图

*8-20 图 8-64 所示为一起重机及行车梁，梁由两根工字钢组成。起重机自重 $G=50$kN，起重量 F $=10$kN，若 $[\sigma]=160$MPa，$[\tau]=100$MPa，试选定工字钢型号。

8-21 由三根木条胶合而成的悬臂梁，其截面尺寸如图 8-65 所示，跨度 $l=1$m。若胶合面上的许用切应力 $[\tau]=3.4$MPa，试求许用载荷 $[F]$，并求相应的最大弯曲正应力。

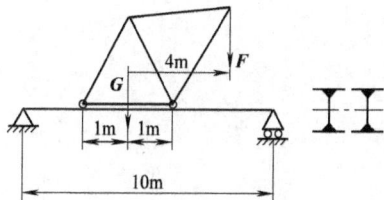

图 8-64　题 8-20 图　　　　　　　　　　　图 8-65　题 8-21 图

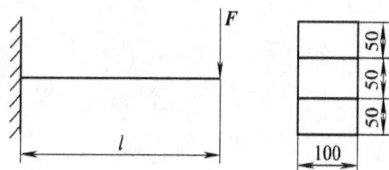

*8-22 绳索受集中力作用，如图 8-66 所示，试求 a、b 情况绳索 CD 段的张力、C 点的垂度以及绳索的最大斜率。

*8-23 如图 8-67 所示，绳索 AB 承受沿水平方向均匀分布的载荷，已知载荷总计 1.5×10^3kN。绳索最低点与悬挂点 A 水平距离为 18m，高度差 6m。试计算：

(1) 绳索的最大张力；

(2) 绳索在 A、B 点与水平方向形成的夹角 θ_A、θ_B；

(3) 绳索 AB 的全长。

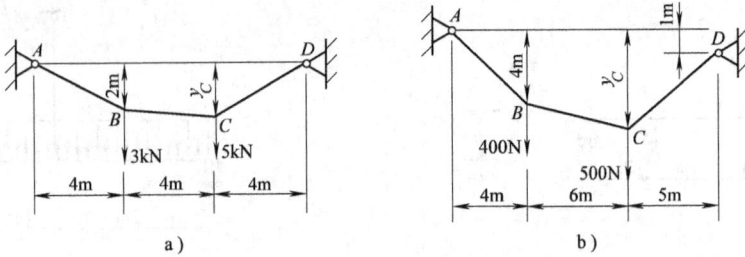

图 8-66　题 8-22 图

*8-24　如图 8-68 所示，输电线两塔相距 $L=200\text{m}$，塔顶高度差 $d=10\text{m}$，$y_A=3\text{m}$，已知输电线自重的集度 $q=30\text{N/m}$，绳索最低点的水平拉力 $F_{T_0}=21\text{kN}$。试求绳索内最大拉力和电线的长度。

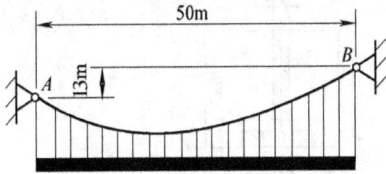

图 8-67　题 8-23 图

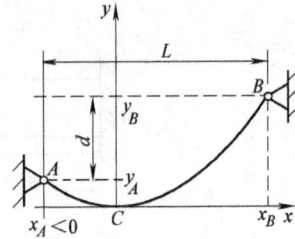

图 8-68　题 8-24 图

第九章　梁的弯曲变形

第一节　工程中的弯曲变形

上一章讨论了梁的内力和梁的应力，并对梁进行强度计算，目的是保证梁在载荷作用下不致破坏。但是，只考虑这一方面还是不够的。因为梁在载荷作用下还会发生变形。如果变形过大，就要影响梁的正常使用。例如屋架上的檩条变形过大会引起屋面漏水；机床主轴的变形过大，将会影响齿轮的正常啮合以及轴与轴承的正常配合，造成不均匀磨损和振动，不但缩短了机床的使用寿命，还将影响机床的加工精度。因此，在工程中进行梁的设计时，除了必须满足强度条件之外，还必须限制梁的变形，使其不超过许用的变形值。此外，研究梁的变形还是求解静不定梁时不可缺少的内容。

为表示一具有纵向对称面的梁，取直角坐标系，如图 9-1 所示，以梁左端为坐标原点，x 轴和梁变形前的轴线重合，Axy 坐标系在梁的纵向对称面内。

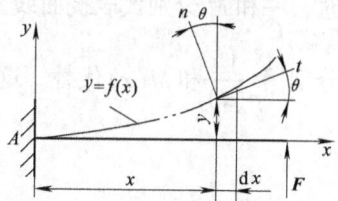

图 9-1　弹性弯曲变形梁

在载荷 F 作用下，梁产生弹性弯曲变形，轴线在 xy 平面内变成一条光滑连续的平面曲线，此曲线称为**梁的挠曲线**。与此同时，梁的横截面将产生两种位移——**线位移和角位移**（即挠度和转角）。工程中用挠度和转角来度量梁的变形。

（1）挠度 y　即梁的某一截面（x 截面）形心沿垂直于梁轴线方向的线位移。实际上，截面形心还有 x 方向的线位移。但 x 方向的线位移极小，可略去不计。挠度用 y 表示。若挠度与坐标轴 y 的正向一致则为正，反之为负。

（2）转角 θ　梁变形时，横截面还将绕其中性轴转过一定的角度，即角位移。梁任意一个横截面绕其中性轴转过的角度称为该截面的**转角**，用符号 θ 表示。规定逆时针转向的转角为正，顺时针转向的转角为负。根据平面假设，变形后梁的横截面仍正交于梁的轴线。因此，转角 θ 就是曲线的法线 n 与 y 轴的夹角，它等于挠曲线在该点的切线 t 与轴 x 的夹角。

（3）挠度与转角的关系　由图 9-1 可知，挠度 y 与转角 θ 的数值随截面的位置 x 而变，y 为 x 的函数：

$$y = f(x)$$

此为挠曲线方程的一般形式。由微分学知，挠曲线上任一点的切线斜率 $\tan\theta$，等于曲线函数 $y = f(x)$ 在该点的一阶导数，即：

$$\tan\theta = \frac{\mathrm{d}y}{\mathrm{d}x} = y' = f'(x)$$

工程中梁的变形很小，转角 θ 角也很小，则 $\tan\theta \approx \theta$，代入上式得：

$$\theta \approx f'(x) \tag{9-1}$$

即梁上任一截面的转角等于该截面的挠度 y 对 x 的一阶导数。

第二节　梁变形的基本方程

为了得到挠度方程和转角方程，首先需推导出一个描述弯曲变形的基本方程——挠曲线近似微分方程。

在通常情况下，由于剪力对弯曲变形的影响很小，可以忽略不计，故梁的弯曲变形主要与弯矩有关。引用纯弯曲时梁变形的基本公式 $\frac{1}{\rho} = \frac{M}{EI}$ 来建立梁的挠曲线方程。此时，$\frac{1}{\rho}$ 和 M 分别代表挠曲线上任一点的曲率和该点截面上的弯矩，它们都是 x 的函数，分别用 $\frac{1}{\rho(x)}$ 和 $M(x)$ 代替。这样梁的挠曲线方程为：

$$\frac{1}{\rho(x)} = \frac{M(x)}{EI} \tag{9-2}$$

由高等数学知：

$$\frac{1}{\rho(x)} = \pm\frac{y''}{\left[1 + y'^2\right]^{\frac{3}{2}}} \tag{9-3}$$

将式(9-3)代入式(9-2)，得：

$$\pm\frac{y''}{\left[1 + y'^2\right]^{\frac{3}{2}}} = \frac{M(x)}{EI}$$

在小变形的情况下，$y'(\approx\theta)$ 很小，y'^2 可忽略不计，于是上式简化为：

$$\pm y'' = \frac{M(x)}{EI} \tag{9-4}$$

由于弯矩 $M(x)$ 的正负已有规定，而 y'' 的正负决定于 y 轴方向，所以当规定了 y 轴的正向后，上式的正负号即可确定。由图 9-2 可知，当 y 轴的正向向上时，y'' 与 $M(x)$ 始终取相同的正负号。于是式(9-4)可写成：

$$y'' = \frac{M(x)}{EI} \tag{9-5}$$

式(9-5)称为**挠曲线近似微分方程**。解此方程，便可求得转角 θ 和挠度 y。

对于同一材料的等截面梁，其抗弯刚度 EI 为常量。将方程式(9-5)两边乘以 $\mathrm{d}x$，积分一次得：

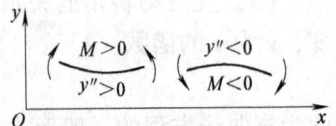

图 9-2　弯矩正负号规定

$$\theta = \frac{dy}{dx} = \frac{1}{EI}\int M(x)\,dx + C \tag{9-6}$$

再积分一次得：

$$y = \frac{1}{EI}\iint M(x)\,dx\,dx + Cx + D \tag{9-7}$$

式(9-6)和式(9-7)中的积分常数 C 和 D，可由梁的边界条件或连续光滑条件来确定。所谓梁的已知边界条件，就是梁在支座处的挠度 y 或转角 θ 为已知。如图 9-3a 所示的悬臂梁，在固定端有 $y=0$，$\theta=0$；又如图 9-3b 所示的梁，铰支座 A 处 $y=0$，弹性支座 B 处 $y=\dfrac{F_b}{K}$（K 为弹簧刚度系数）。梁的连续光滑条件，是指在两个相邻区间交界处，截面的转角和挠度分别相等。如图 9-4 所示的简支梁，在 C 截面上，$y_{C左}=y_{C右}$，$\theta_{C左}=\theta_{C右}$。积分常数 C、D 确定后，分别代入式（9-6）和式（9-7），即得转角方程和挠曲线方程。下面举例说明。

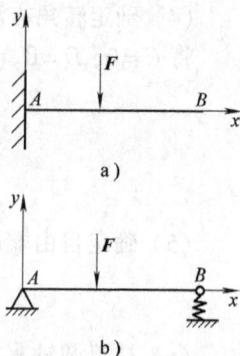

图 9-3　悬臂梁及弹性支座梁

例 9-1　试求由图 9-5 所示圆轴因弯曲变形而引起的直径误差。已知切削力 $F=100\text{N}$，$l=200\text{mm}$，$d=20\text{mm}$，$E=200\text{GPa}$。

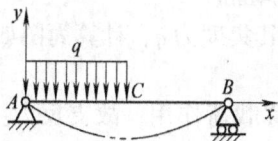

图 9-4　简支梁

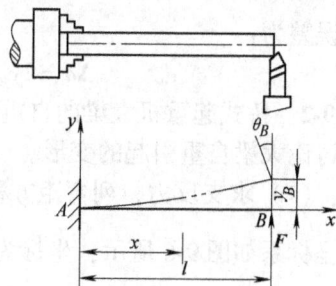

图 9-5　例 9-1 图

解：根据工件的约束和受力情况，圆轴可简化为悬臂梁。

（1）列弯矩方程　建立图 9-5 所示的坐标系，弯矩方程为：

$$M(x) = F(l-x)$$

（2）列挠曲线微分方程：

$$y'' = \frac{F(l-x)}{EI}$$

积分得：

$$EIy' = Flx - \frac{1}{2}Fx^2 + C \tag{9-8}$$

再次积分得：

$$EIy = \frac{1}{2}Flx^2 - \frac{1}{6}Fx^3 + Cx + D \tag{9-9}$$

（3）确定积分常数

当 $x = 0$ 时，$\theta_A = 0$，$y_A = 0$，将此边界条件代入式(9-8)、(9-9)得：

$$C = 0, D = 0$$

（4）确定转角方程和挠度方程

将 $C = 0$，$D = 0$，$y' = \theta$ 代入式(9-8)、(9-9)，整理得到：

$$\theta = \frac{Fx}{2EI}(2l - x) \tag{9-10}$$

$$y = \frac{Fx^2}{6EI}(3l - x) \tag{9-11}$$

（5）确定自由端的转角和挠度　将 $x = l$ 代入式(9-10)、(9-11)得：

$$\theta_A = y_B' = \frac{Fl^2}{2EI}, \quad y_B = \frac{Fl^3}{3EI}$$

（6）计算圆轴直径误差　由于弯曲变形而减少了背吃刀量，引起圆轴两端直径误差 $\Delta d = 2y_B$。将已知数据代入 y_B 的表达式，得：

$$y_B = \frac{Fl^3}{3EI} = \frac{100 \times 0.200^3}{3 \times 200 \times 10^9 \times \dfrac{\pi \times 0.020^4}{64}}\text{m} = 0.17\text{mm}$$

故直径误差为：

$$\Delta d = 2y_B = 2 \times 0.17\text{mm} = 0.34\text{mm}$$

例 9-2　桥式起重机大梁的自重为均匀分布载荷，其集度为 q，计算简图如图9-6所示，试讨论大梁自重引起的变形。

解：（1）求支反力，列弯矩方程　由于大梁受对称载荷作用，故支反力 $F_A = F_B = \frac{ql}{2}$。取坐标系如图9-6所示，坐标为 x 的截面上的弯矩为：

$$M(x) = \frac{ql}{2}x - \frac{1}{2}qx^2$$

（2）列挠曲线微分方程并积分：

$$EIy'' = M(x) = \frac{ql}{2}x - \frac{q}{2}x^2$$

$$EIy' = \frac{ql}{4}x^2 - \frac{q}{6}x^3 + C$$

$$EIy = \frac{ql}{12}x^3 - \frac{q}{24}x^4 + Cx + D$$

（3）确定积分常数　梁在两端铰支座上的挠度都等于零，故得边界条件：

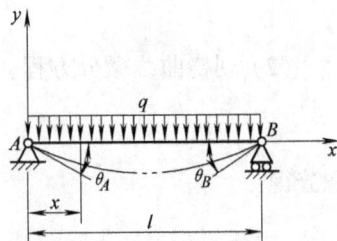

图9-6　例9-2图

$$x = 0 \text{ 处}, y_A = 0$$

$$x = l \text{ 处}, y_B = 0$$

将以上边界条件代入挠度 y 的表达式，得：

$$\begin{cases} D = 0 \\ \dfrac{ql^4}{12} - \dfrac{ql^4}{24} + Cl = 0 \end{cases}$$

由此解出积分常数 C 和 D 分别是：

$$C = -\frac{ql^3}{24}, \quad D = 0$$

（4）转角方程和挠曲线方程：

$$\theta = \frac{ql}{4EI}x^2 - \frac{q}{6EI}x^3 - \frac{ql^3}{24EI}$$

$$y = \frac{ql}{12EI}x^3 - \frac{q}{24EI}x^4 - \frac{ql^3}{24EI}x$$

（5）确定最大挠度和最大转角　因为梁上的外力和边界条件都对跨度中点对称，所以挠度曲线也对跨度中点对称。在跨度中点挠曲线切线的斜率等于零，挠度为极大值：

$$y_{\max} = \frac{5ql^4}{384EI}$$

负号表示挠度向下。在 A、B 两端，截面转角的数值相等，符号相反，且绝对值最大。于是在转角公式中分别令 $x = 0$、$x = l$，得：

$$\theta_{\max} = -\theta_A = \theta_B = \frac{ql^3}{24EI}$$

例 9-3　图 9-7 所示的简支梁受集中力 F 作用（$a > b$），试求此梁的挠曲线方程和转角方程，并确定其最大挠度和最大转角。

解：（1）求支反力　由静力平衡条件可求得：

$$F_A = \frac{Fb}{l}, \quad F_B = \frac{Fa}{l}$$

（2）列弯矩方程　因为集中载荷 F 将梁分为 AC 和 CB 两段，各段弯矩方程不同，分别为：

图 9-7　例 9-3 图

AC 段　$M(x_1) = F_A x_1 = \dfrac{Fb}{l}x_1 \qquad (0 \le x_1 \le a)$

CB 段　$M(x_2) = F_A x_2 - F(x_2 - a) = \dfrac{Fb}{l}x_2 - F(x_2 - a) \qquad (a \le x_2 \le l)$

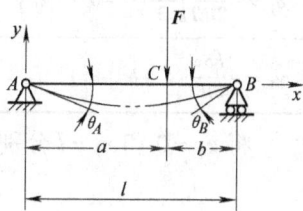

（3）列挠曲线微分方程　令 AC 段和 CB 段的微分方程分别为 $y_1 = f_1(x)$ 和 $y_2 = f_2(x)$，积分可得下表所示结果：

AC 段 $(0 \leqslant x_1 \leqslant a)$		CB 段 $(a \leqslant x_2 \leqslant l)$	
$EIy_1'' = M(x_1) = \dfrac{Fb}{l}x_1$		$EIy_2'' = M(x_2) = \dfrac{Fb}{l}x_2 - F(x_2 - a)$	
$EIy_1' = \dfrac{Fb}{l}\dfrac{x_1^2}{2} + C_1$	(9-12)	$EIy_2' = \dfrac{Fb}{l}\dfrac{x_2^2}{2} - \dfrac{F(x_2 - a)^2}{2} + C_2$	(9-13)
$EIy_1 = \dfrac{Fb}{l}\dfrac{x_1^3}{6} + C_1 x + D_1$	(9-14)	$EIy_2 = \dfrac{Fb}{l}\dfrac{x_2^3}{6} - \dfrac{F(x_2 - a)^3}{6} + C_2 x + D_2$	(9-15)

在对 CB 段进行积分运算时，对含有 $(x_2 - a)$ 的项是以 $(x_2 - a)$ 作为自变量的，这样可使下面确定积分常数的工作得到简化。

在转角方程和挠度方程中共有四个积分常数 C_1、D_2、C_2、D_2，为了确定这四个常数，除需要利用边界条件

$$当\ x_1 = 0\ 时，\ y_1 = 0$$
$$当\ x_2 = l\ 时，\ y_2 = 0$$

以外，还要根据整个梁的挠曲线为一条光滑连续的曲线这一特征，利用相邻两段梁在交接处变形的连续条件，即在交接处 C 点，左右两段应有相等的挠度和相等的转角，即：

$$x_1 = x_2 = a\ 时，\ \theta_1 = \theta_2，\ y_1 = y_2$$

由以上四个条件即可求得四个积分常数：

$$D_1 = D_2 = 0，\ C_1 = C_2 = -\frac{Fb}{6l}(l^2 - b^2)$$

将它们代入式(9-12)、(9-13)、(9-14)、(9-15)，得到下表中所列的两段梁的转角和挠度方程：

AC 段 $(0 \leqslant x_1 \leqslant a)$		CB 段 $(a \leqslant x_2 \leqslant l)$	
$\theta_1 = -\dfrac{Fb}{2lEI}\left[\dfrac{1}{3}(l^2 - b^2) - x_1^2\right]$	(9-16)	$\theta_2 = -\dfrac{Fb}{6lEI}\left[\dfrac{3l}{b}(x_2 - a)^2 + (l^2 - b^2 - 3x_2^2)\right]$	(9-17)
$y_1 = -\dfrac{Fbx_1}{6lEI}[l^2 - b^2 - x_1^2]$	(9-18)	$y_2 = -\dfrac{Fb}{6lEI}\left[\dfrac{l}{b}(x_2 - a)^3 + (l^2 - b^2 - x_2^2)x_2\right]$	(9-19)

将 $x_1 = 0$ 和 $x_2 = l$ 分别代入式(9-16)和式(9-17)，即得左右支座处的转角为：

$$\theta_A = -\frac{Fb(l^2 - b^2)}{6lEI} = \frac{Fab(l + b)}{6lEI}$$

$$\theta_B = \frac{Fab(l + a)}{6lEI}$$

现在来确定梁的最大挠度。简支梁的最大挠度发生在 $\theta = 0$ 处。本题设 $a > b$，当 $x_1 = 0$ 时，$\theta_A < 0$；当 $x_1 = a$ 时，则 $\theta_C > 0$。故知 $\theta = 0$ 处的位置（即最大挠度 f 所在截面位置）必定发生在 AC 段内。为此令 $\dfrac{dy_1}{dx_1} = 0$，求得的 x_1 值就是挠度为极值处的坐标。

$$\frac{\mathrm{d}y_1}{\mathrm{d}x_1} = \theta_1 = -\frac{Fb}{2lEI}\left[\frac{1}{3}(l^2 - b^2) - x_1^2\right] = 0$$

可求得：

$$x_1 = \sqrt{\frac{l^2 - b^2}{3}}$$

将这 x_1 值代入式(9-18)，经简化后得最大挠度为

$$y_{\max} = -\frac{Fb}{9\sqrt{3}lEI}\sqrt{(l^2 - b^2)^3}$$

最大挠度的截面位置将随力 F 的改变而改变。当 $b \to 0$ 时，$x_1 = \dfrac{l}{\sqrt{3}} = 0.557l$；当 $a = b = l/2$ 时，$x_1 = 0.5l$。

综上所述，集中载荷 F 的作用位置对于最大挠度位置的影响并不明显（见图9-8a、b）。为了实用上的简便，可不论集中载荷 F 作用的位置如何，都认为最大挠度发生在梁跨度的中点。

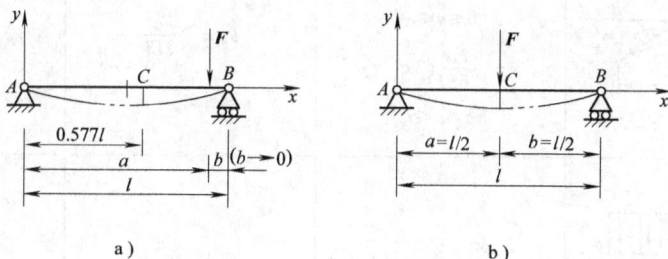

图9-8　简支梁

第三节　用叠加法求梁的变形

在前面计算梁的弯矩和建立挠曲线近似微分方程时，曾利用了梁的小变形假设，因此当梁上同时有几种载荷共同作用时，任意截面的弯矩，根据叠加原理，可以认为等于各个载荷分别作用时该截面上弯矩的代数和。即

$$M(x) = M_1 + M_2 + M_3 + \cdots + M_n$$

此处 M_1、M_2、M_3、$\cdots$、M_n 表示各个载荷分别作用时该截面的弯矩。于是：

$$\theta = \theta_1 + \theta_2 + \theta_3 + \cdots + \theta_n$$

$$y = y_1 + y_2 + y_3 + \cdots + y_n$$

这就表明，梁上同时受有几种载荷同时作用时，任一截面的转角和挠度，等于各个载荷分别作用时该截面的转角和挠度的代数和。因此，当梁上同时作用几个载荷时，可分别算出每一个载荷单独作用时所引起的变形，然后将所求得的变形量代数相加，即为这些载荷共同作用时的变形，按叠加原理求得梁的变形的方法称为**叠加法**。表9-1列出了基本梁在简单载荷作用下的变形，供叠加法求变形时使用。

表 9-1　梁在简单载荷作用下的变形

序号	梁 的 简 图	挠曲线方程	端截面转角	最 大 挠 度
1		$y = -\dfrac{Mx^2}{2EI}$	$\theta_B = -\dfrac{Ml}{EI}$	$y_B = -\dfrac{Ml^2}{2EI}$
2		$y = -\dfrac{Fx^2}{6EI}(3l - x)$	$\theta_B = -\dfrac{Fl^2}{2EI}$	$y_B = -\dfrac{Fl^3}{3EI}$
3		$y = -\dfrac{Fx^2}{6EI}(3a - x)$ $0 \leqslant x \leqslant a$ $y = -\dfrac{Fa^2}{6EI}(3x - a)$ $a \leqslant x \leqslant l$	$\theta_B = -\dfrac{Fa^2}{2EI}$	$y_B = -\dfrac{Fa^2}{6EI}(3l - a)$
4		$y = -\dfrac{qx^2}{24EI}(x^2 - 4lx + 6l^2)$	$\theta_B = -\dfrac{ql^3}{6EI}$	$y_B = -\dfrac{ql^4}{8EI}$
5		$y_B = -\dfrac{Mx}{6EIl}(l - x)(2l - x)$	$\theta_A = -\dfrac{Ml}{3EI}$ $\theta_B = \dfrac{Ml}{6EI}$	$x = \left(1 - \dfrac{1}{\sqrt{3}}\right)l$ 时, $y_{max} = -\dfrac{Ml^2}{9\sqrt{3}EI}$; $x = \dfrac{l}{2}$ 时, $y_{l/2} = -\dfrac{Ml^2}{16EI}$
6		$y = -\dfrac{Mx}{6EIl}(l^2 - x^2)$	$\theta_A = -\dfrac{Ml}{6EI}$ $\theta_B = \dfrac{Ml}{3EI}$	$x = \dfrac{l}{\sqrt{3}}$ 时, $x = -\dfrac{Ml^2}{9\sqrt{3}EI}$ $x = \dfrac{l}{2}$ 时, $y_{l/2} = -\dfrac{Ml^2}{16EI}$

（续）

序号	梁 的 简 图	挠 曲 线 方 程	端截面转角	最 大 挠 度
7	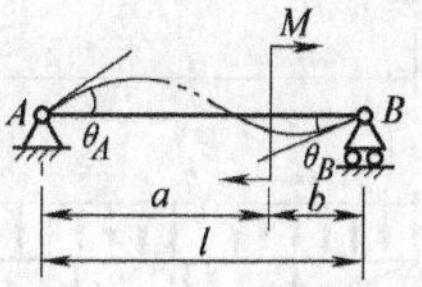	$y = \dfrac{Mx}{6EIl}(l^2 - 3b^2 - x^2)$ $0 \leq x \leq a;$ $y = \dfrac{M}{6EIl}\big[-x^3 + 3l(x-a)^2 +$ $(l^2 - 3b^2)x\big]$ $a \leq x \leq l$	$\theta_A = \dfrac{M}{6lEI}(l^2 - 3b^2)$ $\theta_B = \dfrac{M}{6lEI}(l^2 - 3a^2)$	
8	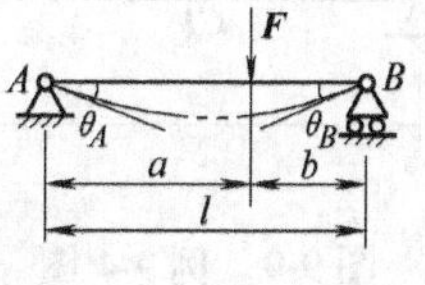	$y = -\dfrac{Fbx}{6EIl}(l^2 - x^2 - b^2)$ $(0 \leq x \leq a);$ $y = -\dfrac{Fb}{6EIl}\Big[\dfrac{l}{b}(x-a)^3 +$ $(l^2 - b^2)x - x^3\Big]$ $(a \leq x \leq l)$	$\theta_A = -\dfrac{Fab(l+b)}{6EIl}$ $\theta_B = \dfrac{Fab(l+a)}{6EIl}$	设 $a > b$ 在 $x = \sqrt{\dfrac{l^2 - b^2}{3}}$ 处 $y_{max} = -\dfrac{Fb\sqrt{(l^2-b^2)^3}}{9\sqrt{3}EIl};$ 在 $x = \dfrac{l}{2}$ 处 $y_{l/2} = -\dfrac{Fb(3l^2 - 4b^2)}{48EI}$
9	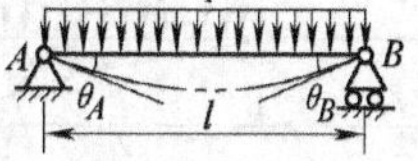	$y = -\dfrac{qx}{24EI}(l^3 - 2lx^2 + x^3)$	$\theta_A = -\theta_B = -\dfrac{ql^3}{24EI}$	$y_{max} = -\dfrac{5ql^4}{384EI}$
10	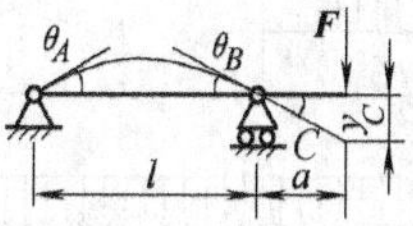	$y = \dfrac{Fax}{6EIl}(l^2 - x^2)$ $0 \leq x \leq l;$ $y = -\dfrac{F(x-l)}{6EI}\times\big[a(3x-$ $l)-(x-l)^2\big]$ $l \leq x \leq l+a$	$\theta_A = -\dfrac{1}{2}\theta_B = \dfrac{Fal}{6EI}$ $\theta_C = -\dfrac{Fa}{6EI}(2l + 3a)$	$y_C = -\dfrac{Fa^2}{3EI}(l+a)$
11	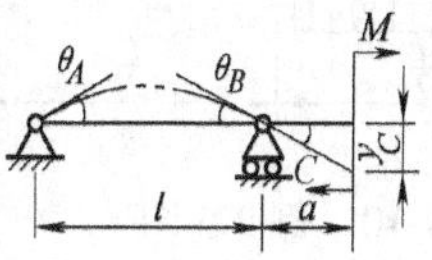	$y = \dfrac{Mx}{6EIl}(l^2 - x^2)$ $0 \leq x \leq l;$ $y = -\dfrac{M}{6EI}(3x^2 - 4xl + l^2)$ $l \leq x \leq l+a$	$\theta_A = -\dfrac{1}{2}\theta_B = \dfrac{Ml}{6EI}$ $\theta_C = -\dfrac{M}{3EI}(l + 3a)$	$y_C = -\dfrac{Ma}{6EI}(2l + 3a)$

例9-4 简支梁受载荷如图9-9a 所示，已知抗弯刚度 EI。试用叠加法求梁跨中点的挠度 y_C 和支座截面处的转角 θ_A、θ_B。

解：将作用在此梁上的载荷分为两种简单载荷，如图9-9b、c所示。由表9-1的相应栏目，查得由q、M单独作用引起的梁跨中点C的挠度和支座A、B处的转角分别为：

$$y_{Cq} = -\frac{5ql^4}{384EI}, \quad \theta_{Aq} = -\frac{ql^3}{24EI}, \quad \theta_{Bq} = \frac{ql^3}{24EI}$$

$$y_{CM} = \frac{Ml^2}{16EI}, \quad \theta_{AM} = \frac{Ml}{6EI}, \quad \theta_{BM} = -\frac{Ml}{3EI}$$

于是：

$$y_C = y_{Cq} + y_{CM} = -\frac{5ql^4}{384EI} + \frac{Ml^2}{16EI}$$

$$\theta_A = \theta_{Aq} + \theta_{AM} = -\frac{ql^3}{24EI} + \frac{Ml}{6EI}$$

$$\theta_B = \theta_{Bq} + \theta_{BM} = \frac{ql^3}{24EI} - \frac{Ml}{3EI}$$

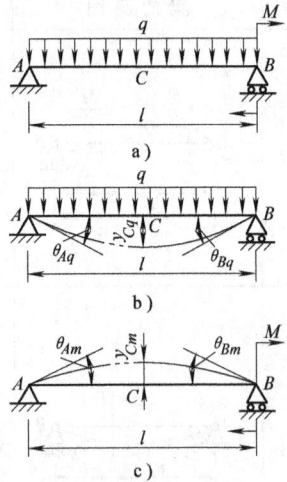

图 9-9　例 9-4 图

例9-5　悬臂梁受力如图9-10a所示。已知q、l、EI，求梁自由端的挠度和转角。

解：为了应用表9-1中已得的结果，将梁上的均布载荷由BC延长至A；为了与原来的载荷情况相同，在AC段加反向的均布载荷q，如图9-10b所示。这样就可利用表9-1并按叠加法求两个均布载荷作用下梁的变形。将图9-10b分解为图9-10c、d，得：

$$y_B = y_{B_1} + y_{B_2}, \quad \theta_B = \theta_{B_1} + \theta_{B_2}$$

式中　y_{B_1}、θ_{B_1}可直接查表9-1得：

$$y_{B_1} = -\frac{ql^4}{8EI}, \quad \theta_{B_1} = -\frac{ql^3}{6EI}$$

由图9-10d知，y_{B_2}是作用在AC段向上的均布载荷q在B点引起的挠度。由于CB段没有弯矩，故该段不产生变形，轴线保持为直线。可是CB段各截面的形心会因AC段的变形而产生位移。从图9-10d可知，B截面的挠度y_{B_2}由两部分组成：一是C点的挠度y_{C_2}引起的，二是C截面的转角θ_{C_2}（$\theta_{C_2} = \theta_{B_2}$）引起的，即：

图 9-10　例 9-5 图

$$y_{B_2} = y_{C_2} + \theta_{C_2}\frac{l}{2}$$

式中y_{C_2}、θ_{C_2}可直接由表9-1查得：

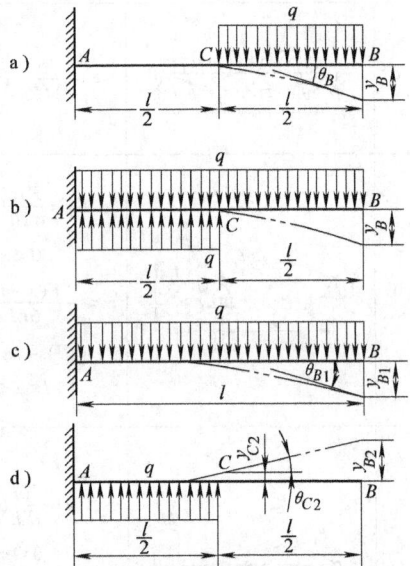

$$y_{C_2} = \frac{q\left(\frac{l}{2}\right)^4}{8EI} = \frac{ql^4}{128EI}, \ \theta_{C_2} = \frac{q\left(\frac{l}{2}\right)^3}{6EI} = \frac{ql^3}{48EI}$$

故

$$y_{B_2} = \frac{ql^4}{128EI} + \frac{ql^3}{48EI}\frac{l}{2} = \frac{7ql^4}{384EI}$$

于是得到

$$y_B = y_{B_1} + y_{B_2} = -\frac{ql^4}{8EI} + \frac{7ql^4}{384EI} = -\frac{41ql^4}{384EI}$$

$$\theta_B = \theta_{B_1} + \theta_{B_2} = \theta_{B_1} + \theta_{C_2} = -\frac{ql^3}{6EI} + \frac{ql^3}{48EI} = -\frac{7ql^3}{48EI}$$

例9-6 图9-11a所示外伸梁 ABC，已知抗弯刚度 EI，自由端作用有集中力 F。试求 A 截面的挠度及转角。

解：在表9-1中给出的是简支梁和悬臂梁的挠度和转角，为了应用它来解题，可将整个梁视为简支梁 BC 和固定端在 B 的悬臂梁 AB 所组成（见图9-11b、c）。由于视 AB 为悬臂梁，B 为固定端（即暂不考虑 B 截面有转角 θ_B），查表得 A 截面的挠度和转角为：

$$y_1 = -\frac{Fa^3}{3EI}, \theta_1 = \frac{Fa^2}{2EI}$$

BC 段为简支梁，如图9-11c所示。由于在图9-11a中力 F 的作用下，在截开的 B 截面上有剪力 $F_{Q_B} = F$ 及弯矩 $M_B = Fa$，将 F_{Q_B}、M_B 看成作用在 BC 梁上的载荷（见图9-11c）。在图9-11a中由于 F 作用引起 BC 段的变形，与图9-11c中由 F_{Q_B}、M_B 作用所引起的变形相同。因 F_{Q_B} 是支座截面 B 上的剪力，不会引起变形，只有力偶 M_B 使 BC 梁变形。查表9-1得截面 B 的转角为：

$$\theta_1 = \theta_B = \frac{M_B l}{3EI} = \frac{Fal}{3EI}$$

由于 B 截面有转角 θ_B，使 AB 段发生刚体转动，转角 θ_B，如图9-11c所示，从而使截面 A 产生变形为：

$$y_2 = -a\theta_B = -\frac{Fa^2 l}{3EI}$$

$$\theta_2 = \theta_B = \frac{Fal}{3EI}$$

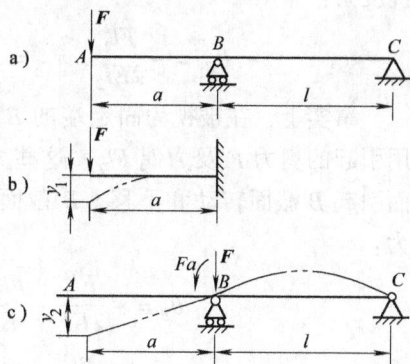

图9-11 例9-6图

应用叠加法得截面 A 的总变形：

$$y_A = y_1 + y_2 = -\frac{Fa^3}{3EI} - \frac{Fa^2 l}{3EI} = -\frac{Fa^2}{3EI}(a + l)$$

$$\theta_A = \theta_1 + \theta_2 = \frac{Fa^2}{2EI} + \frac{Fal}{3EI} = \frac{Fa}{6EI}(3a + 2l)$$

例 9-7 求图 9-12a 所示阶梯形截面的转角 θ_C 和挠度 y_C。

解： 由于梁 AB 段和 BC 段的截面惯性矩 I 不同，可将梁分两段来研究。在截面 B 上的内力，有集中力 F 产生的剪力 $F_Q (F_Q = F)$ 和弯矩 M ($M = Fl_2$)，如图 9-12b 所示。考虑 BC 段时，可将 AB 段视为刚体，这样梁 BC 段就相当于以截面 B 为固定端的悬臂梁（见图 9-12c）。由表 9-1 可查得这时 C 点的转角和挠度为：

$$\theta_{C_2} = -\frac{Fl_2^2}{2EI_2}, \quad y_{C_2} = -\frac{Fl_2^3}{3EI_2}$$

事实上，在被视为固定端的 B 截面上，存在 F 力作用引起的剪力 F 及力偶 Fl_2，这些力将使 AB 段变形，从而引起 B 截面转动和下移，B 截面处的转角和挠度分别为：

$$\theta_B = -\frac{Fl_1^2}{2EI_1} - \frac{Fl_2 l_1}{EI_1}$$

$$y_B = -\frac{Fl_1^3}{3EI_1} - \frac{Fl_2 l_1^2}{2EI_1}$$

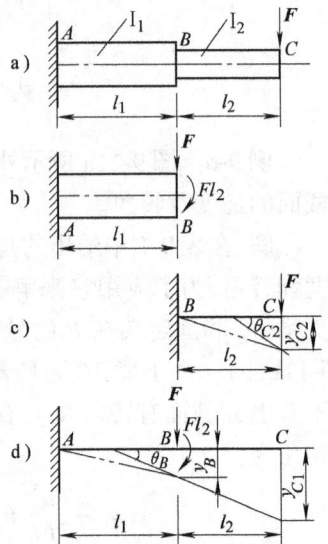

图 9-12　例 9-7 图

由于梁的挠曲线是一条连续光滑的曲线，因此在截面 B 上，AB 杆和 BC 杆的挠度和转角均应相等。当梁 AB 段变形时，BC 段保持直线，但转过一个角度 θ_{C_1}，从而引起截面 C 处的转角和挠度分别为（见图 9-12d）：

$$\theta_{C_1} = \theta_B = -\frac{Fl_1^2}{2EI_1} - \frac{Fl_2 l_1}{EI_1} = -\frac{Fl_1(l_1 + 2l_2)}{2EI_1}$$

$$y_{C_1} = y_B + \theta_B l_2 = -\frac{Fl_1^3}{3EI_1} - \frac{Fl_2 l_1^2}{2EI_1} - \frac{Fl_2 l_1^2}{2EI_1} - \frac{Fl_2^2 l_1}{EI_1} = -\frac{Fl_1\left[\frac{1}{3}l_1^2 + l_2(l_1 + l_2)\right]}{EI_1}$$

根据叠加原理，可知阶梯形梁在截面 C 上的总转角和挠度为：

$$\theta_C = \theta_{C_1} + \theta_{C_2} = -\frac{Fl_1(l_1 + 2l_2)}{2EI_1} - \frac{Fl_2^2}{2EI_2}$$

$$y_C = y_{C_1} + y_{C_2} = -\frac{Fl_1\left[\frac{1}{3}l_1^2 + l_2(l_1 + l_2)\right]}{EI_1} - \frac{Fl_2^3}{3EI_2}$$

第四节　简单静不定梁

前面所研究的梁均为静定梁。在工程实际中，有时为了提高梁的强度和刚度，或由于构造上的需要，往往给静定梁增加约束，于是，梁的支反力的数目超过有效平衡方程的数目，即成为静不定梁。

在静定梁上增加的约束，对于维持构件平衡来说是多余的，因此，习惯上常把这种对维持构件平衡并非必要的约束，称为**多余约束**。与多余约束所对应的支座反力或反力偶，统称为**多余约束反力**。

通常把梁具有的多余约束反力数目，称为**梁的静不定次数**，即

　　　　　静不定次数 = 约束反力总个数 − 有效平衡方程数

为了求解静不定梁，除列出静力平衡方程式外，还需要变形协调条件以及力与位移间的物理关系，建立的补充方程个数应与静不定次数相等，这样才能解出全部约束反力。

现以图 9-13a 为例，说明分析静不定梁的解法。

该梁具有一个多余约束，即具有一个多余支反力。如以 B 处支座作为多余约束，则相应的多余支反力为 F_B。

为了求解，假想地将支座 B 解除，而以支反力 F_B 代替其作用，于是得到一个承受集中力 F 和未知力 F_B 的静定悬臂梁 AB，如图 9-13b 所示。多余约束解除后，得到受力与原静不定梁相同的静定梁，称为原静不定梁的相等系统。

相等系统在载荷 F 与未知的多余反力 F_B 作用下发生变形，为了使其变形与原静不定梁相同，在多余约束处的位移，必须符合原静不定梁在该处的约束条件。在本例中，即要求相当系统横截面 B 的挠度为零，则图 9-13b 与图 9-13a 完全吻合（因为 B 处是支座，故挠度为零）。对于图 9-13b，要求其挠度为零的条件称为**变形协调条件**。必须强调指出，这一变形协调条件是针对承受给定载荷和未知多余反力的相当系统写出的。

现在利用叠加法求图 9-13b 的梁的 B 点挠度。

由 F 力单独作用时，如图 9-13c，B 点挠度记为 y_{BF}；由 F_B 力单独作用时，如图 9-13 d，B 点挠度记为 y_{BF_B}，所以 B 点挠度为零的条件，即变形协调条件可写为：

$$y_B = y_{BF} + y_{BF_B} = 0 \qquad (9\text{-}20)$$

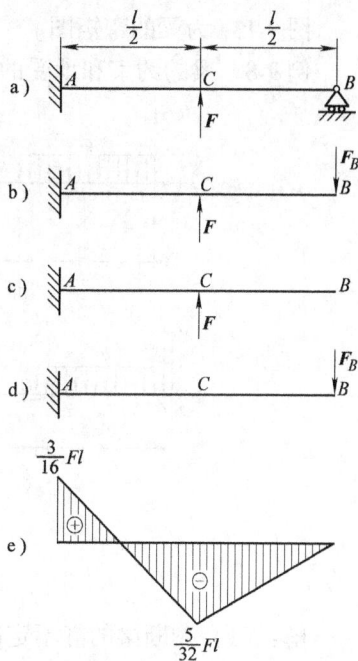

图 9-13　静不定梁

查表9-1得：

$$y_{BF_B} = -\frac{F_B l^3}{3EI} \tag{9-21}$$

$$y_{BF} = \frac{F}{6EI}\left(\frac{l}{2}\right)^2\left(3l - \frac{l}{2}\right) = \frac{5Fl^3}{48EI} \tag{9-22}$$

将式（9-21）、（9-22）代入式（9-20）并求解得：

$$-\frac{F_B l^3}{3EI} + \frac{5Fl^3}{48EI} = 0, \quad F_B = \frac{5}{16}F$$

F_B 的正号表示实际 F_B 的方向与图9-13b假设的方向相同。求出多余反力后，其余反力不难由平衡方程求出。

以上分析表明，求解静不定梁的关键在于确定多余约束反力，其方法和步骤可概述如下：

（1）根据支反力与有效平衡方程的数目，判断梁的静不定次数；

（2）解除多余约束，并以相应多余支反力代替其作用，得到原静不定梁的相当系统；

（3）计算相当系统在多余约束处的位移，并根据相应的变形协调条件建立补充方程，由此即可求出多余支反力。

多余支反力确定后，作用在相当系统上的外力均为已知，由此即可通过相当系统计算静不定梁的内力、应力与位移。

图9-13e为梁的弯矩图。

例9-8 梁的约束和承受的载荷如图9-14a所示，试求支反力。

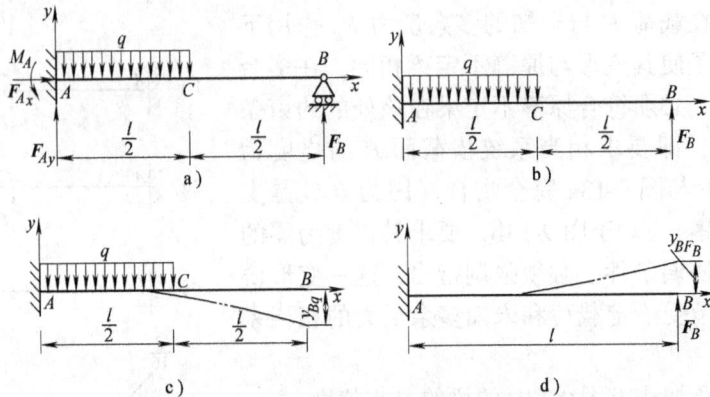

图9-14 例9-8图

解：（1）判断梁的静不定次数 图9-14a中梁有四个约束反力，由静力平衡条件可建立三个有效的平衡方程，因此，是一次静不定梁。

（2）选择相当系统 将此静不定梁解除一个约束，就得到一相当系统。先以 B 支座作为多余约束,将其解除,代以相应的约束反力 F_B,就得到相当系统,如图 9-14b 所示。

（3）在相当系统上计算解除约束处的变形 根据叠加原理,把图 9-14b 分解为图 9-14c 和图 9-14d,则从图中可以看出:

$$y_B = y_{BF_B} + y_{Bq}$$

查表 9-1 得:

$$y_{BF_B} = \frac{F_B l^3}{3EI}$$

在图 9-14c 中梁变形后 CB 段仍为直线,故:

$$y_{Bq} = y_{Cq} + \theta_{Cq}\frac{l}{2}$$

查表 9-1 得:

$$y_{Cq} = -\frac{q\left(\frac{l}{2}\right)^4}{8EI} = -\frac{ql^4}{128EI}$$

$$\theta_{Cq} = -\frac{q\left(\frac{l}{2}\right)^3}{6EI} = -\frac{ql^3}{48EI}$$

故:

$$y_{Bq} = -\frac{ql^4}{128EI} - \frac{ql^3}{48EI} \times \frac{l}{2} = -\frac{7ql^4}{384EI}$$

（4）将相当系统与原静不定梁的变形进行比较,列出补充方程 原梁在支座 B 处不允许有垂直位移,要求相当系统在 B 处的变形与其一致,故 B 截面的挠度应为零。即:

$$y_B = y_{BF_B} + y_{Bq} = \frac{F_B l^3}{3EI} - \frac{7ql^4}{384EI} = 0 \tag{9-23}$$

（5）列方程求支反力

$$\sum_{i=1}^{n} F_{i_x} = 0, \qquad F_{A_x} = 0 \tag{9-24}$$

$$\sum_{i=1}^{n} F_{i_y} = 0, \qquad F_{A_y} + F_B - \frac{1}{2}ql = 0 \tag{9-25}$$

$$\sum_{i=1}^{n} m_B(\boldsymbol{F}_i) = 0, \qquad F_{A_y}l - \frac{ql}{2}\left(\frac{l}{4} + \frac{l}{2}\right) - M_A = 0 \tag{9-26}$$

由式（9-23）、式（9-24）、式（9-25）、式（9-26）联解得:

$$F_{A_x} = 0, \quad F_{A_y} = \frac{57ql}{128}, \quad F_B = \frac{7ql}{128}, \quad M_A = \frac{9ql^2}{128}$$

由前面的讨论,可得出静不定梁的解法:先去掉多余约束得到相当系统;以未知的多余约束反力（或反力偶）代替去掉的多余约束加到相当系统上;相当系统在载荷和多余反力的共同作用下;写出多余约束处的变形协调条件,解出多余约束反力。需要说明的是,利用变形比较法解静不定梁,解除多余约束取相当系统可以有多种方法。例如上题的另一解法是解除固定端 A 对截面的转动约束,代以多余反力偶 M_A,得到如图 9-15a 所示的相当系统。此时应计算简支梁 A 截面的转角 θ_A。根据叠加原理得:

$$\theta_A = \theta_{A_M} + \theta_{A_q}$$

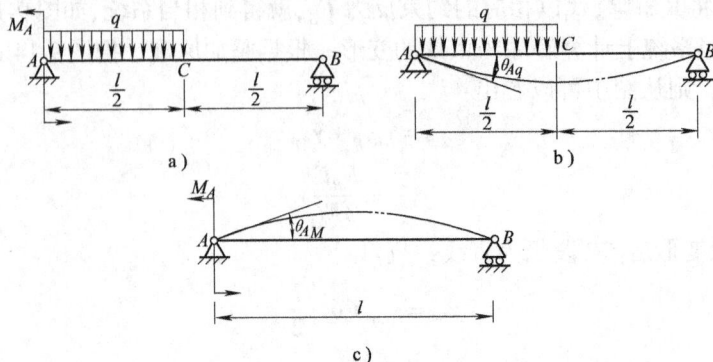

图 9-15   例 9-8 图

利用表 9-1 可求得 θ_{A_M} 和 θ_{A_q}。列出补充方程 $\theta_A = 0$ 和静力平衡方程并求解，与第一种方法相比，其结果相同，具体作法请读者完成。

例 9-9   求解图 9-16 所示 BC 杆的内力。已知载荷集度 q、尺寸 l、AB 梁的抗弯刚度 EI 和 BC 杆的抗拉（压）刚度 EA。

解：（1）判断梁 AB 的静不定次数和选择相当系统   由图 9-16 可知，梁 AB 是一次静不定。选拉杆 BC 的轴力 F_N 作为多余约束力，这样，得出 AB 梁的相当系统。

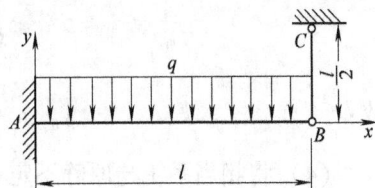

图 9-16   例 9-9 图

（2）在相当系统上，计算解除约束处的变形   在 B 点，载荷 q 所产生的挠度为 y_{Bq}，如图 9-17a 所示；轴力 F_N 所产生的挠度为 y_{BF_N}，如图 9-17b 所示，则：

$$y_B = y_{Bq} + y_{BF_N}$$

查表 9-1 得：

$$y_{Bq} = -\frac{ql^4}{8EI}, \quad y_{BF_N} = \frac{F_N l^3}{3EI}$$

故：

$$y_B = -\frac{ql^4}{8EI} + \frac{F_N l^3}{3EI}$$

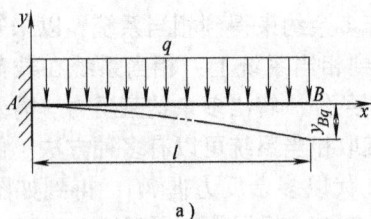

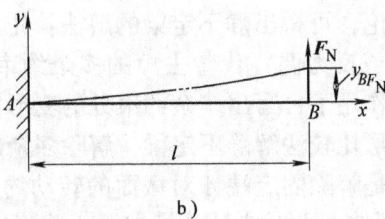

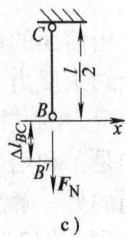

图 9-17   例 9-9 图

（3）将相当系统与原静不定梁的变形进行比较，列出补充方程　由于杆 BC 在拉力 F_N 作用下发生拉伸变形（见图 9-17c），其伸长量为：

$$\Delta l_{BC} = \frac{F_N \frac{l}{2}}{EA}$$

故得补充方程：

$$-y_B = \Delta l_{BC}$$

即：

$$\frac{ql^4}{8EI} - \frac{F_N l^3}{3EI} = \frac{F_N l}{2EA}$$

解之得 BC 杆的内力为：

$$F_N = \frac{3Aql^3}{4(2Al^2 + 3I)}$$

第五节　梁的刚度校核　提高梁弯曲刚度的措施

一、梁的刚度条件

在按强度条件选择了梁的截面后，往往还需要进一步按梁的刚度条件检查梁的变形是否在设计条件所允许的范围内。因为当梁的变形超过一定限度时，梁的正常工作条件就会得不到保证，为此还应重新选择截面以满足刚度条件的要求。根据工程实际的需要，梁的最大挠度和最大转角不超过某一规定值。由此梁的刚度条件为：

$$|y|_{max} \leq [y] \tag{9-27}$$

$$|\theta|_{max} \leq [\theta] \tag{9-28}$$

式中，$[y]$ 为许可挠度；$[\theta]$ 为许可转角。其数值可以从有关工程设计手册中查到。

例 9-10　图 9-18 所示为一吊车梁，跨长 $l = 10m$，最大起重量 $F_W = 30kN$，梁为工字钢截面，许用应力 $[\sigma] = 140MPa$，许可挠度 $[y] = \dfrac{l}{400}$，弹性模量 $E = 200GPa$。试选择工字钢型号。

解：（1）按正应力强度条件设计截面，选择工字钢型号　由于截面尺寸未定，暂不考虑梁的自重影响。当起吊重物在跨中点 C 时，C 截面将产生最大弯矩和最大挠度。最大弯矩为：

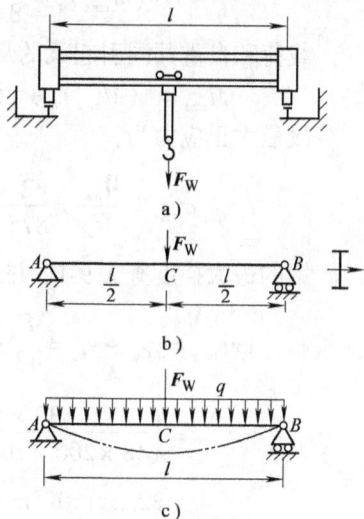

图 9-18　例 9-10 图

$$(M_{max})_W = \frac{1}{4}F_W l = \frac{30 \times 10}{4}kN \cdot m = 75kN \cdot m$$

根据强度条件得：

$$W_z \geq \frac{(M_{max})_W}{[\sigma]} = \frac{75 \times 10^3}{140 \times 10^6}m^3 = 536 \times 10^{-6}m^3 = 536cm^3$$

查附录 C 型钢表, 初选 32a 号工字钢, $W_z = 602 \text{cm}^3$, $I_z = 11100 \text{cm}^4$。

(2) 刚度校核

$$|y|_{\max} = \frac{F_W l^3}{48EI_z} = \frac{30 \times 10^3 \times 10^3}{48 \times 200 \times 10^9 \times 11100 \times 10^{-8}} \text{m} = 28.2 \times 10^{-3} \text{m} = 28.2 \text{mm}$$

$$[y] = \frac{l}{400} = \frac{10000}{400} \text{mm} = 25 \text{mm}$$

由于 $|y|_{\max} > [y]$, 则 32a 号工字钢不能满足刚度要求, 需根据刚度条件重新选择型号, 由 $[y] = \frac{F_W l^3}{48EI_z}$ 得:

$$I_z = \frac{F_W l^3}{48E[y]} = \frac{30 \times 10^3 \times 10^3}{48 \times 200 \times 10^9 \times 25 \times 10^{-3}} \text{m}^4 = 1.25 \times 10^{-4} \text{m}^4 = 12500 \text{cm}^4$$

查型钢表得 36a 号工字钢:

$$I_z = 15800 \text{cm}^4, \quad W_z = 875 \text{cm}^3, \quad \text{单位长度自重} \ q = 60.03749.8 \text{N/m} \approx 588 \text{N/m}$$

(3) 按选得的工字钢考虑自重影响, 对梁的强度和刚度进行校核 如图 9-18c 所示, 自重引起梁跨度中点最大弯矩:

$$(M_{\max})_q = \frac{1}{8} q l^2 = \frac{1}{8} \times 588 \times 10^2 \text{N} \cdot \text{m} = 7.35 \text{kN} \cdot \text{m}$$

载荷和自重共同引起梁的最大弯矩为:

$$M_{\max} = (M_{\max})_q + (M_{\max})_W = (7.35 + 75) \text{ kN} \cdot \text{m} = 82.4 \text{kN} \cdot \text{m}$$

故最大正应力为:

$$\sigma_{\max} = \frac{M_{\max}}{W_z} = \frac{82.4 \times 10^3}{875 \times 10^{-6}} \text{Pa} = 94.2 \times 10^6 \text{Pa} = 94.2 \text{MPa} < [\sigma]$$

梁的最大挠度查表 9-1, 并用叠加法得:

$$|y|_{\max} = y_{C_W} + y_{C_q} = \frac{F_W l^3}{48EI_z} + \frac{5q l^4}{384EI_z}$$

$$= \left(\frac{30 \times 10^3 \times 10^3}{48 \times 200 \times 10^9 \times 15800 \times 10^{-8}} + \frac{5 \times 588 \times 10^4}{384 \times 200 \times 10^9 \times 15800 \times 10^{-8}} \right) \text{m}$$

$$= 22.2 \times 10^{-3} \text{m} = 22.2 \text{mm} < [y]$$

故选用 36a 号工字钢。

二、提高梁弯曲刚度的措施

梁的变形不仅与梁的支承和载荷情况有关, 还与材料、截面形状和跨度有关。要提高弯曲刚度, 就应该从以下几个因素入手。

1. 提高梁的抗弯刚度 EI

各类钢材的弹性模量 E 的数值非常接近, 故采用高强度优质钢来提高弯曲刚度是不经济的。而增大截面的惯性矩 I 则是提高抗弯刚度的主要途径。与梁的强度问题一样, 可以采用槽形、工字形和空心圆等合理的截面形状。

2. 改变梁上的载荷作用位置、方向和作用形式

改变载荷的这些因素，其目的是减小梁的弯矩，这与提高梁的强度措施相同。

3. 减小梁的跨度或增加支承

在前面的例9-3中可以看到，梁受集中力 F 作用时，其挠度与跨度的三次方成正比，若跨度减小一半，挠度减小到原来的 $1/8$。所以减小梁的跨度，是提高弯曲刚度的有效措施。另一方面，增加梁的支座也可以减小梁的挠度。例如在图9-19a 所示的简支梁的跨度中点增设一个支座 C，如图9-19b 所示，就能使梁的挠度显著减小。但采用这种措施后，原来的静定梁就变成静不定梁了。这种增加支承提高弯曲刚度的措施在实际中被广泛应用。例如，在车床上用卡盘夹住工件进行切削时，工件由于切削力而引起弯曲变形，造成加工锥度，这时在工件的自由段加装尾座顶针，则其锥度显著减小。

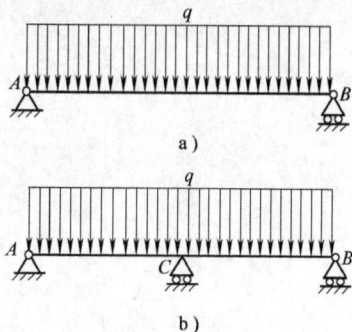

图9-19　减小梁跨度

习　题

9-1　图9-20 所示的各梁，其抗弯刚度 EI 为常量，试求：

（1）梁的弯矩图，并写出各梁的边界条件和连续光滑条件；

（2）根据梁的弯矩和支承情况画出挠曲线的大致形状。

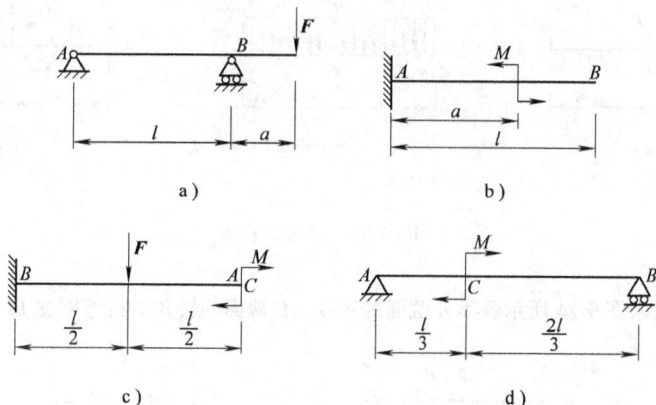

图9-20　题9-1 图

9-2　用积分法求图9-21 所示各梁的挠曲线方程、端截面转角 θ_A 和 θ_B、跨度中点的挠度和最大挠度。设抗弯刚度 EI 为常数。

9-3　求图9-22 所示外伸梁 C 点挠度。

9-4　已知等直截面梁的抗弯刚度 EI，用叠加法求图9-23 所示各梁 C 点的挠度。

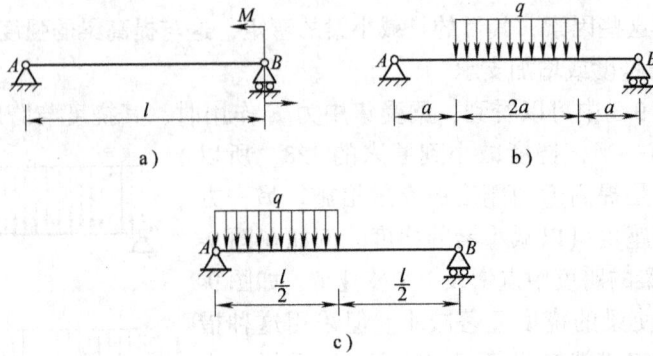

图 9-21　题 9-2 图

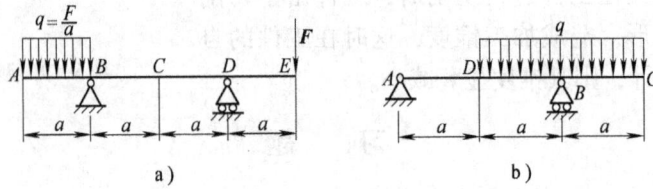

图 9-22　题 9-3 图

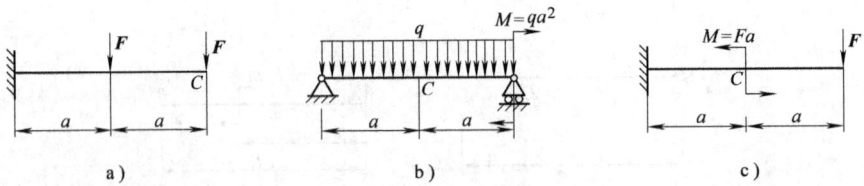

图 9-23　题 9-4 图

9-5　用叠加法求图 9-24 所示各梁 A 截面的挠度、B 截面的转角。抗弯刚度 EI 为已知。

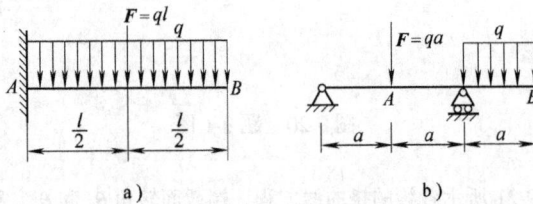

图 9-24　题 9-5 图

9-6　设梁的抗弯刚度 EI 为常数，以中间铰为多余约束，求解如图 9-25 所示各静不定梁。

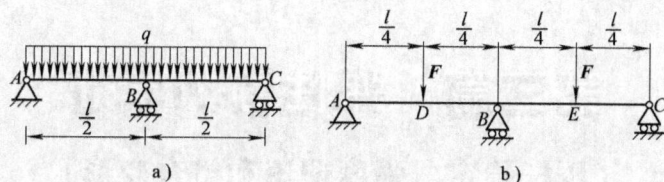

图 9-25　题 9-6 图

9-7　试求图 9-26 所示各静不定梁的支座反力，并作内力图。设梁的抗弯刚度 EI 为常数。

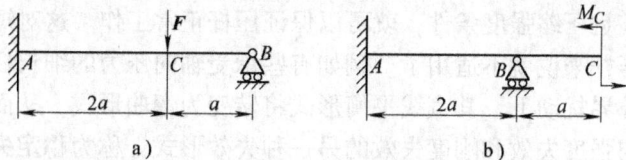

图 9-26　题 9-7 图

9-8　如图 9-27 所示，梁的抗弯刚度 EI 为常数。以固定端 A 处的约束反力偶 M_A 作为多余约束，解此静不定梁，然后作此梁的弯矩图。

9-9　车床主轴箱的一根传动轴可简化成三支座等截面梁，如图 9-28 所示。设梁的抗弯刚度 EI 为常数，试求解此梁，并作传动轴的弯矩图。

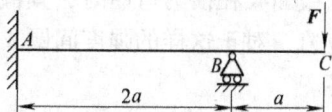

图 9-27　题 9-8 图

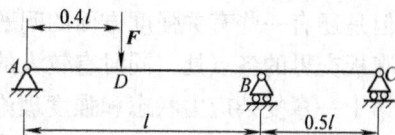

图 9-28　题 9-9 图

第三篇 弹性静力学 Ⅱ
（压杆稳定、强度理论和组合变形）

前面我们讨论了杆件的拉伸—压缩、剪切、扭转和弯曲四种基本变形，研究了构件发生基本变形时的强度、刚度计算。第五章中对受压杆件的研究，是从强度的观点出发的。即认为只要满足压缩强度条件，就可以保证压杆正常工作。这对短粗的压杆是正确的，但对于细长压杆来说就不适用了。例如有些承受轴向压力的细长杆件，当压力超过一定数值后，在外界扰动下，其直线平衡形式将转变为弯曲形式，从而使杆件丧失正常功能，这是区别与强度失效和刚度失效的另一种失效形式，称为**稳定失效**。稳定问题和强度、刚度问题一样，在机械或其零部件的设计中占有重要地位。本篇的第十章将讨论压杆稳定与压杆设计。

在第二篇中我们曾分别讨论了拉伸—压缩、剪切、扭转和弯曲变形形式下构件截面上的应力，并建立了相应的强度条件。例如拉压杆的强度条件为：

$$\frac{F_{N_{\max}}}{A} \leqslant [\sigma]$$

但是还有一些有关强度方面的问题，例如工字钢截面梁在横力弯曲时，其截面上翼缘与腹板交界的各点处，同时有较大的正应力和剪应力，对于这样的强度问题，正是本篇的第十一章复杂应力状态和强度理论所研究的内容。

但在工程实际中，有许多构件在载荷作用下，同时产生两种或两种以上的基本变形，这种变形称为组合变形。本篇的第十二章将讨论工程中常见的两种组合变形，即轴向拉伸（或压缩）与弯曲的组合变形（包括偏心拉伸或压缩），以及弯曲与扭转的组合变形。介绍运用力的独立作用原理解决上述组合变形的强度计算问题。

第十章 压杆稳定与压杆设计

第一节 压杆稳定的概念

机器或机械中某些承受轴向压力的杆件，例如活塞连杆机构中的连杆、凸轮机构中的顶杆、支承机械的千斤顶等，当压力超过一定数值后，在外界扰动下，其直线平衡形式将转变为弯曲形式，从而使杆件或由其组成的机器丧失正常功能，情形严重者，会造成人员的生命与财产的重大损失，这是区别于强度失效和刚度失效的另一种失效形式，称为**稳定失效**。稳定问题和强度、刚度问题一样，在机械或其零部件的设计中占有重要地位。

前面对受压杆件的研究，是从强度的观点出发的。即认为只要满足压缩强度条件，就可以保证压杆正常工作。这对短粗的压杆是正确的，但对于细长压杆来说就不适用了。例如图 10-1 所

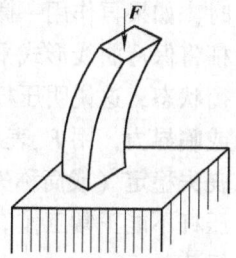

图 10-1 钢板条受压

示，一根宽 30mm、厚 2mm、长 400mm 的钢板条，设其材料的许用应力 $[\sigma] = 160$MPa，按压缩强度条件计算，它的承载能力为

$$F \leqslant A[\sigma] = 30 \times 10^{-3} \times 2 \times 10^{-3} \times 160 \times 10^{6} \text{N} = 9.6 \text{kN}$$

但实验发现，压力还没有达到 70N 时，钢板条已开始弯曲，若压力继续增大，则弯曲变形急剧增加而折断，此时的压力远小于 9.6kN。钢板条之所以丧失工作能力，是由于它不能保持原来的直线形状造成的。可见，细长压杆的承载能力不取决于它的压缩强度条件，而取决于它保持直线平衡状态的能力。

下面结合图 10-2a 所示的力学模型，介绍有关平衡稳定性的一些基本概念。刚性直杆 AB，A 端为铰支，杆可绕其旋转，B 端用弹簧常数为 k 的弹簧所支持。在铅垂载荷 F 作用下，该杆在竖直位置保持平衡。现在，给杆以微小的侧向干扰力 ΔF，使杆端产生微小的侧向位移 δ（见图 10-2b），弹簧作用力对 A 点的力矩为 $k\delta l$，该力矩使杆回到原来的竖直平衡位置；F 力对 A 点的矩 $F\delta$ 则欲使杆继续偏斜，这样当撤去干扰力 ΔF 时，杆可能出现几种情况：如果 $F\delta < k\delta l$，即 $F < kl$，则杆将自动恢复到原来的竖直平衡位置，说明杆原来的竖直平衡状态是稳

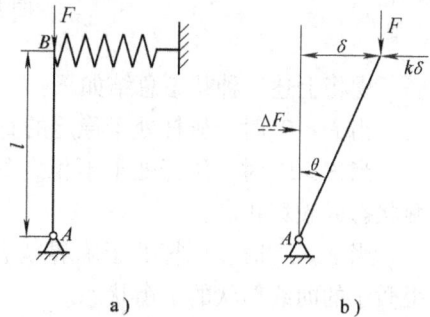

a)　　　　　　b)

图 10-2 平衡稳定性概念

定的；如果 $F\delta > k\delta l$，即 $F > kl$，则杆不能回复到原来的竖直平衡位置，杆将继续偏斜，所以其原来的竖直平衡状态是不稳定的；如果 $F\delta = k\delta l$，即 $F = kl$，则杆既可在竖直位置保持平衡，也可在偏斜状态保持平衡。由上述分析可知，在 k、l 不变的情况下，杆 AB 在竖直位置的平衡性质，由轴向载荷 F 的大小确定。

为了进一步介绍压杆稳定性的概念，现研究一根理想状态下的等直细长压杆（见图 10-3a），即弹性压杆的平衡稳定性及临界载荷的问题。杆的两端铰支，并受轴向力 F 作用，压杆处于直线形状的平衡状态。当压力 F 逐渐增加，但小于某一极限值时，压杆保持其直线形状的平衡，此时即使作用一微小的侧向干扰力 ΔQ，使其产生微小的弯曲变形（见图 10-3b），在干扰力除去后，压杆会自行恢复到原来的直线形状的平衡状态（见图 10-3c），故压杆原来直线平衡状态是稳定的。当压力逐渐增加到某一极限值时，如果再作用一微小的侧向干扰力，使其产生微小的侧向变形，在除去干扰力后，压杆将保持曲线形式平衡状态（见图 10-3d 所示双点画线），而不能恢复其原来的直线平衡状态，这说明压杆原来直线形状的平衡是不稳定的，上述压力的极限值称为**临界压力**或**临界力**，用 F_{cr} 表示。压杆丧失其直线形状平衡而过渡为曲线形状平衡的现象，称为丧失稳定（或简称失稳）；如 F 力再稍微增加一点，杆的弯曲变形将显著增加，以致于压杆不能正常工作。所以临界载荷是弹性压杆的直线平衡状态由稳定转变为不稳定的临界值。

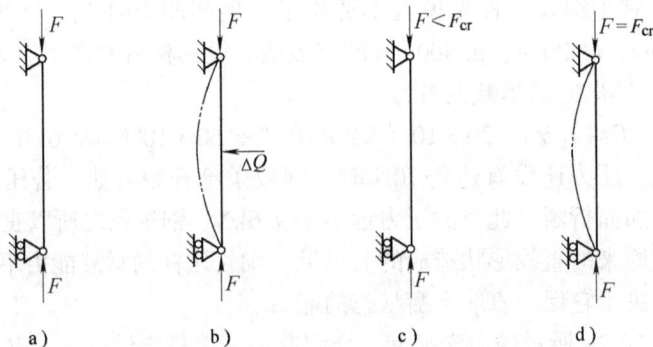

图 10-3　等直细长压杆

现将上述三种状态总结如下：

当 $F < F_{cr}$ 时，压杆处于稳定的直线形状的平衡状态；

当 $F > F_{cr}$ 时，压杆处于不稳定的直线形状的平衡状态，极易过渡到曲线形状的平衡状态或破坏状态；

当 $F = F_{cr}$ 时，压杆处于临界状态，压杆可能处于直线形状平衡状态，也可能处于很微小的曲线形状的平衡状态。

显然，解决压杆稳定问题的关键是确定其临界载荷。如果将压杆的工作压力控制在由临界载荷所确定的允许范围内，则压杆不致失稳。

第二节 细长压杆的临界载荷

一、两端铰支细长压杆的临界载荷

由上述分析可知，只有当轴向压力 F 等于临界载荷 F_{cr} 时，压杆才可能在微弯状态保持平衡。因此，使压杆在微弯状态保持平衡的最小轴力，即为压杆的临界载荷。

所谓细长压杆，就是当压力等于临界载荷时，直杆横截面上的正应力不超过比例极限 σ_P 的压杆。由于约束的不同，压杆的临界载荷也不同，现以两端铰支细长压杆为例，说明确定临界载荷的基本方法。

如图 10-4 所示，设细长压杆在轴向力 F 作用下处于微弯平衡状态，则当杆内应力不超过材料的比例极限时，压杆的挠曲线方程应满足下述关系式：

$$\frac{d^2 y}{dx^2} = \frac{M(x)}{EI} \tag{10-1}$$

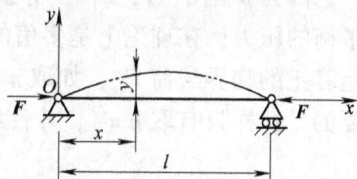

图 10-4 细长压杆微弯平衡状态

由图 10-4 可知，压杆 x 截面的弯矩为：

$$M = -Fy \tag{10-2}$$

由于两端是铰支座，允许杆件在任意纵向平面内发生弯曲变形，因而杆件的微小弯曲变形一定发生在抗弯能力最小的纵向平面内。故上式中的 I 应是横截面最小的惯性矩。将式（10-2）代入式（10-1）得：

$$\frac{d^2 y}{dx^2} = -\frac{Fy}{EI} \tag{10-3}$$

令：

$$k^2 = \frac{F}{EI} \tag{10-4}$$

将式（10-4）代入式（10-3），得：

$$\frac{d^2 y}{dx^2} + k^2 y = 0 \tag{10-5}$$

以上微分方程的通解为：

$$y = A\sin kx + B\cos kx \tag{10-6}$$

式中，A 和 B 是积分常数。

压杆的边界条件为：当 $x = 0$ 时，$y = 0$；当 $x = l$ 时，$y = 0$。将此边界条件代入到式（10-6），解得：

$$B = 0, A\sin kl = 0$$

因为 $A\sin kl = 0$，这就要求 $A = 0$ 或 $\sin kl = 0$。但若 $A = 0$，则 $y = 0$，这表示杆件轴线任意点的挠度皆为零，即仍是直线。这与压杆有微小的弯曲变形这一前提假设相矛盾。因此必须是：

$$\sin kl = 0$$

于是 kl 是数列 $0, \pi, 2\pi, 3\pi, \cdots$ 中的任何一个数。或写成：

$$kl = n\pi \qquad (n = 0, 1, 2, \cdots)$$

由此得：

$$k = \frac{n\pi}{l}$$

把 k 值代入式（10-4），求出：

$$F = \frac{n^2 \pi^2 EI}{l^2}$$

因为 n 是 $0, 1, 2, \cdots$ 等整数中的任一整数，故上式表明，使杆件保持为曲线形状平衡的压力，在理论上是多值的。在这些压力中，使杆件保持微小弯曲的最小压力，才是真正的临界载荷 F_{cr}，如取 $n = 0$，则 $F = 0$，表示杆件上并无载荷，自然不是我们所需要的。这样只有取 $n = 1$，才使载荷为最小值。于是得临界载荷为：

$$F_{cr} = \frac{\pi^2 EI}{l^2} \tag{10-7}$$

这是两端铰支细长压杆临界力的计算公式，也称为**两端铰支细长压杆临界载荷的欧拉公式**。

例 10-1 某柴油机的挺杆是钢制空心圆管，外径和内径分别为 12mm 和 10mm，杆长 0.383m，钢材的弹性模量 $E = 210$GPa，假定挺杆为细长压杆，试求挺杆的临界载荷。

解：挺杆横截面的惯性矩为：

$$I = \frac{\pi}{64}(D^4 - d^4) = \frac{\pi}{64}(0.012^4 - 0.010^4)\,\mathrm{m}^4 = 5.27 \times 10^{-10}\,\mathrm{m}^4$$

因为挺杆可简化为两端铰支的压杆，故挺杆的临界载荷为：

$$F_{cr} = \frac{\pi^2 EI}{l^2} = \frac{3.14^2 \times 210 \times 10^9 \times 5.27 \times 10^{-10}}{0.383^2}\,\mathrm{N} = 7.44\,\mathrm{kN}$$

二、其他支座条件下细长压杆的临界应力

在工程实际中，除了上述两端铰支压杆外，还存在其他支持方式的压杆。例如一端自由、另一端固定的压杆；一端铰支、另一端固定的压杆等等。这些压杆的临界载荷，同样可按上述方法确定，现将计算结果汇集在表 10-1 中。

从表中可以看出，上述几种细长压杆的临界载荷公式基本相似，只是分母中 l 前的系数不同。为了应用方便，将上述各式统一写成如下形式：

$$F_{cr} = \frac{\pi^2 EI}{(\mu l)^2} \tag{10-8}$$

这就是欧拉公式的普遍形式。式中 μl 表示把压杆折算成两端铰支压杆的长度，称为相当长度，μ 称为**长度系数**，表 10-1 中列出了常见细长压杆的长度系数。

表 10-1　压杆的长度系数

杆端支承情况	一端自由，一端固定	两端铰支	一端铰支，一端固定	两端固定
挠曲线形状				
F_{cr}	$F_{cr}=\dfrac{\pi^2 EI}{(2l)^2}$	$F_{cr}=\dfrac{\pi^2 EI}{l^2}$	$F_{cr}=\dfrac{\pi^2 EI}{(0.7l)^2}$	$F_{cr}=\dfrac{\pi^2 EI}{(0.5l)^2}$
长度系数 μ	2	1	0.7	0.5

例 10-2　图 10-5 所示的细长压杆，已知材料的弹性模量 $E=200\text{GPa}$，压杆的长度 $l=2.50\text{m}$。压杆的横截面为圆形，其直径 $d=40\text{mm}$。求该压杆的临界载荷。

解：本题的压杆为两端固定的细长压杆，$\mu=0.5$。压杆横截面的惯性矩为：

$$I=\frac{\pi d^4}{64}=\frac{\pi\times 0.040^4}{64}\text{m}^4=1.26\times 10^{-7}\text{m}^4$$

由式（10-2）计算压杆的临界载荷为：

$$F_{cr}=\frac{\pi^2 EI}{(\mu l)^2}=\frac{\pi^2\times 200\times 10^9\times 1.26\times 10^{-7}}{(0.5\times 2.5)^2}\text{N}=159\text{kN}$$

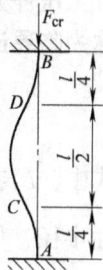

图 10-5　例 10-2 图

例 10-3　有一矩形截面压杆如图 10-6 所示，一端固定，另一端自由，材料为钢，已知弹性模量 $E=200\text{GPa}$，杆长 $l=2.0\text{m}$。

（1）当截面尺寸为 $b=40\text{mm}$、$h=90\text{mm}$ 时，试计算此压杆的临界载荷；

（2）若截面尺寸为 $b=h=60\text{mm}$，此压杆的临界载荷又为多少？

解：由于杆一端固定，一端自由，查表 10-1 得 $\mu=2$。

（1）截面对 y、z 轴的惯性矩分别为：

$$I_y=\frac{hb^3}{12}=\frac{90\times 40^3}{12}\text{mm}^4=4.8\times 10^{-7}\text{m}^4$$

$$I_z=\frac{bh^3}{12}=\frac{40\times 90^3}{12}\text{mm}^4=2.43\times 10^{-6}\text{m}^4$$

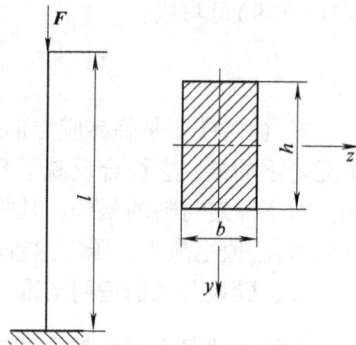

图 10-6　例 10-3 图

因为 $I_y < I_z$，应按 I_y 计算临界载荷，于是将 I_y 代入欧拉公式得：

$$F_{cr} = \frac{\pi^2 EI}{(\mu l)^2} = \frac{\pi^2 \times 200 \times 10^9 \times 4.8 \times 10^{-7}}{(2 \times 2.0)^2} \text{N} = 59 \text{kN}$$

（2）$b = h = 60 \text{mm}$ 时，截面的惯性矩为：

$$I_y = I_z = \frac{bh^3}{12} = \frac{60^4}{12} \text{mm}^4 = 1.08 \times 10^{-6} \text{m}^4$$

代入欧拉公式得临界载荷为：

$$F_{cr} = \frac{\pi^2 EI}{(\mu l)^2} = \frac{\pi^2 \times 200 \times 10^9 \times 1.08 \times 10^{-6}}{(2 \times 2.0)^2} \text{N} = 133 \text{kN}$$

比较上述计算结果，两杆所用材料相同，长度相同，截面面积相等，但临界压力后者是前者的 2.25 倍。

第三节　欧拉公式及经验公式

一、临界应力与柔度

压杆处于临界状态时，将压杆的临界载荷除以横截面面积，得到横截面上的应力，称为**临界应力**，用 σ_{cr} 表示：

$$\sigma_{cr} = \frac{F_{cr}}{A} = \frac{\pi^2 EI}{(\mu l)^2 A}$$

式中，I 与 A 都是与压杆横截面的尺寸和形状有关的量，令 $\frac{I}{A} = i^2$，i 称为压杆截面的惯性半径，代入上式得：

$$\sigma_{cr} = \frac{\pi^2 E i^2}{(\mu l)^2} = \frac{\pi^2 E}{\left(\dfrac{\mu l}{i}\right)^2} \tag{10-9}$$

令：

$$\lambda = \frac{\mu l}{i} \tag{10-10}$$

则式(10-9)可写成：

$$\sigma_{cr} = \frac{\pi^2 E}{\lambda^2} \tag{10-11}$$

式 (10-11) 是临界应力形式的欧拉公式，式中 λ 称为压杆的柔度或长细比，是一个无量纲的量，它综合反映了压杆的长度、杆端的约束以及截面尺寸对临界应力的影响。对于一定材料的压杆，其临界应力仅与柔度 λ 有关，λ 值愈大，则压杆愈细长，临界应力 σ_{cr} 值也愈小，压杆愈容易失稳。所以柔度 λ 是压杆稳定计算中的一个重要参数。

二、欧拉公式的适用范围

欧拉公式是在材料符合胡克定律条件下，由挠曲线近似微分方程 $\dfrac{d^2 y}{dx^2} = \dfrac{M}{EI}$ 推导出来的。因此只有当压杆内的应力不超过材料的比例极限时，才能用欧拉公式来计算压杆的临界力。这说明欧拉公式的应用是有条件的，根据这一条件可以确定欧拉公式的适用范围。

当压杆的临界应力不超过材料的比例极限时，欧拉公式才能成立，因此由式（10-11）可得欧拉公式适用范围为：

$$\sigma_{cr} = \frac{\pi^2 E}{\lambda^2} \leqslant \sigma_p$$

或：

$$\lambda \geqslant \pi \sqrt{\frac{E}{\sigma_p}}$$

式中，$\pi \sqrt{\dfrac{E}{\sigma_p}}$ 是压杆的临界应力等于比例极限 σ_p 时的柔度值，以 λ_p 表示，即：

$$\lambda_p = \pi \sqrt{\frac{E}{\sigma_p}} \tag{10-12}$$

所以，仅当 $\lambda \geqslant \lambda_p$ 时，欧拉公式才成立。柔度 $\lambda \geqslant \lambda_p$ 的压杆，称为**大柔度杆**。前面经常提到的细长杆，实际上即大柔度杆。

由式（10-12）可知，λ_p 值取决于材料的弹性模量 E 和比例极限 σ_p，所以，λ_p 值仅随材料不同而异。

三、经验公式

工程中常用的压杆，其柔度往往小于 λ_p。这种压杆的临界力已不能再按欧拉公式来计算。对于此类压杆，通常采用建立在实验基础上的经验公式来计算其临界应力。

1. 直线型经验公式

把临界应力 σ_{cr} 与柔度 λ 表示为以下直线公式，即：

$$\sigma_{cr} = a - b\lambda \tag{10-13}$$

式中，λ 为具体压杆的柔度；a、b 为与材料有关的常数，单位为 MPa。

表 10-2 中列出了几种常用材料的 a、b 值。

表 10-2　几种常用材料的 a、b 值

材料（强度极限 σ_b/MPa，屈服点 σ_s/MPa）	a/MPa	b/MPa	材料（强度极限 σ_b/MPa，屈服点 σ_s/MPa）	a/MPa	b/MPa
Q235A　$\sigma_b \geqslant 372, \sigma_s = 235$	304	1.12	铸铁	332.2	1.454
优质碳钢　$\sigma_b \geqslant 471, \sigma_s = 306$	461	2.568	硬铝	373	2.15
硅钢　$\sigma_b \geqslant 510, \sigma_s = 353$	578	3.744	松木	28.7	0.19
铬钼钢	980	5.296			

上述经验公式，也有其适用范围，使用式（10-13）计算的临界应力不允许超过压杆材料的极限应力 σ_0（对于塑性材料 $\sigma_0 = \sigma_s$；对于脆性材料 $\sigma_0 = \sigma_b$）。因为当应力达到 σ_0 时，压杆因强度不够而发生破坏，故应按强度问题来考虑，所以对于塑性材料制成的压杆，临界应力公式为：

$$\sigma_{cr} = a - b\lambda \leqslant \sigma_s$$

由上式得到对应于屈服极限 σ_s 的柔度为：

$$\lambda_s = \frac{a - \sigma_s}{b} \tag{10-14}$$

由此可知，只有当压杆的柔度 $\lambda \geqslant \lambda_s$ 时才能用公式（10-13）求解，所以式（10-13）的适用范围为 $\lambda_s \leqslant \lambda \leqslant \lambda_p$。

综上所述，对于由合金钢、铝合金、铸铁等制作的压杆，根据其柔度可将压杆分为三类，并分别按不同方式处理：

1）$\lambda \geqslant \lambda_p$ 的压杆属于细长杆或大柔度杆，按欧拉公式 $\sigma_{cr} = \dfrac{\pi^2 E}{\lambda^2}$ 计算其临界应力；

2）$\lambda_s \leqslant \lambda < \lambda_p$ 的压杆，称为中柔度杆，按经验公式 $\sigma_{cr} = a - b\lambda$ 计算其临界应力；

3）$\lambda < \lambda_s$ 的压杆属于短粗杆，称为小柔度杆，应按强度问题处理，$\sigma_{cr} = \sigma_s$。

在上述三种情况下，临界应力随柔度变化的曲线如图 10-7 所示，称为临界应力总图。

2. 抛物线型经验公式

在工程实际中，对于中、小柔度压杆的临界应力计算，也有建议采用抛物线型经验公式的，此公式为：

$$\sigma_{cr} = a_1 - b_1 \lambda^2 \tag{10-15}$$

式中，a_1 与 b_1 是与材料有关的常数，它们的单位是 MPa。

根据欧拉公式与上述抛物线经验公式，可得低合金结构钢等压杆的临界应力总图（见图 10-8）。

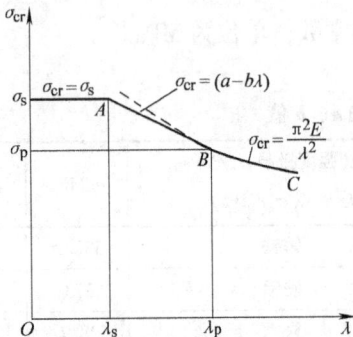

图 10-7　临界应力与柔度关系

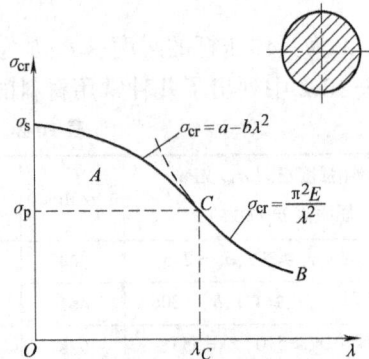

图 10-8　临界应力总图

例 10-4　3 根材料相同的圆形截面压杆，皆由 Q235 钢制成，材料的 $E = 200\text{GPa}$，$\sigma_p = 200\text{MPa}$，$\sigma_s = 240\text{MPa}$，$a = 304\text{MPa}$，$b = 1.12\text{MPa}$。3 根压杆的两端均为铰支，直径均为 $d = 0.160\text{m}$，第一根压杆长 $l_1 = 5.0\text{m}$，第二根压杆的长为 $l_2 = 2.5\text{m}$，第三根压杆长为 $l_3 = 1.25\text{m}$，试求各杆的临界载荷。

解：3 根压杆的材料相同，杆的直径相同，约束条件也相同，所以 3 根杆相同的参数为：

$$\lambda_p = \sqrt{\frac{\pi^2 E}{\sigma_p}} = \sqrt{\frac{3.14^2 \times 200 \times 10^9}{200 \times 10^6}} = 99.3$$

$$\lambda_s = \frac{a - \sigma_s}{b} = \frac{304 - 240}{1.12} = 57.1$$

$$A = \frac{\pi d^2}{4} = \frac{\pi \times 0.160^2}{4} \text{m}^2 = 0.020 \text{m}^2$$

$$i = \sqrt{\frac{I}{A}} = \frac{d}{4} = \frac{0.160}{4} \text{m} = 0.040 \text{m}$$

$$\mu = 1$$

（1）求第一根压杆的临界载荷：

$$\lambda = \frac{\mu l_1}{i} = \frac{1 \times 5.0}{0.040} = 125 > \lambda_P = 99.3$$

$$\sigma_{cr} = \frac{\pi^2 E}{\lambda^2} = \frac{\pi^2 \times 200 \times 10^9}{125^2} \text{MPa} = 126 \text{MPa}$$

$$F_{cr} = \sigma_{cr} A = 125 \times 10^6 \times 0.020 \text{N} = 2.5 \times 10^3 \text{kN}$$

（2）求第二根压杆的临界载荷：

$$\lambda = \frac{\mu l_2}{i} = \frac{1 \times 2.5}{0.040} = 62.5$$

柔度 $\lambda_s \leqslant \lambda \leqslant \lambda_P$，故使用直线公式（10-13）求临界应力：

$$\sigma_{cr} = a - b\lambda = (304 - 1.12 \times 62.5) \text{MPa} = 234 \text{MPa}$$

$$F_{cr} = \sigma_{cr} A = 234 \times 10^6 \times 0.020 \text{N} = 4.68 \times 10^3 \text{kN}$$

（3）求第三根压杆的临界载荷：

$$\lambda = \frac{\mu l_3}{i} = \frac{1 \times 1.25}{0.040} = 31.3 < \lambda_s = 57.1$$

该杆为小柔度压杆，临界应力应选取材料的屈服极限：

$$\sigma_{cr} = \sigma_s = 240 \text{MPa}$$

$$F_{cr} = \sigma_{cr} A = 240 \times 10^6 \times 0.020 \text{N} = 4.8 \times 10^3 \text{kN}$$

第四节 压杆稳定条件

在掌握了各种柔度压杆的临界载荷和临界应力的计算方法以后，就可以在此基础上建立压杆的稳定条件，进行压杆的稳定计算。

由临界载荷的定义可知，F_{cr} 相当于稳定性方面的破坏载荷，因此，为了保证压杆正常工作，不致发生失稳，必须使压杆所承受的工作压力 F 小于该杆的临界载荷。不仅如此，还应使压杆具有足够的稳定安全储备，用一个大于 1 的数（规定的稳定安全系数$[n_w]$）去除临界载荷这一极限，得到一个工作载荷的许用值。据此，压杆的稳定条件可表示为：

$$F \leqslant \frac{F_{cr}}{[n_w]} \tag{10-16}$$

式中，F 为压杆的工作压力。

在工程计算中，常把式（10-16）改写成

$$n = \frac{F_{cr}}{F} \geqslant [n_w] \tag{10-17}$$

若设压杆的工作应力为 $\sigma = \dfrac{F}{A}$，则由 $F = \sigma A$ 和 $F_{cr} = A\sigma_{cr}$，可得到压杆稳定条件的另一种形式：

$$n = \frac{\sigma_{cr}}{\sigma} \geqslant [n_w] \tag{10-18}$$

考虑到压杆的初曲率，以及加载偏心及材料的不均匀等因素，因此$[n_w]$值一般比强度安全系数大，下面列出几种常用零件的$[n_w]$的参考数值：

金属结构中的压杆　　$[n_w] = 1.8 \sim 3$　　　　机床进给丝杠　　　　$[n_w] = 2.5 \sim 4$

高速发动机挺杆　　　$[n_w] = 2 \sim 5$　　　　　低速发动机挺杆　　　$[n_w] = 4 \sim 6$

磨床液压缸活塞杆　　$[n_w] = 4 \sim 6$　　　　　起重螺旋　　　　　　$[n_w] = 3.5 \sim 5$

必须指出，截面有局部削弱（如油孔、螺孔等）的压杆，除校核稳定外，还需作强度校核，在强度校核时，A 为考虑了削弱后的横截面净面积。而压杆的稳定，是对压杆的整体而言的，截面的局部削弱，对临界力数值的影响很小，可以不必考虑，所以在稳定计算中，A 为不考虑削弱的横截面面积。

例 10-5　已知千斤顶丝杠长度 $l = 0.375\mathrm{m}$，内径 $d = 0.040\mathrm{m}$，材料为 Q235 钢，最大顶起重量 $F = 80\mathrm{kN}$，规定稳定安全系数$[n_w] = 3$，试校核丝杠的稳定性。

解：（1）计算压杆的柔度

千斤顶的丝杠可简化为下端固定上端自由的压杆，其长度系数 $\mu = 2$，$i = \sqrt{\dfrac{I}{A}} = \dfrac{d}{4}$ $= 0.010$。丝杠的柔度为：

$$\lambda = \frac{\mu l}{i} = \frac{2 \times 0.375}{0.010} = 75$$

由例 10-4 计算可知，Q235 钢的 $\lambda_p = 99.3$，$\lambda_s = 57.1$，故本题中 $\lambda_s \leqslant \lambda \leqslant \lambda_p$，丝杠为中柔度杆，采用直线型经验公式计算其临界应力。

（2）计算临界应力

对 Q235 钢，$a = 304\mathrm{MPa}$，$b = 1.12\mathrm{MPa}$，故丝杠的临界应力为：

$$\sigma_{cr} = a - b\lambda = (304 - 1.12 \times 75)\mathrm{MPa} = 220\mathrm{MPa}$$

临界压力为：

$$F_{cr} = \sigma_{cr} A = 220 \times 10^6 \times \frac{\pi \times (0.040)^2}{4} \text{N} = 276 \text{kN}$$

（3）校核稳定性：

$$n = \frac{F_{cr}}{F} = \frac{276}{80} = 3.45 > [n_w]$$

故丝杠的稳定性是足够的。

例 10-6 图 10-9 所示结构的 AB 杆为刚性杆，CD 杆是可变形的受压杆件，A、C 两点为铰支座，D 点为固定端支座，结构尺寸及 CD 杆横截面尺寸如图所示。CD 杆的材料为 Q235 钢，其 E = 200GPa，$\sigma_s = 240$MPa，$\sigma_p = 200$MPa，a = 304MPa，b = 1.12MPa，假设 CD 杆只能在图示平面内失稳，试按照只考虑 CD 杆的稳定性来确定结构的临界载荷 F_{cr}。若给定的稳定安全系数为 $[n_w] = 8$，求结构的许用载荷 [F]。

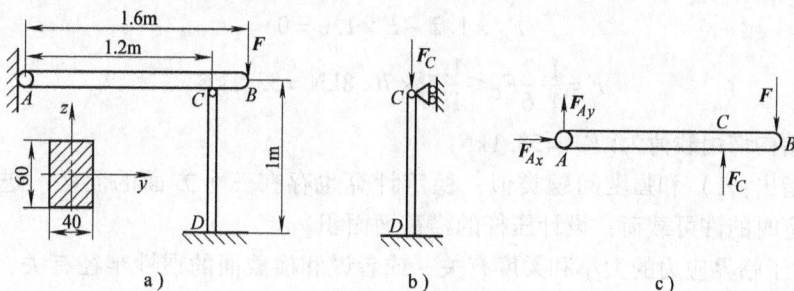

图 10-9 例 10-6 图

解：先求压杆的 λ_p 和 λ_s

$$\lambda_p = \pi \sqrt{\frac{E}{\sigma_p}} = 3.14 \times \sqrt{\frac{200 \times 10^9}{200 \times 10^6}} = 99.3$$

$$\lambda_s = \frac{a - \sigma_s}{b} = \frac{304 - 240}{1.12} = 57.1$$

由于结构只能在图示的平面内失稳，所以只需求 λ_z。

压杆 CD 关于 z 轴的惯性矩为：

$$I_z = \frac{60 \times 40^3}{12} \text{mm}^4 = 320 \times 10^3 \text{mm}^4$$

所以截面关于 z 轴的惯性半径为：

$$i_z = \sqrt{\frac{I_z}{A}} = \sqrt{\frac{320 \times 10^3}{40 \times 60}} \text{mm} = 11.6 \text{mm}$$

CD 杆上端为铰支，下端为固定的压杆，如图 10-9b 所示。取 $\mu = 0.7$，压杆绕轴的柔度为：

$$\lambda_z = \frac{\mu l}{i_z} = \frac{0.7 \times 1000}{11.6} = 60.3$$

可见，$57.1 = \lambda_s < \lambda_z < \lambda_p = 99.3$，所以用直线经验公式计算临界应力：

$$\sigma_{cr} = a - b\lambda_z = (304 - 1.12 \times 60.3)\,\text{MPa} = 236\,\text{MPa}$$

压杆 CD 的临界载荷为：

$$F_{cr} = \sigma_{cr}A = 236 \times 10^6 \times 40 \times 10^{-3} \times 60 \times 10^{-3}\,\text{N} = 566\,\text{kN}$$

根据稳定条件 $n = \dfrac{F_{cr}}{F_C} \geqslant [n_w]$，得到：

$$F_C \leqslant \frac{F_{cr}}{[n_w]} = \frac{566}{8}\,\text{kN} = 70.8\,\text{kN}$$

下面再考虑 AB 杆的平衡，AB 杆的受力如图 10-9c 所示。当压杆 CD 所受载荷为临界载荷时，结构上作用的载荷 F 达到临界值。

由平衡方程 $\displaystyle\sum_{i=1}^{n} M_A(\boldsymbol{F}_i) = 0$，得：

$$F_C \times 1.2 - F \times 1.6 = 0$$

$$F = \frac{1.2}{1.6}F_C \leqslant \frac{1.2}{1.6} \times 70.8\,\text{kN} = 53.1\,\text{kN}$$

所以结构许用载荷为 $[F] = 53.1\,\text{kN}$。

应当指出：1）和强度问题类似，稳定计算也存在三个方面的问题：进行稳定校核；求稳定时的许可载荷；设计压杆的横截面面积。

2）由于临界应力的大小和柔度有关，或者说和横截面的惯性半径有关，即和横截面面积的大小和形状有关，因此设计截面时要用试凑法，需要经过反复多次的试凑才能得到合适的横截面面积。

3）由于杆件丧失稳定是一种整体性行为，在进行稳定性计算时，横截面的局部削弱（如在杆上打小孔等），对临界应力影响较小。因此在稳定性计算中，采用横截面的毛面积计算，而不是用局部削弱处的净面积计算。

4）在小变形的前提下进行强度计算时，横截面上的内力按未变形时的位置来计算，而计算临界载荷时是按变形以后的位置计算横截面上内力，这是强度问题和稳定问题的一个很大不同。

第五节　提高压杆稳定性的措施

所谓提高压杆稳定性，就是在给定面积大小的条件下，提高压杆的临界力。临界力 $F_{cr} = A\sigma_{cr}$，当面积一定时，提高临界力的关键在于提高临界应力 σ_{cr}。由欧拉公式和经验公式可知，压杆的临界应力与材料的力学性能及压杆的柔度有关，所以要提高压杆的稳定性，就必须从这两方面考虑。

一、合理选用材料

对于大柔度杆（$\lambda > \lambda_p$），其临界应力 $\sigma_{cr} = \dfrac{\pi^2 E}{\lambda^2}$ 与材料的弹性模量 E 成正比，由于

钢材的 E 比其他材料（如铝合金）大，所以大柔度杆多用钢材制造，而各种钢材的 E 值差别不大，用高强度钢时 σ_{cr} 的提高不显著，所以细长压杆用普通钢制造，既合理又经济。

对于中、小柔度压杆，由经验公式看出，临界应力与材料的强度有关，σ_{cr} 随 σ_s 的提高而增大，因此，对于中、小柔度的压杆可用高强度钢制造以提高稳定性（对柔度很小的短粗压杆，本身就是强度问题，优质钢材强度高，其优越性自然是明显的）。

二、减小压杆的柔度

由压杆的临界应力总图可知，压杆的柔度越大，临界应力就越小，稳定性越差；反之，压杆的柔度越小，临界应力就越大，稳定性越好。短粗杆（即小柔度杆）的临界应力最大，但是，结构中的压杆、柱或机器零件中的压杆不可能都是短粗型压杆，如发动机的挺杆，就不能制成短粗型的。所以要提高压杆的稳定性，即提高压杆的承载能力，可行的措施是使压杆的柔度尽可能地小。由于压杆的柔度为 $\lambda = \dfrac{\mu l}{i}$，所以应从增强约束（与 μ 有关）、增大截面的惯性半径 i、减小压杆的长度 l 等方面来考虑。

1. 选择合理的截面形状，增大截面的惯性矩，减小 λ

从欧拉公式看出，截面的惯性矩越大，临界载荷 F_{cr} 就越大。因为 $i = \sqrt{\dfrac{I}{A}}$，所以在横截面面积不变的情况下，增加惯性矩就是增大了惯性半径 i 的值，从而减小了柔度 λ，使压杆的临界应力增大。因此，增大惯性矩可提高压杆的稳定性。

在截面面积不变的情况下，增大惯性矩的办法是尽可能地把材料放在离形心较远的地方，现以圆形截面为例，图 10-10a 所示为实心圆形截面，设截面面积为 A。按上述方法，若把离形心较近处的材料搬到离形心较远处，如图 10-10b 所示，得到空心环形截面。下面比较一下截面的惯性半径和惯性矩。

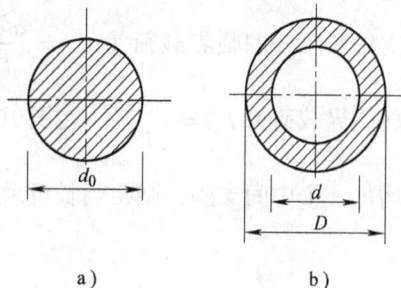

图 10-10　圆形、环形截面

设横截面面积为 A，则实心圆直径 $d_0 = \sqrt{\dfrac{4A}{\pi}}$，其惯性矩 $I_1 = \dfrac{\pi d_0^4}{64} = \dfrac{\pi}{64} \times \dfrac{16A^2}{\pi^2} = \dfrac{A^2}{4\pi}$。

对相同横截面面积的空心环形截面，令外径为 D，内径 $d = \alpha D$，则 $D = \sqrt{\dfrac{4A}{\pi(1 - \alpha^2)}}$，截面惯性矩：

$$I_2 = \frac{\pi D^4}{64}(1 - \alpha^4) = \frac{\pi}{64} \times \frac{16A^2}{\pi^2(1 - \alpha^2)^2} \times (1 - \alpha^4) = \frac{A^2(1 + \alpha^2)}{4\pi(1 - \alpha^2)}$$

于是，两个惯性矩之比为：

$$\frac{I_2}{I_1} = \frac{1 + \alpha^2}{1 - \alpha^2} > 1$$

由此可见，截面惯性矩增大了。此时惯性半径的比为：

$$\frac{i_2}{i_1} = \frac{\sqrt{\dfrac{I_2}{A}}}{\sqrt{\dfrac{I_1}{A}}} = \sqrt{\frac{I_2}{I_1}} = \sqrt{\frac{1+\alpha^2}{1-\alpha^2}}$$

当 $\alpha = 0.5$ 时，$\dfrac{i_2}{i_1} = 1.29$；当 $\alpha = 0.7$ 时，$\dfrac{i_2}{i_1} = 1.71$；当 $\alpha = 0.8$ 时，$\dfrac{i_2}{i_1} = 2.13$。也就是说，当 $\alpha > 0.5$ 时，截面的惯性半径有显著的增加。

2. 减小压杆的长度 l

减小压杆的长度，可降低柔度 λ，从而提高稳定性，工程中常用增加中间支座的办法来减小压杆长度，如在压杆中间部分增加铰支座等。

3. 改变压杆的约束条件，改善杆端支承，降低长度系数 μ 的数值。

由表 10-1 可知，加固杆端支承，μ 值可以降低，使压杆柔度 λ 减小，从而使临界应力提高，即提高了压杆的稳定性，约束条件对压杆的临界载荷的影响较大，在其他条件不变的情况下，支座对压杆的约束越强，长度系数 μ 就越小，因而使压杆的柔度越小，临界载荷提高，如两端铰支细长压杆的临界载荷为 $F_{cr} = \dfrac{\pi^2 EI}{l^2}$，而两端固定细长压

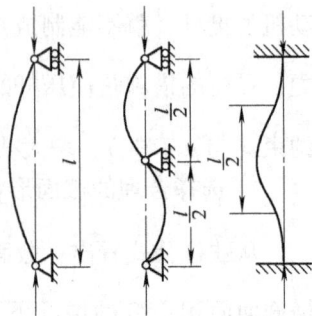

图 10-11　在压杆中点增加支座

杆临界载荷为 $F_{cr} = \dfrac{4\pi^2 EI}{l^2}$。在图 10-11 中，若把长度为 l、两端铰支的细长压杆的中点增加一个中间支座，则相当长度就变成 $\mu l = \dfrac{l}{2}$，其临界载荷变为：

$$F_{cr} = \frac{\pi^2 EI}{\left(\dfrac{l}{2}\right)^2} = \frac{4\pi^2 EI}{l^2}$$

可见临界载荷变为原来的 4 倍。一般来说，增加压杆的约束，使其不容易发生弯曲变形，致使压杆提高承载能力。

习　题

10-1　如图 10-12 所示，Q235 钢制成的压杆，两端均为球铰约束，材料的弹性模量 $E = 200\text{GPa}$。试计算下列三种情形下压杆的临界载荷：

（1）圆截面，直径 $d = 25\text{mm}$，杆长 $l = 1\text{m}$；

（2）矩形截面，$h = 2b = 40\text{mm}$，杆长 $l = 1\text{m}$；

（3）16 号工字钢，杆长 $l = 2\text{m}$。

10-2　图 10-13 所示的四根压杆均为圆截面直杆，且直径和材料都相同，但杆端约束和杆长各不相同，试分析哪一根压杆最容易失稳？哪一根压杆最不容易失稳？

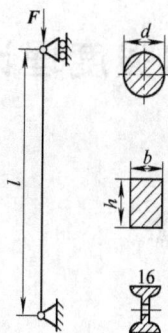

图 10-12 题 10-1 图

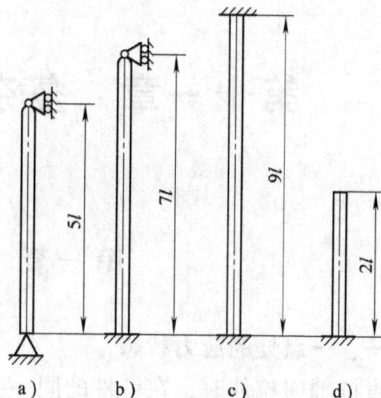

图 10-13 题 10-2 图

10-3 两端球铰约束的压杆，其矩形截面尺寸为 $b = 30\text{mm}$，$h = 50\text{mm}$。若已知材料弹性模量 $E = 200\text{GPa}$，比例极限 $\sigma_p = 200\text{MPa}$。试计算可应用欧拉公式确定其临界载荷的最小杆长。

10-4 如图 10-14 所示桁架，由两根抗弯刚度 EI 相同的等截面细长压杆组成，设载荷 F 与杆 AB 的轴线的夹角为 θ，且 $0 \leqslant \theta \leqslant \dfrac{\pi}{2}$，试求载荷 F 的极限值。

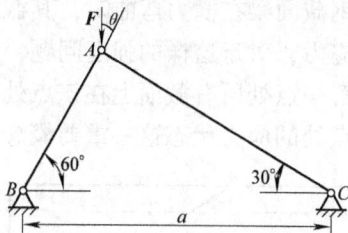

图 10-14 题 10-4 图

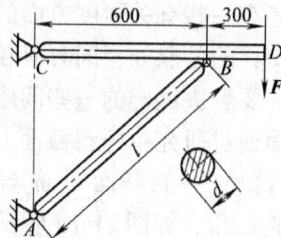

图 10-15 题 10-5 图

10-5 图 10-15 所示托架结构中的斜撑杆 AB 为圆截面杆，其直径 $d = 40\text{mm}$，杆长 $l = 800\text{mm}$，A、B 两处均为铰链约束。若已知材料为 Q235 钢，屈服极限 $\sigma_s = 235\text{MPa}$，试求：

（1）托架的临界载荷 F_{cr}；

（2）若 $F = 70\text{kN}$，AB 杆的稳定安全系数 $n_w = 2.0$，校核托架是否安全（横梁 CBD 具有足够强度）。

10-6 某型柴油机的挺杆长度 $l = 0.257\text{m}$，圆形截面的直径 $d = 8\text{mm}$，钢材的弹性模量 $E = 210\text{GPa}$，比例极限 $\sigma_p = 240\text{MPa}$。挺杆所受的最大载荷 $F = 1.67\text{kN}$。规定的稳定安全系数 $[n_w] = 3$。试校核挺杆的稳定性。

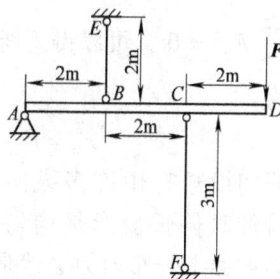

图 10-16 题 10-7 图

10-7 如图 10-16 所示，圆截面细长杆 CF 的直径 $d_1 = 10\text{cm}$，杆 EB 的直径 $d_2 = 5\text{cm}$，材料均为 Q235 钢，$[\sigma] = 160\text{MPa}$，$E = 200\text{GPa}$。横梁 AD 可视为刚性的。若 $n_w = 2.0$，试求许用载荷 F。

第十一章　复杂应力状态和强度理论

第一节　应力状态的概念

一、一点处的应力状态

直杆轴向拉伸时，在杆件的同一截面上各点处的应力是相同的，但是应力随所取截面与轴心线夹角的不同而改变；对于圆截面杆扭转或梁的弯曲，在杆件的同一截面上，不同位置的点具有不同的应力。

我们在第五～八章中曾分别讨论了拉伸-压缩、剪切、扭转和弯曲变形形式下构件截面上的应力，并建立了相应的强度条件。例如拉压杆的强度条件为：

$$\frac{F_{\text{Nmax}}}{A} \leqslant [\sigma]$$

但是还有一些有关强度方面的问题，例如工字钢截面梁在横力弯曲时，其截面上翼缘与腹板交界的各点处，同时有较大的正应力和切应力，对于这样的强度问题，以前没有讨论过。要解决这样的一些问题，就需要全面了解一点处所有截面上在该点处的应力情况。下面通过研究拉杆斜截面上的应力，介绍一点处的应力状态这一重要概念。

设拉杆的任一斜截面 $m\text{-}m$ 与其横截面相交成 α 角，如图 11-1a 所示。采用截面法研究此斜截面上的应力，假想沿此面将杆截开，并研究左边部分（见图 11-1b）的平衡。有平衡方程 $\sum_{i=1}^{n} F_{ix} = 0$，可以得到斜截面上的内力为：

$$F_{\alpha} = F$$

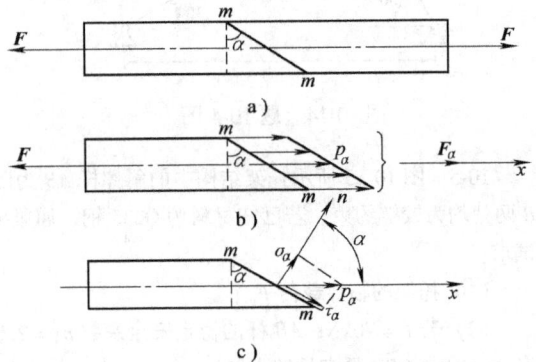

图 11-1　截面法求应力

我们设想杆由许多纵向纤维组成，杆拉伸时伸长变形是均匀的，由此推断斜截面上分布内力必然是均匀分布的，即各点处的应力也是相等的，于是得到：

$$p_{\alpha} = \frac{F_{\alpha}}{A_{\alpha}} = \frac{F}{A_{\alpha}} \tag{11-1}$$

式中　p_{α} 为斜截面上任一点处的总应力，其方向沿 x 轴正向，如图 11-1b 所示，A_{α} 为斜截面面积。由几何分析得到斜截面面积 A_α 与横截面面积 A 的关系是 $A_\alpha = \dfrac{A}{\cos\alpha}$，将此代入式（11-1）得到：

$$p_\alpha = \frac{F_\alpha}{A/\cos\alpha} = \sigma_0 \cos\alpha \tag{11-2}$$

式中 $\sigma_0 = \dfrac{F}{A}$，即杆横截面上的正应力。为研究方便，将 p_α 分解为沿斜截面 $m\text{-}m$ 的法线分量和切线分量，法线分量称为斜截面上的正应力 σ_α，切线分量称为斜截面上的切应力 τ_α，如图 11-1c 所示。分解后得：

$$\sigma_\alpha = p_\alpha \cos\alpha \qquad \tau_\alpha = p_\alpha \sin\alpha \tag{11-3}$$

将式（11-2）代入式（11-3），整理得到：

$$\sigma_\alpha = \sigma_0 \cos^2\alpha \tag{11-4}$$

$$\tau_\alpha = \frac{\sigma_0}{2}\sin 2\alpha \tag{11-5}$$

从式（11-4）、式（11-5）可以看到，由于夹角 α 的不断变化，出现对应的各个截面应力也随之变化。我们将构件受力后，通过其内任意一点的各个截面上在该点处的应力情况，称为该点处的应力状态。

二、一点处的应力状态的表示方法

上面在讨论直杆拉伸斜截面上的应力时，由于横截面上的正应力是均匀分布的，故直接采用了截面法。在第七章第三节讨论圆轴扭转时，因为圆轴横截面上的应力不是均匀分布的，我们就采用取单元体的研究方法。下面介绍用应力单元体表示一点处的应力状态。

为了研究受力构件内某点处的应力状态，可以围绕该点截取一个单元体来代表该点。这个单元体的边长为无穷小量，故单元体各个表面上的应力分布可以看成是均匀的，单元体任一对平行平面上的应力可视为相等的。例如图 11-2a 所示的轴向拉伸的直杆，围绕 A 点用一对横截面和一对与杆轴线平行的纵向截面切出一个单元体，如图 11-2b 所示。此单元的左、右侧面的正应力为 $\sigma_0 = \dfrac{F}{A}$，其上、下侧面和前、后侧面均无应力，图 11-2b 所示的应力单元体称为 A 点处的原始单元体。为了画法简便，此单元体可以用图 11-2c 来表示。

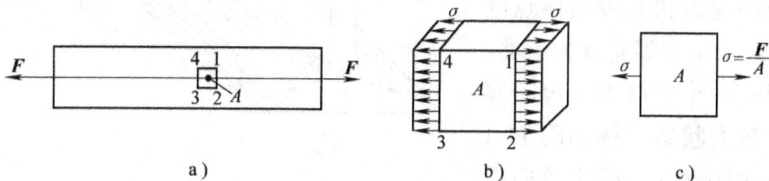

图 11-2 直杆受拉时 A 点应力

当圆杆在扭转时（图 11-3a），对于其表面上的 B 点，可以围绕该点以杆的横截面和径向、周向纵截面截取代表它的单元体进行研究，如图 11-3b 所示。横截面上在 B 点处的

图 11-3　圆杆受扭时 B 点切应力

切应力 $\tau_B = \tau_{max} = \dfrac{M_T}{W_T} = \dfrac{T}{W_T}$，其中 M_T 为横截面上的扭矩，W_T 为抗扭截面系数，T 为外力矩，杆在周向截面上没有应力。又由切应力互等定理可知，杆在径向截面上 B 点处应该有与 τ_B 相等的切应力。于是此单元体各侧面上的应力如图 11-3b、c 所示。对于图 11-4a 所示横力弯曲下的矩形截面梁，得到 $m\text{-}m$ 截面正应力 $\sigma_x = \dfrac{M(x)}{I_z} y$

和切应力 $\tau_{xy} = \dfrac{F_Q(x)\,S}{bI_z}$，如图 11-4b 所示。由切应力互等定理可知 $\tau_y = -\tau_x$，得到应力单元体（见图 11-4c）。

三、主平面、主应力、应力状态的分类

在一般情况下，表示一点处应力状态的应力单元体在其各个表面上同时存在有正应力和切应力。但是可以证明：在该点处以不同方式截取的各个单元体中，必有一个特殊的单元体，在这个单元体的侧面上只有正应力而没有切应力。这样的单元体称为该点处的**主应力单元体**或**主单元体**。图 11-2c 所示的单元体就是主应力单元体。主单元体的侧面称为**主平面**。主平面上的正应力称为该点处的**主应力**。

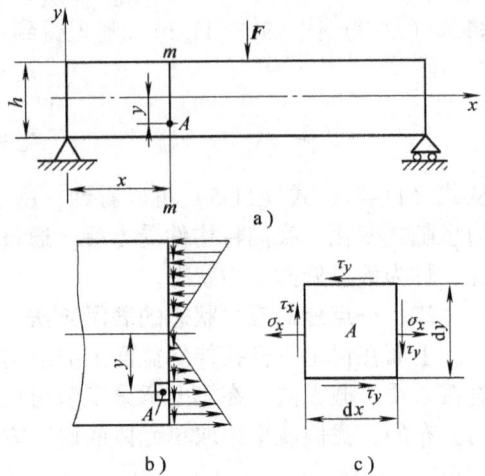

图 11-4　横力弯曲下梁 A 点应力

一般情况下，过一点处所取的主单元体的六个侧面上有三对主应力，我们用 σ_1、σ_2、σ_3 表示，这三者的顺序按代数值大小排列，即 $\sigma_1 \geqslant \sigma_2 \geqslant \sigma_3$。

一点处的应力状态按照该点处的主应力有几个不为零而分为三类：

（1）只有一个主应力不等于零的称为**单向应力状态**　例如图 11-1 所示的拉杆内任意一点即为单向应力状态。

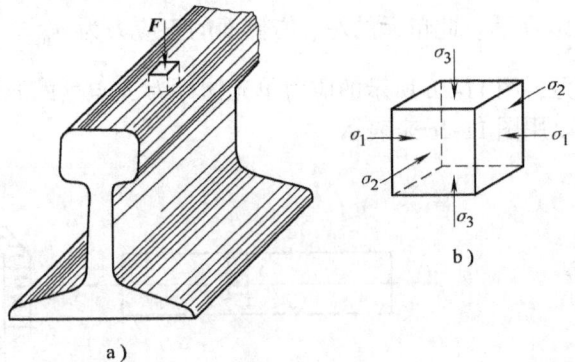

图 11-5　地铁钢轨

（2）两个主应力不等于零的称为**二向应力状态**　以后会看到，图 11-4 所示的横力弯曲 A 点属于二向应力状态。

（3）三个主应力都不等于零的称为**三向应力状态**　例如图 11-5a 所示的钢轨，在车轮压力作用下，钢轨受压部分的材料有向四处扩张的趋势，而周围的材料阻止其向外扩张，故受到周围材料的压力。在钢轨受压区域内可取出图 11-5b 所示的单元体，这个单元体上有三个主应力 σ_1、σ_2、σ_3。这样钢轨与车轮的接触点处的应力状态为三向应力状态。

通常将单向和二向应力状态统称为**平面应力状态**，二向和三向应力状态统称为**复杂应力状态**。

第二节　二向应力状态分析

一、单元体截面上的应力

在平面应力状态下，图 11-6a 表示最一般情况下的应力单元体，为了简化，我们可以用图 11-6b 来表示。在图 11-6b 中已知正应力 σ_x、σ_y，切应力 τ_x、τ_y，下面将求垂直于纸面的任意斜截面 de 上的正应力和切应力。首先规定如下：

正应力 σ：仍以拉应力为正，压应力为负；

切应力 τ：当表示切应力的矢有绕单元体内任一点作顺时针转动趋势时为正，反之为负；

斜截面外法线与 x 轴所成角度 α：从 x 轴按逆时针转向转到外法线 n 时为正，反之为负。

根据上述规定，图 11-6b 中的 τ_y 为负，其余各应力和 α 角均为正。

与 xy 平面垂直的任意一个斜截面 de，其外法线 n 与 x 轴的夹角为 α。采用截面法，用 de 截面将单元体截开，保留下半部

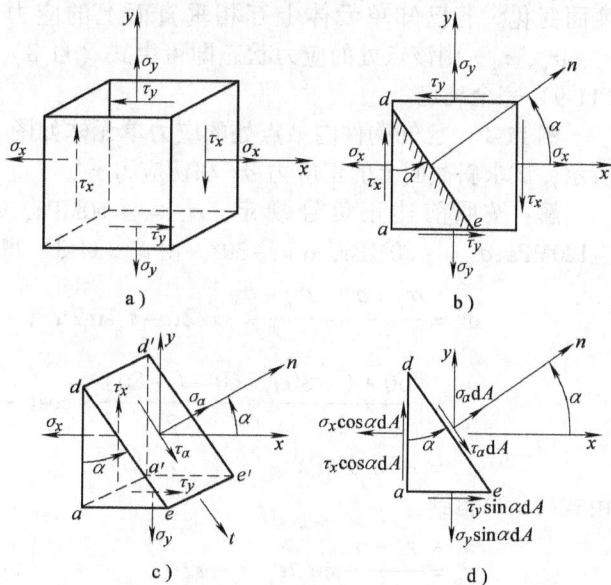

图 11-6　单元体截面上的应力

ade。在图 11-6c 所示棱柱体 ade 的 ad 面上有已知的应力 σ_x、τ_x，在 ae 面上有已知应力 σ_y、τ_y，在 de 面上假设有未知的正应力 σ_α 和切应力 τ_α。

设 de 斜截面面积为 dA（见图 11-6d），则 ae 面的面积为 $dA \cdot \sin\alpha$，ad 面的面积为 $dA \cdot \cos\alpha$。取 t 和 n 为参考轴，建立棱柱体 ade 的受力平衡方程，则对于参考轴 n 和 t 分别列写如下方程：

$$\sigma_\alpha dA + (\tau_x dA\cos\alpha) \cdot \sin\alpha - (\sigma_x dA\cos\alpha) \cdot \cos\alpha + (\tau_y dA\sin\alpha) \cdot \cos\alpha$$
$$- (\sigma_y dA\sin\alpha) \cdot \sin\alpha = 0 \tag{11-6}$$

$$\tau_\alpha dA - (\tau_x dA\cos\alpha) \cdot \cos\alpha - (\sigma_x dA\cos\alpha) \cdot \sin\alpha + (\tau_y dA\sin\alpha) \cdot \sin\alpha$$
$$+ (\sigma_y dA\sin\alpha) \cdot \cos\alpha = 0 \tag{11-7}$$

由切应力互等定理，有 $\tau_x = \tau_y$，考虑三角关系式 $\sin^2\alpha = \dfrac{1 - \cos2\alpha}{2}$、$\cos^2\alpha = $

$\dfrac{1 + \cos2\alpha}{2}$ 以及 $2\sin\alpha\cos\alpha = \sin2\alpha$，对（11-6）、（11-7）两式进行整理得到：

$$\sigma_\alpha = \frac{\sigma_x + \sigma_y}{2} + \frac{\sigma_x - \sigma_y}{2}\cos2\alpha - \tau_x\sin2\alpha \tag{11-8}$$

$$\tau_\alpha = \frac{\sigma_x - \sigma_y}{2}\sin2\alpha + \tau_x\cos2\alpha \tag{11-9}$$

利用（11-8）、（11-9）两式可以求得 de 斜截面上的正应力 σ_α 和切应力 τ_α。可以看出，斜截面上的应力是角度 α 的函数，正应力 σ_α 和切应力 τ_α 随截面的方位改变而变化。若已知单元体上互相垂直面上的应力 σ_x、τ_x、σ_y、τ_y，则该点处的应力状态即可由式（11-8）、式（11-9）完全确定。

例 11-1 已知构件内某点处的应力单元体如图 11-7 所示，试求斜截面上的正应力 σ_α 和切应力 τ_α。

解： 按照前述正负号规定，$\sigma_x = +60\text{MPa}$，$\tau_x = -120\text{MPa}$，$\sigma_y = -80\text{MPa}$，$\alpha = -30°$。由式（11-8）得到：

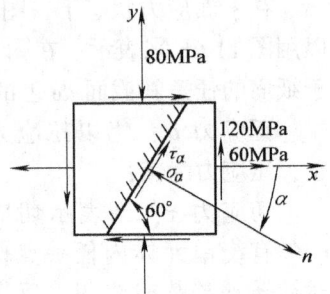

图 11-7 例 11-1 图

$$\sigma_\alpha = \frac{\sigma_x + \sigma_y}{2} + \frac{\sigma_x - \sigma_y}{2}\cos2\alpha - \tau_x\sin2\alpha$$

$$= \left[\frac{60 + (-80)}{2} + \frac{60 - (-80)}{2} \times \cos(-60°) - (-120) \times \sin(-60°)\right]\text{MPa}$$

$$= -78.9\text{MPa}$$

由式（11-9）得到：

$$\tau_\alpha = \frac{\sigma_x - \sigma_y}{2}\sin2\alpha + \tau_x\cos2\alpha$$

$$= \left[\frac{60 - (-80)}{2} \times \sin(-60°) + (-120) \times \cos(-60°)\right]\text{MPa}$$

$$= -121\text{MPa}$$

按照前述正负号规定，将斜截面上的正应力 σ_α 和切应力 τ_α 的方向表示在单元体上，如图 11-7 所示。

二、主应力和极限切应力

1. 主应力和主平面

将式(11-8)对 α 求一次导数有 $\dfrac{d\sigma_\alpha}{d\alpha} = \dfrac{\sigma_x - \sigma_y}{2}(-2\sin2\alpha) - \tau_x(2\cos2\alpha)$，令 $\dfrac{d\sigma_\alpha}{d\alpha}\bigg|_{\alpha=\alpha_0} = 0$，即

$$\frac{\sigma_x - \sigma_y}{2}\sin2\alpha_0 + \tau_x\cos2\alpha_0 = 0 \tag{11-10}$$

取 $\alpha = \alpha_0$，式(11-9)的右边正好与式(11-10)等号的左边相等。这说明极值正应力所在的平面 $\left(\dfrac{d\sigma_\alpha}{d\alpha}\bigg|_{\alpha=\alpha_0} = 0\right)$，恰好是切应力 τ_{α_0} 等于零的面，即主平面。由此可知，**极值正应力就是主应力**。由式(11-10)可得：

$$\tan2\alpha_0 = -\frac{2\tau_x}{\sigma_x - \sigma_y} \tag{11-11}$$

因为正切函数的周期为 $180°$，即 $\tan2\alpha = \tan(2\alpha + 180°)$，所以满足式(11-11)的斜截面有角度为 α_0 和 $\alpha_0 + 90°$两个，其中一个是最大正应力所在的平面，另一个是最小正应力所在的平面。α_0 和 $\alpha_0 + 90°$确定了两个相互垂直的主平面，如图11-8所示。再考虑到各应力均为零的平面也是主平面，这样平面应力状态下的三个主平面是互相垂直的。

由式(11-11)求出 $\cos2\alpha_0$ 和 $\sin2\alpha_0$，代入式(11-8)得到最大主应力和最小主应力：

图 11-8　主平面

$$\begin{matrix} \sigma_{\max} \\ \sigma_{\min} \end{matrix} = \frac{\sigma_x + \sigma_y}{2} \pm \sqrt{\left(\frac{\sigma_x - \sigma_y}{2}\right)^2 + \tau_x^2} \tag{11-12}$$

确定最大正应力 $\sigma_{\max}$ 和最小正应力 $\sigma_{\min}$ 所在平面方法如下：

（1）如果 σ_x 表示两个正应力中代数值较大的一个，即 $\sigma_x > \sigma_y$，则式(11-11)确定的两个角度 α_0 和 $\alpha_0 + 90°$中，绝对值较小的一个确定 $\sigma_{\max}$ 所在的平面；

（2）如果 σ_x 表示两个正应力中代数值较小的一个，即 $\sigma_x < \sigma_y$，则式(11-11)确定的两个角度 α_0 和 $\alpha_0 + 90°$中，绝对值较小的一个确定 $\sigma_{\min}$ 所在的平面；

（3）当 $\sigma_x = \sigma_y$ 时，如果 τ_x 有使单元体顺时针转动趋势，则 $\sigma_{\max}$ 指向为从 σ_x 所在的 x 轴正向沿顺时针转过 $45°$，如图11-9a所示；如果 τ_x 有使单元体逆时针转动趋势，则 $\sigma_{\max}$ 指向为从 σ_x 所在的 x 轴正向沿逆时针转过 $45°$，如图11-9b所示。

2. 极限切应力及所在平面

按照与上述完全类似的方法，可以求得最大和最小切应力以及它们所在的平面。将式(11-9)对角度 α 求导数，有 $\dfrac{d\tau_\alpha}{d\alpha} = (\sigma_x - \sigma_y)\cos2\alpha - 2\tau_x\sin2\alpha$，令 $\dfrac{d\tau_\alpha}{d\alpha}\bigg|_{\alpha=\alpha_1} = 0$，得到：

$$(\sigma_x - \sigma_y)\cos2\alpha_1 - 2\tau_x\sin2\alpha_1 = 0$$

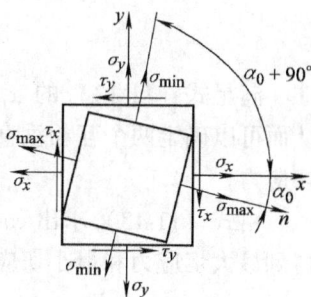

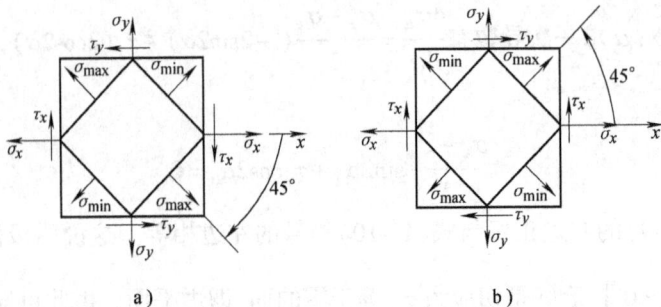

图 11-9 最大正应力和最小正应力所在平面

由此得到：

$$\tan2\alpha_1 = \frac{\sigma_x - \sigma_y}{2\tau_x} \quad (11\text{-}13)$$

满足式（11-13）的 α_1 值同样有两个：α_1 和 $\alpha_1 + 90°$，从而可以确定两个互相垂直的平面，分别作用着最大和最小切应力。

由式（11-13）求出 $\cos2\alpha_1$ 和 $\sin2\alpha_1$，代入公式（11-9）得到最大切应力和最小切应力：

$$\left.\begin{array}{c}\tau_{max}\\ \\ \tau_{min}\end{array}\right\} = \pm\sqrt{\left(\frac{\sigma_x - \sigma_y}{2}\right)^2 + \tau_x^2} \quad (11\text{-}14)$$

比较式（11-11）和式（11-13）可得：

$$\tan2\alpha_1 = -\cot2\alpha_0 = \tan(2\alpha_0 + 90°)$$

所以有 $\alpha_1 = \alpha_0 + 45°$，即两个极限切应力所在平面与主平面各成 45°，如图 11-10 所示。

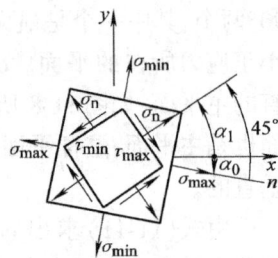

图 11-10 极限切应力所在平面

例 11-2 扭转试验破坏现象如下：低碳钢试件从表面开始沿横截面破坏，如图 11-11a 所示；铸铁试件从表面开始沿与轴线成 45°倾角的螺旋曲面破坏，如图 11-11b 所示。试分析并解释它们的破坏原因。

解：圆轴扭转时，试件横截面最外端切应力最大，其数值为：

$$\tau = \frac{T}{W_T}$$

所以低碳钢和铸铁两种试件均从表面开始破坏。

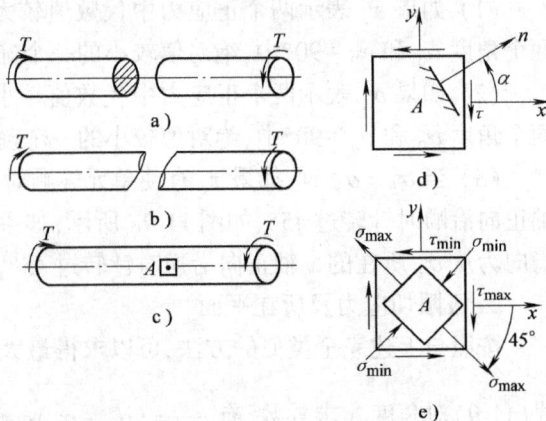

图 11-11 例 11-2 图

为了解释断口的不同，首先确定最大正应力和最大切应力所发生的平面。我们从扭转试件表面任一点 A 处截取应力单元体（见图 11-11c、d），这时 $\sigma_x = \sigma_y = 0$，由式（11-8）、式（11-9）得到：

$$\sigma_\alpha = -\tau\sin2\alpha, \qquad \tau_\alpha = \tau\cos2\alpha$$

由上面公式可见，当 $\alpha = -45°$ 时，正应力出现最大值，$\sigma_{max} = \tau$；当 $\alpha = 0°$ 时，切应力出现最大值，$\tau_{max} = \tau$。最大正应力 σ_{max} 和最大切应力 τ_{max} 的表示见图 11-11e 所示。

由于一点处的应力状态与试件材料无关，故图 11-11e 所示的最大应力对低碳钢和铸铁试件分析都适用。低碳钢试件沿横截面（$\alpha = 0°$）破坏，对应切应力出现最大值，$\tau_{max} = \tau$，可见低碳钢试件扭转破坏是被剪断的。由于最大切应力 $\tau_{max} = \tau = \sigma_{max}$，所以又说明了低碳钢的抗剪能力低于其抗拉能力。铸铁试件沿与轴线成 45° 的螺旋曲面破坏，这正好是 $\alpha = -45°$ 时，正应力出现最大值 $\sigma_{max} = \tau$ 所在的平面。由于最大正应力 $\sigma_{max} = \tau$，所以说明了铸铁的抗拉能力低于其抗剪能力，可见扭转试验中铸铁试件是被拉断的。

例 11-3 图 11-12a 所示单元体，$\sigma_x = 100\text{MPa}$，$\tau_x = -20\text{MPa}$，$\sigma_y = 30\text{MPa}$，试求：

（1）$\alpha = 40°$ 的斜截面上的正应力 σ_α 和切应力 τ_α；

（2）确定 A 点处的最大正应力 σ_{max}、最大切应力 τ_{max} 和它们所在的位置。

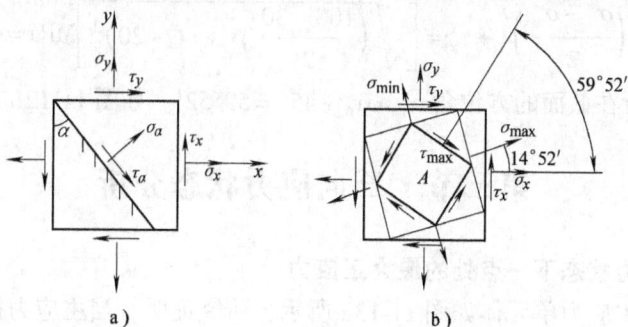

图 11-12 例 11-3 图

解：（1）由式（11-8）、式（11-9）得到 $\alpha = 40°$ 的斜截面上的应力：

$$\sigma_\alpha = \frac{\sigma_x + \sigma_y}{2} + \frac{\sigma_x - \sigma_y}{2}\cos2\alpha - \tau_x\sin2\alpha$$

$$= \left[\frac{100+30}{2} + \frac{100-30}{2}\cos80° - (-20) \times \sin80°\right]\text{MPa}$$

$$= 90.8\text{MPa}$$

$$\tau_\alpha = \frac{\sigma_x - \sigma_y}{2}\sin2\alpha + \tau_x\cos2\alpha$$

$$= \left[\frac{100-30}{2}\sin80° + (-20) \times \cos80°\right]\text{MPa}$$

$$= 31.0 \text{MPa}$$

（2）由式（11-12）可知，A 点处的最大正应力：

$$\sigma_{max} = \frac{\sigma_x + \sigma_y}{2} + \sqrt{\left(\frac{\sigma_x - \sigma_y}{2}\right)^2 + \tau_x^2}$$

$$= \left[\frac{100 + 30}{2} + \sqrt{\left(\frac{100 - 30}{2}\right)^2 + (-20)^2}\right] \text{MPa}$$

$$= 105 \text{MPa}$$

由式（11-11）得到：

$$\alpha_0 = \frac{1}{2}\tan^{-1}\left(-\frac{2\tau_x}{\sigma_x - \sigma_y}\right) = \frac{1}{2}\tan^{-1}\left[-\frac{2 \times (-20)}{100 - 30}\right] = 14°52'$$

$$\alpha_0 + 90° = 104°52'$$

因为 $\sigma_x > \sigma_y$，故最大正应力 σ_{max} 所在截面的方位角为 α_0 和 $\alpha_0 + 90°$ 中绝对值较小的一个，即为 $14°52'$。

由式（11-14）可知，A 点处的最大切应力：

$$\tau_{max} = \sqrt{\left(\frac{\sigma_x - \sigma_y}{2}\right)^2 + \tau_x^2} = \left[\sqrt{\left(\frac{100 - 30}{2}\right)^2 + (-20)^2}\right] \text{MPa} = 40.3 \text{MPa}$$

最大正应力 τ_{max} 所在截面的方位角 $\alpha_1 = \alpha_0 + 45° = 59°52'$。如图 11-12b 所示。

第三节　三向应力状态分析

一、复杂应力状态下一点处的最大正应力

设一点处的主应力单元体如图 11-13a 所示，研究证明，当主应力按 $\sigma_1 \geqslant \sigma_2 \geqslant \sigma_3$ 排列时，σ_1 和 σ_3 既是一点处三个主平面上代数值最大和最小的主应力，也是该点处所有截面上代数值最大和最小的正应力。将最大和最小的正应力分别用 σ_{max} 和 σ_{min} 表示，则有：

$$\sigma_{max} = \sigma_1 \qquad \sigma_{min} = \sigma_3 \tag{11-15}$$

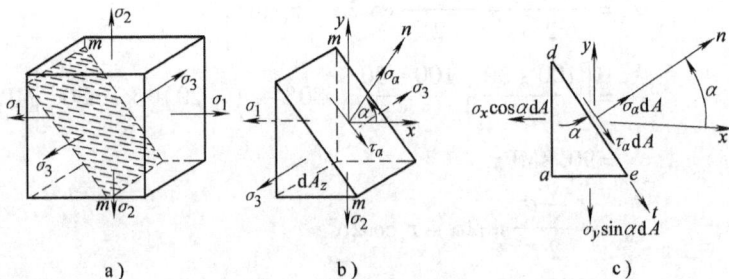

图 11-13　一点处任意斜截面上的应力

二、一点处的最大切应力

分析平行于一个主应力 σ_3 的任一斜截面 m-m 上的应力，如图 11-13a 所示，用截面法研究其左边部分的平衡，建立图 11-13b 所示坐标系。由于前后两个面上与 σ_3 相应的作用力 $\sigma_3 \cdot dA_z$ 自成平衡，所以与平行于 σ_3 的任意斜截面 m-m 上的应力 σ_α、τ_α 与 σ_3 无关，我们可以按图 11-13c 所示，运用式（11-8）、式（11-9）计算 σ_α、τ_α。

对于图 11-13c 情形，$\sigma_x = \sigma_1$，$\sigma_y = \sigma_2$，$\tau_x = 0$，代入式（11-9）得到切应力表达式：

$$\tau_\alpha = \frac{\sigma_1 - \sigma_2}{2}\sin2\alpha$$

上式当 $\alpha = 45°$ 时，切应力为最大，等于 $\dfrac{\sigma_1 - \sigma_2}{2}$。我们将平行于主应力 σ_3 的所有斜截面上的正号极值切应力记为 τ_{12}，则 $\tau_{12} = \dfrac{\sigma_1 - \sigma_2}{2}$。同样可以得到平行于 σ_1 和 σ_2 的两组截面上的正号极值切应力分别为 $\tau_{23} = \dfrac{\sigma_2 - \sigma_3}{2}$ 和 $\tau_{31} = \left|\dfrac{\sigma_3 - \sigma_1}{2}\right| = \dfrac{\sigma_1 - \sigma_3}{2}$。

由于主应力 $\sigma_1 \geqslant \sigma_2 \geqslant \sigma_3$，所以在 τ_{12}、τ_{23}、τ_{31} 三个极值切应力中，τ_{31} 为最大。进一步研究表明，τ_{31} 还是该点处所有截面上的最大切应力。将此最大切应力用 τ_{max} 表示，则有：

$$\tau_{max} = \frac{\sigma_1 - \sigma_3}{2} \tag{11-16}$$

第四节　广义胡克定律

设从受力物体内一点取出一主单元体，其上的主应力分别为 σ_1、σ_2 和 σ_3，如图 11-14a 所示，沿三个主应力方向的三个线应变称为**主应变**，分别用 ε_1、ε_2 和 ε_3 表示。

对于各向同性材料，在最大正应力不超过材料的比例极限条件下，可以应用胡克定律及叠加法来求主应变。为此将图 11-14a 所示的三向应力状态看作是三个单向应力状态的组合（见图 11-14b），先讨论沿

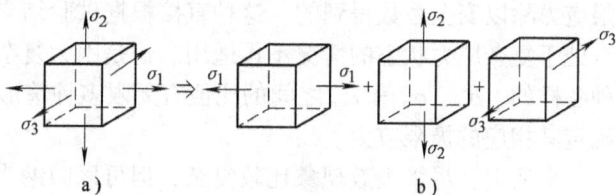

图 11-14　三向应力状态的分解

主应力 σ_1 的主应变 ε_1。对于 σ_1 单独作用，利用单向应力状态胡克定律可求得 σ_1 方向与 σ_1 相应的纵向线应变为 σ_1/E；对于 σ_2 单独作用，将引起 σ_2 方向变形，其变形量为 σ_2/E，令横向变形系数 μ，则 σ_2 方向变形将引起 σ_1 方向相应的线应变为 $-\mu\dfrac{\sigma_2}{E}$；同样道

理，σ_3 单独作用将引起 σ_1 方向相应的线应变 $-\mu\dfrac{\sigma_3}{E}$。将这三项叠加，得：

$$\varepsilon_1 = \frac{\sigma_1}{E} - \mu\frac{\sigma_2}{E} - \mu\frac{\sigma_3}{E}$$

同样可以得到：

$$\varepsilon_2 = \frac{\sigma_2}{E} - \mu\frac{\sigma_3}{E} - \mu\frac{\sigma_1}{E}$$

$$\varepsilon_3 = \frac{\sigma_3}{E} - \mu\frac{\sigma_1}{E} - \mu\frac{\sigma_2}{E}$$

整理得到以主应力表示的**广义胡克定律**：

$$\begin{cases} \varepsilon_1 = \dfrac{1}{E}[\sigma_1 - \mu(\sigma_2 + \sigma_3)] \\[2mm] \varepsilon_2 = \dfrac{1}{E}[\sigma_2 - \mu(\sigma_3 + \sigma_1)] \\[2mm] \varepsilon_3 = \dfrac{1}{E}[\sigma_3 - \mu(\sigma_1 + \sigma_2)] \end{cases} \tag{11-17}$$

上式建立了复杂应力状态下一点处的主应力与主应变之间的关系。

第五节 强 度 理 论

一、强度理论概述

各种材料因强度不足而引起的失效现象是不同的。根据第五章的讨论，我们知道像普通碳钢这样的塑性材料，是以发生屈服现象、出现塑性变形为失效的标志；而像铸铁这样的脆性材料，失效现象是突然断裂。第五～八章的强度条件可以概括为最大工作应力不超过许用应力，即 $\sigma_{max} \leqslant [\sigma]$ 或 $\tau_{max} \leqslant [\tau]$。这里的许用应力是从试验测得的极限应力除以安全系数得到的，这种直接根据试验结果来建立强度条件的方法，对于危险点处于复杂应力状态的情况不再适用。这是因为复杂应力状态下三个主应力的组合是各种各样的，σ_1、σ_2 和 σ_3 之间的比值有无限多种情形，不可能对所有的组合都一一试验确定其相应的极限应力。

事实上，尽管失效现象比较复杂，但可以归纳为如下两点：

1）材料在外力作用下的破坏形式不外乎有几种类型；

2）同一类型材料的破坏是由某一个共同因素引起的。

人们在长期的实践中，综合多种材料的失效现象和资料，对强度失效提出各种假说。这些假说认为，材料按断裂或屈服失效，是应力、应变或变形能等其中某一因素引起的。按照这些假说，无论是简单还是复杂应力状态，引起失效的因素是相同的，造成失效的原因与应力状态无关。这些假说称为**强度理论**。利用强度理论，就可以利用简单应力状态下的试验（例如拉伸试验）结果，来推断材料在复杂应力状态下的强度，建立复杂应力状态的强度条件。

强度理论是推测材料强度失效原因的一些假说，它的正确与否以及适用范围，必须在工程实践中加以检验。经常是适用于某类材料的强度理论，并不适用于另一类材料。下面介绍的四种强度理论，都是在常温静载荷下，适用于均匀、连续、各向同性材料的强度理论。

二、四种强度理论

1. 最大拉应力理论（第一强度理论）

这一理论认为引起材料脆性断裂破坏的因素是最大拉压力，它是人们根据早期使用的脆性材料（象天然石、砖和铸铁等）易于拉断而提出的。该理论认为无论什么应力状态下，只要构件内一点处的最大拉压力 σ_1 达到单向应力状态下的极限应力 σ_b，材料就要发生脆性断裂。于是危险点处于复杂应力状态的构件发生脆性断裂破坏的条件为：

$$\sigma_1 = \sigma_b \tag{11-18}$$

将极限应力 σ_b 除以安全系数得到许用应力 $[\sigma]$，于是危险点处于复杂应力状态的构件，按第一强度理论建立的强度条件为：

$$\sigma_1 \leqslant [\sigma] \tag{11-19}$$

铸铁等脆性材料在单向拉伸下，断裂发生于拉应力最大的横截面。脆性材料的扭转也是沿拉应力最大的斜面发生断裂。这些用第一强度理论都能很好地加以解释。但是对于一点处在任何截面上都没有拉应力的情况，第一强度理论就不再适用了，另外该理论没有考虑其他两个应力的影响，显然不够合理。

2. 最大伸长线应变理论（第二强度理论）

这一理论认为最大伸长线应变是引起断裂的主要因素。即无论什么应力状态，只要最大伸长线应变 ε_1 达到单向应力状态下的极限值 ε_u，材料就要发生脆性断裂破坏。假设单向拉伸直到断裂仍可用胡克定律计算应变，则拉断时伸长线应变的极限值 $\varepsilon_u = \dfrac{\sigma_b}{E}$。于是危险点处于复杂应力状态的构件，发生脆性断裂破坏的条件为：

$$\varepsilon_1 = \frac{\sigma_b}{E} \tag{11-20}$$

由广义胡克定律得 $\varepsilon_1 = \dfrac{1}{E}[\sigma_1 - \mu(\sigma_2 + \sigma_3)]$，代入式（11-20）得到断裂破坏条件：

$$\sigma_1 - \mu(\sigma_2 + \sigma_3) = \sigma_b \tag{11-21}$$

将极限应力 σ_b 除以安全系数得到许用应力 $[\sigma]$，于是危险点处于复杂应力状态的构件，按第二强度理论建立的强度条件为：

$$\sigma_1 - \mu(\sigma_2 + \sigma_3) \leqslant [\sigma] \tag{11-22}$$

最大伸长线应变理论能够很好地解释石料、混凝土等脆性材料的压缩试验结果，对于一般脆性材料这一理论也是适用的。铸铁在拉—压二向应力且压应力比较大的情况下，试验结果也与这一理论接近。但对于铸铁二向受拉伸（$\sigma_1 > \sigma_2 > 0$），试验结果并不像式（11-21）表明的那样，比单向拉伸安全。另外按照最大伸长线应变理论，二向受压与单向受压强度不同，但混凝土、花岗石和砂岩的试验表明，二向和单向受压强度没有明显差别。

最大拉压力理论和最大伸长线应变理论都是以脆性断裂作为破坏标志的，这对于砖、石、铸铁等脆性材料是十分适用的。但对于工程中大量使用的低碳钢这一类塑性材料，就必须用屈服（包含显著的塑性变形）作为破坏标志的另一类强度理论。

3. 最大切应力理论（第三强度理论）

这一理论认为最大切应力是引起屈服的主要因素。即无论什么应力状态，只要最大切应力 $\tau_{\max}$ 达到单向应力状态下的极限切应力 τ_0，材料就要发生屈服破坏。于是危险点处于复杂应力状态的构件发生塑性屈服破坏的条件为：

$$\tau_{\max} = \tau_0 \tag{11-23}$$

根据轴向拉伸斜截面上的应力公式（11-5）可知极限切应力 $\tau_0 = \dfrac{\sigma_s}{2}$（这时横截面上的正应力为 σ_s），由式（11-16）得 $\tau_{\max} = \tau_{13} = \dfrac{\sigma_1 - \sigma_3}{2}$，将这些结果代入式（11-23），则破坏条件改写为：

$$\sigma_1 - \sigma_3 = \sigma_s$$

考虑安全系数后得到强度条件为：

$$\sigma_1 - \sigma_3 \leqslant [\sigma] \tag{11-24}$$

式中，$[\sigma]$ 是由材料在轴向拉伸时的屈服极限 σ_s 确定的许用应力。

最大切应力理论能很好地解释塑性材料的屈服现象。例如低碳钢试件拉伸时出现与轴线成 45°方向的滑移线，是材料内部沿这一方向滑移的痕迹。沿这一方向的斜面上切应力也恰为最大。另外最大切应力理论的计算也比较简便，所以应用相当广泛。但式（11-24）中未计入 σ_2 的影响，这一点不够合理。

4. 形状改变比能理论（第四强度理论）

这一理论认为形状改变比能是引起材料屈服破坏的主要因素。即无论什么应力状态，只要构件内一点处的形状改变比能达到单向应力状态下的极限值，材料就要发生屈服破坏。

在这里我们略去详细的推导过程，直接给出按照这一理论建立起来的最后结果。即危险点处于复杂应力状态的构件发生塑性屈服破坏的条件为：

$$\sqrt{\frac{1}{2}\left[(\sigma_1 - \sigma_2)^2 + (\sigma_2 - \sigma_3)^2 + (\sigma_3 - \sigma_1)^2\right]} = \sigma_s$$

引入安全系数后，得到第四强度理论的强度条件为：

$$\sqrt{\frac{1}{2}\left[(\sigma_1 - \sigma_2)^2 + (\sigma_2 - \sigma_3)^2 + (\sigma_3 - \sigma_1)^2\right]} \leqslant [\sigma] \tag{11-25}$$

形状改变比能理论是从反映受力和变形的综合影响的应变能出发来研究材料的强度的，因此比较全面和完善。试验证明，根据这一理论建立的强度条件，对钢、铝、铜等金属塑性材料，比第三强度理论更符合实际，主要原因是它考虑了主应力 σ_2 对材料破坏的影响。

三、强度理论的应用

强度理论的建立，为人们利用轴向拉伸的试验结果去建立复杂应力状态下的强度条件，提供了理论基础。但是，由于材料的破坏是一个非常复杂的问题，而上述四个强度理论都是在一定的历史阶段、一定的条件下，根据各自的观点建立起来的，所以都有一定的局限性，即**每个强度理论只适合于某些材料**。

在常温和静载荷条件下的脆性材料，破坏形式一般为断裂，所以通常采用第一或第二强度理论。第三和第四强度理论都可以用来建立塑性材料的屈服破坏条件，其中第三强度理论虽然不如第四强度理论更适合于塑性材料，但其误差不大，所以对于塑性材料也经常采用。

把四种强度理论的强度条件写成统一的形式：

$$\sigma_r \leqslant [\sigma] \tag{11-26}$$

这里 σ_r 代表式（11-19）、式（11-22）、式（11-24）、式（11-25）各式的左端项，即：

$$\sigma_{r1} = \sigma_1 \qquad （第一强度理论） \tag{11-27}$$

$$\sigma_{r2} = \sigma_1 - \mu(\sigma_2 + \sigma_3) \qquad （第二强度理论） \tag{11-28}$$

$$\sigma_{r3} = \sigma_1 - \sigma_3 \qquad （第三强度理论） \tag{11-29}$$

$$\sigma_{r4} = \sqrt{\sigma_1^2 + \sigma_2^2 + \sigma_3^2 - \sigma_1\sigma_2 - \sigma_2\sigma_3 - \sigma_3\sigma_1} （第四强度理论） \tag{11-30}$$

$[\sigma]$ 代表单向拉伸时材料的许用应力，式（11-26）意味着将一复杂应力状态转换为一强度相当的单向应力状态，故 σ_r 称为复杂应力状态下的**相当应力**。需要强调的是，σ_r 只是按不同强度理论得出的主应力的综合值，并不是真实存在的应力。

图 11-15 所示的二向应力状态在机械设计中常常遇到，例如圆轴扭转和弯曲的联合、圆轴扭转和拉伸的联合以及梁的弯曲等。这时相当应力的公式还可以进一步简化。为此，首先将 $\sigma_x = \sigma$，$\sigma_y = 0$，$\tau_x = \tau$ 代入式（11-12），得到：

$$\begin{matrix} \sigma_{\max} \\ \sigma_{\min} \end{matrix} = \frac{\sigma}{2} \pm \sqrt{\left(\frac{\sigma}{2}\right)^2 + \tau^2}$$

图 11-15　二向应力状态

将主应力按其代数值顺序排列，可得此应力状态下的三个主应力为：

$$\sigma_1 = \frac{\sigma}{2} + \sqrt{\left(\frac{\sigma}{2}\right)^2 + \tau^2}, \quad \sigma_2 = 0, \quad \sigma_3 = \frac{\sigma}{2} - \sqrt{\left(\frac{\sigma}{2}\right)^2 + \tau^2} \tag{11-31}$$

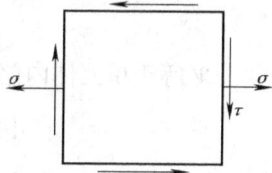

采用最大切应力理论，将式（11-31）代入式（11-29），整理得到在此应力状态下的相当应力：

$$\sigma_{r3} = \sqrt{\sigma^2 + 4\tau^2} \tag{11-32}$$

同理采用形状改变比能理论，将式（11-31）代入式（11-30），整理得到在此应力状态下的相当应力：

$$\sigma_{r4} = \sqrt{\sigma^2 + 3\tau^2} \tag{11-33}$$

例 11-4 证明各向同性线弹性材料的弹性模量 E、泊松比 μ 和切变模量 G 之间存在下列关系：

$$G = \frac{E}{2(1+\mu)}$$

证明：对于纯剪切变形，设想从构件中取出图 11-16a 所示单元体，并设单元体的左侧面 $abcd$ 固定，右侧面的剪力为 $\tau dydz$，由于剪切变形，右侧面向下错动的距离为 γdx，从 $efgh$ 位置变化到 $e'f'g'h'$ 位置（见图 11-16b）。若切应力有一增量 $d\tau$，切应变的相应增量为 $d\gamma$，右侧面向下位移的增量应为 $d\gamma dx$，剪力 $\tau dydz$ 在位移 $d\gamma dx$ 上完成的功为 $\tau dydz \cdot d\gamma dx$。在应力从 0 开始逐渐增加的过程中，右侧面上的剪力 $\tau dydz$ 总共完成的功应为：

$$dW = \int_0^\eta \tau dydz \cdot d\gamma dx$$

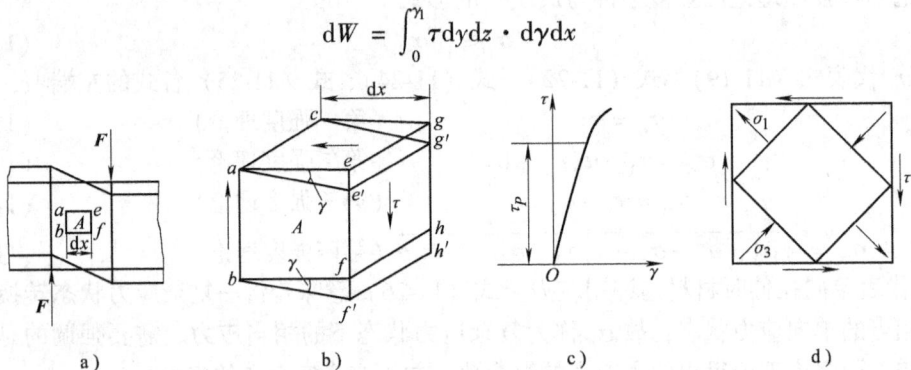

图 11-16 例 11-4 图

dW 等于单元体内储存的变形能 dU，故：

$$dU = dW = \int_0^\eta \tau dydz \cdot d\gamma dx = \left(\int_0^\eta \tau d\gamma\right)dV$$

式中 $dV = dxdydz$ 为单元体的体积。

以 dU 除以 dV 得到单位体积内的剪切变形能（比能）为：

$$u = \frac{dU}{dV} = \int_0^\eta \tau d\gamma$$

如图 11-16c 所示，在线弹性范围内有剪切胡克定律 $\tau = G\gamma$，故上式积分结果为：

$$u = \frac{1}{2}\tau_1 \gamma_1 = \frac{\tau_1^2}{2G} \tag{11-34}$$

按照例 11-2 的分析，纯剪切的主应力是（见图 11-16d）：

$$\sigma_1 = \tau_1, \quad \sigma_2 = 0, \quad \sigma_3 = -\tau_1 \tag{11-35}$$

于是三向应力状态的比能是：

$$u = \frac{1}{2}\sigma_1\varepsilon_1 + \frac{1}{2}\sigma_2\varepsilon_2 + \frac{1}{2}\sigma_3\varepsilon_3$$

将广义胡克定律式（11-17）代入上式，得到：

$$u = \frac{1}{2E}[\sigma_1^2 + \sigma_2^2 + \sigma_3^2 - 2\mu(\sigma_1\sigma_2 + \sigma_2\sigma_3 + \sigma_3\sigma_1)]$$

将（11-35）式代入上式，整理得到：

$$u = \frac{\tau_1^2(1+\mu)}{E} \tag{11-36}$$

比较（11-34）、（11-36）两式，得到：

$$G = \frac{E}{2(1+\mu)}$$

例 11-5 如图 11-17 所示，设钢的许用拉应力 $[\sigma] = 160\text{MPa}$，试按最大切应力理论和形状改变比能理论确定其许用切应力 $[\tau]$。

解：根据题给条件，要求钢在纯剪切状态下满足最大切应力理论强度条件和形状改变比能理论强度条件。如图 11-17 所示，$\sigma_x = \sigma_y = 0$，$\tau_x = \tau$。由式（11-12）得：

$$\begin{array}{c}\sigma_{\max}\\\sigma_{\min}\end{array} = \frac{\sigma_x + \sigma_y}{2} \pm \sqrt{\left(\frac{\sigma_x - \sigma_y}{2}\right)^2 + \tau_x^2} = \pm\tau$$

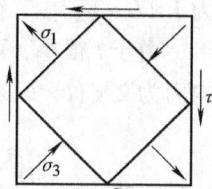

图 11-17 例 11-5 图

这样 $\sigma_1 = \tau$，$\sigma_2 = 0$，$\sigma_3 = -\tau$。把 $\sigma_1 - \sigma_3 = 2\tau$ 代入最大切应力理论强度条件即公式（11-24），有 $2\tau \leq [\sigma]$，所以 $[\tau] = 80\text{MPa}$。

把 σ_1、σ_2、σ_3 代入形状改变比能理论强度条件，即式（11-25），有：

$$\sqrt{\frac{1}{2}[(\sigma_1 - \sigma_2)^2 + (\sigma_2 - \sigma_3)^2 + (\sigma_3 - \sigma_1)^2]} = \sqrt{3}\tau \leq [\sigma]$$

所以 $[\tau] = 92.4\text{MPa}$。

例 11-6 某圆筒式封闭薄壁容器如图 11-18 所示，已知最大内压力的压强 $p = 3\text{MPa}$，容器内径 $D = 1\text{m}$，壁厚 $t = 0.010\text{m}$，材料许用正应力 $[\sigma] = 160\text{MPa}$。试按形状改变比能理论校核其强度。

解：首先对壁板进行应力分析，确定主应力，然后用形状改变比能理论进行强度校核。

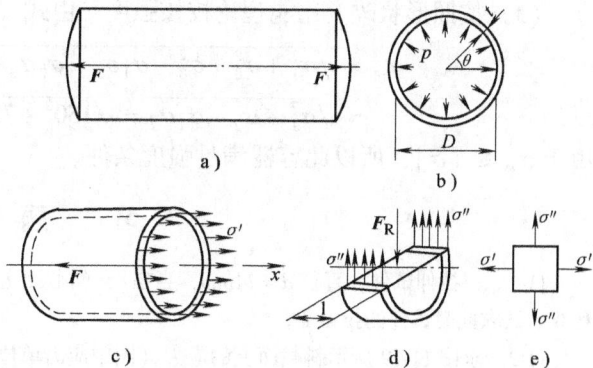

图 11-18 例 11-6 图

（1）应力分析　由于容器本身的形状和它所受的内压力都对称于轴线，故容器壁只发生沿轴向的伸长和对轴线对称的径向扩张。因此在容器的横截面和径向纵截面上只有拉应力而无切应力。

先分析计算横截面上的拉应力 σ'：

作用在容器底部上的总压力 $F = p\dfrac{\pi D^2}{4}$，其对圆筒是轴向拉力。由于 $t \ll D$，故由图 11-18c 可知薄壁圆筒受拉截面面积 $A = t(\pi D)$，由此可得圆筒横截面上的正应力：

$$\sigma' = \frac{F}{A} = \frac{F}{t\ (\pi D)} = \frac{p\dfrac{\pi D^2}{4}}{t\pi D} = \frac{pD}{4t} = \frac{3 \times 10^6 \times 1}{4 \times 0.01}\text{Pa} = 75\text{MPa}。$$

再分析计算容器径向纵截面上的拉应力 σ''：

假想用通过直径的纵截面把容器连同其产生内压力的介质截开，并沿轴线方向截取单位长度，取图 11-18d 所示分离体。在此分离体上受铅垂方向向下的内压力 F_R，其值为 $1 \times D \times p$。

由于 t 很小，可以认为在纵截面上的拉应力 σ'' 均匀分布，纵截面上与拉应力相应的内力为 $2 \times (t \times 1 \times \sigma'')$，此力将与 F_R 平衡。即：

$$2 \times (t \times 1 \times \sigma'') - 1 \times D \times p = 0$$

从而得到 $\sigma'' = \dfrac{pD}{2t} = \dfrac{3 \times 10^6 \times 1}{2 \times 0.01}\text{Pa} = 150\text{MPa}。$

（2）确定主应力　以上得到的 σ' 和 σ'' 分别是沿容器的轴向和周向的两个主应力，如图 11-18e 所示。从容器的受力情况可知，在内壁上还受到内压力的直接作用，故沿容器的径向还有另一个其值为 p 的主应力存在。但是当 $t \ll D$ 时，p 值比 σ' 和 σ'' 小得多，故作为工程计算可通常忽略不计，即认为这个主应力为零。于是从容器壁内取出的主应力单元体的三个主应力为：

$$\sigma_1 = \sigma'' = 150\text{MPa} \quad \sigma_2 = \sigma' = 75\text{MPa} \quad \sigma_3 \approx 0$$

（3）按照形状改变比能理论校核强度　由式（11-30）得到：

$$\sigma_{r4} = \sqrt{\sigma_1^2 + \sigma_2^2 + \sigma_3^2 - \sigma_1\sigma_2 - \sigma_2\sigma_3 - \sigma_3\sigma_1}$$

$$= \sqrt{\sigma_1^2 + \sigma_2^2 - \sigma_1\sigma_2} = \sqrt{150^2 + 75^2 - 150 \times 75}\text{MPa} = 130\text{MPa}$$

由于 $\sigma_{r4} \leq [\sigma]$，所以此容器满足强度条件。

习　题

11-1　一拉伸试件，直径 $d = 24\text{mm}$，当在 45° 斜截面上的切应力 $\tau = 180\text{MPa}$ 时，其表面上出现滑移线。试求此时试件的拉力 F。

11-2　求图 11-19 所示斜截面上的应力（图中应力单位均为 MPa）。

11-3　已知单元体的应力状态如图 11-20 所示（应力单位均为 MPa）。试求：

（1）主应力值和主平面位置，并画在单元体上；

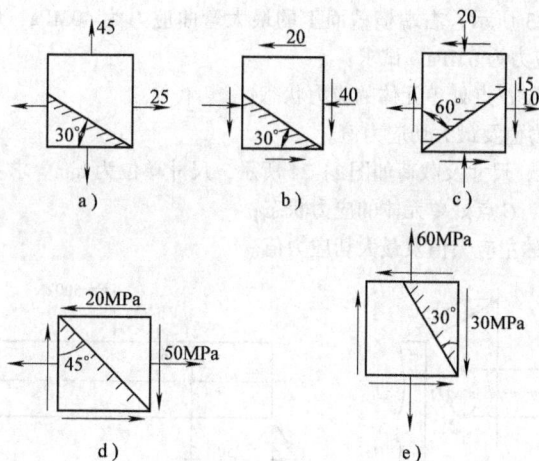

图 11-19 题 11-2 图

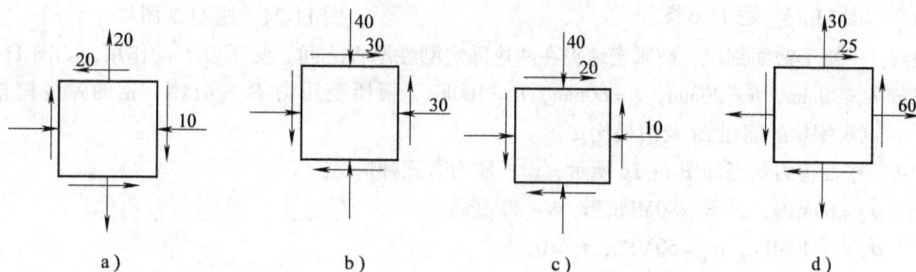

图 11-20 题 11-3 图

(2) 最大切应力值。

11-4 已知图 11-21 所示各单元体的应力状态（图中应力单位均为 MPa），求最大主应力值和最大切应力值。

11-5 已知应力状态如图 11-22 所示，图中应力单位均为 MPa。试求：

(1) 主应力大小，主平面位置；

(2) 在单元体上画出主平面位置及主应力方向；

(3) 最大切应力。

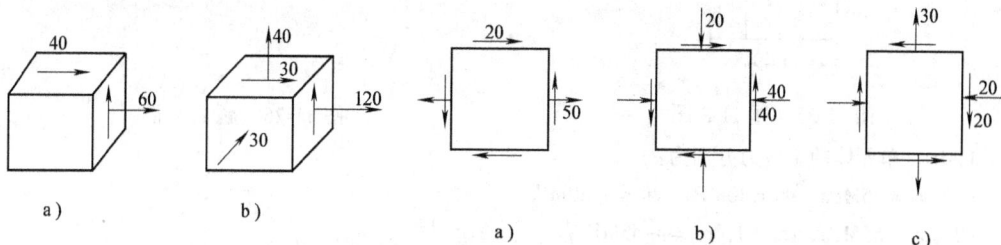

图 11-21 题 11-4 图

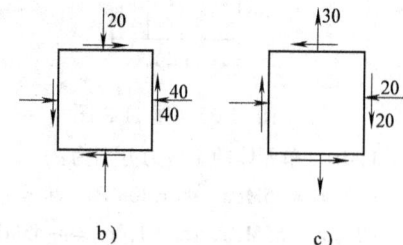

图 11-22 题 11-5 图

11-6 圆轴如图 11-23 所示，右端横截面上的最大弯曲应力为 40MPa，最大扭转应力为 30MPa，由于剪力引起的最大切应力为 6MPa。试求：

(1) 画出 A、B、C 和 D 点处单元体的应力状态；

(2) 求 A 点的主应力值及最大切应力值。

11-7 一矩形截面梁，尺寸及载荷如图 11-24 所示，尺寸单位为 mm。求：

(1) 画出梁上 A、B、C 点处单元体的应力状态；

(2) 求 A、B、C 点的主应力值及最大切应力值。

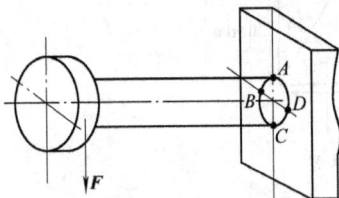

图 11-23 题 11-6 图 　　　　　 图 11-24 题 11-7 图

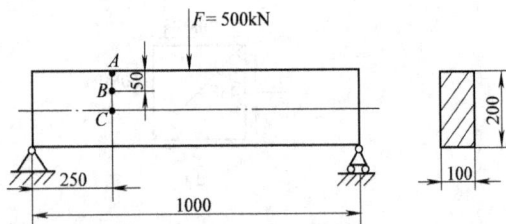

11-8 一矩形截面钢块，被紧密地夹在两块固定刚性厚板之间，受压力 F 的作用，如图 11-25 所示。已知 $a = 30\text{mm}$，$b = 20\text{mm}$，$l = 60\text{mm}$，$F = 100\text{kN}$，板所受压力 $F_1 = 45\text{kN}$，钢的弹性模量 $E = 200\text{GPa}$。试求钢块的缩短 Δl 及泊松比 μ。

11-9 平面应力状态如图 11-26 所示，设备应力有三种情况：

(1) $\sigma_x = 60\text{MPa}$，$\sigma_y = -80\text{MPa}$，$\tau_x = -40\text{MPa}$；

(2) $\sigma_x = -40\text{MPa}$，$\sigma_y = 50\text{MPa}$，$\tau_x = 0$；

(3) $\sigma_x = 0$，$\sigma_y = 0$，$\tau_x = 45\text{MPa}$。

试按第三强度理论和第四强度理论求相当应力 σ_{r3}、σ_{r4}。

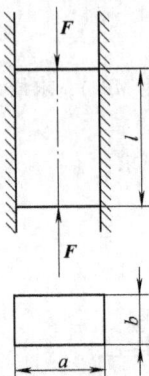

图 11-25 题 11-8 图 　　　　　 图 11-26 题 11-9 图

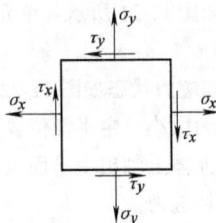

11-10 单元体的主应力分别为：

(1) $\sigma_1 = 75\text{MPa}$，$\sigma_2 = 40\text{MPa}$，$\sigma_3 = -20\text{MPa}$；

(2) $\sigma_1 = 55\text{MPa}$，$\sigma_2 = 0$，$\sigma_3 = -55\text{MPa}$；

(3) $\sigma_1 = 0$，$\sigma_2 = -30\text{MPa}$，$\sigma_3 = -110\text{MPa}$。

若材料的许用应力 $[\sigma] = 120\text{MPa}$，试用第三强度理论和第四强度理论校核各点的强度。

第十二章 组合变形的强度计算

本章主要讨论工程中常见的两种组合变形，即轴向拉伸（或压缩）与弯曲的组合变形（包括偏心拉伸或压缩）、以及弯曲与扭转的组合变形。介绍运用力的独立作用原理解决上述组合变形的强度计算问题。

第一节 组合变形的概念

第二篇讨论了构件发生基本变形时的强度、刚度计算。但在工程实际中，有许多构件在载荷作用下，同时产生两种或两种以上的基本变形，这种变形称为组合变形。例如钻机在力 F 和力矩 M 的作用下，产生压缩与扭转的组合变形（见图12-1）；机架立柱在 F 力作用下，产生拉伸与弯曲的组合变形（见图12-2）；车刀在切削力 F 的作用下，产生压缩与弯曲的组合变形（见图12-3）；传动轴在带轮张力 F_1、F_2 的作用下，产生弯曲与扭转的组合变形（见图12-4）。

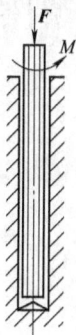

图 12-1　压缩与扭转

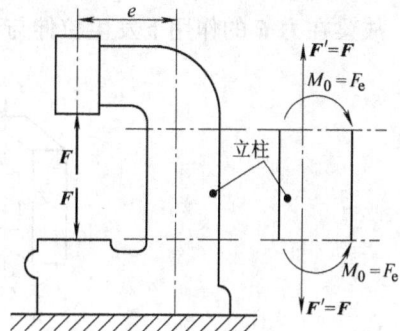

图 12-2　拉伸与弯曲

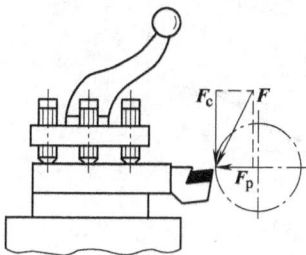

图 12-3　压缩与弯曲

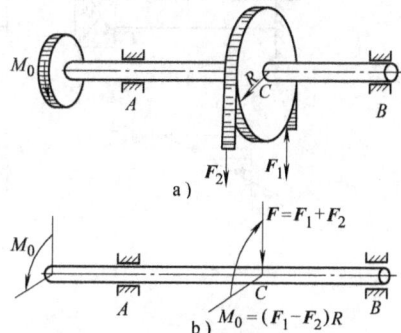

图 12-4　弯曲与扭转

若构件的材料符合胡克定律，且变形很小，在此情况下可认为组合变形中的每一种基本变形都是各自独立的，即各基本变形引起的应力互不影响，故在研究组合变形问题时，可运用叠加原理。

第二节　拉伸（压缩）与弯曲的组合变形

当作用在构件对称面内的外力的作用线与轴线平行但不重合时（见图 12-5），或不与轴线垂直或平行而成某一角度时（见图 12-6a），外力都将使杆件产生拉弯（或压弯）组合变形。

下面以矩形截面悬臂梁为例，来说明拉弯（或压弯）组合变形的强度计算方法。

如图 12-6a 所示，在悬臂梁的自由端作用一力 F，力 F 位于梁的纵向对称面内，且与梁的轴线成夹角 ϕ。

一、外力计算

将力 F 沿轴线和垂直轴线方向分解成两个力 F_1 和 F_2（见图 12-6b），$F_1 = F\cos\phi$，$F_2 = F\sin\phi$。显然 F_1 使梁发生拉伸变形（见图 12-6c），而 F_2 使梁发生弯曲变形（见图 12-6d），故梁在力 F 的作用下发生拉伸与弯曲的组合变形。

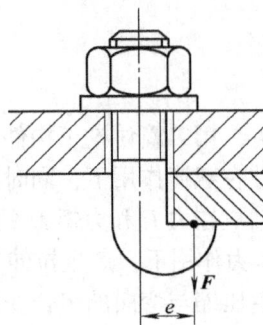

图 12-5　拉弯组合变形

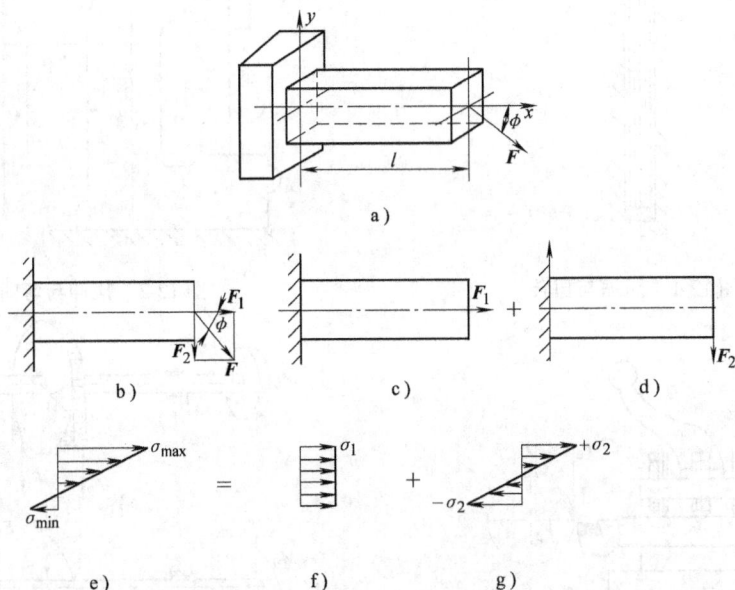

图 12-6　矩形截面悬臂梁组合变形

二、内力分析，确定危险截面的位置

轴向拉力 F_1 使梁发生拉伸变形，各横截面的轴力相同，均为 $F_N = F_1$。力 F_2 使梁发生弯曲变形，弯矩方程 $M(x) = F_2(l - x)$，固定端横截面的弯矩最大，$M_{max} = F_2 l$，所以固定端为危险截面。

三、应力分析，确定危险点的位置

固定端（即危险截面）上由拉力 F_1 引起的正应力均匀分布，如图 12-6f 所示，其值为：

$$\sigma_1 = \frac{F_1}{A}$$

在危险截面上下边缘处，弯曲正应力的绝对值最大，其应力分布规律如图 12-6g 所示，最大的应力值为：

$$\sigma_2 = \frac{M_{max}}{W_z} = \frac{F_2 l}{W_z}$$

根据叠加原理，可将固定端横截面上的拉伸正应力和弯曲正应力进行叠加。当拉伸正应力小于弯曲正应力时，其应力分布规律如图 12-6e 所示。固定端上下边缘的正应力分别为：

$$\sigma_{max} = \frac{F_1}{A} + \frac{M_{max}}{W_z}, \qquad \sigma_{min} = \frac{F_1}{A} - \frac{M_{max}}{W_z}$$

由上式可知，固定端上边缘各点是危险点。

四、强度计算

因危险点的应力是单向应力状态，所以其强度条件为：

$$\sigma_{max} = \frac{F_1}{A} + \frac{M_{max}}{W_z} \leqslant [\sigma] \tag{12-1}$$

若 F_1 为压力，则危险截面上下边缘处的正应力分别为：

$$\sigma_{max} = -\frac{F_1}{A} + \frac{M_{max}}{W_z}, \qquad \sigma_{min} = -\frac{F_1}{A} - \frac{M_{max}}{W_z}$$

上两式中 F_1 为压力的绝对值，此时，危险截面的下边缘上的各点是危险点，为压应力。它的强度条件为：

$$|\sigma|_{max} = |\sigma_{min}| = \left| -\frac{F_1}{A} - \frac{M_{max}}{W_z} \right| \leqslant [\sigma] \tag{12-2}$$

对于许用拉压应力不同的材料，例如铸铁，则应分别对危险截面上的最大拉应力和最大压应力分别按 $[\sigma_+]$ 和 $[\sigma_-]$ 进行强度校核。

例 12-1 夹具如图 12-7a 所示，已知 $F = 2.0 \text{kN}$，$l = 0.060 \text{m}$，$b = 0.010 \text{m}$，$h = 0.022 \text{m}$。材料的许用正应力 $[\sigma] = 160 \text{MPa}$。试校核夹具竖杆的强度。

解：（1）外力计算 夹具竖杆所示载荷是偏心载荷，将载荷平移到轴线上，得一力

F 和一力偶 $M_e = Fl$。力 F 将引起拉伸变形，而力偶 M_e 则引起弯曲变形，所以夹具竖杆在力 F 的作用下将发生拉弯组合变形。

（2）内力分析，确定危险截面的位置　用截面法求夹具竖杆上任一截面 mn 的内力，其轴力 F_N 和弯矩 M_e 分别为：

$$F_N = F = 2.0\text{kN}$$

$$M_e = 2.0 \times 10^3 \times 0.060\text{N} \cdot \text{m} = 120\text{N} \cdot \text{m}$$

因各横截面的轴力 F_N 和弯矩 M 是相同的，所以各横截面的危险程度是相同的，故可认为 mn 截面为危险截面。

（3）应力分析，确定危险点的位置
夹具竖杆横截面上的最大拉应力发生在截面右边缘各点处，其值为 $\sigma_{max} = \dfrac{F}{A} + \dfrac{M_e}{W_z}$，

其中抗弯截面系数 $W_z = \dfrac{bh^2}{6}$。

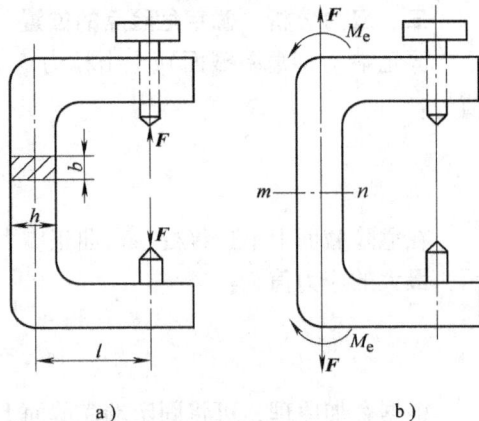

图 12-7　例 12-1 图
a) 夹具　b) 受力分析

（4）强度校核　因危险点的应力为单向应力状态，所以其强度条件为：

$$\sigma_{max} = \frac{F}{A} + \frac{M_{max}}{W_z} = \left(\frac{2.0 \times 10^3}{0.010 \times 0.022} + \frac{120}{\dfrac{0.010 \times 0.022^2}{6}} \right)\text{Pa}$$

$$= 158\text{MPa} < [\sigma] = 160\text{MPa}$$

故此夹具竖杆的强度是足够的，可以安全工作。

例 12-2　如图 12-8a 所示为一起重支架。已知 $a = 3.0\text{m}$，$b = 1.0\text{m}$，$F = 36.0\text{kN}$，AB 梁材料的许用应力 $[\sigma] = 140\text{MPa}$。试确定 AB 梁槽钢的型号。

解：（1）外力计算　作 AB 梁的受力图，如图 12-8b 所示。由平衡方程

$$\sum_{i=1}^{n} M_A(F_i) = 0, \quad F_Q \sin 30° a - F(a+b) = 0$$

$$\sum_{i=1}^{n} M_C(F_i) = 0, \quad F_{A_y} a - Fb = 0$$

$$\sum_{i=1}^{n} F_{ix} = 0 \qquad F_Q \cos 30° - F_{A_x} = 0$$

可解得

$$F_Q = \frac{2(a+b)}{a} F = 96.0\text{kN}$$

$$F_{A_y} = \frac{b}{a} F = 12.0\text{kN}$$

$$F_{A_x} = F_Q \cos 30° = 83.1\text{kN}$$

由受力图可知，梁的 AC 段为拉伸与弯曲的组合变形，而 CB 段为弯曲变形。

（2）内力分析，确定危险截面的位置　作出轴力图和弯矩图如图 12-8c 所示，故危险截面是 C₋ 截面。危险截面上的轴力 F_N 和弯矩 M 分别为：

$$F_N = 83.1\text{kN}, \qquad M = 36\text{kN} \cdot \text{m}$$

（3）应力分析，确定危险点的位置　根据危险截面上的应力分布规律（见图 12-8d），可知危险点在危险截面的上侧边缘。其最大应力值为：

$$\sigma_{max} = \frac{F_N}{A} + \frac{M_{max}}{W_z}$$

（4）强度计算　因危险点的应力为单向应力状态，所以其强度条件为：

$$\sigma_{max} = \frac{F_N}{A} + \frac{M_{max}}{W_z}$$

$$= \left(\frac{83.1 \times 10^3}{A} + \frac{36 \times 10^3}{W_z} \right)$$

MPa

$$\leqslant [\sigma] = 140\text{MPa} \qquad (12\text{-}3)$$

因上式中有两个未知量 A 和 W_z，故要用试凑法求解。用这种方法求解时，可先不考虑轴力 F_N 的影响，仅按弯曲强度条件初步选择槽钢的型号，然后再按式（12-3）进行校核。由：

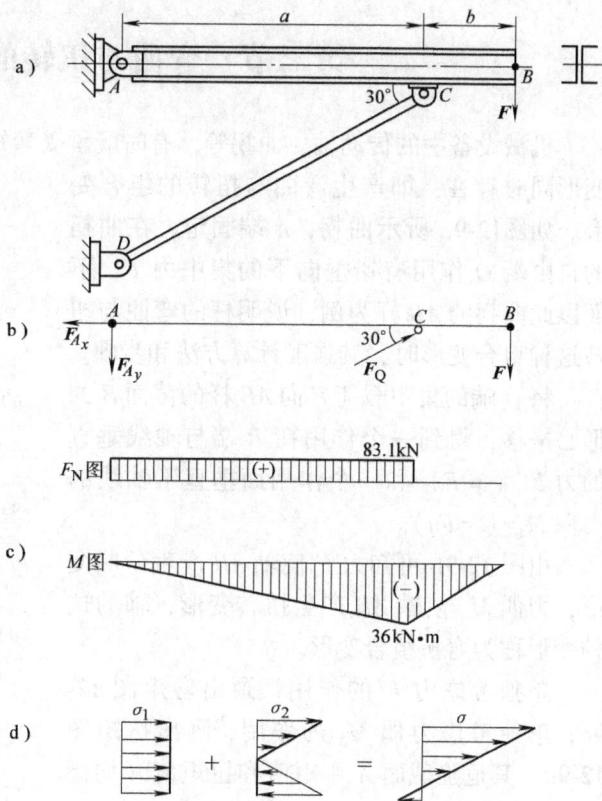

图 12-8　例 12-2 图

$$\sigma_{max} = \frac{M_{max}}{W_z} \leqslant [\sigma]$$

得

$$W_z \geqslant \frac{36.0 \times 10^3}{140 \times 10^6} \text{m}^3 = 257\text{cm}^3$$

查型钢表，选二根 No.18a 槽钢，其抗弯截面系数 $W_z = 14\text{cm}^3 \times 2 = 282\text{cm}^3$，截面面积 $A = 25.699\text{cm}^2 \times 2 = 51.4\text{cm}^2$。将其数值代入式（12-3）得：

$$\sigma_{max} = \left(\frac{83.1 \times 10^3}{51.4 \times 10^{-4}} + \frac{36 \times 10^3}{282 \times 10^{-6}} \right) \text{Pa}$$

$$= 144\text{MPa} > [\sigma] = 140\text{MPa}$$

虽然最大应力大于许用应力，但其值不超过许用应力的 5%，在工程上是允许的。若最大应力超过许用应力的 5%，则应重新选择抗弯截面模量较大的槽钢，并代入式 (12-3) 进行强度计算。

第三节 弯曲与扭转的组合变形

机械设备中的传动轴、曲拐等，有时既承受弯矩又承受扭矩，因此弯曲变形和扭转变形同时存在，即产生弯曲与扭转的组合变形。如图12-9a 所示曲拐，A 端固定，在曲拐的自由端 O 作用有铅垂向下的集中力 F。下面以此曲拐的 AB 杆为例，说明杆的弯曲与扭转这种组合变形时，其强度计算方法和步骤。

将 O 端的集中载荷 F 向 AB 杆的截面 B 的形心平移，得到一个作用在 B 端与轴线垂直的力 F′（ = F）和一个作用面垂直于轴线的力偶 M_O（ = Fa）。

由图 12-9b 可知力 F′ 使轴 AB 产生弯曲变形，力偶 M_O 使轴 AB 产生扭转变形，轴的这种变形称为弯扭组合变形。

单独考虑力 F′ 的作用，画出弯矩图 12-9c；单独考虑力偶 M_O 的作用，画出扭矩图 12-9d。其危险截面 A 弯矩值和扭矩值（均指绝对值）分别为：

$$M_{max} = Fl, \quad M_T = M_O = Fa \qquad (12\text{-}4)$$

危险截面上的弯曲正应力和扭转切应力分布情况见图 12-9e。由于 k、k′ 两点是危险截面边缘上的点，弯曲正应力和扭转切应力绝对值最大，故为危险点，其正应力和切应力分别为：

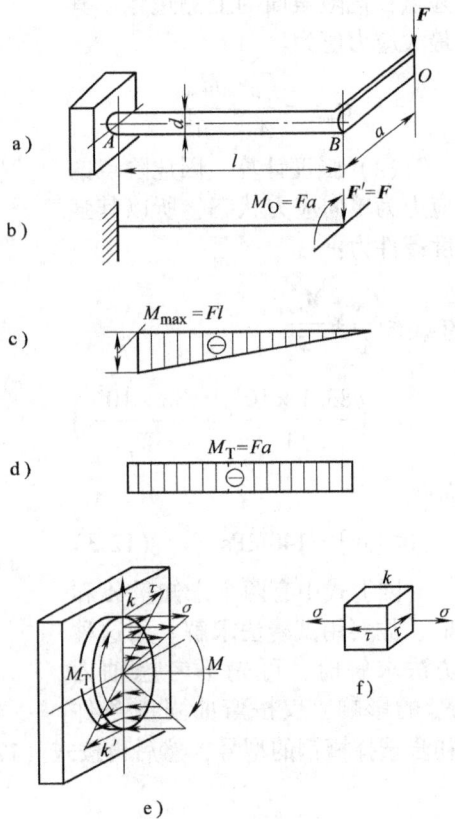

图 12-9 曲拐弯扭组合变形

$$\sigma = \frac{M_{max}}{W_z} \qquad (12\text{-}5)$$

$$\tau = \frac{M_T}{W_P} \qquad (12\text{-}6)$$

因危险点是二向应力状态（见图 12-9f），所以需用强度理论求出相当应力，建立强度条件。为此可将 $\sigma_x = \sigma$，$\sigma_y = 0$，$\tau_x = \tau$ 代入主应力公式，得主应力为：

$$\begin{aligned} \sigma_1 \\ \sigma_3 \end{aligned} = \frac{\sigma}{2} \pm \sqrt{\left(\frac{\sigma}{2}\right)^2 + \tau^2} \tag{12-7}$$

$$\sigma_2 = 0$$

轴类零件一般都采用塑性材料——钢材，所以应选用第三或第四强度理论建立强度条件。现将式（12-7）分别代入第三、第四强度理论的强度条件，得：

$$\sigma_{r3} = \sqrt{\sigma^2 + 4\tau^2} \leqslant [\sigma] \tag{12-8}$$

$$\sigma_{r4} = \sqrt{\sigma^2 + 3\tau^2} \leqslant [\sigma] \tag{12-9}$$

因为是圆截面轴，$W_z = \dfrac{\pi d^3}{32}$，$W_P = \dfrac{\pi d^3}{16} = 2W_z$，故：

$$W_P = 2W_z \tag{12-10}$$

将式（12-5）、式（12-6）、式（12-7）代入式（12-8）和式（12-9）中，可得：

$$\sigma_{r3} = \frac{\sqrt{M^2 + M_T^2}}{W_z} \leqslant [\sigma] \tag{12-11}$$

$$\sigma_{r4} = \frac{\sqrt{M^2 + 0.75M_T^2}}{W_z} \leqslant [\sigma] \tag{12-12}$$

以上两式是圆轴弯扭组合变形时按第三和第四强度理论计算的强度条件，将危险截面 A 的弯矩值和扭矩值表达式（12-4）代入式（12-11）、式（12-12），得到：

按第三强度理论得到的强度条件：

$$\sigma_{r3} = \frac{32F\sqrt{l^2 + a^2}}{\pi d^3} \leqslant [\sigma]$$

按第四强度理论得到的强度条件：

$$\sigma_{r3} = \frac{32F\sqrt{l^2 + 0.75a^2}}{\pi d^3} \leqslant [\sigma]$$

例 12-3 卷扬机结构尺寸如图 12-10a 所示，$l = 800\text{mm}$，$R = 180\text{mm}$，AB 轴直径 $d = 30\text{mm}$。已知电动机的功率 $P = 2.2\text{kW}$，轴 AB 的转速 $n = 150\text{r/min}$，轴材料的许用应力 $[\sigma] = 90\text{MPa}$，试按第三强度理论、第四强度理论分别校核 AB 轴的强度。

解：（1）外力分析 由功率 P 和转速 n 可计算出电动机输入的力偶矩：

$$M_0 = 9550\frac{P}{n} = 9550 \times \frac{2.2}{150}\text{N} \cdot \text{m} = 140\text{N} \cdot \text{m}$$

于是卷扬机的最大起重量为：

$$G = \frac{M_0}{R} = \frac{140}{0.180}\text{N} = 778\text{N}$$

将重力 G 向轴线简化，得一平移力 G' 和一力偶矩为 GR 的力偶。轴的计算简图如图 12-10b 所示。

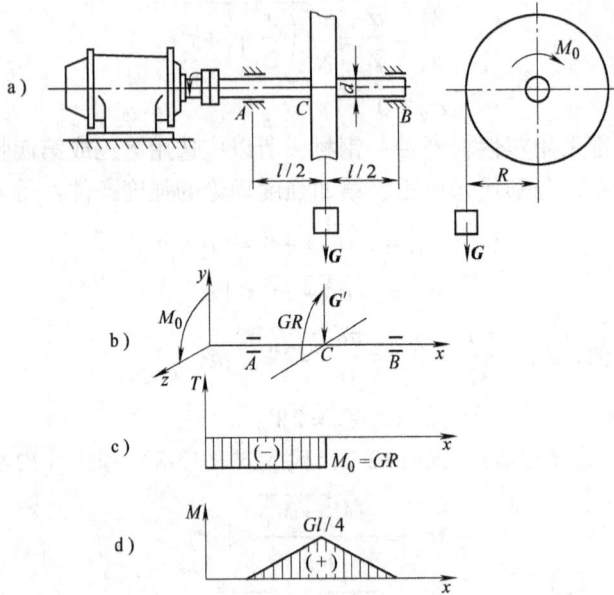

图 12-10 例 12-3 图

（2）内力分析，确定危险截面的位置 作出轴的扭矩图和弯矩图，如图 12-10c、d 所示，由内力图可以看出 C 截面为危险截面，其上的内力为：

$$M_T = M_0 = 140\text{N} \cdot \text{m}$$

$$M = \frac{1}{4}Gl = \frac{1}{4} \times 778 \times 0.8\text{N} \cdot \text{m} = 156\text{N} \cdot \text{m}$$

（3）强度计算 按第三强度理论校核，由：

$$\sigma_{r3} = \frac{\sqrt{M^2 + M_T^2}}{W_z} = \frac{\sqrt{140^2 + 156^2}}{\dfrac{3.14 \times 0.030^3}{32}}\text{Pa} = 79.1\text{MPa} < [\sigma] = 90\text{MPa}$$

按第四强度理论校核，由：

$$\sigma_{r4} = \frac{\sqrt{M^2 + 0.75M_T^2}}{W_z} = \frac{\sqrt{140^2 + 0.75 \times 156^2}}{\dfrac{3.14 \times 0.030^3}{32}}\text{Pa} = 73.4\text{MPa} < [\sigma] = 90\text{MPa}$$

所以该轴满足强度要求。

例 12-4 如图 12-11a 所示的传动轴 $ACBD$，已知 C 轮带的拉力方向都是垂直的，D 轮带的拉力方向都是水平的，轴的许用应力 $[\sigma] = 160\text{MPa}$，不计自重，试选择实心圆轴的直径 d。

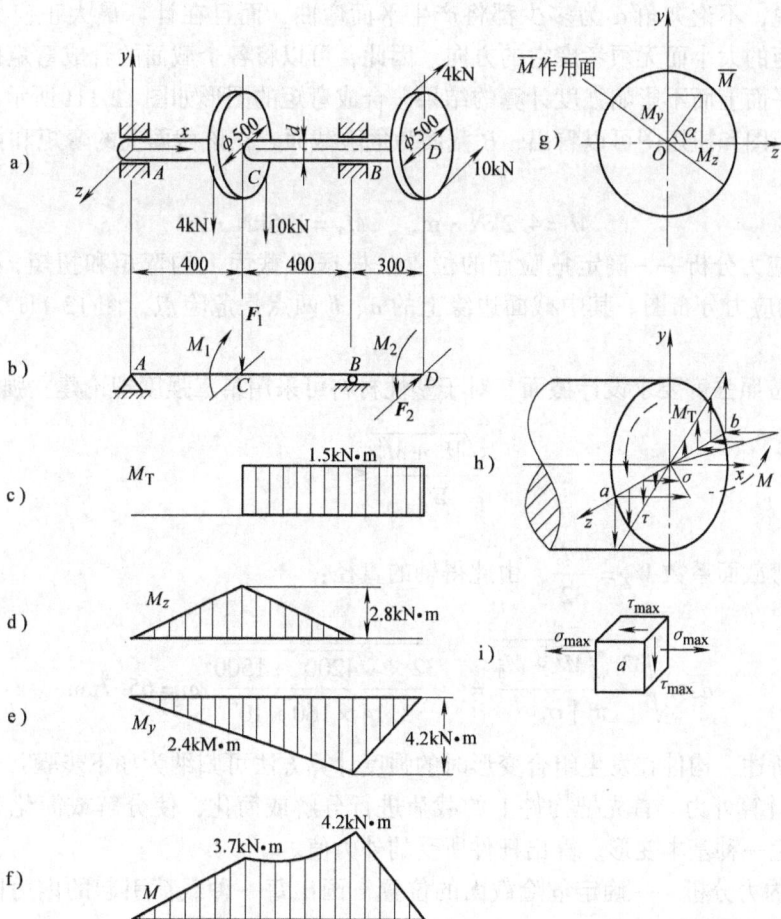

图 12-11　例 12-4 图

解：（1）外力分析　将作用在带上的拉力分别向轮心 *C* 及 *D* 简化，如图 12-11b 所示，得一竖直向下的集中力 F_1 以及一水平集中力 F_2，数值均等于（10 + 4）kN = 14kN，以及两数值相等转向相反的外力偶 $M_1 = M_2 = (10 - 4) \times 0.250$kN·m = 1.5kN·m。力 F_1 使轴在竖直平面 *xAy* 内发生弯曲变形，力 F_2 使轴在水平平面 *xAz* 内发生弯曲变形；在两个外力偶 M_1、M_2 作用下，轴的 *CD* 段发生扭转变形。

（2）内力分析，确定危险截面的位置　作图 12-11c 所示的扭矩图，图 12-11d 所示的铅垂面 *xAy* 内的弯矩图（作用在 *xAy* 平面内的弯矩用 M_z 表示），图 12-11e 所示的水平面 *xAz* 内的弯矩图（作用在 *xAz* 平面内的弯矩用 M_y 表示），然后将每一截面上的两个弯矩 M_y、M_z 按下式合成，即：

$$M = \sqrt{M_y^2 + M_z^2}$$

合成弯矩矢量 *M* 与 *z* 轴的夹角 α 在各个截面上是不同的（见图 12-11g），但是对于圆截面来说，不论夹角 α 为多少都将产生平面弯曲，而且在计算最大正应力时，只用其合成弯矩的大小而无须考虑它的方向。因此，可以将各个截面的合成弯矩按其数值绘制在一个平面上而不影响强度计算的结果，合成弯矩的图形如图 12-11f 所示。

由弯矩图和扭矩图可以看出，B 截面为危险截面。在该截面上的弯矩和扭矩值分别为：

$$M = 4.2\text{kN} \cdot \text{m}, \qquad M_\text{T} = 1.5\text{kN} \cdot \text{m}$$

（3）应力分析——确定危险点的位置　根据 B 截面上的弯矩和扭矩，画出图 12-11h 所示的应力分布图。其中截面边缘上的 a、b 两点是危险点，图 12-11i 为 a 点的应力状态图。

（4）按照强度要求设计截面　对于塑性材料可采用第三强度理论建立强度条件：

$$\frac{\sqrt{M^2 + M_\text{T}^2}}{W_\text{Z}} \leqslant [\sigma]$$

式中，抗弯截面系数 $W_\text{Z} = \dfrac{\pi d^3}{32}$，由此得轴的直径：

$$d \geqslant \sqrt[3]{\frac{32\sqrt{M^2 + M_\text{T}^2}}{\pi[\sigma]}} = \sqrt[3]{\frac{32 \times \sqrt{4200^2 + 1500^2}}{3.14 \times 160 \times 10^6}}\text{m} = 65.7\text{mm}$$

综上所述，构件在发生组合变形时的强度计算方法可归纳为如下步骤：

（1）计算外力　首先把构件上的载荷进行分解或简化，使分解或简化后的每一种载荷只产生一种基本变形。算出杆件所受的外力值。

（2）内力分析——确定危险截面的位置　画出每一种载荷引起的内力图，根据内力图判断危险截面的位置。

（3）应力分析——确定危险点的位置　根据危险截面的应力分布规律，判断危险点的位置。

（4）强度计算　根据危险点的应力状态和构件的材料特性，选择合适的强度理论进行强度计算。

习　题

12-1　分析图 12-12 中杆 AB、BC 和 CD 各产生那些基本变形？

12-2　何谓组合变形？计算组合变形强度的方法是什么？

12-3　构件受偏心拉伸（或压缩）时，将产生何种组合变形？横截面上各点是什么应力状态？怎样进行强度计算？

12-4　如图 12-13 所示杆件，试写出固定端截面上 A 点和 B 处的应力表达式，确定出危险点的位置并画出它的应力状态。

12-5　若在正方形截面短柱的中间处开一个槽如图 12-14 所示，使横截面面积减少为原截面面积的一半。试求最大正应力比不开槽时增大几倍？

a)

b)

c)

d)

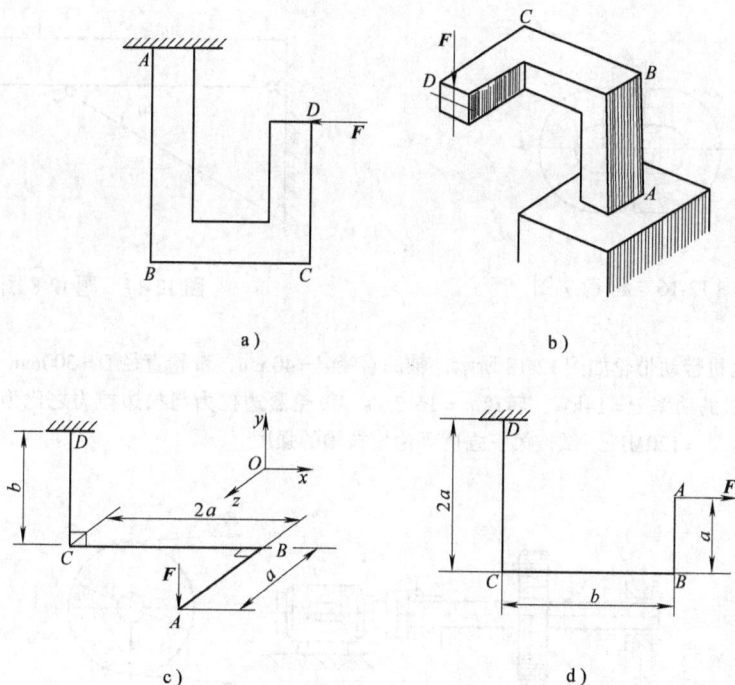

图 12-12　题 12-1 图

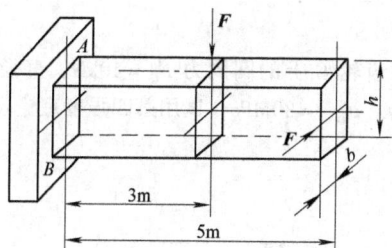

图 12-13　题 12-4 图

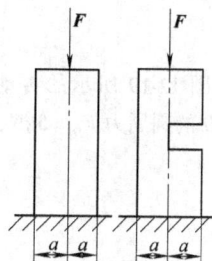

图 12-14　题 12-5 图

12-6　如图 12-15 所示悬臂梁，同时受到轴向拉力 F、横向力 q 和转矩 M_0 作用，试指出危险截面、危险点的位置，画出危险点的应力状态。

12-7　如图 12-16 所示链环，其直径 $d = 50\text{mm}$，受到拉力 $F = 10\text{kN}$ 的作用。试求链环的最大正应力及其位置。如果将链环的缺口焊接好，则链环的正应力将是原来最大正应力的百分之几？

12-8　支架 C 点所受载荷 $F = 45\text{kN}$，支架的尺寸如图 12-17 所示，许用应力 $[\sigma] = 160\text{MPa}$，试选择横梁 AC 的工字钢型号。

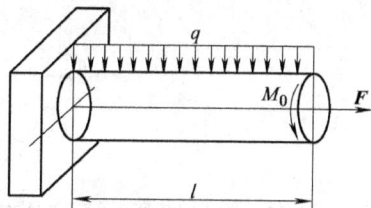

图 12-15　题 12-6 图

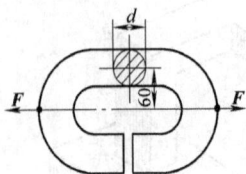

图 12-16　题 12-7 图

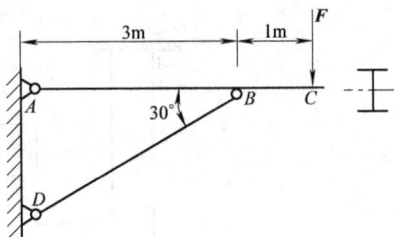

图 12-17　题 12-8 图

12-9　电动机带动带轮如图 12-18 所示，轴的直径 $d = 40\text{mm}$，带轮直径 $D = 300\text{mm}$，它的重力 $G = 600\text{N}$，若电动机的功率 $P = 14\text{kW}$，转速 $n = 16.3\text{r/s}$。带轮紧边拉力与松边拉力之比为 $F_1/F_2 = 2$，轴的许用应力 $[\sigma] = 120\text{MPa}$。试按第三强度理论校核轴的强度。

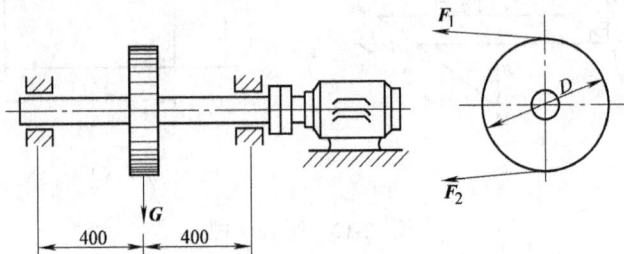

图 12-18　题 12-9 图

12-10　如图 12-19 所示的传动轴，装有两个齿轮。齿轮 C 上的圆周力 $F_C = 10\text{kN}$，直径 $d_C = 150\text{mm}$，齿轮 D 的圆周力 $F_D = 5\text{kN}$，直径 $d_D = 300\text{mm}$，若 $[\sigma] = 80\text{MPa}$，试用第四强度理论设计轴的直径。

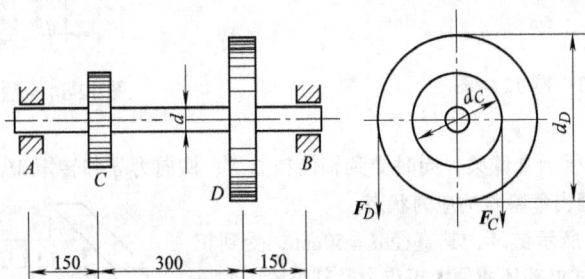

图 12-19　题 12-10 图

*12-11　图 12-20 所示绞车的最大载重量 $G = 800\text{N}$，鼓轮直径 $D = 380\text{mm}$，绞车轴材料的许用应力 $[\sigma] = 80\text{MPa}$。试按第三强度理论确定绞车轴 AB 的直径 d。

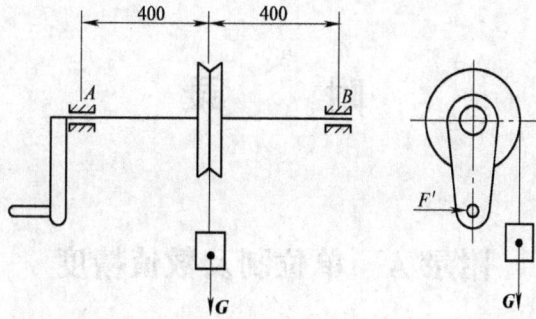

图 12-20 题 12-11 图

附　　录

附录 A　单位制及数值精度

在法定计量单位中，基本单位是长度单位、时间单位和质量单位，分别为米（m）、秒（s）和千克（kg）。法定计量单位的倍数单位和分数单位见附表 A-1。利用单位的倍数单位和分数单位可以避免写太大或太小的数。例如，一般可以写 713.4km，而不写 713 400m；写 3.71mm，而不写 0.003 71m。

表 A-1　法定计量单位的词头

因　　数	名　　称	符　　号	因　　数	名　　称	符　　号
10^{12}	太 [拉]	T	10^{-2}	厘	c
10^{9}	吉 [咖]	G	10^{-3}	毫	m
10^{6}	兆	M	10^{-6}	微	μ
10^{3}	千	k	10^{-9}	纳 [诺]	n
10^{2}	百	h	10^{-12}	皮 [可]	p
10^{1}	十	da	10^{-15}	飞 [母托]	f
10^{-1}	分	d	10^{-18}	阿 [托]	a

注：表中方括号中的字，在不致引起混淆误解的情况下，可以省略。去掉方括号中的字即为其名称的简称，下表同。

力的单位牛顿（N）是导出单位，$1N = (1kg)(1m/s^2) = 1kg \cdot m/s^2$。其他用于度量力矩、力的功等导出法定单位见附表 A-2。需要强调的一个重要规则：当导出单位是一个基本单位除另一个基本单位时，词头可以用在分子中，不能用在分母中。例如弹簧在 500N 的载荷下伸长 10mm，则弹簧刚度 k 可以表示为：

$$k = \frac{500N}{10mm} = \frac{500N}{0.010m} = 50000N/m \text{ 或者 } k = 50kN/m$$

表 A-2　力学使用的主要法定计量单位

量名称	单位名称	单位符号	用其他法定单位表示的关系式
密度	千克每立方米		kg/m^3
能 [量]	焦 [耳]	J	$N \cdot m$
功	焦 [耳]	J	$N \cdot m$
频率	赫 [兹]	Hz	s^{-1}
冲量	牛 [顿] 秒		$kg \cdot m/s$

（续）

量名称	单位名称	单位符号	用其他法定单位表示的关系式
力矩	牛［顿］米		N·m
功率	瓦［特］	W	J/s
压力	帕［斯卡］	Pa	N/m²
流体体积	升	L	$10^{-3}\mathrm{m}^3$

解题的数值精度取决于两条：已知数据的精度，计算精度。解的精度不会超过这两条中精度较低的。例如，已知等截面直杆受到1000N的轴向拉力，拉力误差为±2.5N，数据的相对测量精度为：

$$\frac{2.5\mathrm{N}}{1000\mathrm{N}} = 0.25\%$$

如果计算得到横截面上正应力 $\sigma = 23.54\mathrm{kPa}$，就是无法保证精度的数据。因为该问题中计算误差至少是0.25%。无论计算多么准确，答案的误差大小约为 $0.25\% \sigma \approx 0.06\mathrm{kPa}$，正确的答案应该是 $\sigma = (23.54 \pm 0.06)\mathrm{kPa}$。

工程实际问题中数据精度一般不超过0.2%，因此工程问题的答案精度也不超过0.2%。实践中的规则是用4个数字记录以"1"开始的数据，其他情况都用3个数字。除非特殊说明，本书总假定给定的数据有这样的精度。例如，73N的力认为是73.0N，12N的力认为是12.00N。大家普遍使用的计算器提高了计算速度和精度，但是同学们不能因为容易得到就记录那些比正确的精度更多的数字。一定要记住：精度超过0.2%在实际工程问题中是很少见的，也是毫无意义的。

附录B　截面的几何性质

在计算外力作用下杆件的应力和变形时，都要用到反映杆件横截面的形状和尺寸的几何量。这些截面几何量都属于**截面的几何性质**。例如杆件轴向拉伸、压缩时用到的横截面面积 A，圆截面杆扭转时用到的极惯性矩，梁弯曲时用到的惯性矩等。

第一节　截面的面积矩和形心位置

任意平面图形如图 B-1 所示，其面积为 A。x 轴和 y 轴为图形所在平面内的坐标轴。在坐标为 (x, y) 的任一点处，取微面积 dA，遍及整个图形面积 A 的积分：

$$S_x = \int_A y\,dA, \quad S_y = \int_A x\,dA \tag{B-1}$$

分别定义为图形对于 x 轴和 y 轴的面积矩。

截面的面积矩是对某一轴来说的，同一截面对于不同轴的面积矩是不同的。面积矩的数值可能为正，也可能为负或等于零。面积矩的量纲是长度的三次方。

将图 B-1 所示的平面图形设想为厚度很小的均质薄板，显然，在此情形下，平面图形的形心与均质薄板的重心有相同的坐标 x_c 和 y_c。由静力学的合力矩定理可知，薄板重心的坐标 x_c 和 y_c 分别为：

$$x_c = \frac{\int_A x \mathrm{d}A}{A}, \quad y_c = \frac{\int_A y \mathrm{d}A}{A} \qquad (B-2)$$

上式也是确定平面图形形心坐标的公式。

由式（B-1）、式（B-2）可得截面的面积矩：

$$S_x = A y_c, \quad S_y = A x_c \qquad (B-3)$$

这表明，截面对某轴的面积矩，等于截面面积与其形心到该轴距离的乘积。

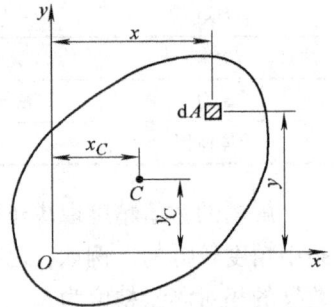

图 B-1　图形的面积矩

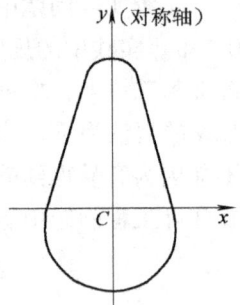

如果某一坐标轴通过截面的形心，即 $x_c = 0$ 或 $y_c = 0$，则该轴称为此截面的**形心轴**。由式（B-3）可知，截面对形心轴的面积矩等于零；反之，如果截面对某一轴的面积矩等于零，则该轴一定通过截面形心。对于有对称轴的截面，对称轴必定是截面的形心轴，例如图 B-2 中的 y 轴。

当一个截面的图形是由几个简单图形（例如矩形、圆形、三角形等）组成的，则这种截面称为**组合截面**。由面积矩的定义可知，组合截面对某一轴的面积矩等于各组成部分对该轴的面积矩的代数和，即：

$$S_x = \sum_{i=1}^{n} A_i y_{ci}, \qquad S_y = \sum_{i=1}^{n} A_i x_{ci} \qquad (B-4)$$

式中，A_i 表示任一简单图形的面积；x_{ci}、y_{ci} 分别为简单图形的形心坐标；n 为全部简单图形的个数。

图 B-2　具有对称轴的截面

由于组合截面的任一组成部分都是简单图形，其面积和形心坐标都比较容易确定，所以按照式（B-4）可以方便地算出组合截面的面积矩。

由式（B-3）、式（B-4）可得组合截面形心坐标的计算公式：

$$x_c = \frac{\sum\limits_{i=1}^{n} A_i x_{ci}}{\sum\limits_{i=1}^{n} A_i}, \quad y_c = \frac{\sum\limits_{i=1}^{n} A_i y_{ci}}{\sum\limits_{i=1}^{n} A_i} \qquad (B-5)$$

例 B-1　矩形截面如图 B-3 所示，图中 b、h 为已知值。试求上半部分的面积对于 x 轴的面积矩。

解：取平行于 x 轴的狭长条作为微面积 $\mathrm{d}A$，则：

$$\mathrm{d}A = b \mathrm{d}y$$

矩形上半部分的面积对于 x 轴的面积矩为：

$$S_x = \int_{A_1} y \mathrm{d}A = \int_0^{\frac{h}{2}} y \cdot b \mathrm{d}y = \frac{b}{2}\left(\frac{h}{2}\right)^2 = \frac{bh^2}{8}$$

例 B-2　矩形截面如图 B-4 所示，图中 b、h、y_1 为已知值。试求有阴影线部分的面积对于 x 轴、y 轴的面积矩。

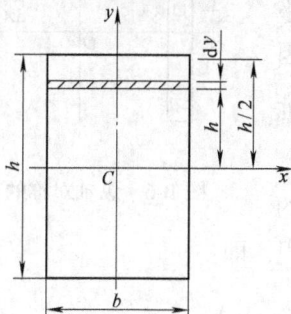

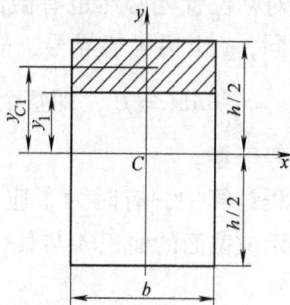

图 B-3　例 B-1 图　　　　　　　　　　图 B-4　例 B-2 图

解：有阴影线部分的面积 $A = b\left(\dfrac{h}{2} - y_1\right)$，其质心坐标：

$$x_{C1} = 0$$

$$y_{C1} = y_1 + \frac{1}{2}\left(\frac{h}{2} - y_1\right) = \frac{1}{2}\left(\frac{h}{2} + y_1\right)$$

由式（B-4）可得：

$$S_y = Ax_{C1} = 0$$

$$S_x = Ay_{C1} = b\left(\frac{h}{2} - y_1\right)\left[\frac{1}{2}\left(\frac{h}{2} + y_1\right)\right] = \frac{b}{8}\left(h^2 - 4y_1^2\right)$$

第二节　截面的惯性矩、惯性积和惯性半径

任意平面图形如图 B-5 所示，其面积为 A，x 轴和 y 轴为图形所在平面内的坐标轴。在坐标 (x, y) 处取微面积 $\mathrm{d}A$，对整个截面面积 A 进行积分：

$$I_x = \int_A y^2 \mathrm{d}A, \quad I_y = \int_A x^2 \mathrm{d}A \qquad (\text{B-6})$$

分别称为整个截面对于 x 轴和 y 轴的**惯性矩**。由于 x^2 和 y^2 总是正的，所以 I_y 和 I_x 也恒是正值。惯性矩的量纲为长度的四次方。

微面积 $\mathrm{d}A$ 与坐标 x、y 的乘积 $xy\mathrm{d}A$ 称为该微面积对于这两个坐标轴的惯性积，而对整个截面面积 A 进行积分：

$$I_{xy} = \int_A xy\mathrm{d}A \qquad (\text{B-7})$$

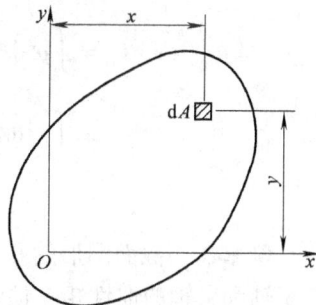

图 B-5　任意平面图形

称为整个截面对于 x 和 y 轴的**惯性积**。由于坐标乘积 xy 可正可负可为零，惯性积的数值可能为正，也可能为负或等于零。惯性积也是长度的四次方。如果坐标轴 x 或 y 中有一个是截面的对称轴（例如图 B-6、图 B-2 中的 y 轴），这时，截面对坐标轴 x、y 的惯性积为零。下面以图 B-6 说明，如果截面在对称轴 y 的一侧有微面积 dA，则在另一侧的对称位置处必然也有微面积 dA，二者的 y 坐标完全相同，x 坐标等值异号，故 $xydA$ 之和为零。因此积分 $I_{xy} = \int_A xydA = 0$，即整个截面对这一对坐标轴的惯性积等于零。

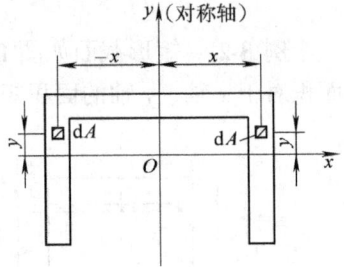

图 B-6 纵轴对称的截面

在工程计算中，有时为了应用的方便，将截面的惯性矩表示成截面的面积 A 与某一长度 i 的平方的乘积，即：

$$I_x = Ai_x^2, \qquad I_y = Ai_y^2 \tag{B-8}$$

或者改写为：

$$i_x = \sqrt{\frac{I_x}{A}}, \qquad i_y = \sqrt{\frac{I_y}{A}} \tag{B-9}$$

式中，i_x 和 i_y 分别称为截面对 x 轴和 y 轴的**惯性半径**，惯性半径的量纲就是长度。

当截面是由 n 个简单的图形组成时，按照惯性矩的定义，这种截面对某轴的惯性矩应等于各部分对该轴的惯性矩之和，即：

$$I_x = \sum_{i=1}^{n} I_{xi}, \qquad I_y = \sum_{i=1}^{n} I_{yi} \tag{B-10}$$

式中，I_{xi}、I_{yi} 分别为任一组成部分对 x 轴和 y 轴的惯性矩。

在图 B-5 中，以 ρ 表示微面积 dA 到坐标原点 O 的距离，则下列积分：

$$I_p = \int_A \rho^2 dA \tag{B-11}$$

定义为截面对坐标原点 O 的极惯性矩。由于 $\rho^2 = x^2 + y^2$，于是有：

$$I_p = \int_A \rho^2 dA = \int_A (x^2 + y^2) dA$$

$$= \int_A x^2 dA + \int_A y^2 dA = I_y + I_x \tag{B-12}$$

例 B-3 截面图形的几何尺寸如图 B-7 所示，试求截面对于 x 轴和 y 轴的惯性矩、惯性半径，以及第一象限部分对 x、y 轴的惯性积。

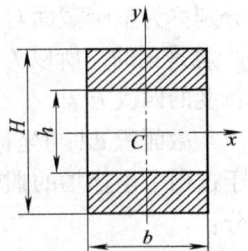

图 B-7 例 B-3 图

解：矩形截面尺寸已知，在计算惯性矩 I_x 时，可以取图 B-7 中平行于 x 轴的狭长条作为微面积，则 $\mathrm{d}A = b\mathrm{d}y$。于是由式（B-6）得到矩形截面对于 x 轴的惯性矩为：

$$I_x = \int_A y^2 \mathrm{d}A = 2\int_{\frac{h}{2}}^{\frac{H}{2}} y^2 b\mathrm{d}y = \frac{2b}{3}\left[\left(\frac{H}{2}\right)^3 - \left(\frac{h}{2}\right)^3\right] = \frac{b}{12}(H^3 - h^3)$$

由式（B-9）得到矩形截面对于 x 轴的惯性半径为：

$$i_x = \sqrt{\frac{I_x}{A}} = \sqrt{\frac{\dfrac{b}{12}(H^3 - h^3)}{b(H - h)}} = \frac{\sqrt{H^2 + Hh + h^2}}{2\sqrt{3}} \approx 0.289\sqrt{H^2 + Hh + h^2}$$

同理，取图 B-7 中平行于 y 轴的狭长条作为微面积，则 $\mathrm{d}A = (H - h)\mathrm{d}x$，由式（B-6）得到矩形截面对于 y 轴的惯性矩为：

$$I_y = \int_A x^2 \mathrm{d}A = \int_{-\frac{b}{2}}^{\frac{b}{2}} x^2 (H - h)\mathrm{d}x = \frac{b^3}{12}(H - h)$$

由式（B-9）得到矩形截面对于 y 轴的惯性半径为：

$$i_y = \sqrt{\frac{I_y}{A}} = \sqrt{\frac{\dfrac{b^3}{12}(H - h)}{b(H - h)}} = \frac{b}{2\sqrt{3}} \approx 0.289b$$

取坐标为 x、y 的微单元 $\mathrm{d}A = \mathrm{d}x \cdot \mathrm{d}y$，由式（B-7）得到矩形截面对于 x、y 轴的惯性积为：

$$I_{xy} = \int_A xy\mathrm{d}A = \iint_A xy\mathrm{d}x\mathrm{d}y = \int_{\frac{h}{2}}^{\frac{H}{2}} y\int_0^{\frac{b}{2}} x\mathrm{d}x\mathrm{d}y$$

$$= \frac{1}{2}\left[\left(\frac{H}{2}\right)^2 - \left(\frac{h}{2}\right)^2\right] \cdot \frac{1}{2}\left(\frac{b}{2}\right)^2 = \frac{b^2(H^2 - h^2)}{64}$$

例 B-4　如图 B-8 所示，计算圆形截面对于 x 轴和 y 轴的惯性矩、惯性半径，以及极惯性矩、第一象限部分对 x、y 轴的惯性积。

解：首先计算惯性矩 I_x，取图 B-8 中距 x 轴为 y 处高度为 $\mathrm{d}y$ 和宽度为 $b(y)$ 的狭长条作为微面积 $\mathrm{d}A$，则：

$$\mathrm{d}A = b(y)\mathrm{d}y = 2\sqrt{\left(\frac{d}{2}\right)^2 - y^2}\,\mathrm{d}y$$

于是由式（B-6）得到圆形截面对于 x 轴的惯性矩为：

$$I_x = \int_A y^2 \mathrm{d}A = \int_{-\frac{d}{2}}^{\frac{d}{2}} y^2 \times 2\sqrt{\left(\frac{d}{2}\right)^2 - y^2}\,\mathrm{d}y = \frac{\pi d^4}{64}$$

由式（B-9）得到圆形截面对于 x 轴的惯性半径

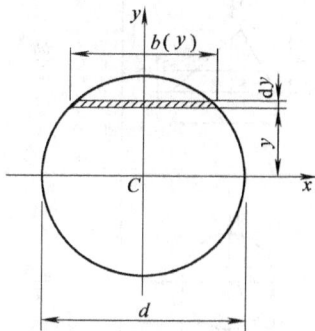

图 B-8　例 B-4 图

为：

$$i_x = \sqrt{\frac{I_x}{A}} = \sqrt{\frac{\pi d^4/64}{\pi d^2/4}} = \frac{d}{4}$$

x 轴和 y 轴都与圆的直径重合，由于对称的原因，有：

$$I_y = I_x = \frac{\pi d^4}{64} \qquad i_y = i_x = \frac{d}{4}$$

由式（B-11）可得到圆形截面对于 C 点极惯性矩：

$$I_p = I_y + I_x = \frac{\pi d^4}{32}$$

由式（B-7）得到圆形截面对于 x、y 轴的惯性积为：

$$I_{xy} = \int_A xy\mathrm{d}A = \iint_A xy\mathrm{d}x\mathrm{d}y = \int_0^{\frac{d}{2}} y \int_0^{\sqrt{\left(\frac{d}{2}\right)^2 - y^2}} x\mathrm{d}x\mathrm{d}y = \frac{d^4}{128}$$

为了获得截面的惯性矩和惯性半径，除了按照定义计算外，还可以查表 B-1 或机械设计手册。

表 B-1　简单截面的几何性质

截面形状和形心轴位置	面积 A	惯性矩		惯性半径	
		I_x	I_y	i_x	i_y
	bh	$\dfrac{bh^3}{12}$	$\dfrac{hb^3}{12}$	$\dfrac{h}{2\sqrt{3}}$	$\dfrac{b}{2\sqrt{3}}$
	$\dfrac{bh}{2}$	$\dfrac{bh^3}{36}$		$\dfrac{h}{3\sqrt{2}}$	
	$\dfrac{\pi d^2}{4}$	$\dfrac{\pi d^4}{64}$	$\dfrac{\pi d^4}{64}$	$\dfrac{d}{4}$	$\dfrac{d}{4}$

（续）

截面形状和 形心轴位置	面积 A	惯性矩		惯性半径	
		I_x	I_y	i_x	i_y
	$\dfrac{\pi D^2}{4}(1-\alpha^2)$	$\dfrac{\pi D^4}{64}(1-\alpha^4)$	$\dfrac{\pi D^4}{64}(1-\alpha^4)$	$\dfrac{D}{4}\sqrt{1+\alpha^2}$	$\dfrac{D}{4}\sqrt{1+\alpha^2}$
	$2\pi r_0\delta$	$\pi r_0^3\delta$	$\pi r_0^3\delta$	$\dfrac{r_0}{\sqrt{2}}$	$\dfrac{r_0}{\sqrt{2}}$

第三节　惯性矩的平行移轴公式

图 B-9 表示已知的任意形状的截面，C 为此截面的形心，x_C、y_C 为一对通过形心的坐标轴。则截面对形心轴 x_C、y_C 的惯性矩分别为：

$$I_{x_C} = \int_A y_C^2 dA, \qquad I_{y_C} = \int_A x_C^2 dA \qquad (a)$$

若 x 轴平行于 x_C，且两者的距离为 a；y 轴平行于 y_C，且两者的距离为 b，则截面对 x、y 轴惯性矩分别为：

$$I_x = \int_A y^2 dA, \qquad I_y = \int_A x^2 dA \qquad (b)$$

由图 B-9 可以看出：

$$x = x_C + b, \quad y = y_C + a \qquad (c)$$

图 B-9　任意形状截面

将式（c）代入式（b）中，得：

$$I_x = \int_A (y_C + a)^2 dA = \int_A y_C^2 dA + 2a\int_A y_C dA + a^2\int_A dA$$

$$I_y = \int_A (x_C + b)^2 dA = \int_A x_C^2 dA + 2b\int_A x_C dA + b^2\int_A dA$$

以上两式中，$\int_A y_C dA$ 和 $\int_A x_C dA$ 分别为截面对形心轴 x_C、y_C 的面积矩，故 $\int_A y_C dA = 0$，$\int_A x_C dA = 0$；积分 $\int_A dA = A$；再应用式（a），则上两式简化为：

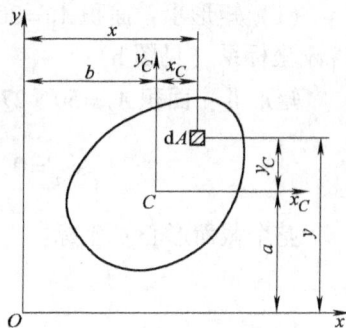

$$\left.\begin{array}{l} I_x = I_{x_C} + a^2 A \\ I_y = I_{y_C} + b^2 A \end{array}\right\} \qquad (\text{B-13})$$

上式称为惯性矩的平行移轴公式。

例 B-5 T 形截面几何尺寸如图 B-10a 所示，现取质心坐标系 $Cx_0 y_0$，其中 x_0 轴沿水平方向，y_0 轴沿垂直方向，试计算 T 形截面对于其 x_0 轴和 y_0 轴的惯性矩。

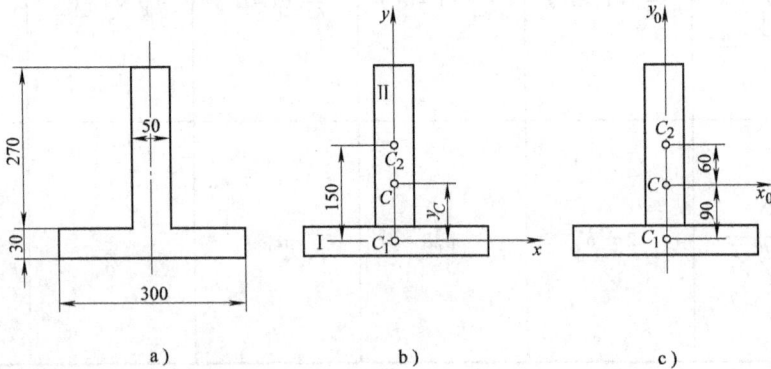

图 B-10　T 形截面几何尺寸

解：首先将截面分为两个矩形，如图 B-10b 所示。

(1) 矩形 I：面积 $A_1 = 300 \times 30 \text{mm}^2 = 9.0 \times 10^{-3} \text{m}^2$，形心 C_1 在矩形 I 中心，建立 $C_1 xy$ 坐标系（见图 b）；

矩形 II：面积 $A_2 = 50 \times 270 \text{mm}^2 = 1.35 \times 10^{-2} \text{m}^2$，形心 C_2 坐标为：

$$x_{C_2} = 0, \qquad y_{C_2} = \left(\frac{30}{2} + \frac{270}{2}\right)\text{mm} = 0.15\text{m}$$

整个截面形心 C 坐标：

$$x_C = 0, \qquad y_C = \frac{\sum_{i=1}^{2} A_i y_{C_i}}{\sum_{i=1}^{2} A_i} = \frac{0 + 0.0135 \times 0.15}{0.009 + 0.0135}\text{m} = 0.090\text{m}$$

(2) 以截面形心 C 为原点，建立 $Cx_0 y_0$ 坐标系，如图 B-10c 所示。

查表 B-1，得到矩形 I、II 对 y_0 轴的惯性矩：

$$I_{1y_0} = \frac{0.030 \times 0.300^3}{12}\text{m}^4$$

$$I_{2y_0} = \frac{0.270 \times 0.050^3}{12}\text{m}^4$$

应用惯性矩的平行移轴公式（B-13）计算矩形 I、II 对 x_0 轴的惯性矩：

矩形 I ：

$$I_{1x_0} = I_{1x_{C1}} + C_1 C^2 \cdot A_1$$

矩形 II ：

$$I_{2x_0} = I_{2x_{C2}} + C_2 C^2 \cdot A_2$$

运用叠加法公式（B-10），得到截面对 x_0 轴的惯性矩：

$$I_{x_0} = \sum_{i=1}^{2} I_{ix_0} = \left(\frac{0.300 \times 0.030^3}{12} + 0.09^2 \times 0.0090 \right) + \left(\frac{0.050 \times 0.270^3}{12} + 0.060^2 \times 0.0135 \right) m^4$$

$$= 2.04 \times 10^{-4} m^4$$

$$I_{y_0} = \sum_{i=1}^{2} I_{iy_0} = \left(\frac{0.030 \times 0.300^3}{12} + \frac{0.270 \times 0.050^3}{12} \right) m^4 = 7.03 \times 10^{-5} m^4$$

习　题

B-1　试确定图 B-11 中各图形的形心位置。

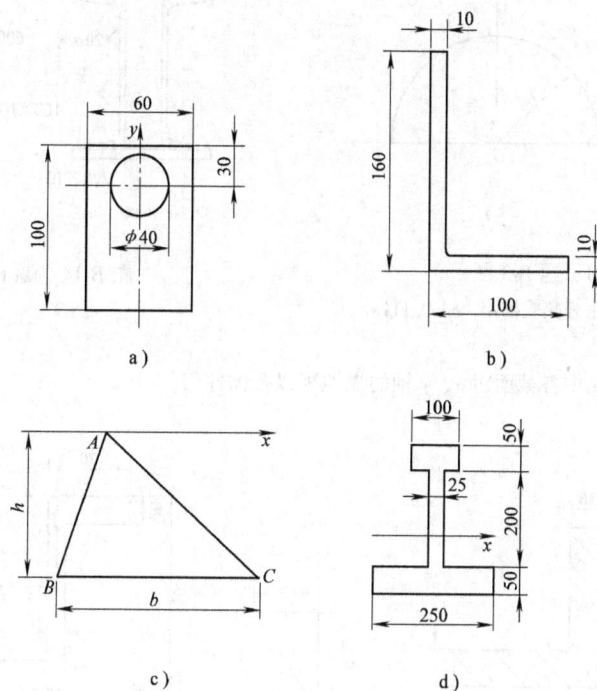

图 B-11　题 B-1 图

B-2　试求图 B-12 中各截面对于 x 轴的面积矩和惯性半径。

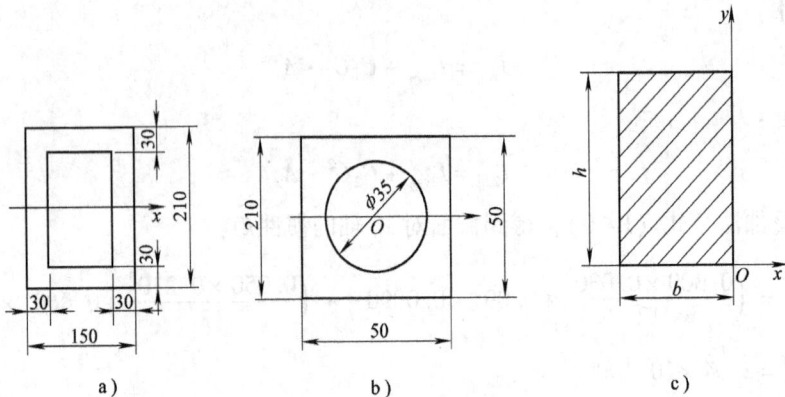

图 B-12　题 B-2 图

B-3　试求图 B-13 中各截面对于 x 轴和 y 轴的惯性矩。

B-4　试求图 B-14 中各截面对 x 轴的的惯性矩。

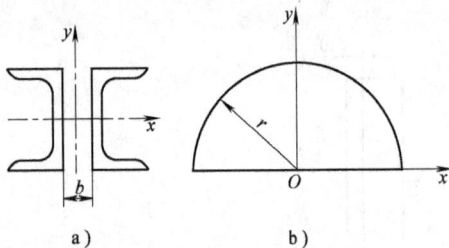

图 B-13　题 B-3 图

注：图 a 为 2 根 20a 号热轧槽钢，$b = 0.111$m

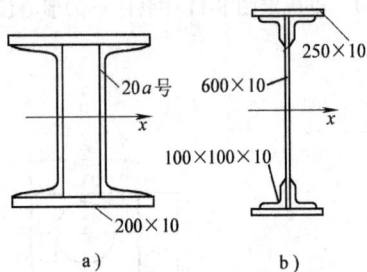

图 B-14　题 B-4 图

B-5　试求图 B-15 中各截面对 x、y 轴的惯性矩以及惯性积。

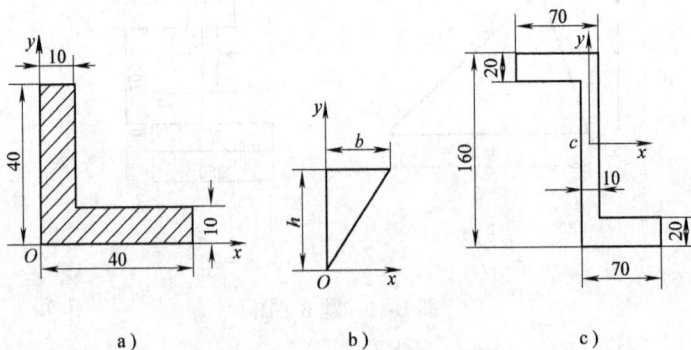

图 B-15　题 B-5 图

附录 C　型钢规格表

表 C-1　热轧等边角钢（GB/T 9787—1988）

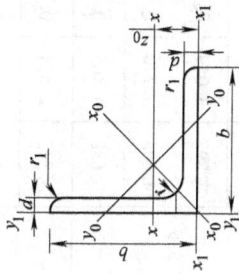

符号意义：b——边宽度；
d——边厚度；
r——内圆弧半径；
r_1——边端内圆弧半径。
I——惯性矩；
i——惯性半径；
W——截面系数；
z_0——重心距离。

角钢号数	尺寸/mm			截面面积/cm²	理论重量/kg·m⁻¹	外表面积/m²·m⁻¹	参考数值										
							x-x			x_0-x_0			y_0-y_0			x_1-x_1	$z_0/$
	b	d	r				$I_x/$ cm⁴	$i_x/$ cm	$W_x/$ cm³	$I_{x0}/$ cm⁴	$i_{x0}/$ cm	$W_{x0}/$ cm³	$I_{y0}/$ cm⁴	$i_{y0}/$ cm	$W_{y0}/$ cm³	$I_{x1}/$ cm⁴	cm
2	20	3	3.5	1.132	0.889	0.078	0.40	0.59	0.29	0.63	0.75	0.45	0.17	0.39	0.20	0.81	0.60
	20	4		1.459	1.145	0.077	0.50	0.58	0.36	0.78	0.73	0.55	0.22	0.38	0.24	1.09	0.64
2.5	25	3		1.432	1.124	0.098	0.82	0.76	0.46	1.29	0.95	0.73	0.34	0.49	0.33	1.57	0.73
	25	4		1.859	1.459	0.097	1.03	0.74	0.59	1.62	0.93	0.92	0.43	0.48	0.40	2.11	0.76
3.0	30	3		1.749	1.373	0.117	1.46	0.91	0.68	2.31	1.15	1.09	0.61	0.59	0.51	2.71	0.85
	30	4	4.5	2.276	1.786	0.117	1.84	0.90	0.87	2.92	1.13	1.37	0.77	0.58	0.62	3.63	0.89
3.6	36	3		2.109	1.656	0.141	2.58	1.11	0.99	4.09	1.39	1.61	1.07	0.71	0.76	4.68	1.00
	36	4		2.756	2.163	0.141	3.29	1.09	1.28	5.22	1.38	2.05	1.37	0.70	0.93	6.25	1.04
	36	5		3.382	2.654	0.141	3.95	1.08	1.56	6.24	1.36	2.45	1.65	0.70	1.09	7.84	1.07

（续）

角钢号数	尺寸/mm			截面面积/cm²	理论重量/kg·m⁻¹	外表面积/m²·m⁻¹	参考数值											
							$x\text{-}x$			$x_0\text{-}x_0$			$y_0\text{-}y_0$			$x_1\text{-}x_1$	$z_0/$
	b	d	r				$I_x/$ cm⁴	$i_x/$ cm	$W_x/$ cm³	$I_{x0}/$ cm⁴	$i_{x0}/$ cm	$W_{x0}/$ cm³	$I_{y0}/$ cm⁴	$i_{y0}/$ cm	$W_{y0}/$ cm³	$I_{x1}/$ cm⁴	cm
4.0	4.0	3	5	2.359	1.852	0.157	3.59	1.23	1.23	5.69	1.55	2.01	1.49	0.79	0.96	6.41	1.09
		4		3.086	2.422	0.157	4.60	1.22	1.60	7.29	1.54	2.58	1.91	0.79	1.19	8.53	1.13
		5		3.791	2.976	0.156	5.53	1.21	1.96	8.76	1.52	3.10	2.30	0.78	1.39	10.74	1.17
4.5	45	3	5.5	2.659	2.088	0.177	5.17	1.40	1.58	8.20	1.76	2.58	2.14	0.89	1.24	9.12	1.22
		4		3.486	2.736	0.177	6.65	1.38	2.05	10.56	1.74	3.32	2.75	0.89	1.54	12.18	1.26
		5		4.292	3.369	0.176	8.04	1.37	2.51	12.74	1.72	4.00	3.33	0.88	1.81	15.25	1.30
		6		5.076	3.985	0.176	9.33	1.36	2.95	14.76	1.70	4.64	3.89	0.88	2.06	18.36	1.33
5	50	3	5.5	2.971	2.332	0.197	7.18	1.55	1.96	11.37	1.96	3.22	2.98	1.00	1.57	12.50	1.34
		4		3.897	3.059	0.197	9.26	1.54	2.56	14.70	1.94	4.16	3.82	0.99	1.96	16.69	1.38
		5		4.803	3.770	0.196	11.21	1.53	3.13	17.79	1.92	5.03	4.64	0.98	2.31	20.90	1.42
		6		5.688	4.465	0.196	13.05	1.52	3.68	20.68	1.91	5.85	5.42	0.98	2.63	25.14	1.46
5.6	56	3	6	3.343	2.624	0.221	10.19	1.75	2.48	16.14	2.20	4.08	4.24	1.13	2.02	17.56	1.48
		4		4.390	3.446	0.220	13.18	1.73	3.24	20.92	2.18	5.28	5.46	1.11	2.52	23.43	1.53
		5		5.415	4.251	0.220	16.02	1.72	3.97	25.42	2.17	6.42	6.61	1.10	2.98	29.33	1.57
		6		8.367	6.568	0.219	23.63	1.68	6.03	37.37	2.11	9.44	9.89	1.09	4.16	47.24	1.68
6.3	63	4	7	4.978	3.907	0.248	19.03	1.96	4.13	30.17	2.46	6.78	7.89	1.26	3.29	33.35	1.70

（续）

角钢号数	b	d	r	截面面积/cm²	理论重量/kg·m⁻¹	外表面积/m²·m⁻¹	I_x/cm⁴	i_x/cm	W_x/cm³	I_{x0}/cm⁴	i_{x0}/cm	W_{x0}/cm³	I_{y0}/cm⁴	i_{y0}/cm	W_{y0}/cm³	I_{x1}/cm⁴	z_0/cm
6.3	63	5	7	6.143	4.822	0.248	23.17	1.94	5.08	36.77	2.45	8.25	9.57	1.25	3.90	41.73	1.74
		6		7.288	5.721	0.247	27.12	1.93	6.00	43.03	2.43	9.66	11.20	1.24	4.46	50.14	1.78
		8		9.515	7.469	0.247	34.46	1.90	7.75	54.56	2.40	12.25	14.33	1.23	5.47	67.11	1.85
		10		11.657	9.151	0.246	41.09	1.88	9.39	64.85	2.36	14.56	17.33	1.22	6.36	84.31	1.93
7	70	4	8	5.570	4.372	0.275	26.39	2.18	5.14	41.80	2.74	8.44	10.99	1.40	4.17	45.74	1.86
		5		6.875	5.367	0.275	32.21	2.16	6.32	51.08	2.73	10.32	13.34	1.39	4.95	57.21	1.91
		6		8.160	6.406	0.275	37.77	2.15	7.48	59.93	2.71	12.11	15.61	1.38	5.67	68.73	1.95
		7		9.424	7.398	0.275	43.09	2.14	8.59	68.35	2.69	13.81	17.82	1.38	6.34	80.29	1.99
		8		10.667	8.373	0.274	48.17	2.12	9.68	76.37	2.68	15.43	19.98	1.37	6.98	91.92	2.03
7.5	75	5	9	7.412	5.818	0.295	39.97	2.33	7.32	63.30	2.92	11.94	16.63	1.50	5.77	70.56	2.04
		6		8.797	6.905	0.294	46.95	2.31	8.64	74.38	2.90	14.02	19.51	1.49	6.67	84.55	2.07
		7		10.160	7.976	0.294	53.57	2.30	9.93	84.96	2.89	16.02	22.18	1.48	7.44	98.71	2.11
		8		11.503	9.030	0.294	59.96	2.28	11.20	95.07	2.88	17.93	24.86	1.47	8.19	112.97	2.15
		10		14.126	11.089	0.293	71.98	2.26	13.64	113.92	2.84	21.48	30.05	1.46	9.56	141.71	2.22
8	89	5	9	7.912	6.211	0.315	48.79	2.48	8.34	77.33	3.13	13.67	20.25	1.60	6.66	85.36	2.15
		6		9.397	7.376	0.314	57.35	2.47	9.87	90.98	3.11	16.08	28.72	1.59	7.65	102.50	2.19
		7		10.860	8.525	0.314	65.58	2.46	11.37	104.07	3.10	18.40	27.09	1.58	8.58	119.70	2.23
		8		12.303	9.658	0.314	73.49	2.44	12.83	116.60	3.08	20.61	30.39	1.57	9.46	136.97	2.27
		10		15.126	11.874	0.313	88.43	2.42	15.64	140.09	3.04	24.76	36.77	1.56	11.08	171.74	2.35

（续）

角钢号数	b	d	r	截面面积/cm²	理论重量/kg·m⁻¹	外表面积/m²·m⁻¹	I_x/cm⁴	i_x/cm	W_x/cm³	I_{x0}/cm⁴	i_{x0}/cm	W_{x0}/cm³	I_{y0}/cm⁴	i_{y0}/cm	W_{y0}/cm³	I_{x1}/cm⁴	z_0/cm
								x—x			x_0—x_0			y_0—y_0		x_1—x_1	
9	90	6	10	10.637	8.350	0.354	82.77	2.79	12.61	131.26	3.51	20.63	34.28	1.80	9.95	145.87	2.44
		7		12.301	9.656	0.354	94.83	2.78	14.54	150.47	3.50	23.64	39.18	1.78	11.19	170.30	2.48
		8		13.944	10.946	0.353	106.47	2.76	16.42	168.97	3.48	26.55	43.97	1.78	12.35	194.80	2.52
		10		17.167	13.476	0.353	128.58	2.74	20.07	203.90	3.45	32.04	53.26	1.76	14.52	244.07	2.59
		12		20.306	15.940	0.352	149.22	2.71	23.57	236.21	3.41	37.12	62.22	1.75	16.40	293.76	2.67
10	100	6	12	11.932	9.366	0.393	114.95	3.10	15.68	181.98	3.90	25.74	47.92	2.00	12.69	200.07	2.67
		7		13.796	10.830	0.393	131.86	3.09	18.10	208.97	3.89	29.55	54.74	1.99	14.26	233.54	2.71
		8		15.638	12.276	0.393	148.24	3.08	20.47	235.07	3.88	33.24	61.41	1.98	15.75	267.09	2.76
		10		19.261	15.120	0.392	179.51	3.05	25.06	284.68	3.84	40.26	74.35	1.96	18.54	334.48	2.84
		12		22.800	17.898	0.391	208.90	3.03	29.48	330.95	3.81	46.80	86.84	1.95	21.08	402.34	2.91
		14		26.256	20.611	0.391	236.53	3.00	33.73	374.06	3.77	52.90	99.00	1.94	23.44	470.75	2.99
		16		29.627	23.257	0.390	262.53	2.98	37.82	414.16	3.74	58.57	110.89	1.94	25.63	539.80	3.06
11	110	7	12	15.196	11.928	0.433	177.16	3.41	22.05	280.94	4.30	36.12	73.38	2.20	17.51	310.64	2.96
		8		17.238	13.532	0.433	199.46	3.40	24.95	316.49	4.28	40.69	82.42	2.19	19.39	355.20	3.01
		10		21.261	16.690	0.432	242.19	3.38	30.60	384.39	4.25	49.42	99.98	2.17	22.91	444.65	3.09
		12		25.200	19.782	0.431	282.55	3.35	36.05	448.17	4.22	57.62	116.93	2.15	26.15	534.60	3.16
		14		29.056	22.809	0.431	320.71	3.32	41.31	508.01	4.18	65.31	133.40	2.14	29.14	625.16	3.24
12.5	125	8	14	19.750	15.504	0.492	297.03	3.88	32.52	470.89	4.88	53.28	123.16	2.50	25.86	521.01	3.37
		10		24.373	19.133	0.491	361.67	3.85	39.97	573.89	4.85	64.93	149.46	2.48	30.62	651.93	3.45
		12		28.912	22.696	0.491	423.16	3.83	41.17	671.44	4.82	75.96	174.88	2.46	35.03	783.42	3.53

（续）

角钢号数	尺寸/mm b	尺寸/mm d	尺寸/mm r	截面面积/cm²	理论重量/kg·m⁻¹	外表面积/m²·m⁻¹	I_x/cm⁴	i_x/cm	W_x/cm³	I_{x0}/cm⁴	i_{x0}/cm	W_{x0}/cm³	I_{y0}/cm⁴	i_{y0}/cm	W_{y0}/cm³	I_{x1}/cm⁴	z_0/cm
12.5	125	14	14	33.367	26.193	0.490	481.65	3.80	54.16	763.73	4.78	86.41	199.57	2.45	39.13	915.61	3.61
14	140	10	14	27.373	21.488	0.551	514.65	4.34	50.58	817.27	5.46	82.56	212.04	2.78	39.20	915.11	3.82
		12		32.512	25.522	0.551	603.68	4.31	59.80	958.79	5.43	96.85	248.57	2.76	45.02	1099.28	3.90
		14		37.567	29.490	0.550	688.81	4.28	68.75	1093.56	5.40	110.47	284.06	2.75	50.45	1284.22	3.98
		16		42.539	33.393	0.549	770.24	4.26	77.46	1221.81	5.36	123.42	318.67	2.74	55.55	1470.07	4.06
16	160	10	16	31.502	24.729	0.630	779.53	4.98	66.70	1237.30	6.27	109.36	321.76	3.20	52.76	1365.33	4.31
		12		37.441	29.391	0.630	916.58	4.95	78.98	1455.68	6.24	128.67	377.49	3.18	60.74	1639.57	4.39
		14		43.296	33.987	0.629	1048.36	4.92	90.95	1665.02	6.20	147.17	431.70	3.16	68.24	1914.68	4.47
		16		49.067	38.518	0.629	1175.08	4.89	102.63	1865.57	6.17	164.89	484.59	3.14	75.31	2190.82	4.55
18	180	12	16	42.241	33.159	0.710	1321.35	5.59	100.82	2100.10	7.05	165.00	542.61	3.58	78.41	2332.80	4.89
		14		48.896	38.383	0.709	1514.48	5.56	116.25	2407.42	7.02	189.14	621.53	3.56	88.38	2723.48	4.97
		16		55.467	43.542	0.709	1700.99	5.54	131.13	2703.37	6.98	212.40	698.60	3.55	97.83	3115.29	5.05
		18		61.955	48.634	0.708	1875.12	5.50	145.64	2988.24	6.94	234.78	762.01	3.51	105.14	3502.43	5.13
20	200	14	18	54.642	42.894	0.788	2103.55	6.20	144.70	3343.26	7.82	236.40	863.83	3.98	111.82	3734.10	5.46
		16		62.013	48.680	0.788	2366.15	6.18	163.65	3760.89	7.79	265.93	971.41	3.96	123.96	4270.39	5.54
		18		69.301	54.401	0.787	2620.64	6.15	182.22	4164.54	7.75	294.48	1076.74	3.94	135.52	4808.13	5.62
		20		76.505	60.056	0.787	2867.30	6.12	200.42	4554.55	7.72	322.06	1180.04	3.93	146.55	5347.51	5.69
		24		90.661	71.168	0.785	3338.25	6.07	236.17	5294.97	7.64	374.41	1381.53	3.90	166.65	6457.16	5.87

注：截面图中的 $r_1=1/3d$ 及表中 r 值的数据用于孔型设计，不做交货条件。

表 C-2 热轧不等边角钢（GB/T9788—1988）

符号意义：
B——长边宽度；
b——短边宽度；
d——边厚度；
r——内圆弧半径；
r_1——边端内圆弧半径；
I——惯性矩；
i——惯性半径；
W——截面系数；
x_0——重心距离；
y_0——重心距离。

角钢号数	\(尺寸/mm\) B	b	d	r	截面面积/cm²	理论重量/kg·m⁻¹	外表面积/m²·m⁻¹	I_x/cm⁴	i_x/cm	W_x/cm³	I_y/cm⁴	i_y/cm	W_y/cm³	I_{x1}/cm⁴	y_0/cm	I_{y1}/cm⁴	x_0/cm	I_u/cm⁴	i_u/cm	W_u/cm³	$\tan\alpha$
2.5/1.6	25	16	3	3.5	1.162	0.912	0.080	0.70	0.78	0.43	0.22	0.44	0.19	1.56	0.86	0.43	0.42	0.14	0.34	0.16	0.392
			4		1.499	1.176	0.079	0.88	0.77	0.55	0.27	0.43	0.24	2.09	0.90	0.59	0.46	0.17	0.34	0.20	0.381
3.2/2	32	20	3	3.5	1.492	1.171	0.102	1.53	1.01	0.72	0.46	0.55	0.30	3.27	1.08	0.82	0.49	0.28	0.43	0.25	0.382
			4		1.939	1.522	0.101	1.93	1.00	0.93	0.57	0.54	0.39	4.37	1.12	1.12	0.53	0.35	0.42	0.32	0.374
4/2.5	40	25	3	4	1.890	1.484	0.127	3.08	1.28	1.15	0.93	0.70	0.49	5.39	1.32	1.59	0.59	0.56	0.54	0.40	0.385
			4		2.467	1.936	0.127	3.93	1.26	1.49	1.18	0.69	0.63	8.53	1.37	2.14	0.63	0.71	0.54	0.52	0.381
4.5/2.8	45	28	3	5	2.149	1.687	0.143	4.45	1.44	1.47	1.34	0.79	0.62	9.10	1.47	2.23	0.64	0.80	0.61	0.51	0.383
			4		2.806	2.203	0.143	5.69	1.42	1.91	1.70	0.78	0.80	12.13	1.51	3.00	0.68	1.02	0.60	0.66	0.380
5/3.2	50	32	3	5.5	2.431	1.908	0.161	6.24	1.60	1.84	2.02	0.91	0.82	12.49	1.60	3.31	0.73	1.20	0.70	0.68	0.404
			4		3.177	2.494	0.160	8.02	1.59	2.39	2.58	0.90	1.06	16.65	1.65	4.45	0.77	1.53	0.69	0.87	0.402
5.6/3.6	56	36	3	6	2.743	2.153	0.181	8.88	1.80	2.32	2.92	1.03	1.05	17.54	1.78	4.70	0.80	1.73	0.79	0.87	0.408
			4		3.590	2.813	0.180	11.45	1.79	3.03	3.76	1.02	1.37	23.39	1.82	6.33	0.85	2.23	0.79	1.13	0.408
			5		4.415	3.466	0.180	13.86	1.77	3.71	4.49	1.01	1.65	29.25	1.87	7.94	0.88	2.67	0.78	1.36	0.404

（续）

角钢号数	尺寸/mm B	b	d	r	截面面积/cm²	理论重量/kg·m⁻¹	外表面积/m²·m⁻¹	I_x/cm⁴	i_x/cm	W_x/cm³	I_y/cm⁴	i_y/cm	W_y/cm³	I_{x1}/cm⁴	y_0/cm	I_{y1}/cm⁴	x_0/cm	I_u/cm⁴	i_u/cm	W_u/cm³	tanα
6.3/4	63	40	4	7	4.058	3.185	0.202	16.49	2.02	3.87	5.23	1.14	1.70	33.30	2.04	8.63	0.92	3.12	0.88	1.40	0.398
			5		4.993	3.920	0.202	20.02	2.00	4.74	6.31	1.12	2.71	41.63	2.08	10.86	0.95	3.76	0.87	1.71	0.396
			6		5.908	4.638	0.201	23.36	1.96	5.59	7.29	1.11	2.43	49.98	2.12	13.12	0.99	4.34	0.86	1.99	0.393
			7		6.802	5.339	0.201	26.53	1.98	6.40	8.24	1.10	2.78	58.07	2.15	15.47	1.03	4.97	0.86	2.29	0.389
7/4.5	70	45	4	7.5	4.547	3.570	0.226	23.17	2.26	4.86	7.55	1.29	2.17	45.92	2.24	12.26	1.02	4.40	0.98	1.77	0.410
			5		5.609	4.403	0.225	27.95	2.23	5.92	9.13	1.28	2.65	57.10	2.28	15.39	1.06	5.40	0.98	2.19	0.407
			6		6.647	5.218	0.225	32.54	2.21	6.95	10.62	1.26	3.12	68.35	2.32	18.58	1.09	6.35	0.98	2.59	0.404
			7		7.657	6.011	0.225	37.22	2.20	8.03	12.01	1.25	3.57	79.99	2.36	21.84	1.13	7.16	0.97	2.94	0.402
(7.5/5)	75	50	5	8	6.125	4.808	0.245	34.86	2.39	6.83	12.61	1.44	3.30	70.00	2.40	21.04	1.17	7.41	1.10	2.74	0.435
			6		7.260	5.699	0.245	41.12	2.38	8.12	14.70	1.42	3.88	84.30	2.44	25.37	1.21	8.54	1.08	3.19	0.435
			8		9.467	7.431	0.244	52.39	2.35	10.52	18.53	1.40	4.99	112.50	2.52	34.23	1.29	10.87	1.07	4.10	0.429
			10		11.590	9.098	0.244	62.71	2.33	12.79	21.96	1.38	6.04	140.80	2.60	43.43	1.36	13.10	1.06	4.99	0.423
8/5	80	50	5	8	6.375	5.005	0.255	41.96	2.56	7.78	12.82	1.42	3.32	85.21	2.60	21.06	1.14	7.66	1.10	2.74	0.383
			6		7.560	5.935	0.255	49.49	2.56	9.25	14.95	1.41	3.91	102.53	2.65	25.41	1.18	8.85	1.08	3.20	0.387
			7		8.724	6.848	0.254	56.16	2.54	10.58	16.96	1.39	4.48	119.33	2.69	29.82	1.21	10.18	1.08	3.70	0.384
			8		9.867	7.745	0.254	62.83	2.52	11.92	18.85	1.38	5.03	136.41	2.73	34.32	1.25	11.38	1.07	4.16	0.381
9/5.6	90	56	5	9	7.212	5.661	0.287	60.45	2.90	9.92	18.32	1.59	4.21	121.32	2.91	29.53	1.25	10.98	1.23	3.49	0.385
			6		8.557	6.717	0.286	71.03	2.88	11.74	21.42	1.58	4.96	145.59	2.95	35.58	1.29	12.90	1.23	4.13	0.384
			7		9.880	7.756	0.286	81.01	2.86	13.49	24.36	1.57	5.70	169.60	3.00	41.71	1.33	14.67	1.22	4.72	0.382
			8		11.183	8.779	0.286	91.03	2.85	15.27	27.15	1.56	6.41	194.17	3.04	47.93	1.36	16.34	1.21	5.29	0.380

（续）

角钢号数	B	b	d	r	截面面积/cm²	理论重量/kg·m⁻¹	外表面积/m²·m⁻¹	$x-x$ I_x/cm⁴	i_x/cm	W_x/cm³	$y-y$ I_y/cm⁴	i_y/cm	W_y/cm³	x_1-x_1 I_{x1}/cm⁴	y_0/cm	y_1-y_1 I_{y1}/cm⁴	x_0/cm	$u-u$ I_u/cm⁴	i_u/cm	W_u/cm³	tanα
10/6.3	100	63	6	10	9.617	7.550	0.320	99.06	3.21	14.64	30.94	1.79	6.35	199.71	3.24	50.50	1.43	18.42	1.38	5.25	0.394
			7		11.111	8.722	0.320	113.45	3.20	16.88	35.26	1.78	7.29	233.00	3.28	59.14	1.47	21.00	1.38	6.02	0.394
			8		12.584	9.878	0.319	127.37	3.18	19.08	30.39	1.77	8.21	266.32	3.32	67.88	1.50	23.50	1.37	6.78	0.391
			10		15.467	12.142	0.319	153.81	3.15	28.32	47.12	1.74	9.98	333.06	3.40	85.73	1.58	28.33	1.35	8.24	0.387
10/8	100	80	6	10	10.637	8.350	0.354	107.04	3.17	15.19	61.24	2.40	10.16	199.83	2.95	102.68	1.97	31.65	1.72	8.37	0.627
			7		12.301	9.656	0.354	122.73	3.16	17.52	70.08	2.39	11.71	233.20	3.00	119.98	2.01	36.17	1.72	9.60	0.626
			8		13.944	10.946	0.353	137.92	3.14	19.81	78.58	2.37	13.21	266.61	3.04	137.37	2.05	40.58	1.71	10.80	0.625
			10		17.167	13.476	0.353	166.87	3.12	24.24	94.65	2.35	16.12	333.63	3.12	172.48	2.13	49.10	1.69	13.12	0.622
11/7	110	70	6	10	10.637	8.350	0.354	133.37	3.54	17.85	42.92	2.01	7.90	265.78	3.53	69.08	1.57	25.36	1.54	6.53	0.403
			7		12.301	9.656	0.354	153.00	3.53	20.60	49.01	2.00	9.09	310.07	3.57	80.82	1.61	28.95	1.53	7.30	0.402
			8		13.944	10.946	0.353	172.04	3.51	23.30	54.87	1.98	10.25	354.39	3.62	92.70	1.65	32.45	1.53	8.45	0.401
			10		17.167	13.476	0.353	208.39	3.48	28.54	65.88	1.96	12.48	443.13	3.70	116.83	1.72	39.20	1.51	10.29	0.397
12.5/8	125	80	7	11	14.096	11.066	0.403	227.98	4.02	26.86	74.42	2.30	12.01	454.99	4.01	120.32	1.80	43.81	1.76	9.92	0.408
			8		15.989	12.551	0.403	256.77	4.01	30.41	83.49	2.28	13.56	519.99	4.06	137.85	1.84	49.15	1.75	11.18	0.407
			10		19.712	15.474	0.402	312.04	3.98	37.33	100.67	2.26	16.56	650.09	4.14	173.40	1.92	59.45	1.74	13.64	0.404
			12		23.351	18.330	0.402	364.41	3.95	44.01	116.67	2.24	19.43	780.39	4.22	209.67	2.00	69.35	1.72	16.01	0.400
14/9	140	90	8	12	18.038	14.160	0.453	365.64	4.50	38.48	120.69	2.59	17.34	730.53	4.50	195.79	2.04	70.83	1.98	14.31	0.411
			10		22.261	17.475	0.452	445.50	4.47	47.31	140.03	2.56	21.22	913.20	4.58	245.92	2.12	85.82	1.96	17.48	0.409
			12		26.400	20.724	0.451	521.59	4.44	55.87	169.79	2.54	24.95	1096.09	4.66	296.89	2.19	100.21	1.95	20.54	0.406
			14		30.456	23.908	0.451	594.10	4.42	64.18	192.10	2.51	28.54	1279.26	4.74	348.82	2.27	114.13	1.94	23.52	0.403

（续）

角钢号数	尺寸/mm B	尺寸/mm b	尺寸/mm d	尺寸/mm r	截面面积/cm²	理论重量/kg·m⁻¹	外表面积/m²·m⁻¹	参考数值 $x-x$ I_x/cm⁴	$x-x$ i_x/cm	$x-x$ W_x/cm³	$y-y$ I_y/cm⁴	$y-y$ i_y/cm	$y-y$ W_y/cm³	x_1-x_1 I_{x1}/cm⁴	x_1-x_1 y_0/cm	y_1-y_1 I_{y1}/cm⁴	y_1-y_1 x_0/cm	$u-u$ I_u/cm⁴	$u-u$ i_u/cm	$u-u$ W_u/cm³	$\tan\alpha$
16/10	160	100	10	13	25.315	19.872	0.512	668.69	5.14	62.13	205.03	2.85	26.56	1362.89	5.24	336.59	2.28	121.74	2.19	21.92	0.390
			12		30.054	23.592	0.511	784.91	5.11	73.49	239.06	2.82	31.28	1635.56	5.32	405.94	2.36	142.33	2.17	25.79	0.388
			14		34.709	27.247	0.510	896.30	5.08	84.56	271.20	2.80	35.83	1908.50	5.40	476.42	2.43	162.23	2.16	29.56	0.385
			16		39.281	30.835	0.510	1003.04	5.05	95.33	301.60	2.77	40.24	2181.79	5.48	548.2	2.51	182.57	2.16	33.44	0.382
18/11	180	110	10	14	28.373	22.273	0.571	956.25	5.80	78.96	278.11	3.13	32.49	1940.40	5.89	447.22	2.44	166.50	2.42	26.88	0.376
			12		33.712	26.464	0.571	1124.72	5.78	93.53	325.03	3.10	38.32	2328.38	5.98	538.94	2.52	194.87	2.40	31.66	0.374
			14		38.967	30.589	0.570	1286.91	5.75	107.76	369.55	3.08	43.97	2716.60	6.06	631.95	2.59	222.30	2.39	36.32	0.372
			16		44.139	34.649	0.569	1443.06	5.72	121.64	411.85	3.06	49.44	3105.15	6.14	725.46	2.67	248.94	2.38	40.87	0.369
20/12.5	200	125	12	14	37.912	29.761	0.641	1570.90	6.44	116.73	483.16	3.57	49.99	3193.85	6.54	787.74	2.83	285.79	2.74	41.23	0.392
			14		43.867	34.436	0.640	1800.97	6.41	134.65	550.83	3.54	57.44	3726.17	6.62	922.47	2.91	326.58	2.73	47.34	0.390
			16		49.739	39.045	0.639	2023.35	6.38	152.18	615.44	3.52	64.69	4258.86	6.70	1058.86	2.99	366.21	2.71	55.32	0.388
			18		55.526	43.588	0.639	2238.30	6.35	169.33	677.19	3.49	71.74	4792.00	6.78	1197.13	3.06	404.83	2.70	59.18	0.385

注：1. 括号内型号不推荐使用。

2. 截面图中的 $r_1 = 1/3d$ 及表中 r 的数据用于孔型设计，不做交货条件。

表 C-3 热轧槽钢 (GB/T 707—1988)

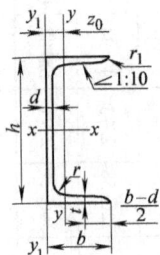

符号意义：h——高度； r_1——腿端圆弧半径；
b——腿宽度； I——惯性矩；
d——腰厚度； W——截面系数；
t——平均腿厚度； i——惯性半径；
r——内圆弧半径；
z_0——y-y 轴与 y_1-y_1 轴间距。

型号	尺寸/mm						截面面积/cm²	理论重量/kg·m⁻¹	参考数值							
									x-x			y-y			y_1-y_1	z_0/cm
	h	b	d	t	r	r_1			W_x/cm³	I_x/cm⁴	i_x/cm	W_y/cm³	I_y/cm⁴	i_y/cm	I_{y1}/cm⁴	
5	50	37	4.5	7	7.0	3.5	6.928	5.438	10.4	26.0	1.94	3.55	8.30	1.10	20.9	1.35
6.3	63	40	4.8	7.5	7.5	3.8	8.451	6.634	16.1	50.8	2.45	4.50	11.9	1.19	28.4	1.36
8	80	43	5.0	8	8.0	4.0	10.248	8.045	25.3	101	3.15	5.79	16.6	1.27	37.4	1.43
10	100	48	5.3	8.5	8.5	4.2	12.748	10.007	39.7	198	3.95	7.8	25.6	1.41	54.9	1.52
12.6	126	53	5.5	9	9.0	4.5	15.692	12.318	62.1	391	4.95	10.2	38.0	1.57	77.1	1.59
14 a	140	58	6.0	9.5	9.5	4.8	18.516	14.535	80.5	564	5.52	13.0	53.2	1.70	107	1.71
b	140	60	8.0	9.5	9.5	4.8	21.316	16.733	87.1	609	5.35	14.1	61.1	1.60	121	1.67
16a	160	63	6.5	10	10.0	5.0	21.962	17.240	108	866	6.28	16.3	73.3	1.83	144	1.80
16	160	65	8.5	10	10.0	5.0	25.162	19.752	117	935	6.10	17.6	83.4	1.82	161	1.75
18a	180	68	7.0	10.5	10.5	5.2	25.699	20.174	141	1270	7.04	20.0	98.6	1.96	190	1.88
18	180	70	9.0	10.5	10.5	5.2	29.299	23.000	152	1370	6.84	21.5	111	1.95	210	1.84
20a	200	73	7.0	11	11.0	5.5	28.837	22.637	178	1780	7.86	24.2	128	2.11	244	2.01
20	200	75	9.0	11	11.0	5.5	32.837	25.777	191	1910	7.64	25.9	14.4	2.09	268	1.95
22a	220	77	7.0	11.5	11.5	5.8	31.846	24.999	218	2390	8.67	28.2	158	2.23	298	2.10
22	220	79	9.0	11.5	11.5	5.8	36.246	28.453	234	2570	8.42	30.1	176	2.21	326	2.03
a	250	78	7.0	12	12.0	6.0	34.917	27.410	270	3370	9.82	30.6	176	2.24	322	2.07
25b	250	80	9.0	12	12.0	6.0	39.917	31.335	282	3530	9.41	32.7	196	2.22	353	1.98
b	250	82	11.0	12	12.0	6.0	44.917	35.260	295	3690	9.07	35.9	218	2.21	384	1.92
a	280	82	7.5	12.5	12.5	6.2	40.034	31.427	340	4760	10.9	35.7	218	2.33	388	2.10
28b	280	84	9.5	12.5	12.5	6.2	45.634	35.823	366	5130	10.6	37.9	242	2.30	423	2.02
c	280	86	11.5	12.5	12.5	6.2	51.234	40.219	393	5500	10.4	40.3	268	2.29	463	1.95
a	320	88	8.0	14	14.0	7.0	48.513	38.083	475	7600	12.5	46.5	305	2.50	552	2.24
32b	320	90	10.0	14	14.0	7.0	54.913	43.107	509	8140	12.2	49.2	336	2.47	593	2.16
c	320	92	12.0	14	14.0	7.0	61.313	48.131	543	8690	11.9	52.6	374	2.47	643	2.09
a	360	96	9.0	16	16.0	8.0	60.910	47.814	660	11900	14.0	63.5	455	2.73	818	2.44
36b	360	98	11.0	16	16.0	8.0	68.110	53.466	703	12700	13.6	66.9	497	2.70	880	2.37
c	360	100	13.0	16	16.0	8.0	75.310	59.118	746	13400	13.4	70.0	536	2.67	948	3.34
a	400	100	10.5	18	18.0	9.0	75.068	58.928	879	17600	15.3	78.8	592	2.81	1070	2.49
40b	400	102	12.5	18	18.0	9.0	83.068	65.208	932	18600	15.0	82.5	640	2.78	1140	2.44
c	400	104	14.5	18	18.0	9.0	91.068	71.488	986	19700	14.7	86.2	688	2.75	1220	2.42

注：截面图和表中标注的圆弧半径 r、r_1 的数据用于孔型设计，不做交货条件。

表 C-4　热轧工字钢（GB/T 706—1988）

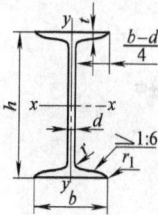

符号意义：*h*——高度；　　　　　*r*₁——腿端圆弧半径；

b——腿宽度；　　　　*I*——惯性矩；

d——腰厚度；　　　　*W*——截面系数；

t——平均腿厚度；　　*i*——惯性半径；

r——内圆弧半径；　　*S*——半截面的静力矩。

型号	尺　寸/mm						截面面积/cm²	理论重量/kg·m⁻¹	参　考　数　值						
									x-x				y-y		
	h	*b*	*d*	*t*	*r*	*r*₁			I_x/cm⁴	W_x/cm³	i_x/cm	I_x:S_x	I_y/cm⁴	W_y/cm³	i_y/cm
10	100	68	4.5	7.6	6.5	3.3	14.345	11.261	245	49.0	4.14	8.59	33.0	9.72	1.52
12.6	126	74	5.0	8.4	7.0	3.5	18.118	14.223	488	77.5	5.20	10.8	46.9	12.7	1.61
14	140	80	5.5	9.1	7.5	3.8	21.516	16.890	712	102	5.76	12.0	64.4	16.1	1.73
16	160	88	6.0	9.9	8.0	4.0	26.131	20.513	1130	141	6.58	13.8	93.1	21.2	1.89
18	180	94	6.5	10.7	8.5	4.3	30.756	24.143	1660	185	7.36	15.4	122	26.0	2.00
20a	200	100	7.0	11.4	9.0	4.5	35.578	27.929	2370	237	8.15	17.2	158	31.5	2.12
20b	200	102	9.0	11.4	9.0	4.5	39.578	31.069	2500	250	7.96	16.9	169	33.1	2.06
22a	220	110	7.5	12.3	9.5	4.8	42.128	33.070	3400	309	8.99	18.9	225	40.9	2.31
22b	220	112	9.5	12.3	9.5	4.8	46.528	36.524	3570	325	8.78	18.7	239	42.7	2.27
25a	250	116	8.0	13.0	10.0	5.0	48.541	38.105	5020	402	10.2	21.6	280	48.3	2.40
25b	250	118	10.0	13.0	10.0	5.0	53.541	42.030	5280	423	9.94	21.3	300	52.4	2.40
28a	280	122	8.5	13.7	10.5	5.3	55.404	43.402	7110	508	11.3	24.6	345	56.6	2.50
28b	280	124	10.5	13.7	10.5	5.3	61.004	47.888	7480	534	11.1	24.2	379	61.2	2.49
32a	320	130	9.5	15.0	11.5	5.8	67.156	52.717	11100	602	12.8	27.5	460	70.8	2.62
32b	320	132	11.5	15.0	11.5	5.8	73.556	57.741	11600	726	12.6	27.1	502	76.0	2.61
32c	320	134	13.5	15.0	11.5	5.8	79.956	62.765	12200	760	12.3	26.8	544	81.2	2.61
36a	360	136	10.0	15.8	12.0	6.0	76.480	60.037	15800	875	14.4	30.7	552	81.2	2.69
36b	360	138	12.0	15.8	12.0	6.0	83.680	65.689	16500	919	14.1	30.3	582	84.3	2.64
36c	360	140	14.0	15.8	12.0	6.0	90.880	71.341	17300	962	13.8	29.9	612	87.4	2.60
40a	400	142	10.5	16.5	12.5	6.3	86.112	67.598	21700	1090	15.9	34.1	660	93.2	2.77
40b	400	144	12.5	16.5	12.5	6.3	94.112	73.878	22800	1140	15.6	33.6	692	96.2	2.71
40c	400	146	14.5	16.5	12.5	6.3	102.112	80.158	23900	1190	15.2	33.2	727	99.6	2.65
45a	450	150	11.5	18.0	13.5	6.8	102.446	80.420	32200	1430	17.7	38.6	855	114	2.89
45b	450	152	13.5	18.0	13.5	6.8	111.446	87.485	33800	1500	17.4	38.0	894	118	2.84
45c	450	154	15.5	18.0	13.5	6.8	120.446	94.550	35300	1570	17.1	37.6	938	122	2.79
50a	500	158	12.0	20.0	14.0	7.0	119.304	93.654	46500	1860	19.7	42.8	1120	142	3.07
50b	500	160	14.0	20.0	14.0	7.0	129.304	101.504	48600	1940	19.4	42.4	1170	146	3.01
50c	500	162	16.0	20.0	14.0	7.0	139.304	109.354	50600	2080	19.0	41.8	1220	151	2.96
56a	560	166	12.5	21.0	14.5	7.3	135.435	106.316	65600	2340	22.0	47.7	1370	165	3.18
56b	560	168	14.5	21.0	14.5	7.3	146.635	115.108	68500	2450	21.6	47.2	1490	174	3.16
56c	560	170	16.5	21.0	14.5	7.3	157.835	123.900	71400	2550	21.3	46.7	1560	183	3.16
63a	630	176	13.0	22.0	15.0	7.5	154.658	121.407	93900	2980	24.5	54.2	1700	193	3.31
63b	630	178	15.0	22.0	15.0	7.5	167.258	131.298	98100	3160	24.2	53.5	1810	204	3.29
63c	630	180	17.0	22.0	15.0	7.5	179.858	141.189	102000	3300	23.8	52.9	1920	214	3.27

注：截面图和表中标注的圆弧半径 *r*、*r*₁ 的数据用于孔型设计，不做交货条件。

习 题 答 案

第一章　质点、刚体的基本概念和受力分析

1-8　$F = 139\text{N}, \beta = 8° \sim 9°$

1-10　$F_X = 486\text{N}, F_Y = 1815\text{N}, F_Z = 684\text{N}$

1-12　$M_0(F) = -346i + 43.3j - 200k, M_y(F) = 43.3\text{N} \cdot \text{m}$

第二章　力系的简化和平衡方程

2-1　$F_{N_A} = 1.6\text{kN}, F_{N_B} = 2.2\text{kN}$

2-2　$F_{N_A} = 1.63\text{kN}, F_{N_B} = 2.20\text{kN}$

2-4　$F_{AB} = 13.66\text{kN}(拉力), F_{AC} = 26.4\text{kN}(压力)$

2-5　$\beta = 0.5/\tan\alpha$

2-6　$F_N = 10\text{kN}$

2-7　$F_{A_x} = -5.57\text{kN}, F_{A_y} = -61.5\text{kN}, F_{N_B} = 30.4\text{kN}(拉)$

2-8　$F_{N_A} = 115.6\text{kN}, F_{N_B} = 134.4\text{kN}$

2-9　$x_C = 1.68\text{m}, y_C = 0.66\text{m}$

2-10　$x_C = 1.47\text{m}, y_C = 0.94\text{m}$

第三章　平衡方程的应用

3-2

	M_A	F_{A_y}	F_C
a	$2qd^2$(逆时钟)	$2qd$(向上)	0
b	$2qd^2$(逆时钟)	qd(向上)	qd(向上)
c	$3qd^2$(逆时钟)	$1.75qd$(向上)	$0.25qd$(向上)
d	M(顺时钟)	$\dfrac{M}{2d}$(向下)	$\dfrac{M}{2d}$(向上)
e	M(逆时钟)	0	0

3-3　a) $F_{A_x} = 103\text{kN}, F_{A_y} = 60\text{kN}, M_A = 220\text{kN} \cdot \text{m}, F_{B_x} = 103\text{kN}, F_{B_y} = 60\text{kN}, F_{N_C} = 120\text{kN}$

b) $F_{A_x} = 0, F_{A_y} = 2.5\text{kN}, F_{N_B} = 15\text{kN}, F_{C_x} = 0, F_{C_y} = 2.5\text{kN}, F_{N_D} = 2.5\text{kN}$

3-4　$F_{A_x} = F_{A_y} = 0, F_{B_x} = -50\text{kN}, F_{B_y} = 100\text{kN}, F_{C_x} = 50\text{kN}, F_{C_y} = 0$

3-5　$G = 2F_Q/\sin\beta, F_{N_A} = 0.5G, F_{N_B} = F_Q/\tan\beta$

3-6　$F_{N_B} = 17.6\text{kN}, M = 28.6\text{kN} \cdot \text{m}, F_{O_x} = 17.6\text{kN}, F_{O_y} = -315\text{kN}$

3-7　$F_{A_x}=267\text{N},F_{A_y}=-87.5\text{N},F_B=550\text{N},F_{C_x}=209\text{N},F_{C_y}=188\text{N}$

3-8　$F_T=231\text{N},F_{C_x}=231\text{N},F_{C_y}=250\text{N}$

3-9　$F_{A_x}=-7.0\text{kN},F_{A_y}=2.0\text{kN},F_{B_x}=7.0\text{kN},F_{B_y}=2.0\text{kN}$

3-10　$F_{A_x}=0,F_{A_y}=53.8\text{kN},M_A=205\text{kN}\cdot\text{m},F_{N_B}=6.25\text{kN}$

3-11　a) $F_{S_1}=0,F_{S_2}=F_{S_3}=-F,F_{S_4}=\sqrt{2}F,F_{S_5}=0$

　　　b) $F_{S_1}=-F_{S_4}=2F,F_{S_2}=-F_{S_6}=-2.236F,F_{S_3}=F,F_{S_5}=0$

3-12　a) $F_{S_1}=-29\sqrt{2}\text{kN}=-41\text{kN},F_{S_2}=29\text{kN},F_{S_3}=0,F_{S_4}=-21\text{kN},F_{S_5}=15\text{kN},F_{S_6}$

　　　　$=29\text{kN},F_{S_7}=-21\sqrt{2}\text{kN}=-29.7\text{kN},F_{S_8}=21\text{kN},F_{S_9}=41\text{kN}$

　　　b) $F_{S_1}=F_{S_2}=F_{S_3}=17.32\text{kN},F_{S_4}=F_{S_5}=F_{S_6}=F_{S_7}=0,F_{S_8}=F_{S_9}=F_{S_{10}}=-20\text{kN}$

3-14　$F_{S_1}=-2.6F,F_{S_2}=0.43F,F_{S_3}=2.38F$

3-15　$F_{S_1}=-F,F_{S_2}=\sqrt{2}F,F_{S_3}=2F$

3-16　$F_{S_1}=0,F_{S_2}=F/3,F_{S_3}=-F/3,F_{S_4}=0.471F$

第四章　摩　　擦

4-2　150N

4-5　$\delta=1.35\text{mm}$

4-6　$f_s=0.212$

4-7　2.37kN

4-8　$F_{\min}=280\text{N}$

4-9　0.29

4-10　$e\leqslant fr$

4-11　$s=0.456l$

第五章　轴向拉伸和压缩

5-2　a) $F_{N_{1-1}}=2\text{kN},F_{N_{2-2}}=0,F_{N_{3-3}}=-2\text{kN},$

　　　b) $F_{N_{1-1}}=10\text{kN},F_{N_{2-2}}=-15\text{kN},F_{N_{3-3}}=-18\text{kN}$

5-3　$\sigma_1=175\text{MPa},\sigma_2=350\text{MPa}$

5-4　$F_{N_{1-1}}=-20\text{kN},F_{N_{2-2}}=-10\text{kN},F_{N_{3-3}}=10\text{kN};\sigma_1=-100\text{MPa},\sigma_2=-40\text{MPa},\sigma_3$

　　　$=33.3\text{MPa}$

5-5　$\sigma_{\max}=80.3\text{MPa}$

5-7　-0.1mm

5-8　$\Delta l_1=-0.375\text{mm},\Delta l_2=0.2\text{mm},\Delta l_3=0.32\text{mm},\Delta l=0.145\text{mm};$

　　　$\varepsilon_1=-3.75\times10^{-4},\varepsilon_2=2.5\times10^{-4},\varepsilon_3=4.0\times10^{-4}$

5-12 $\sigma_{AB} = 110 \text{MPa} < [\sigma], \sigma_{BC} = -31.8 \text{MPa} < [\sigma]$,安全

5-13 $\sigma = 32.7 \text{MPa} < [\sigma]$,安全

5-14 AC 杆用 2 根 10 号槽钢，BC 杆用 20a 工字钢

5-15 $\geqslant 22.6 \text{mm}$

5-16 $[F] = 12 \text{kN}$

5-17 $\theta = 54.8°$

5-18 1）$x = 1.08 \text{m}$;2）$\sigma_1 = 44 \text{MPa}, \sigma_2 = 33 \text{MPa}$

5-20 $\sigma_上 = 108 \text{MPa}, \sigma_中 = 8.3 \text{MPa}, \sigma_下 = -142 \text{MPa}$

第六章 剪 切

6-5 $F = 9 \text{kN}$

6-6 $\tau_0 = 748 \text{MPa}$

6-7 $\tau = 4.43 \text{MPa} < [\tau]$,剪切强度足够;$\sigma_{bs} = 11.1 \text{MPa} < [\sigma_{bs}]$,挤压强度足够

6-8 $145 \text{N} \cdot \text{m}$

6-9 2.8

6-10 $d \geqslant 34 \text{mm}, t \leqslant 10.4 \text{mm}$,取 $t = 10 \text{mm}$

6-11 $D = 11 \text{mm}$

第七章 扭 转

7-3 $\tau_{AC} = 57 \text{MPa} < [\tau]; \tau_{BC} = 24.8 \text{MPa} < [\tau]$

$\varphi'_{AC} = 2.17°/\text{m} > [\varphi']; \varphi'_{BC} = 0.51°/\text{m} < [\varphi']$

7-5 $\tau_\rho = 35 \text{MPa}, \tau_{max} = 87.6 \text{MPa}$

7-6 $\tau_c = 16.6 \text{MPa} < [\tau]; \tau_H = 17.5 \text{MPa} < [\tau]; \tau_B = 17.9 \text{MPa} < [\tau]$

7-7 $M_e \leqslant 215 \text{kN} \cdot \text{m}$

7-9 $d \geqslant 32.2 \text{mm}$

7-10 $d \geqslant 63 \text{mm}$

7-11 （1）$d_1 \geqslant 84.6 \text{mm}, d_2 \geqslant 74.5 \text{mm}$;（2）$d \geqslant 84.6 \text{mm}$;

（3）主动轮 1 放在从动轮 2、3 之间比较合理

7-12 $\tau_{max} = 33.1 \text{MPa}; n = 6.5$ 圈

7-13 $\tau_{max} = 424 \text{MPa}; \lambda = 15.8 \text{mm}$

7-14 $\tau_{max} = 60.8 \text{MPa} < [\tau]$,安全

7-15 $M_e = 4 \text{kN} \cdot \text{m}$

第八章 直梁弯曲时内力和应力

8-1 （a）$F_{Q_1} = 0, M_1 = Fa; F_{Q_2} = -F, M_2 = Fa; F_{Q_3} = 0, M_3 = 0$。

(b) $F_{Q_1} = -qa, M_1 = -\dfrac{1}{2}qa^2; F_{Q_2} = -qa, M_2 = -\dfrac{1}{2}qa^2; F_{Q_3} = 0, M_3 = 0$。

(c) $F_{Q_1} = 2qa, M_1 = -\dfrac{3}{2}qa^2; F_{Q_2} = 2qa, M_2 = -\dfrac{1}{2}qa^2$；

(d) $F_{Q_1} = -100\text{N}, M_1 = -20\text{N} \cdot \text{m}; F_{Q_2} = -100\text{N}, M_2 = -40\text{N} \cdot \text{m}; F_{Q_3} = 200\text{N},$
$M_3 = -40\text{N} \cdot \text{m}$。

(e) $F_{Q_1} = 1.33\text{kN}, M_1 = 267\text{N} \cdot \text{m}; F_{Q_2} = -0.667\text{kN}, M_2 = 333\text{N} \cdot \text{m}$。

(f) $F_{Q_1} = -qa, M_1 = -\dfrac{1}{2}qa^2; F_{Q_2} = -\dfrac{3}{2}qa, M_2 = -2qa^2$。

(g) $F_{Q_1} = -20\text{kN}, M_1 = -4\text{kN} \cdot \text{m}, F_{Q_2} = -20\text{kN}, M_2 = 6\text{kN} \cdot \text{m}$。

(h) $F_{Q_1} = -75\text{N}, M_1 = 67.5\text{kN} \cdot \text{m}$。

8-5 (a) $|F_Q|_{\max} = 2\text{kN}$；(b) $|F_Q|_{\max} = 3\text{kN}$。

8-6 $q_A = \dfrac{F}{4a}, q_B = \dfrac{7F}{4a}$

8-8 (1) $x = \dfrac{l}{2} - \dfrac{a}{4}, M_{\max} = \dfrac{F}{2l}\left(l - \dfrac{a}{2}\right)^2$。

(2) $x = 0, F_A = 2F - \dfrac{Fa}{l}, |F_Q|_{\max} = 2F - \dfrac{Fa}{l}$

8-9 (1) $\sigma = 41.2\text{MPa}$，(3) $\sigma_{\max} = 69.4\text{MPa}$。

8-10 (1) $\sigma_{\max}^a = \dfrac{Mh}{2I_z}, \sigma_{\max}^b = \dfrac{M\sqrt{2}h}{2I_z}, I_z = \dfrac{h^4}{12}, \dfrac{\sigma_{\max}^a}{\sigma_{\max}^b} = \dfrac{\sqrt{2}}{2}$。

(2) 未切角 $W_1 = 0.943 \times 10^6 \text{mm}^3$；切角后 $W_2 = 0.986 \times 10^6 \text{mm}^3$。

(3) (a)最强，(c) 次之，(b) 最弱。

8-11 矩形：$h = 92.8\text{mm}, A = 4300\text{mm}^2$；工字钢：12.6 号，$A = 1812\text{mm}^2$；
圆形：$d = 87\text{mm}, A = 6060\text{mm}^2$；圆环形：$D = 89.8\text{mm}, A = 4750\text{mm}^2$。

8-12 $b = 510\text{mm}$。

8-13 B 截面处：$\sigma_l = 24.1\text{MPa}, \sigma_y = 52.4\text{MPa}$；$C$ 截面处：$\sigma_l = 26.2\text{MPa}$，安全。

8-14 $\sigma_{\max} = 63.3\text{MPa} < [\sigma]$，安全。

8-15 $\sigma_{\max} = 73\text{MPa} < [\sigma]$，安全。

8-16 $\sigma_{\max}^+ = 52.4\text{MPa} > [\sigma^+]$，不安全；$\sigma_{\max}^- = 22.5\text{MPa} < [\sigma^-]$。

8-17 $[F] = 56.8\text{kN}$。

8-18 $[q] = 15.7\text{kN/m}$

8-19 $[F] = 44.3\text{kN}$。

8-20 No. 28a 工字钢两根。

8-21 $[F] = 38.3\text{kN}$，相应的弯曲应力 $\sigma_{\max} = 102\text{MPa}$。

8-22 (a) $y_C = 2.36\text{m}, F_{T_{CD}} = 8.52\text{kN}, y'_{\max} = 0.59$；(b) $y_C = 5.13\text{m}, F_{T_{CD}} = 697\text{N}, y'_{\max}$

$= 1$

8-23　(1) $F_{T_{max}} = 1.26 \times 10^3 kN$, (2) $\theta_A = 33.7°, \theta_B = 49.8°$, (3) 58.9m

8-24　$T_{Tmax} = 21.4kN, S_{AB} = 201m$

第九章　梁的弯曲变形

9-2　(a) $\theta_A = -\dfrac{Ml}{6EI}, \theta_B = \dfrac{Ml}{3EI}, y_{\frac{l}{2}} = -\dfrac{Ml^2}{16EI}, y_{max} = -\dfrac{Ml^2}{9\sqrt{3}EI}$。

　　(b) $\theta_A = -\theta_B = -\dfrac{11qa^3}{6EI}, y_{2a} = y_{max} = -\dfrac{19qa^4}{8EI}$。

　　(c) $\theta_A = -\dfrac{3ql^3}{128EI}, \theta_B = \dfrac{7ql^3}{384EI}$。$y_{\frac{l}{2}} = -\dfrac{5ql^4}{768EI}, y_{max} = -\dfrac{5.04ql^4}{768EI}$。

9-3　(a) $y_C = \dfrac{3Fa^3}{8EI}$。　　(b) $y_C = \dfrac{qa^4}{48EI}$。

9-4　(a) $y_C = -\dfrac{7Fa^3}{2EI}$。　　(b) $y_C = \dfrac{qa^4}{24EI}$。　　(c) $y_C = -\dfrac{Fa^3}{3EI}$。

9-5　(a) $\theta_B = -\dfrac{7ql^3}{24EI}, y_A = 0$。

　　(b)　$\theta_B = -\dfrac{qa^3}{12EI}, y_A = -\dfrac{5qa^4}{24EI}$。

9-6　(a) $F_B = \dfrac{5}{8}ql$(向上)。　　(b) $F_B = \dfrac{11}{8}F$(向上)。

9-7　(a) $F_B = \dfrac{14}{27}F$(向上)。　　(b) $F_B = \dfrac{3M_c}{4a}$(向下)

9-8　$m_A = \dfrac{Fa}{2}$(顺时针)

9-9　$F_C = 0.224F$(向下), $F_A = 0.448F$(向上), $F_B = 0.736F$(向上);

第十章　压杆稳定与压杆设计

10-1　(1) $F_{Cr} = 37.8kN$, (2) $F_{Cr} = 52.6kN$, (3) $F_{Cr} = 459kN$。

10-3　$l = 0.860m$。

10-4　$[F] = \dfrac{4\pi^2 EI}{3a^2}$

10-5　(1) $F_{Cr} = 118.8kN$; (2) $n = 1.697 < n_w$,不安全。

10-6　$n > [n_w]$,安全。

10-7　$[F] = 393kN$。

第十一章　复杂应力状态和强度理论

11-1　163kN

11-2　(a) $\sigma_\alpha = 40\text{MPa}, \tau_\alpha = -8.66\text{MPa}$;

　　(b) $\sigma_\alpha = -27.3\text{MPa}, \tau_\alpha = -27.3\text{MPa}$;

　　(c) $\sigma_\alpha = 0.49\text{MPa}, \tau_\alpha = -20.5\text{MPa}$;

　　(d) $\sigma_\alpha = 5\text{MPa}, \tau_\alpha = 25\text{MPa}$;

　　(e) $\sigma_\alpha = -11\text{MPa}, \tau_\alpha = -11\text{MPa}$

11-3　(a) $\sigma_1 = 30\text{MPa}, \sigma_2 = 0, \sigma_3 = -20\text{MPa}, \alpha_0 = 26°33', \tau_{\max} = 25\text{MPa}$;

　　(b) $\sigma_1 = 0, \sigma_2 = -4.6\text{MPa}, \sigma_3 = -65.4\text{MPa}, \alpha_0 = 48°12', \tau_{\max} = 30.4\text{MPa}$;

　　(c) $\sigma_1 = \sigma_2 = 0, \sigma_3 = -50\text{MPa}, \alpha_0 = 26°33', \tau_{\max} = 25\text{MPa}$;

　　(d) $\sigma_1 = 74.1\text{MPa}, \sigma_2 = 15.9\text{MPa}, \sigma_3 = 0, \alpha_0 = 29°30', \tau_{\max} = 29.1\text{MPa}$

11-4　(a) $\sigma_1 = 80\text{MPa}, \sigma_2 = 0, \sigma_3 = -20\text{MPa}, \tau_{\max} = 50\text{MPa}$;

　　(b) $\sigma_1 = 130\text{MPa}, \sigma_2 = 30\text{MPa}, \sigma_3 = -30\text{MPa}, \tau_{\max} = 50\text{MPa}$

11-5　(a) $\sigma_1 = 57\text{MPa}, \sigma_3 = -7.0\text{MPa}; \alpha_0 = 19°20'; \tau_{\max} = 32\text{MPa}$;

　　(b) $\sigma_1 = 11.2\text{MPa}, \sigma_3 = -71.2\text{MPa}; \alpha_0 = -37°59'; \tau_{\max} = 41.2\text{MPa}$;

　　(c) $\sigma_1 = 37\text{MPa}, \sigma_3 = -27\text{MPa}; \alpha_0 = 19°20'; \tau_{\max} = 32\text{MPa}$

11-6　$\sigma_1 = 56\text{MPa}, \sigma_3 = -16\text{MPa}, \tau_{\max} = 36.1\text{MPa}$

11-7　A 点: $\sigma_1 = 0, \sigma_3 = -93.8\text{MPa}, \tau_{\max} = 47\text{MPa}$

　　B 点: $\sigma_1 = 3.9\text{MPa}, \sigma_3 = -50.9\text{MPa}, \tau_{\max} = 27.4\text{MPa}$

　　C 点: $\sigma_1 = 18.8\text{MPa}, \sigma_3 = -18.8\text{MPa}, \tau_{\max} = 18.8\text{MPa}$

11-8　$\Delta l = 0.0487\text{mm}, \mu = 0.225$

11-9　(1) $\sigma_{r3} = 161\text{MPa}, \sigma_{r4} = 140\text{MPa}$; (2) $\sigma_{r3} = 90\text{MPa}, \sigma_{r4} = 78\text{MPa}$;

　　(3) $\sigma_{r3} = 90\text{MPa}, \sigma_{r4} = 78\text{MPa}$

11-10　(1) $\sigma_{r3} = 95\text{MPa}, \sigma_{r4} = 83.2\text{MPa}$, 满足强度要求;

　　(2) $\sigma_{r3} = 110\text{MPa}, \sigma_{r4} = 95.3\text{MPa}$, 满足强度要求;

　　(3) $\sigma_{r3} = 110\text{MPa}, \sigma_{r4} = 98.5\text{MPa}$, 满足强度要求

第十二章　组合变形的强度计算

12-5　增加 7 倍

12-7　$\sigma_{\max} = 54\text{MPa}, \sigma_{焊好} = 2.55\text{MPa}, \sigma_{焊好}/\sigma_{\max} = 4.72\%$

12-8　22a 工字钢

12-9　$\sigma_{r3} = 108\text{MPa} < [\sigma] = 120\text{MPa}$, 安全

12-10　$d = 57\text{mm}$

12-11　$d = 30.2\text{mm}$

附录 B 截面的几何性质

B-4   (a) $I_x = 7.97 \times 10^{-5} \mathrm{m}^4$,   (b) $I_x = 1.221 \times 10^{-3} \mathrm{m}^4$

B-5   (a) $I_{xy} = 7.75 \times 10^{-8} \mathrm{m}^4$;

(b) $I_x = \dfrac{bh^3}{4}, I_y = \dfrac{hb^3}{12}, I_{xy} = \dfrac{b^2 h^2}{8}$

(c) $I_x = 1.53 \times 10^{-5} \mathrm{m}^4, I_y = 3.66 \times 10^{-6} \mathrm{m}^4, I_{xy} = -5.88 \times 10^{-6} \mathrm{m}^4$。

参考文献

1 范钦珊，王琪主编. 工程力学：(1)，(2). 北京：高等教育出版社，2002
2 南京工学院，西安交通大学主编. 理论力学. 北京：高等教育出版社，1986
3 哈尔滨工业大学理论力学教研室编. 理论力学：(Ⅰ)，(Ⅱ). 第6版. 北京：高等教育出版社，2002
4 刘鸿文主编. 材料力学. 北京：高等教育出版社，1992
5 刘鸿文，吕荣坤. 材料力学实验. 北京：高等教育出版社，1992
6 范钦珊主编. 材料力学. 北京：高等教育出版社，2000
7 (俄) 别辽耶夫ΗΜ等. 材料力学. 第15版. 王光远，干光瑜，顾震隆等译. 北京：高等教育出版社，1992
8 顾晓勤主编. 工程力学. 第2版. 北京：机械工业出版社，2005